Erika Bukkfalvi Hilliard

Schüchtern – und erfolgreich

Erika Bukkfalvi Hilliard

Schüchtern – und erfolgreich

Wie Sie selbstbewusst mit Schüchternheit und Ängsten umgehen

Aus dem Amerikanischen übersetzt von Barbara Imgrund

mvg Verlag

Bibliografische Information der Deutschen Bibliothek
Die Deutsche Bibliothek verzeichnet diese Publikation in der
Deutschen Nationalbibliografie; detaillierte bibliografische Daten sind im
Internet über http.dnb.ddb.de abrufbar.

Titel des Originals: Fully with Shyness and Social Anxiety: A Comprehensive Guide to
Social Phobias

Aus dem Amerikanischen übersetzt von Barbara Imgrund

Umschlaggestaltung: Vierthaler & Braun Grafikdesign, München
Redaktion: Friederike Waldorf
Illustration: Jordan Hilliard
Satz: M. Zech, Redline GmbH
Druck: Himmer, Augsburg
Bindearbeiten: Thomas, Augsburg
Printed in Germany 06199/030501
ISBN 3-636-06199-2

Für meine Lieben – meinen Ehemann Don
und meine drei Söhne Chris, Jordan und Jesse,
meine Mutter Alla, meinen Bruder Peter, meine Schwester Lydia
und in Erinnerung an meinen geliebten Vater Emil.

INHALT

Danksagung 15

Vorwort 17

Zum Geleit 21

Einleitung 25

TEIL EINS:
Schüchternheit und soziale Ängste 31

KAPITEL EINS: SIE AUCH? 33

Die vielen Gesichter von Schüchternheit und sozialer Angst 33

Verstecken Sie Ihre sozialen Ängste nicht länger 34
Schüchternheit 35
Introvertiert und extrovertiert 37
Wie sich soziale Angst zeigt 38
Soziale Angst und Schüchternheit in Öffentlichkeit und Privatleben 40
Symptome der sozialen Angst 40
Wirkungen auf Gefühle 45
Situationen 45
Häufigkeit von Schüchternheit 46
Häufigkeit von sozialen Ängsten 48
Die Ursachen 49
Negative Konsequenzen 54
Die gute Nachricht 56
Schlüsselgedanken 56

KAPITEL ZWEI: GUT – ODER SCHLECHT? 59

Einstellungen zu Schüchternheit und sozialen Ängsten 59

Soziale Angst als psychische Störung 60

Verallgemeinerung oder die Stigmafalle 61
Kulturelle Druckmittel 64
Der westliche Kulturkreis 66
Die jüdisch-christliche Tradition und
der Kampf in der Sprache 67
Schüchternheit ist normal 68
Die freie Wahl des eigenen Weges 71
Schlüsselgedanken 74

TEIL ZWEI:
Der Körper 75

KAPITEL DREI: O GOTT, NICHT JETZT! 77

Die körperlichen Aspekte der sozialen Angst 77
Die Physiologie der Angst 78
Beim geringsten Anlass: Der überreizte Sympathikus .. 84
Die drei Bereiche des Gehirns 85
Wissen ist Macht 87
Den Körper beruhigen 88
Engagement ist gefragt 92
Schlüsselgedanken 93

KAPITEL VIER: ROTE BEETE 95

Erröten 95
Die guten Seiten des Rotwerdens 96
Angst vor dem Rotwerden und chronisches Erröten ... 99
Schlüsselgedanken 108

KAPITEL FÜNF: ÖFFENTLICHE TOILETTEN? NIEMALS! 111

Das Syndrom der „schüchternen Harnblase“ 111
Paruresis als besondere Form der sozialen Angst 113
Ausprägungsformen 113
Ursachen 114
Behandlung 115
Schlüsselgedanken 118

KAPITEL SECHS: AUFREGER UND ABREGER 119

Ernährung 119
Die B-Vitamine 119
Vitamin-B-Räuber 122
Kalzium 127
Aminosäuren 127
Schlüsselgedanken 129

KAPITEL SIEBEN: EINNAHME JA ODER NEIN? 131

Medikamente 131
Persönliche Haltung 132
Gravierende soziale Ängste 134
Risiken und Nutzen 135
Übersicht und Beschreibung der Wirkstoffe 136
Die Medikation 145
Schlüsselgedanken 146

TEIL DREI:
Der Geist 149

KAPITEL ACHT: STELL DIR VOR 151

Die Macht der Bilder 151
Die Bilder strömen, und der Körper gehorcht 151
Vorstellung und Wille 154
Leitbilder 155
Wie die Vorstellung arbeitet 156
Die Macht der Vorstellung nutzen 158
Bilder gegen soziale Ängste 158
Schlüsselgedanken 169

KAPITEL NEUN: WO ANFANGEN? 171

Der Wert der Ziele 171
Gesamtziel und Teilziele 172
Ziele sind wichtig 173

Warnung: Ziele können Ihr Leben gefährden 175
Ihre Ziele herausfinden 176
Richtlinien für die effektive Zielsetzung 179
Schlüsselgedanken 185

KAPITEL ZEHN: WORTE, DIE BRENNEN 187

Die Macht des Gesprochenen 187
Glaubenssätze über uns selbst und die Welt 187
Stimmentherapie 190
Denkfehler 196
Denkfehler infrage stellen 205
Affirmationen 206
Schlüsselgedanken 209

KAPITEL ELF: WENN DOCH NUR 211

Andere gedankliche Fallen 211
Der Fokus auf die eigene Person 211
Perfektionismus 214
Fehler 216
Das Sezieren von Ereignissen 217
Regeln 218
Vergleiche 221
Berechnung und Kontrolle 222
Die Wunschfalle 223
Mut und die Furchtlosigkeitsfalle 225
Der Wert der Angst 226
Schlüsselgedanken 228

TEIL VIER:
Die Macht des Handelns 231

KAPITEL ZWÖLF: TUN SIE ES! 233

Üben, üben, üben 233
Hierarchielisten 233

Der „Ernstfall“:
Richtlinien für die Umsetzung Ihrer Strategien 241
Schlüsselgedanken 242

KAPITEL DREIZEHN: HIER BIN ICH! 245

Soziale Interaktion durch Körpersprache 245
Nonverbale Kommunikation 246
Schlüsselgedanken 263

KAPITEL VIERZEHN: HALLO! 265

Kontaktaufnahme durch verbale Kommunikation 265
Initiative, Initiative, Initiative 266
Sackgasse kontra Gesprächsfluss 267
Die verschiedenen Ebenen des Gesprächs 269
Die Angst vor der Selbstenthüllung 274
Schwierige Gespräche 283
Letzte Tipps für Gespräche 287
Schlüsselgedanken 288

KAPITEL FÜNFZEHN: DER ERSTE EINDRUCK 291

Vorstellungsgespräche und Präsentationen 291
Vorbereitung 292
Üben 294
Präsentieren 295
Nachbereitung 297
Schlüsselgedanken 300

KAPITEL SECHZEHN: ZUSAMMENKOMMEN 303

Freundschaften 303
Basisarbeit: Seien Sie Ihr eigener bester Kumpel 303
Das Wesen der Freundschaft 304
Die richtigen Zutaten 305
Freundschaftskiller 308
Gefahr und Lohn der Freundschaft 310
Freundschaft schließen in drei Etappen 312
Schlüsselgedanken 322

KAPITEL SIEBZEHN: DARF ICH BITTEN? 325
Partnersuche 325
Erwartungen 325
Partnersuche kann auch Spaß machen 329
Die vier Stadien der Partnersuche 329
Vertrauen Sie auf Mutter Natur 345
Schlüsselgedanken 346

KAPITEL ACHTZEHN: SIE SCHAFFEN DAS! 349
Auch bei Rückschlägen motiviert und selbstsicher bleiben 349
Körper 350
Geist 352
Handeln 356
Fortschreiten trotz aller Rückschläge 359
Unterstützung durch Familie, Freunde und Partner 368
Hegen und gedeihen 370
Schlüsselgedanken 372

Anhang 375
Die tiefe Bauchatmung 375
4-4-8-Atmung 375
2-1-Atmung 376
Normale Atmung 376
Progressive Muskelrelaxation 377
Kleine Muskelgruppen 378
Größere Muskelgruppen 379
Die Arbeit mit Bildern 380
Richtlinien 380
Zieleliste (Muster) 384
Zieleliste (Kopiervorlage) 385
Vorschläge für Ziele 386

Richtlinien für die Formulierung
wirksamer Affirmationen 389

Literatur 391

Über die Autorin 397

Danksagung

Mein herzlicher Dank geht an meinen geliebten Mann Don, der mich dazu ermutigte, an meinen Träumen festzuhalten, und auf jede erdenkliche Art und Weise für mich da war. Dank auch an meine liebenden Söhne und meine Mutter, die mich immer wieder daran erinnerten: „Du schaffst es.“

Viel schulde ich auch Kristen, einer früheren Klientin, die mich zu der Gruppenarbeit gegen soziale Ängste regelrecht drängte. Den Hunderten Teilnehmern meiner Gruppen, die mir ihre Geschichten, Erfahrungen und Einsichten mitteilten, bin ich zu Dank verpflichtet; sie stellen die Grundlagen dar, auf denen dieses Buch beruht. Ich bin dem Psychiater Dr. Ron Remick und dem Neuropsychologen Dr. Ed Josephs dankbar für die Durchsicht der Abschnitte über Medikation und vor allem über die Physiologie der Angst. Dieses Buch wäre außerdem nicht möglich gewesen ohne das Fachwissen all der vielen Autoren, Therapeuten, Wissenschaftler, Seminar- und spirituellen Leiter, die mich über die Jahre hinweg beeinflusst haben.

Es war ferner mein großes Glück, dass mir ein Spitzenteam zur Seite stand. Ich danke ganz besonders meiner Lektorin und Mentorin Elizabeth Lyon. Sie wusste zu verhindern, dass aus diesem Buch ein allzu dicker Wälzer wurde. Ich kann ihr Talent, ihre Klugheit und ihr Engagement nur bewundern. Ich danke auch meiner Agentin Cathy Fowler, die von Anfang an an dieses Projekt glaubte und mir stets ihre Unterstützung zuteil werden ließ, wann immer ich sie brauchte. Meinem Verleger Matthew Lore schulde ich ebenfalls Dank. Seine lebensbejahenden Werte, sein Sinn für Integrität und seine Wertschätzung waren mir willkommene Geschenke zur rechten Zeit. Ich danke auch seinem Assistenten Peter Jacoby für sein Engagement und seine Unterstützung.

Ich bin meinen Freunden Terry und Suzanne Boswell sowie Jaime und Angie Martinez sehr dankbar, die mir großzügig ihre

Heime auf Salt Spring Island öffneten, als ich einen ruhigen Hafen brauchte. Außerdem geht ein besonderer Dank an Sue Okuda, die Verwaltungsdirektorin des Royal Columbian Hospital, die mir reichlich Urlaub gewährte. Danken möchte ich auch so vielen anderen Freunde und Kollegen, deren Interesse und Unterstützung für dieses Buch mich stets antrieb. Um nur einige zu nennen: Elsie Candlish, Judith Phanidis, Brian Muller, Mary Armitage, Connie Clark, Margo Weston, Irene Mahoney, Lori Campbell Ryan, Tammy Fiorello, Mary Acheson, Janice Titleborn, Jean-Louis Gendreau.

Vorwort

Wenn Sie unter sozialen Ängsten leiden, werden Sie womöglich nicht wissen, wohin Sie sich auf Ihrer Suche nach Hilfe wenden sollen. Wie lernt man schon, mit Schüchternheit und sozialen Ängsten zu leben?

Selbsthilferatgeber sind oft genug die einzige Zuflucht für viele Schüchterne oder für Menschen mit sozialen Ängsten. Da die meiste Literatur zu diesem Thema relativ jung ist, ist die Auswahl hier bei weitem nicht so groß wie auf anderen Gebieten. Das ist überraschend, wenn man die Statistik betrachtet: 50 Prozent der Bevölkerung bezeichnen sich selbst als schüchtern, eine Zahl, die jährlich um etwa ein Prozent zunimmt; und 13 Prozent leiden unter ihrer Schüchternheit und ihren sozialen Ängsten. Die Bücher, die hierzu auf dem Markt sind, vertreten alle ähnliche Strategien und ihr Ansatz ist oft gleich: Ändern Sie Ihr Denken, ändern Sie Ihr Verhalten. Das nennt man kognitive Verhaltenstherapie.

Ich bin seit 30 Jahren Therapeutin, leite seit 15 Jahren Selbsthilfegruppen gegen soziale Ängste und habe mir mein ganzes Berufsleben hindurch meine glühende Liebe zum Lernen erhalten. Ich suche immer nach guten Quellen. Doch bei der Lektüre all jener Bücher über soziale Ängste, die ich in die Finger bekam, fand ich nicht ein einziges, das sich verständlich mit den Themen auseinandersetzte, welche in allen anderen fehlten – ein Buch mit einer ganzen Bandbreite von Ansätzen, die klar nach Themen geordnet sind. Und so ist es mir eine Freude, diese Lücke mit *Schüchtern – und erfolgreich* zu schließen.

Um nur einige der Vorzüge dieses Buches zu nennen: Sie werden sowohl von den stigmatisierten als auch den positiven Seiten sozialer Ängste hören. Sie werden lernen, wie die drei Bereiche unseres Gehirns arbeiten, um die körperlichen Symptome sozialer Ängste hervorzubringen. Neben den üblichen Techniken, nämlich Ihren Körper mit Hilfe von Atmung und Muskelrelaxation zu entspannen, werden Sie Übungen zur Erdung und Selbstregulation kennen lernen. Für diejenigen, die unter Erröten oder Paruresis (dem Syndrom der „schüchternen Harnblase“) leiden, habe ich neue und erprobte Strategien aufgenommen, mit deren Hilfe man diesen Zuständen beikommen kann.

Praktische Anweisungen werden Sie dazu befähigen, die Kräfte Ihrer Imagination zu mobilisieren und Ihre Träume zu verfolgen. Zielsetzende Arbeitsblätter helfen Ihnen dabei, Ihre Bemühungen in den Bereichen Körper, Geist und Handeln nicht aufzugeben.

Sie werden die beängstigende Macht der Augen kennen lernen und wie Sie Blickkontakte herbeiführen können. Detailliert werde ich auch bestimmte Arten der körperlichen und verbalen Sprache beschreiben, die Ihre Effektivität in Beruf, Freizeit und Liebe steigern werden. Kurz, Sie werden nach der Lektüre dieses Buches in der Lage sein, für sich selbst einen wirksamen Plan zu entwerfen, wie Sie soziales Vertrauen erlangen können.

Soziale Ängste können sich verändern. Sobald sie auf ein erträgliches Maß zurechtgestutzt sind, wird auch die Schüchternheit weniger lästig werden. Wenn ich nach den Erfolgen meiner Gruppenarbeit gefragt werde, antworte ich für gewöhnlich, dass diese unterschiedlich ausfallen. Bei manchen Teilnehmern veränderten die gelernten Lektionen das ganze Leben. Nur einige wenige stöhnten, dass es zu viel Arbeit sei. Der große Rest befand sich irgendwo in der Mitte auf Entdeckungsreise, mit der Erkenntnis, dass sie ihrem Leben neue und aufregende Wege erschließen konnten.

Als jemand, der sich selbst mit Schüchternheit und sozialen Ängsten herumzuschlagen hatte, musste ich mir oft genug Kommentare anhören wie „Hast du deine Zunge verschluckt?“ oder „Jetzt wirst du wieder rot“. Meine Ängste schienen mich schier zu überwältigen, wenn ich vor Publikum sprechen musste. Jetzt ist das anders. Ich schätze nun meine Sensibilität, jene wunderbare Fähigkeit, die so oft Hand in Hand mit Schüchternheit und sozialen Ängsten geht. Es war wahrscheinlich diese Feinfühligkeit und mein Interesse an den Menschen, die mich

Therapeutin werden ließen. „Therapie“ bedeutet ja letztlich „Behandlung“, und welche bessere Eigenschaft wäre dafür vorstellbar als eine gewisse Einfühlsamkeit – die Fähigkeit, Nuancen im Ausdruck zu erfassen, Körpersprache zu entschlüsseln sowie Denk- und Verhaltensmuster zu registrieren? Natürlich brachte mich meine Vertrautheit mit meinen eigenen sozialen Ängsten auf dieses besondere Feld menschlicher Empfindsamkeit. Und darüber bin ich sehr froh. Seither begegne ich immer wieder der Zähigkeit und Kraft des menschlichen Geistes. Ich ließ mich davon inspirieren, wie es Betroffenen trotz ihrer Ängste gelang, sich aus ihren sprichwörtlichen Kokons zu befreien und ihre prächtigen Flügel zu entfalten. Michael kann nun seine Lizenz zum Fußballtrainer machen. Kerry ist bei ihrem Vortrag anlässlich der monatlichen Managementbesprechungen ruhig und ganz bei sich. John glänzt bei einem Bewerbungsgespräch und bekommt die Stelle.

Vor einer Weile hatte ich Gelegenheit, zum zweiten Mal seit unserer Kindheit meine alte Freundin Noella zu treffen. Als sie mein Selbstvertrauen bemerkte, fragte sie mich: „Was ist aus dem kleinen schüchternen Mädchen geworden, das ich einmal gekannt habe?“ Sie erinnerte mich daran, wie schnell ich immer rot wurde, dass ich mich weigerte, mit den anderen Mädchen zum Tanzen zu gehen, und dass ich nie offen reden konnte. Diese Tage sind lange vorbei, und viele Wendepunkte in meinem Leben, die zu meinem sozialen Selbstvertrauen beigetragen haben, flossen in die praktischen Lektionen dieses Buches ein.

Ich habe das Vergnügen kennen gelernt, mich so, wie ich bin, auszudrücken, aber zuweilen kann ich immer noch still, nachdenklich und – glücklicherweise – ein wenig schüchtern sein. Und das ist völlig in Ordnung. Ich habe gesehen, wie mein Sohn Jordan, einst ein ängstliches Kind, das an seinem ersten Tag in der Vorschule die Kerzen seines Geburtstagskuchens unter dem Tisch auspustete, zu einem kontaktfreudigen, beliebten Schuljungen wurde, der sich auch in der Collegezeit sein Selbstvertrauen bewahrte. Ich habe keinen Zweifel, dass ich immerhin ein wenig auf sein Selbstvertrauen Einfluss nehmen konnte, indem ich ihm viele der Begriffe und Praktiken dieses Buchs näher brachte.

Nun sind Sie an der Reihe. Lassen Sie sich von mir zu dieser Abenteuerreise einladen. Wenn Sie entschlossen sind, sich wenigstens mit einigen der Ideen in diesem Buch zu beschäftigen, dann gibt es keinen Grund, warum nicht auch Sie mehr Selbstvertrauen gewinnen sollten. Sie werden sich in kritischen Situationen in Ihrem Körper mehr zu Hause fühlen. Ihr Verstand wird eine Vielzahl von Wegen finden, Ihren Geist zu nähren. Und Sie selbst werden Ihr ganzes, neues Selbst erfahren – durch das, was Sie in dieser neuen Welt der unbegrenzten Möglichkeiten sagen und tun.

ZUM GELEIT

Als Psychologe und Leiter des Zentrums für Angststörungen in Vermont weiß ich, dass Angst das am weitesten verbreitete Problem in unserer Gesellschaft, wenn nicht der ganzen Welt ist. Dennoch suchen nur 25 Prozent der Betroffenen professionelle Hilfe, und nur einem Bruchteil davon wird praktische Unterstützung zuteil. Während Selbsthilferatgeber über die Bewältigung dieser Ängste wie Pilze aus dem Boden schießen, vollzieht Erika Hilliard einen Quantensprung und konzentriert sich vor allem auf Schüchternheit und soziale Ängste. Diese zählen zu den einschränkendsten Formen der Angst.

Wahrscheinlich werden Sie als Leser ganz konkrete und spezifische Anweisungen erwarten, wie mit Schüchternheit und sozialen Ängsten umzugehen ist. Glücklicherweise ist die Autorin eine erfahrene Psychotherapeutin, die kenntnisreiche Ratschläge zu relevanten Themen wie etwa äußere Erscheinung (Kleidung, Körpergeruch und Körpersprache) geben kann, um die soziale Effektivität zu verbessern. Darüber hinaus bietet sie Anleitungen, wie man Blickkontakt herstellt, Konversation macht und im Zweiergespräch besteht. Ein Kapitel darüber, wie man Freundschaften schließt und pflegt, spricht ein fundamentales Bedürfnis an, das bei schüchternen, introvertierten und emotional gehemmten Menschen mit viel Frust verbunden ist. Hilliard widmet sogar ein Kapitel der Partnerfindung, einem der für Schüchterne oder Furchtsame wohl angstbesetztesten Aspekte sozialer Interaktion.

Die Autorin kennt sich auf dem Gebiet der Schüchternheit und sozialen Ängste sowohl aus persönlicher als auch professioneller Erfahrung bestens aus. Das macht ihr Buch warmherzig, authentisch und umso glaubwürdiger. Sie können ihr als jemandem vertrauen, der weiß, wovon er schreibt, und selbst die nötige Arbeit geleistet hat, um das Problem zu bewältigen.

In meinen eigenen Büchern (*Dancing with Fear* und *The Worried Child*) beschreibe ich Angst als Ergebnis dreier interagierender Bestandteile. Der erste, den ich „Temperament" nenne, ist biologisch oder genetisch bedingt. Oder vereinfacht gesagt: Einige von uns werden mit einer Anlage zu Schüchternheit, Sensibilität und Gehemmtheit geboren.

Der zweite Bestandteil ist ein Bündel von erlernten persönlichen Zügen, darunter ein hohes Maß an Leistungsdenken, Perfektionismus, der Wunsch, anderen zu gefallen, Sensibilität gegenüber Kritik, die Angst vor Zurückweisung, Beeinflussbarkeit, die Schwierigkeit, sich zu entspannen, und ständige Sorge. Einige dieser persönlichen Züge – etwa hohe Ansprüche an sich selbst und der Wunsch, gute Leistungen abzuliefern – sind eigentlich positiv und erhöhen unsere Chancen auf Erfolg im Leben.

Der dritte Bestandteil ist Überlastung durch Stress. In praktisch allen Fällen von Angst, die mir bekannt sind, traten die Symptome nach einer Phase großer Stressbelastung auf. Das erklärt auch, warum Angstsymptome zu kommen und gehen scheinen.

Auch Hilliards Buch schließt sich dieser Auffassung von Angst an. So spricht die Autorin zum Beispiel von Stressfaktoren bei Schüchternheit und sozialer Angst – etwa Überreizung durch eine Informationsflut, negatives Denken und Zeitdruck – und zeigt, dass ein Leben in permanentem Stresszustand die Wahrscheinlichkeit einer Angststörung erhöht. Die Autorin gibt Tipps zum Umgang mit Stress und fügt zusätzlich ein Kapitel über die richtige Ernährung ein, mit deren Hilfe sich der Körper beruhigen lässt. Zudem betont sie auch die positiven Aspekte der Schüchternheit und sozialen Angst – den Wunsch, sich zu behaupten, die Erwartungen der anderen zu erfüllen und erfolgreich zu sein.

Hilliard hebt weiterhin hervor, dass die moderne Technologie die Art verändert hat, wie wir miteinander umgehen – so sind die Gelegenheiten zur sozialen Interaktion und Übung sozialer Fähigkeiten deutlich weniger geworden. Das klingt plausibel.

E-Mails und Handys zum Beispiel sind an die Stelle der Begegnung von Angesicht zu Angesicht getreten, auch wenn diese Errungenschaften es uns gestatten, soziale Kontakte bequem, kostengünstig und über große Distanzen hinweg zu pflegen.

Wenn Sie Beruhigung und eine strukturierte Vorgehensweise hilfreich finden, wird Ihnen dieses Buch mit seinem positiven Ton und seiner einzigartigen Gliederung besonders gefallen, denn es bietet mit interessanten Fallbeispielen einen optimistischen Zugang zu dem Thema. Die Gliederung in Abschnitte über Körper, Geist und Handeln spricht besonders an, und es fällt nicht schwer, sich auf der Suche nach nützlicher Information in den Kapiteln zurechtzufinden.

Dieses Buch ist zudem sehr verständlich geschrieben. Einzelheiten, die in anderen Büchern zum Thema nur genannt werden, beschreibt die Autorin detailliert. So findet sich beispielsweise ein Kapitel über das Syndrom der „schüchternen Harnblase“, eine Art der Angststörung, bei der man öffentliche Toiletten meidet. Sie werden aber ebenso ein Kapitel über öffentliche Auftritte und Vorstellungsgespräche entdecken.

Es ist wissenschaftlich nachgewiesen, dass die kognitive Verhaltenstherapie den wirkungsvollsten Zugang zur Angst eröffnet. Die Autorin hat das erkannt und gibt dem Leser Anleitungen an die Hand, wie er über Imagination, positives Denken und neue Denkgewohnheiten erfolgreicher werden und sich mit sich selbst wohler fühlen kann. Sie führt auch die einzelnen Schritte der „Desensibilisierung“ und „Exposition“ aus, die zur Bewältigung und Überwindung der Angst notwendig sind.

Ich halte Gruppenarbeit ebenfalls für eine effektive Form der Hilfe bei sozialen Ängsten. Seit über 20 Jahren halte ich wöchentlich Gruppenstunden für Klienten ab, die unter Schüchternheit und sozialen Ängsten leiden, und ich bin immer wieder erstaunt über die Kraft dieser therapeutischen Methode. Erst eine meiner jüngsten Gruppenveranstaltungen half einer Anzahl von Studenten, aufs College zurückzukehren, nachdem sie dieses im ersten Jahr wegen Schüchternheit und sozialen Ängsten abgebrochen hatten. Auch Erika Hilliard hat viel Erfahrung in der

Leitung von Angstgruppen, und aus diesem Erfahrungsschatz heraus kann sie fundiert raten, wie man sich in Gruppen und einschlägigen Situationen zurechtfindet.

Ich stimme ihr darin zu, dass Medikamente keine langfristige Lösung für soziale Ängste sein sollten. Zum einen lernen wir durch sie nichts dazu. Zum anderen fühlen sich viele ängstliche Menschen bei dem Gedanken an ihre Medikamente nicht wohl und nehmen sie deshalb nur unregelmäßig und mit enttäuschendem Ergebnis. Unerwünschte Nebenwirkungen und anfängliche Gewöhnungsschwierigkeiten tragen das Ihre dazu bei. Und selbst wenn Medikamente tatsächlich soziale Ängste abbauen, bleibt doch die Frage, was passiert, wenn man sie wieder absetzt. Werden Schüchternheit und Angst zurückkehren?

Lassen Sie sich von Erika Hilliard in diesem Prozess des Verstehens und der Bewältigung von Schüchternheit und sozialen Ängsten an die Hand nehmen. Dann wird sich dieses Buch auch für Sie als unschätzbarer therapeutischer Leitfaden zu größerem sozialem Wohlbefinden erweisen und Ihnen wieder mehr Freude am Leben schenken.

22. Juli 2004

Paul Foxman, Ph.D.
Burlington, Vermont
www.drfoxman.com

EINLEITUNG

Selbst an den unwahrscheinlichsten Stellen – in einem Riss im Gehsteig oder einer Felsritze – kann ein kleines Samenkorn keimen und sich ganz langsam in eine purpurrote Rose oder eine duftende Pinie verwandeln. Trotz aller Hindernisse bebt der Wachstumsimpuls des Lebens um uns herum. Auch in jedem von uns gibt es etwas, das nach Blüte strebt, und wenn es nicht gedeihen kann, erwacht Unbehagen in uns.

Menschen, die unter Schüchternheit oder sozialen Ängsten leiden, kennen dieses Unbehagen nur zu gut. Sie sehnen sich danach, sich selbst auszudrücken und die Person zu werden, die sich unter der Oberfläche ihrer Angst verbirgt. Wenn die Lebensumstände es zulassen, wird sich der Wachstumsimpuls durchsetzen. Denn schüchterne oder ängstliche Menschen können sehr wohl etwas dazu tun, dass sie sich mit sich selbst und anderen wohler fühlen. Und viele Personen mit derartigen Problemen führen trotzdem ein erfüllendes und erfolgreiches Leben.

Vor ungefähr 15 Jahren kam Kristen, eine 35-jährige Abteilungsleiterin, zu mir, weil sie sich in ihrem Job nicht wohl fühlte. Sie beschrieb mir, dass ihr bei jedem Meeting, bei dem sie sprechen musste, die Wangen zuckten, das Herz raste und das Gesicht rot wurde. Und ich wusste ganz genau, wovon sie sprach. Bis auf das Phänomen der zuckenden Wangen hatte ich in beruflichen und manchmal sogar auch in privaten Situationen schon dasselbe durchgemacht. Das Leben hatte mir freundlicherweise Gelegenheit geboten, diese sozialen Peinlichkeiten zu überwinden. Und dennoch war ich Kristen auf der Reise zu einem gesunden Selbstvertrauen in sozialen Situationen nur ein paar Schritte voraus.

Wir gingen ihr Problem von zahlreichen Seiten an: systemische Familientherapie, Arbeit am Selbstwertgefühl, Paartherapie und so weiter. Mit der Zeit ging es Kristen besser, doch noch immer zuckten ihre Wangen und hämmerte ihr Herz bei beruflichen Meetings. Offensichtlich brauchte sie noch etwas anderes. Kristen war die erste Klientin, die mich bat, über die Gründung einer Angstgruppe nachzudenken. Und diese Anregung war alles, was ich wiederum brauchte. Ich las in der Fachliteratur nach und erfuhr, dass Gruppenarbeit eine der effektivsten Lernmethoden ist, mit sozialen Ängsten umzugehen.

Es dauerte acht Monate, bis ich acht Leute für meine erste Gruppe zusammenhatte. Ich wandte mich an Kathy Tait, eine Journalistin der Lokalzeitung von Vancouver, und fragte sie, ob sie über soziale Ängste schreiben wolle. Sie zeigte unmittelbar Interesse an einem Interview der Gruppenmitglieder. An dem Wochenende, als ihr Artikel über die „Angst vor Menschen" erschien, stand mein Telefon nicht mehr still. Genau genommen hörte es eine Woche lang nicht auf zu klingeln. In diesem ersten Jahr begleitete ich drei Gruppen mit je zwölf Teilnehmern.

Vor etwa drei Jahren rief ich Kristen an, um zu fragen, wie es ihr ging. Sie berichtete davon, wie großartig ihr Leben sei. Vor allem erzählte sie eifrig, dass sie eine Vielzahl von Schulprojekten bei der Regierung durchgesetzt hatte. Sie sprach frei auf Schulversammlungen und unterhielt sich mit den Eltern der Schüler. Und Kristen fügte hinzu, dass sie vor unserer unschätzbar lehrreichen Gruppenarbeit so etwas nicht im Traum für möglich gehalten hatte.

Schon seit langem hatte ich mir gewünscht, diese lehrreichen Inhalte in einem Buch zusammenzufassen, das der Öffentlichkeit zugänglich wäre. Obwohl ich mit dieser Idee schon zehn Jahre lang schwanger ging, hätte ich es zu der damaligen Zeit nicht schreiben können. Über die Jahre hinweg habe ich so vieles aus so vielen Quellen gelernt: von Teilnehmern meiner Gruppen und anderen privaten Klienten, aus innovativen Therapieansätzen, von klugen Schriften über soziale Ängste und dem Leben im Allgemeinen und aus meinen eigenen glücklichen und unglücklichen Erfahrungen. Ich hoffe, es ist mir zumindest ein wenig gelungen, einige dieser Ideen und Erfahrungen auf appetitliche und verdauliche Art und Weise anzurichten.

Ich habe das Buch in vier große Abschnitte unterteilt. In Teil eins, „Schüchternheit und soziale Ängste“, wird der Begriff der sozialen Angst ganz allgemein eingeführt. Er enthält Begriffsklärungen, Beschreibungen und Ursachen sozialer Ängste. Sie werden hier von Prominenten und Menschen wie du und ich lesen, die unter diesen Symptomen leiden. Sie werden auch den Unterschied zwischen normalen und übertriebenen sozialen Ängsten kennen lernen – ebenso wie einige der gesellschaftlichen und kulturellen Druckmittel und Gewohnheiten, die zu einer fehlgeleiteten Abneigung gegen soziale Ängste und Schüchternheit führen können. Sie werden herausfinden, dass in unserer Gesellschaft soziale Ängste immer häufiger auftreten. Freuen Sie sich über die Tatsache, dass Forschung und klinische Nachweise neue Wege aufzeigen, wie sich Schüchternheit annehmen und übertriebene soziale Angst abbauen lässt. Und ganz wichtig: Lernen Sie, soziale Ängste positiv zu betrachten.

Die Teile zwei, drei und vier sind in einzelne Aspekte der sozialen Angst gegliedert, die mit dem Körper, dem Geist und dem Handeln zu tun haben.

In Teil zwei, „Der Körper“, wird erklärt, wie genau Gehirn und Nervensystem jene physischen Empfindungen hervorbringen, die mit sozialer Angst einhergehen. Methoden werden aufgezeigt, wie sich durch Erdung, Übungen zur Selbstkontrolle, richtiges Atmen, Muskelrelaxation und gesunde Ernährung das Nervensystem beruhigen lässt. Die Vor- und Nachteile einer Medikamenteneinnahme werden dargestellt sowie Erröten und das Syndrom der „schüchternen Blase“ beleuchtet.

Teil drei, „Der Geist“, ist in zwei Teile untergliedert: die Macht der Vorstellungskraft und die Macht der Worte. Im ersten wird beschrieben, auf welch unterschiedliche Art und Weise die Vorstellungskraft viele Lebensbereiche beeinflussen kann – positiv wie negativ. Dazu werden verschiedene Theorien zur „Funktionsweise“ der Imagination untersucht. Außerdem finden Sie hier auch Richtlinien, die Ihnen helfen werden, Ihre Vorstellungskraft für Ihre Ziele, zur Entspannung und zur Förderung von Selbstvertrauen im menschlichen Miteinander nutzbar zu machen.

Da Worte große Macht haben, werden auch negative Selbstgespräche, negative Voraussagen sowie negative Überzeugungen aufgedeckt und infrage gestellt. Sie lernen dabei, wie sich andere geistige Fallen, die sozialen Ängsten Vorschub leisten, enttarnen und beseitigen lassen. Dazu zählen die Konzentration auf das Selbst, Perfektionismus, blinde Regelhörigkeit, die Wunsch- und die Vergleichsfalle. Und Sie werden sich einen Vorrat an Worten zulegen, die Sie fördern und ermutigen, und zwar in Form von Affirmationen, Dankbarkeit und einer Reihe von Vorzügen der Angst.

In Teil vier, „Die Macht des Handelns", ist die Umsetzung des Gelernten in die Praxis das Thema. Sie erfahren, wie Sie sich Schritt für Schritt und wiederholt Angst auslösenden Situationen annähern und aussetzen. Sie werden lernen, dass man zunächst Kontakt mit anderen über die Körpersprache aufnimmt und erst dann auf verbalem Wege, und welche Aspekte man hierbei beachten muss. Selbst der Erfolg in Vorstellungsgesprächen und Präsentationen lässt sich durchaus lernen. Dann können Sie sich in die privateren Gefilde von Freundschaft und Beziehung vortasten. Im letzten Kapitel zeige ich Ihnen, wie Sie sich ständig selbst motivieren, mit Rückschlägen zurechtkommen und auf allgemeine Ressourcen zurückgreifen.

Wie Sie sehen, funktioniert dieses Buch fast wie ein Kochbuch. Bitte fühlen Sie sich nicht dazu verpflichtet, jede einzelne Seite aufsaugen zu müssen, um davon profitieren zu können. Vielleicht möchten Sie jedes Kapitel nur anlesen, vielleicht wollen Sie auch hier und dort ganz darin eintauchen, wenn Sie meinen, es geht um Dinge, die Sie betreffen. Manchmal bedarf es nur eines einzigen Hinweises, um ein Leben völlig umzukrempeln. So berichtete zum Beispiel ein ehemaliges Gruppenmitglied, dass es ihm eine ganz neue Welt eröffnet habe, sich auf andere und nicht immer auf sich selbst zu konzentrieren. Eine andere Teilnehmerin sagte, dass sie viel besser mit sich und anderen auskomme, seitdem sie gelernt habe, ihr schüchternes Wesen zu akzeptieren und die vielen guten Eigenschaften zu schätzen, die ihre Sensibilität mit sich bringt. Ein Dritter fühlte sich durch die Arbeit mit seiner Vorstellungskraft inspiriert, während wieder ein anderer spürte, dass er nun endlich in der Lage war, sich mit den negativen Selbstgesprächen auseinanderzusetzen, die bisher immer so hinderlich gewesen waren. Was wird wohl Ihr Leben verändern?

Ich hoffe, dass die persönlichen Geschichten, Gedanken und Entdeckungen all jener Menschen, die hier genannt sind, Sie dazu ermutigen werden, dieses Buch als Abenteuer zu betrachten – als Unternehmung, bei der Sie nicht allein sind. Tausende Menschen mit sozialen Ängsten haben sich schon vor Ihnen auf der Suche nach Selbstvertrauen zu dieser Abenteuerfahrt aufgemacht, und Tausende werden Ihnen noch folgen. Genau jetzt stehen sie bereits hinter Ihnen, im Haus nebenan, in der Nachbarschaft, dem nächsten Bundesland, dem Nachbarland oder dem nächsten Kontinent. Und genau wie Sie ergreifen auch so viele andere geeignete Maßnahmen, um ihre sozialen Ängste in den Griff zu bekommen – und um sich alldem zu öffnen, was das Leben noch für sie bereithält. Sie sind nicht allein. Genießen Sie Ihre Reise!

TEIL EINS

SCHÜCHTERNHEIT UND SOZIALE ÄNGSTE

Kapitel eins:

Sie auch?

Die vielen Gesichter von Schüchternheit und sozialer Angst

Es gibt so viele Arten,
Borschtsch zu kochen,
wie es Russen gibt.
Alla Galtschinska, meine Mutter

Jake, ein 45 Jahre alter Zahnarzt, erzählt den anderen Mitgliedern einer Selbsthilfegruppe, wie seine sozialen Ängste die Kontrolle über sein Leben erlangt haben:

> *„Es bereitet mir keine Schwierigkeiten, auf einer Konferenz vor 500 Leuten zu sprechen. Aber mich packt der Schrecken, wenn ich einer einzelnen Person von Angesicht zu Angesicht gegenüberstehe. Ich habe keine Ahnung, was ich sagen soll. Ich habe das Gefühl, taxiert zu werden. Ich mache mir Gedanken, ob ich auch einen guten Eindruck hinterlasse. Selbst wenn es gut läuft, mache ich mir Sorgen, dass ich es vermassle. Private Begegnungen sind die Hölle für mich. Ich selbst zu sein ist für mich ein unmöglicher Kraftakt."*

Catherine, eine ältere Studentin, räuspert sich, bevor sie zu sprechen beginnt:

„Ich bin Weltmeisterin im Vermeiden. Ich würde sogar in die nächste Stadt fahren, nur um nicht an der Kasse einer Kassiererin zu stehen, bei der ich schon einmal gezahlt habe. Ich habe keine Probleme mit Fremden – es sei denn, ich begegne ihnen öfter als einmal. Ich habe Angst, dass sie mich näher kennen lernen und dann nicht mehr mögen könnten. Wenn meine Nachbarin zur gleichen Zeit heimkommt wie ich, meide ich ihren Blick. Wenn ich mir vornehme, im Garten zu arbeiten, und entdecke, dass sie schon draußen ist, ändere ich meinen Entschluss und bleibe im Haus. Vor langer Zeit arbeitete ich als Sekretärin, und es war mir immer sehr unangenehm, wenn mein Chef mir beim Stenografieren zusah – als könne er bemerken, dass meine Hand zitterte. Ich kann keinen Kaffee vor anderen trinken, weil ich Angst davor habe, ihn zu erschüttern. Ich gehe nicht auf Partys, was mein Mann sehr bedauert. Wenn ich in einer Gruppe bin, fühle ich mich immer ausgeschlossen, so als würde ich nicht dazugehören. Es ist schon ein Wunder, dass ich überhaupt zur Gruppenstunde gekommen bin, aber ich kann einfach nicht so weiterleben."

Was haben Jake, Catherine und andere gemeinsam? Sie alle hegen mehr oder weniger ausgeprägt die Sorge, dass andere Menschen sie ansehen, taxieren und abwerten könnten. Sie fürchten sich vor Zurückweisung.

Verstecken Sie Ihre sozialen Ängste nicht länger

Noch bis vor kurzem vernachlässigten fast alle professionellen Helfer das Phänomen der sozialen Ängste. Und zwar aus zwei Gründen: Erstens verschweigen viele Leute ihren Therapeuten ihre Angst. Und zweitens wurde in der einschlägigen Literatur kaum darüber geschrieben. Oft sprachen die Betroffenen selber auch nicht über ihr Problem, weil sie sich ihrer Angst nicht bewusst waren. Peter, einer meiner Gruppenteilnehmer, sagte zum Beispiel, dass er sehr lange gebraucht habe, um überhaupt zu erkennen, woran er eigentlich leide. Alle Jahre wieder bekam er furchtbare Bauchschmerzen, wenn der Betriebsausflug anstand. Er dachte, das sei eben ein interessanter Zufall. Peter zog nicht den Schluss daraus, dass diese physiologische Reaktion auf denselben Grund zurückzuführen war, aufgrund dessen er schon zu Highschool-Zeiten lieber nach Hause gegangen war, als gemeinsam mit seinen Mitschülern in der Cafeteria zu essen. Einige Leute sprechen auch nicht über ihre Ängste, weil sie sich schämen. Andere wieder glauben, dass sie gar nichts dagegen tun können; sie nehmen sie als Teil ihrer Persönlichkeit hin. Warum also darüber reden?

Obwohl soziale Ängste wahrscheinlich schon so lange existieren, wie es Menschen auf der Erde gibt, wurde die erste anerkannte Definition in Nordamerika erst 1966 von Marks und Grelder formuliert. Sie beschrieben Bedingungen, unter denen eine Einzelperson ängstlich wird, etwa dann, wenn sie zum Gegenstand der Musterung durch andere wird. Sobald sich diese Person in einer bestimmten Situation wiederfindet, drängt sich ihr der Eindruck auf, sie werde beobachtet und könne der Musterung nicht standhalten. Was auch immer sie sagt oder tut, sie wird den Ansprüchen nicht genügen. Und sie bekommt Angst, gedemütigt oder in Verlegenheit gebracht zu werden.

Soziale Ängste und Phobien sind eng miteinander verwandt. Wenn soziale Angst so intensiv und hartnäckig wird, dass sie Einfluss auf das private und berufliche Leben des Betroffenen hat, wird sie oft soziale Phobie oder soziale Angststörung genannt.

Schüchternheit

In meinen Gruppen verwendete ich früher die Begriffe „soziale Angst“ und „Schüchternheit“ synonym. Eines Tages überraschte mich Leila – eine Teilnehmerin, die ohne Schwierigkeiten vor der Gruppe zu sprechen in der Lage war – mit der Feststellung, dass sie sich trotz ihrer großen sozialen Ängste in vielen Situationen nicht als schüchtern betrachte. Wow! Das war ja eine ganz neue Auffassung. Man kann also nicht automatisch davon ausgehen, dass Menschen mit sozialen Ängsten notwendigerweise auch schüchtern sein müssen. Und andersherum? Leiden schüchterne Menschen auch immer unter sozialen Ängsten?

Um diese Fragen zu beantworten, ist es notwendig, die zwei Typen von Schüchternheit, die es gibt, näher zu beleuchten: Die eine ist nichts weiter als eine Charaktereigenschaft, mit der die Betroffenen sich trotzdem im sozialen Miteinander wohl fühlen können. Wir treffen diese Art von natürlicher Vorsicht oft bei Kindern an, die mit Fremden erst „warm werden“ müssen. Diese gesunde Skepsis schützt die Kinder vor denjenigen, die ihnen vielleicht gefährlich werden könnten. Die zweite Form von Schüchternheit hat mehr mit der Sorge zu tun, bewertet zu werden. Diese Schüchternheit kommt der sozialen Angst schon näher. Soziale Ängste entsprechen dem Leiden, das mit der Angst vor Musterung und Beurteilung zusammenhängt, während Schüchternheit den Verhaltensreaktionen auf diese sozialen Ängste entspricht. Diese Reaktionen schließen auch Vorsicht und Hemmung ein. Laut Christopher J. McCullough, Autor von *Always at Ease*, ist „Schüchternheit, wie eine Phobie, nicht ein Gefühl, sondern ein Verhalten, ein Versuch, Angst zu vermeiden“.

Meiner Erfahrung nach erleben Menschen, die sich selbst als schüchtern bezeichnen, auch oft soziale Ängste. Umgekehrt können je nach Heftigkeit und Häufigkeit ihrer Symptome Menschen mit sozialen Ängsten schüchtern sein – oder auch nicht. Für unsere Zwecke werde ich in Zukunft jedoch beide Begriffe wechselweise verwenden bzw. der „sozialen Angst“ den Vorzug geben, da sie den Sachverhalt präziser bezeichnet und besser auf den Punkt bringt. Außerdem liegt sie der Schüchternheit zugrunde.

Introvertiert und extrovertiert

Im allgemeinen Sprachgebrauch gehen Schüchternheit und Introvertiertheit häufig Hand in Hand. Fakt ist: Es gibt schüchterne und nichtschüchterne Introvertierte wie auch schüchterne und nichtschüchterne Extrovertierte. Als introvertiert bezeichnet man jemanden, der seine Energie meist aus sich selbst bezieht. Er hat besondere Freude an seiner eigenen inneren Welt der Gedanken und Reflexionen. Er ist gern allein. Ein nichtschüchterner Introvertierter hat indes kein Problem damit, zu anderen in Beziehung zu treten. Für einen begrenzten Zeitraum kann er durchaus enge soziale Kontakte pflegen. Nach einer Weile ermüdet er jedoch und muss sich ein ruhiges Plätzchen suchen, an dem er so sein kann, wie er ist, um seine Batterien wieder aufzuladen. Ein nichtschüchterner Introvertierter wird eine Party lieber früher als später verlassen.

Ein schüchterner Introvertierter schöpft genau wie ein nichtschüchterner Energie aus sich selbst. Und doch ist er nicht so gelassen, wenn es um soziale Interaktion geht. Für gewöhnlich möchte er zu Leuten, die er nicht gut kennt, Abstand halten. Oft zieht er es vor, zu Hause zu bleiben, zu lesen, Musik zu hören, vor dem Computer zu sitzen oder im Haus herumzuwerkeln.

Ein nichtschüchterner Extrovertierter bezieht seine Energie vornehmlich von anderen Menschen. Er fühlt sich in Gesellschaft anderer sofort wohl und bleibt gern so lang wie möglich mit den Leuten zusammen. Ein schüchterner Extrovertierter gewinnt ebenfalls Kraft aus dem Kontakt mit anderen, aber es dauert eine Weile, bis er sich bei ihnen wohl fühlt. Sobald er sich aber einmal an die Umgebung und die Menschen gewöhnt hat, fühlt er sich dort sehr zu Hause, öffnet sich und spürt mit der Zeit einen Energiezuwachs. Er ist oft einer der Letzten, die gehen.

Die Kategorien des nichtschüchternen und schüchternen Introvertierten und Extrovertierten sind nicht getrennt voneinander zu betrachten. Man kann die meisten Menschen nicht einer einzigen Kategorie zuordnen. Sie weisen eher Tendenzen zu dem einen oder anderen Typus hin auf oder können, je nach den Umständen, den Typ wechseln oder gemischte Tendenzen zeigen.

Wie sich soziale Angst zeigt

Viele Menschen legen – abhängig von ihrer eigenen Person und ihrer persönlichen Geschichte – ganz unterschiedliche Grade von Schüchternheit und sozialer Angst an den Tag. Lesen Sie im nachfolgenden Abschnitt, welche Abstufungen es gibt.

Abstufungen von Schüchternheit und sozialer Angst

Normal

Die meisten Schüchternen besitzen eine ganz normale Art der Schüchternheit. Sie erleben keine lähmende Angst in bestimmten Situationen. Roger zum Beispiel ist schüchtern, wenn im Sommer neue Kameraden in seinen Softballverein eintreten. Er hat gelernt, dass er ein wenig mehr Zeit braucht, um mit anderen Menschen warm zu werden. Die meisten von uns erleben eine ganz normale soziale Angst in neuen Situationen, aber wie bei Roger verflüchtigt sich ihre Angst, sobald sie sich darauf einlassen.

Leicht bis gemäßigt

Es gibt Menschen, deren Schüchternheit und soziale Angst nur manchmal auftreten. Marianne etwa ist am Arbeitsplatz selbstsicher, aber fühlt sich beim Tanzen, als hätte sie zwei linke Füße. Sie träumt oft davon, einen Tanzkurs zu machen, aber sie fürchtet sich davor, wie sie dabei auf andere wirken könnte, und ist deshalb noch nicht einmal zu den Gratistanzstunden des örtlichen Latinorestaurants gegangen.

Gemäßigt bis extrem

Etwa 13 Prozent der Bevölkerung erleben Schüchternheit oder soziale Ängste in dem Maße, dass sie entweder das soziale Miteinander ganz vermeiden oder entsprechende Situationen nur mit heftigem Unbehagen über sich ergehen lassen können. Wenn Helenas Kollegen sie fragen, ob sie zum Mittagessen mitgeht oder nach der Arbeit zu einer Party, lehnt sie mit der Entschuldigung ab, sie habe noch Besorgungen zu machen oder eine Verabredung. Sie fühlt sich nur mit einigen wenigen Familienmitgliedern wirklich wohl und macht den Mund nicht mehr auf, wenn zu viele Verwandte zu ihr nach Hause kommen.

Extrem

An diesem Ende der Skala haben die Betroffenen so große Angst, dass sie Menschen und Begegnungen so gut es geht meiden, und zwar um nicht nur das Risiko der Ablehnung zu minimieren, sondern vor allem das Risiko, diese Angst überhaupt zu spüren. Harry verbringt jedes einzelne Wochenende zu Hause. Obwohl er schon oft daran gedacht hat, dass eine Freundin seine Probleme lösen könnte, unternimmt er keine Schritte, um unter Leute zu gehen. Für gewöhnlich sagt er sich: „Meine Güte, mich würde doch sowieso niemand mögen."

Wo, glauben Sie, ist Ihre soziale Angst auf dieser Skala angesiedelt? Wenn sie noch unter „normal" rangiert, brauchen Sie sich keine Sorgen zu machen. Sie müssen nur akzeptieren, dass soziale Angst und Schüchternheit Teil Ihrer Persönlichkeit sind. Sie werden bald herausfinden, dass viele schöne Eigenschaften mit dieser Form der sozialen Angst einhergehen. Wenn sie irgendwo zwischen „leicht" und „gemäßigt" einzuordnen ist, denken Sie bitte daran, dass das kein dauerhafter Zustand sein muss. Man bewegt sich auf der Skala herauf und herunter, je nach den gerade vorherrschenden Lebensumständen und inneren Stärken und Ressourcen. Dieses Buch wird Ihnen viele Ideen an die Hand geben, wie Sie diese Stärken und Ressourcen nutzen können. Welche Auswirkungen es haben kann, wenn sich Ihre

Form der sozialen Angst im „extremen“ Bereich befindet, finden Sie im nachfolgenden Abschnitt über die „negativen Konsequenzen“.

Soziale Angst und Schüchternheit in Öffentlichkeit und Privatleben

Linda sitzt still in der Gruppe. Sie hält den Blick gesenkt, während sie mit leiser Stimme zu sprechen beginnt. Als sie aufblickt und bemerkt, dass die anderen sie ansehen, werden ihre Wangen flammend rot, und sie schlägt die Augen schnell nieder. Linda ist in der Öffentlichkeit schüchtern. Solche Betroffenen zeigen offen entsprechende Symptome. Sie sind oft stiller und vorsichtiger im sozialen Miteinander als privat schüchterne Leute wie etwa Bill. Es fällt ihm leicht, vor der Gruppe zu sprechen. Niemand versteht, warum er überhaupt hier ist. Er erzählt: „Das geht mir immer so. Meine Freunde glauben mir einfach nicht, dass ich schüchtern bin. Ich versuche, mich wacker zu schlagen, aber innerlich zittere ich. Ich überlege, ob die Leute mein mangelndes Selbstbewusstsein bemerken werden. Und ich habe Angst, dass sie mich nicht mehr mögen, wenn sie mich wirklich kennen gelernt haben.“ Menschen, die im privaten Umfeld schüchtern sind oder soziale Ängste an den Tag legen, behalten ihre Symptome oft für sich. Nach außen hin wirken sie häufig selbstsicher, während sie innerlich schüchtern sind und ihre sozialen Ängste intensiv erleben.

Symptome der sozialen Angst

Symptome der sozialen Angst begegnen uns generell in drei Bereichen: Körper, Geist und Handeln. Die folgende Aufstellung listet viele der Formen von sozialer Angst auf, unter denen Sie leiden können. Markieren Sie diejenigen, die Sie bei sich selbst erkennen. Fügen Sie gegebenenfalls weiter Formen in den dafür vorgesehenen Zeilen hinzu.

Körper

- klopfendes Herz
- Herzschlag im Ohr
- Kurzatmigkeit
- trockener Mund
- zugeschnürter Hals
- brüchige Stimme
- Schwierigkeiten beim Schlucken
- Appetitmangel
- Oberbauchbeschwerden
- andere Schmerzen
- Erröten
- Schwitzen
- Enge in der Brust
- Kribbeln
- Kopfweh
- Übelkeit
- Schwindel
- Hitze-, Kältegefühle
- plötzlicher Harndrang
- Muskelverspannung
- Zucken der Gesichtsmuskeln
- zitternde Hände/Beine
- versteinerte Miene

Andere:

....

....

....

Geist

Vorstellungen

- vom Schlimmsten, manchmal in sehr lebendigen geistigen Bildern
- von körperlichen Symptomen (s.o.)
- davon, wie man auf andere wirkt (meist nervös, unzulänglich, sonderbar)

Andere:

....

....

Worte

- Gedanken, die mit Sorgen, negativen Werturteilen oder Voraussagen verknüpft sind. Beispiele: „Was, wenn sie mich nicht mögen?“ – „Sie mögen mich nicht.“ – „Sie werden mich nicht mögen.“
- Einschränkende Überzeugungen und Annahmen. Beispiele: „Ich muss eine perfekte Leistung abliefern, sonst wird man mich nicht anerkennen.“ – „Wenn ich es schaffe, ist es das Verdienst eines anderen, wenn ich durchfalle, ist es allein meine Schuld.“

Andere:

....

....

Mentaler Prozess

- Konzentration auf sich selbst, besessen von der Vorstellung, wie man auf die andere Person wirkt.
- Konzentration darauf, was man als Nächstes sagen soll, und nicht darauf, was der andere sagt.
- Schwierigkeit, sich an das zu erinnern, was der andere gesagt hat, da es vor allem schwierig war aufzupassen.
- Schwierigkeit zu denken, Blackout.

Andere:

....

....

....

Handeln

Vermeidungshaltung

- Blickkontakt vermeiden
- entsprechende Situationen meiden
- Tendenz zur Passivität
- Zögern, Zaudern
- selten initiativ sein
- die eigene Meinung für sich behalten

Sicherheitsstreben

- Aufenthalt nur an vertrauten Orten
- Umgang mit alten Freunden
- der Mehrheit beipflichten
- unauffällige Kleidung
- peinliches Achten auf eine tadellose äußere Erscheinung

- Tendenz zu übertriebener Hilfsbereitschaft
- übertriebene Liebenswürdigkeit
- Nervöse Sprache/Körpersprache
- zu leise, zu laut sprechen
- Murmeln oder Stottern
- nervöses Kichern
- bebende Lippen
- Zappelei
- Starre oder Humpeln
- verschlossene Körperhaltung
- kaum ausgeprägte soziale Fähigkeiten

Andere:

....

....

Sozial ängstliche Menschen beurteilen ihre eigenen sozialen Fähigkeiten oft als mangelhafter, als es objektive Beobachter tun. Viele Betroffene wissen nicht, wie sie eine Konversation beginnen oder am Laufen halten oder wie sie mit konfliktbesetzten Situationen umgehen sollen. Sie wissen nicht, wie man Komplimente macht oder erhält. Sie sind unsicher, was sie sagen sollen und wann.

Mit welchem dieser drei Komplexe identifizieren Sie sich selbst am meisten? Körper, Geist oder Handeln? Typischerweise geben die meisten an, dass ängstliches Denken sie am meisten stört. Aber es gibt immer noch genug andere, die vor allem über körperliche Symptome oder ihr Verhalten klagen. Lassen Sie sich einen Moment Zeit, um herauszufinden, wie Sie normalerweise Ihre sozialen Ängste erleben. Dies wird Ihnen bei der Entscheidung helfen, worauf Sie sich zunächst konzentrieren wollen, wenn Sie nun endlich Schritte gegen Ihre Ängste unternehmen.

Wirkungen auf Gefühle

Soziale Ängste haben nicht nur auf Körper, Geist und Verhalten Einfluss, sondern auch auf die Gefühle. Mitten in einer Situation, die soziale Ängste verursacht, erlebt man für gewöhnlich auch ausschließlich Angst. Darin schließe ich Nervosität, Furcht, Besorgnis und Unsicherheit ein. Als Betty zum Beispiel ihren Platz einnahm, um das jährliche Konzert mit dem Schulorchester zu bestreiten, kannte sie das Rasen ihres Herzschlags und das Zittern ihrer Hände bereits nur zu gut. Erst als sie nach Hause zurückgekehrt war, wurde sie wütend auf sich, weil sie so nervös gewesen war und nicht besser gespielt hatte. Es ist generell so, dass andere Emotionen erst dann aufkommen können, wenn sich die Angst gelegt hat und in den Hintergrund getreten ist. Neben ihrer Wut hätte Betty auch noch Scham, Depression, Niedergeschlagenheit, Minderwertigkeit und Einsamkeit fühlen können. Diese Emotionen habe ich oben in der Aufzählung nicht erwähnt, weil wir unsere Gefühle nicht direkt verändern können, während wir aber sehr wohl Einfluss auf unseren Körper, unseren Geist und unser Verhalten haben. Wenn wir in diesen Bereichen Veränderungen herbeiführen, werden sich positive Gefühle indes ganz von selbst ergeben.

Situationen

Soziale Angst im Allgemeinen und Besonderen

Jake, der Zahnarzt aus unserer Angstgruppe, tritt im Beruf selbstsicher auf, verwandelt sich aber sofort in ein Mäuschen, wenn er mit einer fremden Person außerhalb der beruflichen Begegnung spricht. Er leidet an einer spezifischen sozialen Angst. Steve, ein Naturbursche, ist ein gutes Beispiel für jemanden, der generalisierte soziale Angststörungen erlebt. Er beschreibt einen allgegenwärtigen Mangel an Selbstvertrauen, der besonders dann zutage tritt, wenn es um Situationen mit anderen Menschen geht.

Angst auslösende soziale Situationen

Sicherlich kann jede Situation im menschlichen Miteinander Ängste hervorrufen. Dennoch gibt es eine Anzahl von Momenten, die dafür bekannt sind. Haken Sie im Folgenden diejenigen ab, die für Sie zutreffen. Und fügen Sie nach Belieben neue hinzu.

- Leute zum ersten Mal treffen
- jemanden treffen, den man attraktiv findet
- Gespräche mit Autoritätspersonen oder Menschen von hohem sozialem Rang (durch Reichtum, Alter oder Ruhm)
- Telefonate
- in einer Gruppe sprechen, im Mittelpunkt stehen
- Präsentationen (45 Prozent der Bevölkerung geben an, Sprechen vor Publikum sei ihr Angstauslöser Nummer eins)
- Auftritte in der Öffentlichkeit: Essen, Schreiben, Tanzen, Telefonieren vor Dritten, Arbeiten
- öffentliche Toiletten
- Prüfungen (werden oft als Auslöser sozialer Ängste betrachtet)

Andere:

....

....

Wie auch immer die Situation geartet ist – wir grübeln, ob wir den Ansprüchen der anderen genügen beziehungsweise ob wir ihnen nicht genügen.

Häufigkeit von Schüchternheit

In den frühen Siebzigerjahren des 20. Jahrhunderts führte der Pionier auf dem Gebiet der Schüchternheitsforschung, Philip Zimbardo, mit seinem Team eine Erhebung an 5000 Collegestudenten durch. 80 Prozent berichteten, dass sie schon einmal unter Schüchternheit gelitten hatten oder gerade litten. 40 Prozent betrachteten sich zu diesem Zeitpunkt als schüchtern. 40 Prozent gaben an, dass sie in der Vergangenheit schüchtern gewesen seien, nun aber nicht mehr. Vier Prozent bezeichneten sich in jeder Lebenslage und in Gegenwart der meisten Menschen als schüchtern. Nur sieben Prozent glaubten, noch nie schüchtern gewesen zu sein. Mit anderen Worten: Wenn Sie sich selbst für schüchtern halten, befinden Sie sich in guter – und zahlreicher – Gesellschaft. Auch folgende Prominente bekennen sich zu ihrer Schüchternheit: Barbara Streisand, Carly Simon, Michael Caine, Kim Basinger, Robert DeNiro und Robin Williams – um nur einige zu nennen.

Und es werden immer mehr

In den frühen Neunzigerjahren des 20. Jahrhunderts gaben etwa zehn Prozent der jungen Erwachsenen an, schüchtern zu sein. Der aktuelle Prozentsatz liegt bei 50 Prozent und scheint weiter zu steigen. Die Forscher glauben, dass dieser Zuwachs auf Veränderungen in der modernen Gesellschaft zurückzuführen ist, darunter etwa Fortschritte in der Computertechnologie, Automatisierung und große Firmenzusammenschlüsse, die Arbeitsplatzabbau und Produktivität über die Werte der Arbeitnehmerzufriedenheit und Arbeitsplatzsicherheit stellen.

In unserer Zeit der Cyberspacekommunikation geht die Zeit, die man für Videospiele, Surfen im Internet, E-Mails und Chatten aufwendet, von jener ab, in der man direkt mit Menschen Umgang pflegt, um Spaß zu haben, persönliche Beziehungen zu vertiefen oder für ein gemeinsames Ziel zu arbeiten. Automation macht einen persönlichen Kontakt bei den täglichen Aufgaben nicht nur unnötig, sondern manchmal auch unmöglich. Heute ist es sogar möglich, das Konto zu führen, Rechnungen zu bezahlen und den Gastank aufzufüllen, ohne mit einem menschlichen Wesen sprechen zu müssen. Wir öffnen unsere Garagentore per Fernbedienung, damit wir unsere Nachbarn nicht sehen müssen, wenn wir aus dem Auto steigen und ins Haus gehen. In der Arbeitswelt sind Manager spärlich über mehrere Abteilungen verteilt, um die Arbeit zu erledigen, für die früher zwei oder drei Angestellte nötig waren. Außendienstvertreter werden dazu angehalten, die Zeit, die sie bei den Kunden verbringen, um mindestens 25 Prozent zu kürzen. Keine Zeit mehr für soziale Umgangsformen. Komm zum Wesentlichen – und dann weiter zum nächsten Kunden. Wir haben einfach keine Gelegenheit mehr, unsere Sozialkompetenz zu üben. Sogar die gemeinsame Mahlzeit ist bei vielen Familien Schnee von gestern – jedes einzelne Familienmitglied verschanzt sich lieber hinter Computerprogrammen, Reality-Shows im Fernsehen oder eigenen Interessen. Puh! Kein Wunder, dass Schüchternheit auf dem Vormarsch ist.

Häufigkeit von sozialen Ängsten

Bisher ging es um die Häufigkeit von Schüchternheit. Aber über soziale Ängste gibt es keine brauchbaren Statistiken. Da sie eine normale menschliche Eigenart sind, schätze ich, dass annähernd 90 Prozent der Bevölkerung schon irgendwann einmal darunter gelitten haben. Diese Zahl klammert die sieben bis elf Prozent aus, die glauben, noch nie schüchtern gewesen zu sein.

Extreme soziale Angst oder soziale Phobie

Dem aktuellen amerikanischen Diagnoseschema für psychische Erkrankungen (Diagnostic and Statistical Manual of Mental Disorders, DSM) zufolge leiden etwa 13 Prozent der Bevölkerung an einer extremen Form von sozialer Angst, die man soziale Phobie oder soziale Angsterkrankung nennt. Einige Publikationen belegen, dass Männer und Frauen zu gleichen Teilen von sozialen Ängsten beeinträchtigt sind, andere wiederum geben an, dass Frauen im Verhältnis 3:2 anfälliger dafür sind als Männer. In jedem Fall scheinen Männer häufiger Hilfe zu suchen als

Frauen. Überrascht? Männer sind größerem gesellschaftlichem Druck ausgesetzt, der sie eher dazu bringt, etwas zu unternehmen. Ferner haben es Frauen in dieser Hinsicht leichter, da sie noch immer öfter zu Hause bleiben und sich fern der Berufswelt um die Familie kümmern.

Die Ursachen

Warum sind Schüchternheit oder soziale Ängste für einige Betroffene nur halb so schlimm wie für andere, die daran fast ersticken? Wie lässt sich das unterschiedliche Erleben von sozialen Ängsten erklären? Warum leiden einige Menschen dabei eher unter ihren körperlichen Empfindungen, während andere am meisten Angst vor der Angst haben? Warum spricht Jake, der Zahnarzt, mühelos vor 500 Zuhörern und bricht fast zusammen, wenn er nur einen einzigen Gesprächspartner hat? Warum gerät Steve, der Naturbursche, fast immer in Panik, unabhängig davon, ob er sich nun einem, fünf oder 500 Menschen gegenübersieht? Welche Faktoren tragen zur Entstehung von Schüchternheit und sozialen Ängsten bei?

Die meisten Forscher und Verfasser sind sich darin einig, dass nicht ein einziger Faktor für soziale Ängste verantwortlich ist. Stattdessen haben wir es wohl mit einem Wechselspiel aus biochemischen, genetischen, frühkindlichen und erfahrungsbedingten Faktoren zu tun. So ist die biochemische Antwort auf Stress etwa bei all jenen von besonderem Interesse, die in Angstsituationen vor allem körperlich leiden. Gerade in den letzten Jahren hat sich die Trauma- und Gehirnforschung ganz massiv mit erhöhten Stressreaktionen auseinandergesetzt. Wir werden uns damit eingehender in Kapitel drei beschäftigen. Es kommt auch vor, dass der Betroffene Medikamente nicht verträgt, die normalerweise regulierend auf das Nervensystem einwirken. Mit anderen Worten: Das traumatisierte Nervensystem kann hypersensibilisiert werden. Dann antwortet es auf den geringsten Reiz mit einer Überreaktion.

Familien- und Zwillingsstudien zeigen, dass sich soziale Ängste durch ganze Familien ziehen. Das bedeutet nicht, dass man sie einfach „erben" kann. Man erbt zwar eine Neigung zur Angst, ist ein wenig sensibler und reagiert ein wenig mehr auf Reize von außen. Dennoch sollte man daran denken, dass Gene nicht allein für unser Verhalten verantwortlich sind. Auch die Umgebung spielt eine Rolle.

Die Umgebung ist sogar ganz entscheidend für die Entstehung und Entfaltung von Schüchternheit und sozialen Ängsten. Hier lassen sich eine ganze Reihe von Einflüssen festhalten:

- Prägung des Stressbegriffs beim Kind: durch die Beruhigung oder Reizung seines Nervensystems seitens der Eltern oder Bezugspersonen und die Erziehung zur geistigen Beweglichkeit oder übertriebenen Vorsicht;
- „familiäre" Botschaften: positive Botschaften, die beim Kind das Gefühl wecken, geliebt und respektiert zu werden und in Sicherheit zu sein, sowie negative Botschaften durch Kritik, Vernachlässigung, Missbrauch, Beschämung oder übertriebene Fürsorge. Diese rufen Gefühle der Minderwertigkeit, Unwürdigkeit, Unsicherheit, Hemmung und Unzulänglichkeit hervor;
- das „Schüchternheitsstigma": die Botschaft an das Kind, Schüchternheit sei etwas „Schlechtes", anstatt ihm zu erlauben, so zu sein, wie es ist;
- einschränkende Familienmuster: das Herbeiführen unangenehmer Situationen, die soziale Ängste schüren; Leben in sozialer Isolation; allmächtige Erwachsene und Kinder, die sich nur sehen, aber nicht hören lassen dürfen; wenig oder gar keine Kommunikation über Worte oder Berührungen, nur über Gedanken und Gefühle; eine instabile Lebensweise; bescheidene oder schüchterne Eltern oder Verwandte, die das Rollenvorbild für Schüchternheit festlegen; exzessive Bemühung der Eltern oder Bezugspersonen, den Beifall der anderen zu gewinnen;

- Schikanen: ein häufiges Vorkommnis in der Kindheit, mit Beteiligung von Verwandten oder Schulkameraden; oft animiert durch Äußerlichkeiten, über die das Kind keine Kontrolle hat, etwa Sommersprossen, das Gewicht, eine Brille; durch eine Gruppe besonders schwer zu ertragen;
- Akzeptanz durch Gleichaltrige: im Teenageralter besonders von Bedeutung, wenn das eigene Aussehen den allgemeinen Anforderungen nicht entspricht;
- Andersartigkeit: in Bezug auf physische, soziale oder emotionale Unterschiede, darunter ungewöhnliche Körpermaße, Wachstumsstörungen oder Deformierungen, Homosexualität oder Diskriminierung aufgrund von Rasse, Armut oder Volkszugehörigkeit;
- Traumata: äußere und innere Reaktionen auf Traumata in jeder Lebensphase, die zu Schüchternheit und sozialen Ängsten führen können;
- Lebensbedingungen: Ungeübtheit im Umgang mit anderen Menschen infolge von Isolation (Leben auf dem Land oder Arbeiten im Ausland), Scheidung, Tod des Ehepartners oder Pensionierung; oder infolge von neuen Herausforderungen durch einen Arbeitsplatzwechsel, Umzug, Verlust eines Angehörigen oder Krankheit.

Die Lebensberichte einiger meiner Gruppenteilnehmer sollen Ihnen eine Vorstellung davon geben, wie viele Faktoren hier tatsächlich im Spiel sind. Lesen Sie diese Geschichten, die ich hier freundlicherweise weitergeben darf, aufmerksam und lassen Sie sich von den Ereignissen anrühren – und von der Widerstandsfähigkeit unserer Mitmenschen. Sie werden vielleicht Themen entdecken, die auch bei Ihnen einen Widerhall finden. Oder Sie werden, wenn Sie eher der analytische Typ sind, Faktoren herauslesen, die die Entstehung sozialer Ängste zu begünstigen und sie später zu nähren scheinen.

Thomas

Thomas ist ein liebenswürdiger Mann von 50 Jahren. Er spricht mit einer rauen, freundlichen Stimme:

> *„In meinem Elternhaus hatte ich viel mit Alkohol und Gewalt zu tun. Ich reagierte darauf, indem ich mich zurückzog. Ich versteckte mich unter meinem Bett. Je schlimmer meine Mutter und mein Stiefvater miteinander stritten, desto stärker zog ich mich zurück. Dann traf meine Mutter einen anderen Mann, der meinen Stiefvater aus dem Haus jagte. Wir zogen in eine Hütte im Wald. Mein Stiefvater kam zurück und lauerte uns auf. Einmal schoss er mit dem Gewehr durchs Fenster.*
>
> *Mama und ihr neuer Mann sagten immer zu mir, ich solle ruhig sein. Als wir in ein Haus mit einer Toilette zogen, hatte ich sogar Angst abzuziehen, weil es doch Lärm machen würde. Ich weiß noch, dass ich meine Mutter bat: ‚Ich werde ganz brav sein, nur bitte lass mich nicht allein.' In der Schule fand ich keine Freunde. Als ich älter wurde, war es mein größtes Vergnügen, eine Kanne Tee in meinem dunklen Zimmer zu trinken. Ich dachte viel nach. Ich bemerkte, dass ich jemand geworden war, der den Leuten gefallen wollte. Ich dachte, ich wäre nicht wichtig. Ich erinnere mich noch daran, dass mir ein Cousin das Tanzen beibringen wollte. Ich hatte solche Angst, dass ich eine ganze Menge Beruhigungsmittel nehmen musste."*

Michael

Michael ist ein Mittdreißiger, glücklich verheiratet und Vater von drei Kindern:

> *„Die Grundschule war ein Alptraum. Ich hatte mit dem Lesen, Buchstabieren und Rechnen Probleme. Ich war jedes Mal wie versteinert, wenn ich vor der Klasse laut vorlesen musste. Es dauerte eine halbe Ewigkeit, bis ich fertig war.*

Am demütigendsten war die Zeugnisverteilung am Ende des Schuljahrs. Ich war immer einer der drei schlechtesten Schüler. Der Lehrer teilte zuerst das beste Zeugnis aus, und während er sich langsam durch die 36 Zeugnisse arbeitete, litt ich Todesqualen. Alle kicherten. Mehr als einmal fing ich an zu weinen und stieß mir schnell den Ellbogen oder etwas anderes an, damit ich eine dumme Entschuldigung für mein Weinen hatte. Ich bekam nie die Gelegenheit, dem Lehrer zu sagen, was für ein mieser Kerl er war. Erst in der Highschool blühte ich auf – sowohl körperlich als auch geistig. Gott sei Dank! Ich lernte fleißig und wurde Dreizehnter oder Vierzehnter von immerhin 33 Schülern.

Mit 17 wurde ich in ein halbprofessionelles Fußballteam geholt. Das erste Spiel war so aufregend. Kurze Zeit später hatte ich einen Motorradunfall. Ich verbrachte fünf Monate im Krankenhaus. In den folgenden Jahren bekam ich schwere Depressionen. Das Einzige, was ich besser als jeder andere konnte, war Laufen, und auch das war mir jetzt genommen. Mit 22 Jahren kam ich nach Kanada. Mit 26 begann ich wieder mit dem Fußball und hatte ziemlich viel Spaß dabei. Ich würde gern eine Mannschaft trainieren, aber ich habe zu viel Angst, den Trainerschein zu machen. Abgesehen von meinen Schulerfahrungen würde ich sagen, dass meine Kindheit glücklich war. Ich war mit großartigen Eltern gesegnet, die beide ziemlich viel Humor hatten.“

Ist es ein Wunder, dass die geschilderten Ereignisse und Erfahrungen zur Entwicklung sozialer Ängste beitrugen? Diese sind nämlich oft nichts weiter als eine ganz normale und verständliche Reaktion auf demütigende, fordernde, unsichere und sogar traumatische Umstände.

Einer meiner Gruppenteilnehmer bemerkte einmal: „Verglichen mit Geschichten, die ich gerade gehört habe, kommt meine direkt aus Disneyland.“ Und wirklich – während einige Menschen mit sozialen Ängsten Traumata zu bewältigen haben, kommen viele andere aus liebevollen und gesunden Familien.

Wie Sie sehen, kann eine Vielzahl von Zutaten in verschiedener Kombination und Gewichtung an der Entwicklung sozialer Ängste mitwirken. Abhängig von der Mischung dieser Zutaten kann die sich daraus ergebende soziale Angst von ihrem normalen, oft sogar hilfreichen Typus bis hin zu ihrer äußerst hemmenden und handlungsunfähig machenden Spielart rangieren.

Negative Konsequenzen

Wenn Schüchternheit und soziale Ängste gemäßigt bis extrem ausfallen, können die Konsequenzen sehr weit reichen. Sie sind in der Lage, das soziale und berufliche Leben des Betroffenen zu beeinflussen – von der persönlichen Stimmungslage und Lebensweise ganz zu schweigen.

Soziales Leben

Manche Menschen schränken ihr Leben so weit ein, dass es schwierig wird, Freundschaften und Beziehungen einzugehen und zu unterhalten. Die Folge ist Einsamkeit.

Arbeitsleben

Schüler und Studenten müssen womöglich ihre Ausbildung beenden und beschneiden so ihre beruflichen Möglichkeiten im späteren Leben. Es gibt auch Leute wie Teresa und Brad, die interessante Jobs haben, aber beide die Gelegenheit zum Aufstieg vorübergehen ließen, weil sie furchtbare Angst vor dem anstehenden Bewerbungsgespräch hatten und sich Sorgen machten, dass sie den Anforderungen der neuen Position nicht gewachsen sein könnten. Andere wie etwa Sammy wiederum schuften im Schichtdienst, um möglichst wenig mit anderen Leuten zusammenzukommen. Und dann sind da noch die Arbeitslosen. Andy entscheidet sich lieber für die Erwerbslosigkeit als für den unerträglichen Stress, mit anderen zusammenarbeiten zu müssen, während Malcolm mit Freuden arbeiten gehen würde, wenn man ihm nur die richtigen Stellen anbieten würde. Denn entweder hat er einfach kein Glück, oder er stellt sich nicht selbstbewusst genug dar.

Depressionen

35 Prozent der Menschen mit sozialen Ängsten durchleben wenigstens eine Phase mit Depressionen in ihrem Leben. Es ist schwer zu sagen, welchen Anteil daran ihre aufgrund der sozialen Angst eingeschränkte Lebensweise hat und welchen andere Faktoren. Wenn Sie vermuten, dass Sie eine Depression durchmachen, es aber nicht sicher wissen, sollten Sie dringend Ihren Hausarzt aufsuchen.

Alkoholismus

Etwa 15 Prozent der von sozialen Ängsten Betroffenen haben auch Probleme mit Alkohol. Viele geben zu, dass sie sich Mut antrinken, etwa vor einer Verabredung. Die Ironie daran ist, dass Menschen mit Alkoholproblemen oft noch tiefer in die Angst hineingeraten. Sie haben keine Möglichkeit mehr, den sozialen Umgang mit anderen ohne ihren flüssigen Mutmacher zu üben. Folglich können sie auch nicht darauf vertrauen, dass sie ohne Alkohol soziale Begegnungen meistern werden. (Eine umfassendere Darstellung dessen, was Alkohol im Körper anrichtet, lesen Sie im Abschnitt „Der Körper".)

Essstörungen

Auch Essstörungen können soziale Ängste begleiten. Ich besuchte einmal einen Workshop, in dem sich einige ehemals magersüchtige Frauen zu einem Interview darüber bereiterklärten, wie Furcht und Angst sie zum Hungern gebracht hatten. Die Grundaussage, die diese Frauen wie einen Kehrreim wiederholten, wies eine unheimliche Ähnlichkeit mit dem auf, was ich schon von meinen Klienten in den Angstgruppen gehört hatte. Diese mutigen Frauen beschrieben nämlich, wie sie sich in ihren inneren

Selbstgesprächen immer wieder sagten: „Wenn du kein gutes Mädchen bist, werden dich die Leute nicht mögen. Wenn du Schwäche zeigst, werden die Leute denken, dass du nicht funktionierst." Sie berichteten, dass sie diese Botschaften nie infrage stellten, denn Schweigen, Scham und Heimlichtuerei ließen sie erst gar nicht an die Oberfläche kommen. Der Zusammenhang zwischen sozialen Ängsten und Essstörungen ist hier also nicht zu übersehen.

Die gute Nachricht

Soziale Angst ist kein statischer Zustand. Sie fließt gleichsam. Man kann ihre Form und ihre Gewichtung verändern. Man kann sie abbauen. In Ihrem Buch *Overcoming Shyness: Meeting People is Fun* zitiert Dr. Phyllis Shaw eine Studie aus Oxford, die zeigt, dass viele Menschen mit sozialen Ängsten dank professioneller Hilfe „offenbar vollständig geheilt werden konnten und viele andere solche Fortschritte machten, dass sich ihr Leben komplett veränderte". In der Tat gehören soziale Ängste zu den Störungen, die gut auf aktive Intervention ansprechen. Sobald man es geschafft hat, sie auf ein normales oder abgemildertes Niveau zu bringen, wird man erfreut feststellen, dass sie ein Freund sein kann. Soziale Ängste haben Vorzüge und Vorteile, die Ihnen helfen werden, in Ihrem sozialen und beruflichen Leben Erfolg zu haben. Lesen Sie im folgenden Kapitel, wie Sie diese neue Beziehung aufbauen können, indem Sie zunächst Ihre innere Einstellung dazu verändern

Schlüsselgedanken

- Soziale Angst ist die Furcht davor, in sozialen Situationen bewertet und abgeurteilt zu werden.
- Symptome sozialer Ängste treten in drei Bereichen auf: Körper, Geist und Handeln.

- Man kann in der Öffentlichkeit und im Privatleben Schüchternheit an den Tag legen. Es gibt spezifische und generalisierte soziale Angststörungen.
- Die Skala von Schüchternheit und sozialer Angst reicht von normal bis extrem.
- Zurzeit bezeichnen sich 50 Prozent der Bevölkerung als schüchtern. Etwa 13 Prozent kennen extreme soziale Ängste, die dann soziale Phobien oder soziale Angststörungen genannt werden.
- Körperchemie, Erbanlagen und Umwelt tragen zur Entwicklung sozialer Ängste bei.
- Extreme soziale Ängste können zu Einsamkeit, Schwierigkeiten am Arbeitsplatz, Depression und Alkoholismus führen. Sie treten auch oft zusammen mit Essstörungen auf.
- Es ist möglich, extreme Schüchternheit abzubauen. Soziale Ängste sprechen gut auf aktive Intervention an.

Das möchte ich aus diesem Kapitel mitnehmen:

....

....

Kapitel zwei: Gut – oder schlecht?

Einstellungen zu Schüchternheit und sozialen Ängsten

Ich habe soziale Ängste, seitdem ich denken kann.
Man hat mich immer als schüchtern bezeichnet.
Damit bin ich mein ganzes Leben lang abgestempelt worden.
Sobald ich dieses Wort hörte, fühlte ich mich schlecht.
BILL

Je heimlicher ich tue, desto ängstlicher werde ich.
Ich wünschte, ich könnte so offen über meine Unsicherheit
sprechen wie eine Freundin von mir.
Diese ganze Zurückhaltung kostet mich so viel nervliche
Energie. Ein gewaltiges Gewicht wurde mir von den Schultern
genommen, als ich meiner Freundin sagte,
ich würde zu dieser [Angst-]Gruppe gehen.
LYN
Gruppenteilnehmer über Heimlichtuerei und Schüchternheit

Je nach Ihrem persönlichen Hintergrund kann das Wort „schüchtern“ eine liebens- und lobenswerte Veranlagung bezeichnen oder aber einen beschämenden Charakterzug. In China lässt sich das Mandarin-Wort für „schüchtern“ oder „ruhig“ mit „gut“ oder „wohlerzogen“ übersetzen. Das Wort für „sensibel“ bedeutet auch „verständnisvoll“. Es ist also mit einer positiven Bedeutung belegt. Forschungsergebnissen zufolge suchen sich chinesische Kinder als Erstes schüchterne und sensible Kinder als

Freunde und Spielkameraden. In Kanada dagegen waren die Schüchternen und Sensiblen unter den Letzten, die ausgewählt wurden. Woher aber kommt dieser Unterschied? Warum wird Schüchternheit in Nordamerika und Europa als soziales Handicap bewertet? Woher diese Scham und Heimlichtuerei, von denen die beiden Zitate am Kapitelanfang sprechen? Die Antwort ist nicht leicht zu finden. In Nordamerika und Europa liegt ein Teil der Antwort in einem Wechselspiel aus wirtschaftlichen, wissenschaftlichen, sozialen und kulturellen Faktoren. Werfen wir einmal einen Blick darauf, wie diese Faktoren einander und am Ende auch die so genannte schüchterne Person beeinflussen.

Soziale Angst als psychische Störung

Vor 25 Jahren wusste man kaum etwas über die extremste Ausprägungsform sozialer Ängste, die sozialen Phobien. Erst 1980 wurden sie ins DSM III aufgenommen. Dieses Diagnostic and Statistical Manual of Mental Disorders gilt in Nordamerika als eine Art psychiatrischer Bibel, denn es listet diagnostische Bezeichnungen und Symptomkomplexe jeder denkbaren psychiatrischen Verfassung auf. (In Deutschland und dem übrigen Europa wird hingegen oft nach dem internationalen Diagnoseschema der World Health Organization, der International Classification of Diseases – ICD-10 –, vorgegangen.) Viele Krankenversicherungen bezahlen erst dann die Behandlungskosten, wenn der Therapeut die vorliegende Störung nach dem DSM einordnen und klassifizieren kann.

Nach der Definition der sozialen Phobie von 1980 war dabei das Angstniveau in einer bestimmten Situation so hoch, dass der Betroffene sich gezwungen sah, diese Situation lieber ganz zu meiden. Man bezeichnete diese „Störung“ mit einer Häufigkeit von vielleicht zwei bis drei Prozent in der Gesamtbevölkerung als relativ selten. Heute gehen wir davon aus, dass soziale Phobien an dritter Stelle der verbreitetsten psychischen Störungen stehen und etwa 13 Prozent der Bevölkerung betreffen oder einen von acht Menschen. Extreme soziale Ängste sind inzwischen zu einem verbreiteten medizinischen Phänomen geworden. Was ist nur zwischen 1980 und heute geschehen?

Bereits Mitte der 1980er-Jahre kritisierte Michael R. Liebowitz, Leiter der Klinik für Angststörungen am New York State Psychiatric Institute, die eingeschränkte Definition sozialer Phobien, wie sie das DSM III vorsah. Er behauptete, dass viele Leute schwierigen sozialen Begegnungen nicht aus dem Weg gehen, sondern sich stattdessen „durch schwierige Situationen unter großen persönlichen Opfern ... durchkämpfen". Liebowitz' Argumentation zufolge bedeutete das jedoch nicht, dass sie nicht furchtbar litten. Er war besorgt, dass ihnen die Behandlung auf Krankenkassenkosten entging, wenn ihre persönliche soziale Angststörung nicht im DSM III gelistet war. Im Jahr 1987 saß Liebowitz in dem beratenden Ausschuss, der den Abschnitt über soziale Phobien überarbeitete. In der neuen Fassung war nun der „zwingende Wunsch, die Situation ganz zu meiden" gestrichen. Für die Diagnose genügte nun die Feststellung einer „bezeichneten Notlage". Nun mussten sich etwa 13 Prozent der Bevölkerung damit abfinden, dass sie an dieser „Angststörung" litten – aber wenigstens zahlten die Krankenkassen die Behandlung.

Da soziale Phobie als psychische Störung eingestuft wird, drückt ihr unsere Kultur wie anderen psychischen Störungen auch einen stigmatisierenden Stempel auf. Sogar Menschen mit leichteren sozialen Angststörungen schämen sich ihrer Angst und versuchen, sie zu vertuschen. Und nur wenige, darunter vor allem Angehörige der helfenden Berufe, erkennen, dass sich die Grenze zwischen „normaler" und „abnormaler" sozialer Angst im Sinne der leistungsberechtigten Krankenversicherten verschoben hat.

Verallgemeinerung oder die Stigmafalle

Ein weiteres interessantes Phänomen, das einer negativen Einstellung gegenüber Schüchternheit und sozialen Ängsten Vorschub leistet, ist die Verallgemeinerung. Zu verallgemeinern bedeutet, alles in einen Topf zu werfen. Wenn ich zum Beispiel versagt habe, werde ich mich selbst vielleicht generell als Versager abstempeln und riskiere, mich nur noch für einen Versager zu halten. In Wirklichkeit bedeutet das Versagen bei einer bestimmten Gelegenheit jedoch nicht, dass ich eine totale Niete bin.

Vor vielen Jahren, noch bevor das öffentliche Bewusstsein für Political Correctness in der Sprache geweckt wurde, bezeichnete man Menschen mit einer körperlichen Behinderung oft als „Krüppel“. Das Problem an dieser verkürzenden Sprechweise war, dass dabei wichtige Teile der Persönlichkeit außer Acht gelassen wurden. Wir vergaßen, dass diese „Krüppel“ in erster Linie und vor allem menschliche Wesen waren, Individuen mit Träumen, Interessen und Beziehungen, einzigartige Persönlichkeiten mit Talenten und Fähigkeiten.

Glücklicherweise ändern sich die Dinge. In den späten Siebzigerjahren konnte zum Beispiel Rick Hansen viel dazu beitragen, dass sich die Einstellung der Kanadier gegenüber Körperbehinderten veränderte. Hansen war seit einem Unfall als Teenager querschnittsgelähmt und an den Rollstuhl gefesselt. Als junger Mann beschloss er, mit dem Rollstuhl durch Kanada zu reisen, um die öffentliche Aufmerksamkeit auf Rückenmarksverletzungen zu lenken. Sein Name wurde im ganzen Land bekannt, da Millionen Kanadier ihn regelmäßig im Fernsehen sahen, ihn anfeuerten und auch seine persönlichen Seiten mit jedem Interview, das er während und nach seiner Reise gab, besser kennen lernten. Wir sahen nicht länger einen Krüppel. Wir sahen Rick Hansen, einen Mann mit vielen herausragenden Eigenschaften. Mir kommt ein Vorfall in den Sinn, ungefähr zur gleichen Zeit, der mich tief beeindruckte. Damals fielen mir auf dem Weg zur Arbeit zwei Männer in Rollstühlen auf, die sich am Rande einer stark befahrenen Kreuzung miteinander unterhielten. Ich erinnere mich lebhaft daran, dass ich sie nun mit ganz anderen Augen betrachtete. Früher mochte ich sie als bedauernswerte Geschöpfe gesehen haben, die mein Mitgefühl verdienten. Jetzt waren sie Männer, möglicherweise Helden, die sich trotz ihres Schicksals tapfer durchs Leben schlugen.

Und was ist mit dem Schüchternheitsstigma? „Beachte ihn am besten gar nicht, er ist so schüchtern", sagt eine Mutter über ihren vierjährigen Sohn, der aus seinem sicheren Versteck hinter ihrem Bein hervorlugt. Ich habe diese wohlmeinende Bemerkung über Kinder viele Male gehört; Sie vielleicht auch. Das Schüchternheitsstigma erscheint uns vergleichsweise harmlos. Aber für das Kind, das es hört – vor allem wiederholt hört –, kann dieser Stempel zu einer wichtigen Information werden, wenn es seinen Platz in der Welt zu suchen beginnt. Botschaften von älteren Leuten, die doch offenbar mehr wissen als das Kind, werden ernst genommen. Fred, ein erwachsener Mann, der glaubt, schon sein ganzes Leben lang schüchtern gewesen zu sein, erinnert sich genau daran, wie seine Mutter ihn vor ihren Freundinnen zum ersten Mal schüchtern nannte. An diesem Tag lernte er zwei Dinge. Zunächst einmal, dass er schüchtern war. Außerdem, dass seine Mutter meinte, sich für seine Schüchternheit entschuldigen zu müssen. Für Fred bedeutete das, dass Schüchternheit etwas Schlechtes sein musste. Von diesem Tag an lebte er ganz nach den Erwartungen seiner Mutter und seinen eigenen. Er ging schüchtern an das Leben heran und fühlte sich auch noch schlecht dafür, dass er es tat.

Gestatten Sie mir, Ihnen als Eltern einen Ratschlag zu erteilen. Wenn Sie schon das Bedürfnis haben, das Zögern Ihres Kindes in einer neuen Umgebung zu kommentieren, dann sagen Sie etwas wie: „Das ist mein Sohn Fred. Er braucht oft ein wenig Zeit, um mit Fremden warm zu werden." Vermeiden Sie das Wort „schüchtern". Zwinkern Sie Ihrem Kind beruhigend zu oder berühren Sie es liebevoll. Auf diese Art wird ihm die Erlaubnis erteilt, so zu sein, wie es ist. Es fühlt sich angenommen. Die Tür zur Erforschung der Welt auf seine eigene Weise bleibt weit offen.

Schüchterne Menschen verstecken ihre Schüchternheit oft und halten sie manchmal sogar selbst vor denen geheim, die ihnen am nächsten sind. Sie setzen ihr gesamtes Selbst mit dem Etikett „schüchtern" gleich. Sie identifizieren sich vollkommen damit und vergessen darüber, dass sie noch viel mehr sind als nur das.

Ironischerweise fördern viele Selbsthilferatgeber diese Unzulänglichkeitsgefühle. Man konzentriert sich als Leser so sehr auf seine Mängel, die in diesen Büchern beschrieben sind, dass man seine Stärken und die einzigartigen, guten Charakterzüge völlig aus dem Blick verliert. Das Bild, das man von sich selbst hat, bekommt Schlagseite.

Kulturelle Druckmittel

Es ist keine menschliche Handlungsweise vorstellbar,
die die allgemeine Konvention nicht zu einer Zeit gutgeheißen
und zu einer anderen verurteilt hätte.
JOSEPH WOOD KRUTCH (1893-1970)

Soziale Regeln sind keine absoluten Wahrheiten. Sie können sich ändern, je nach Kultur und deren Werten zu einer bestimmten Zeit und an einem bestimmten Ort. Nehmen wir nur einmal das folgende Beispiel. In Japan sind Menschen mit sozialen Ängsten oft peinlich darauf bedacht, den direkten Blickkontakt mit anderen zu vermeiden, da dies als grobe Unhöflichkeit gilt. Zu Boden zu blicken ist dagegen höflich und sogar „kultiviert“. In der westlichen Welt hingegen wird das Meiden von Blickkontakt als Hinweis auf soziale Ängste gewertet. Menschen, die zu Schüchternheit neigen, fürchten, dass sie abgestraft werden, weil sie den Leuten nicht in die Augen sehen. Was Japaner und Angehörige des westlichen Kulturkreises in diesem Beispiel verbindet, ist die Furcht davor, die allgemeinen Verhaltensmaßregeln zu brechen.

Derartige Regeln können in bestimmten Kulturen sehr streng und kompromisslos sein. In Saudi-Arabien etwa müssen die gesellschaftlichen Regeln unter allen Umständen eingehalten werden; bei Missachtung drohen unerbittliche Konsequenzen. Interessanterweise sind soziale Ängste in diesem Land weit verbreitet, und zwar besonders unter Männern.

Kulturelle Werte werden in erster Linie über die Erziehungsmethoden der betreffenden Gesellschaft an ihre Kinder weitergegeben. Philip Zimbardo, der bereits erwähnte Pionier der Schüchternheitsforschung, unterzog die Verbreitung von Schüchternheit in acht Ländern einem Vergleich. Danach kam sie am häufigsten in Japan vor, wo etwa 60 Prozent der Betroffenen sich selbst als schüchtern bezeichneten, und am seltensten in Israel mit etwa 30 Prozent Betroffenen. Zimbardo merkt an, dass japanische Eltern sich häufig des Begriffs der „Schande“ bedienen, um das Verhalten ihrer Kinder zu formen. Diese lernen schon früh im Leben, dass es wichtig ist, keine Schande über die Familie zu bringen. Wenn ein Kind eine schlechte Leistung erbringt, sei es nun in der Schule oder beim Softball, wird es persönlich zur Rechenschaft gezogen. Dabei muss es nur seinen Eltern ins Gesicht sehen, um zu wissen, dass sie es missbilligen. Wenn sich das Kind jedoch in einem Spiel wacker schlägt, geht das Lob oft an andere. Die Eltern sagen dann: „Ihr habt eben einen sehr guten Trainer.“ Oder: „Ist es nicht gut, dass Papa dir gezeigt hat, wie man es richtig macht?“

Zimbardo zufolge sieht die Praxis der Kindererziehung in Israel ganz anders aus. Wenn ein kleiner Israeli beim Baseball schlecht spielt, tadelt man oft jeden anderen dafür, nur nicht ihn. Seine Eltern sagen dann: „Meine Güte, der Trainer hat es dir nicht ordentlich beigebracht!“ Oder: „Das war kein fairer Wettkampf!“ Wenn derselbe Junge aber einen Homerun zuwege bringt, sind sie voller Lob. Er hört dann Sätze wie: „Mein Junge, ich wusste schon immer, dass du ein Genie bist!“

Welches von beiden Kindern wird wohl in der Lage sein, freudig ein Risiko einzugehen? Und welches wird eher dazu tendieren, Risiken zu vermeiden? Der kleine Israeli kann gar nicht verlieren. Er wird reich belohnt, wenn es gut läuft. Und wenn es schlecht läuft, spricht man ihn von jeder Schuld frei. Der kleine Japaner dagegen kann niemals gewinnen. Wenn überhaupt, wird er nur sparsam gelobt, sofern er den Anforderungen genügt, und wenn er versagt, erntet er Schimpf und Schande.

Der westliche Kulturkreis

Traurigerweise steht Schüchternheit derzeit in unserem westlichen Kulturkreis nicht gerade hoch im Kurs. Noch vor einigen Jahrzehnten litten extrem schüchterne Menschen stumm. Die, die gemäßigt schüchtern waren, waren eben so. Man machte kein großes Aufheben darum. Die Jungs mochten schüchterne Mädchen. Und die Mädchen mochten schüchterne Jungs. Die Leute begriffen, dass Schüchternheit ein Pauschalarrangement war. So viele großartige Eigenschaften gingen damit Hand in Hand, so zum Beispiel Sensibilität gegenüber anderen, Aufmerksamkeit und gewinnende Bescheidenheit. Schüchternheit war ein Persönlichkeitsmerkmal, das lediglich bedeutete, dass die Leute sich beim Kennenlernen fremder Menschen Zeit ließen. Aber die Zeiten haben sich geändert.

Heute wird Schüchternheit oft als Schwäche ausgelegt. Der Meinung zahlreicher Experten zufolge, namentlich Hunderter schüchterner Menschen aus meinen Angstgruppen, kursiert in der Gesellschaft ein Glaubenssatz, der besagt, dass Schüchternheit nicht in Ordnung sei. Dazu Michelle Cottle, Autorin des Artikels „Schüchternheit verkaufen" in *New Republic*:

> *„Man gerät ins Grübeln, wie viel von der nationalen Epidemie der sozialen Phobien sich aus unserer wachsenden Überzeugung herleitet, dass jeder aggressiv, anmaßend und geltungssüchtig sein sollte. Vergessen Sie das Leben in stiller Kontemplation. Wir sind eine Gesellschaft, die Berühmtheiten glorifiziert und Reality-TV feiert ... Daneben haben wir immer weniger Bewunderung – oder Geduld – für jene Menschen übrig, die nicht die Hand ausstrecken, um das Leben beim Kragen zu packen."*

Fernsehshows, Filme und Werbung bestärken die Vorstellung, dass es die ideale Seinsweise ist, sein Leben vor den Augen der Öffentlichkeit auszubreiten. Oder laut Phyllis Shaw:

„Der Tatmensch, der schnelle Entscheidungen fällt, zum Jetset gehört, ständig auf Partys geht und stürmische Affären mit schönen Frauen hat, findet weitere Verbreitung in den Medien als der Bibliothekar, der gern klassische Musik hört, am Wochenende mit seinem besten Freund zum Fischen geht und seiner freundlichen Ehefrau mit dem grünen Daumen treu ist.“

Seien wir ehrlich: Wenn Sie ein profitorientierter Filmproduzent wären – welche Charaktere würden Sie wohl auf die Leinwand bringen? Solche, die das Publikum zum Nachdenken über die wichtigen Dinge des Lebens bringen, oder solche, die voraussichtlich die Massen ins Kino locken werden? Geschäftsleute sind im Geschäft, weil sie Geld machen wollen. Konsequenterweise werden wir ständig mit überlebensgroßen Bildern von Leuten bombardiert, die „da draußen“ sind. Diese Art der Propaganda drängt uns dazu, so werden zu wollen wie sie. Dabei interessiert es wenig, ob das unser wahres Wesen ist oder nicht.

Die jüdisch-christliche Tradition und der Kampf in der Sprache

Ich möchte zwei weitere Faktoren anführen, die zu der Auffassung beigetragen haben, dass Schüchternheit eine Schwäche ist. Der erste hat mit dem jüdisch-christlichen Einfluss zu tun, der ein Bestandteil unserer Gesellschaft ist, und der zweite mit der Metapher des Kampfes in der Sprache. Die jüdisch-christliche Tradition kennt nur einen einzigen Gott, nach dessen Ebenbild wir erschaffen sind. Er ist vollkommen, und daher ist es auch unsere Aufgabe, nach Vollkommenheit zu streben. Wir sollen das Gute suchen und das Böse ausmerzen. Die Neigung, in Dualitäten zu denken, kann jedoch zur Falle werden. Wenn etwa Schüchternheit als nicht ideal, als nicht vollkommen gilt, wird es uns zur Pflicht, sie zu beseitigen.

Und nun fügen Sie diesem Streben nach Vollkommenheit noch die Metapher des Kampfes hinzu, die zu einem festen Bestandteil des allgemeinen Sprachgebrauchs geworden ist. Wir sprechen vom Kampf gegen die Pfunde und vom Kampf der Geschlechter. Auch vom Krieg gegen Drogen ist die Rede. Sogar einige Bücher versprechen bereits im Titel, dass die Schlacht gegen die Schüchternheit gewonnen werden kann. Das untermauert allerdings nur die Vorstellung, dass Schüchternheit schlecht ist und eliminiert werden muss. Schauen Sie einmal kritisch darauf, was Ihre Kultur Ihnen so alles vorsetzt. Schlucken Sie nur das, was nahrhaft ist; den Rest spucken Sie besser aus.

Schüchternheit ist normal

Bisher haben wir verschiedene Faktoren begutachtet, die in unserem Kulturkreis eine in weiten Teilen negative Einstellung zu Schüchternheit und sozialen Ängsten förderten. Lassen Sie uns nun einen Blick auf eine Perspektive werfen, die vielen schüchternen und ängstlichen Menschen dabei geholfen hat, sich ihren sozialen Ängsten mitfühlend zu nähern und sie zu akzeptieren.

Beckys große blaue Augen füllen sich mit Tränen. „Was ist los?", frage ich leise. Noch leiser antwortet sie: „Ich wusste nicht, dass ich gar nicht damit aufhören muss, schüchtern zu sein." Fetzen des Papiertaschentuchs, das sie immer und immer wieder zwischen ihren Fingern zerknüllt, sprenkeln ihren roten Pullover. Langsam wiederholt sie: „Ich wusste nicht, dass ich gar nicht damit aufhören muss, schüchtern zu sein." Dann huscht ein sanftes Lächeln über ihr Gesicht. Dies ist ein neuer Anfang.

Becky ist erst 15, aber schon jetzt fest davon überzeugt, dass ihre Schüchternheit ein für allemal ausgemerzt werden muss. Die Vorstellung, dass diese Eigenschaft etwas ganz Normales ist, erscheint ihr wie ein neuer, befreiender Gedanke. Vielleicht kann sie jetzt ja in einem gewissen Maß schüchtern bleiben, ohne sich dafür schämen zu müssen. An der extremen Schüchternheit würde sie Schritt für Schritt arbeiten. Becky ist nun in der Lage, ihr Leben, einschließlich ihres schüchternen Wesens, von der Tyrannei der Abwertung zurückzufordern. Wenn Dr. Morita noch lebte, würde er sicher freudig anbieten, Becky in ihrer neuen Haltung zu bestärken.

Shoma Morita (1874-1938) war ein japanischer Psychiater, der mit sozial ängstlichen Menschen arbeitete. Obwohl er in einer anderen Zeit und Kultur lebte, lohnt es sich, einen Blick auf seine Vorgehensweise zu werfen und sich frei zu machen von der Blindheit gegenüber anderen Blickwinkeln, die unsere eigene Kultur und Zeit mit sich bringt. Was Moritas Ansatz so anziehend macht, ist seine positive Einstellung zur Bedeutung sozialer Ängste. Diese Bedeutung hängt mit den drei philosophischen Säulen zusammen, auf denen die Morita-Therapie ruht. Laut Dr. Ishu Ishiyama, außerordentlicher Professor an der Universität von British Columbia in Vancouver, lauten sie:

- Soziale Ängste, Schüchternheit eingeschlossen, sind eine normale menschliche Regung.
- Soziale Ängste haben eine Bedeutung, die sich neu definieren lässt.
- Soziale Ängste erleichtern die Motivation zu konstruktivem Handeln eher, als dass sie sie hemmen.

Betrachten wir diese drei Punkte einmal genauer. Zunächst: Soziale Ängste und Schüchternheit sind normale Phänomene. Wir haben schon in Kapitel eins gesehen, dass nur sieben bis elf Prozent der Bevölkerung angeben, sie seien noch nie schüchtern gewesen. Morita hob hervor, dass normale Schüchternheit kein Problem darstellt. Man gerät erst dann in Schwierigkeiten, wenn man immer schüchterner wird, weil man schüchtern ist. Diese zweite Stufe der Schüchternheit bringt unnötigen Kummer mit sich, einen Kummer, der mit dem Gefühl einhergeht, nirgendwohin zu gehören und mit einem Fehler behaftet zu sein.

Die zweite Säule von Moritas Therapie ist, dass sich die Bedeutung der sozialen Ängste immer wieder neu definieren lässt. In Kapitel eins haben wir gelernt, dass die übliche Definition sozialer Angst mit der Furcht vor sozialem Versagen gekoppelt ist. Was hier fehlt, ist die Kehrseite der Medaille. Wenn wir soziales Versagen fürchten, müssen wir uns sozialen Erfolg wünschen. Mit anderen Worten: Soziale Ängste bedeuten tatsächlich, dass wir unsere Sache gut machen wollen, und sie auf diese Art und Weise zurechtzurücken, kann eine befreiende Wirkung haben.

Als mein kleiner Sohn zum Beispiel sechs Jahre alt war und gerade Baseball lernte, nahm er mich eines Tages in einer Spielpause beiseite. Mit sorgenvoller Miene sagte er: „Mami, wenn ich an der Reihe mit Schlagen bin, fängt mein Arm an zu zittern." Er sah mich fragend an, als warte er auf eine Antwort, die ihm dieses Rätsel lösen würde. Hätte ich von Moritas Therapie nicht gewusst, so wäre ich wohl in übliche Erklärungsmuster verfallen und hätte irgendetwas gesagt wie: „Schatz, das kommt nur davon, weil du ein bisschen aufgeregt bist, weißt du – ein bisschen schüchtern vor all den Leuten. Mach dir keine Sorgen, du schaffst das schon." Und ich hätte auch noch gedacht, dass ich ihm damit helfen würde. Doch die Chancen hätten gut gestanden, dass diese Worte ihn nur wenig getröstet hätten. Und darüber hinaus hätte er sich damit identifiziert, aufgeregt und schüchtern zu sein, und sich Sorgen gemacht, ob er aufhören könnte, sich Sorgen zu machen. Stattdessen sagte ich also zu ihm: „Natürlich, Spatz, das kommt davon, dass du deine Sache gut machen willst!" Und schon war er wieder davongelaufen zu seinen Teamkameraden.

Wenn wir soziale Ängste als Ausdruck unseres Wunsches betrachten, in einer sozialen Situation gut abzuschneiden, verwandeln sie sich in etwas Ehrenhaftes. Ist es nicht ein ehrenhaftes Ziel, bei einer Sache gut abzuschneiden? Das führt uns zu Punkt drei. Soziale Ängste können als Motivatoren dienen und als solche konstruktive Handlungsweisen erleichtern, nicht behindern. Wenn soziale Ängste uns daran erinnern können, dass wir nur Menschen sind, die mit anderen sinnvoll und erfolgreich zusammenleben wollen, können sie uns auch dazu motivieren, uns weiterhin auf konstruktive Handlungsweisen zu konzentrieren. Es ist wie eine Ampel, die auf Grün schaltet und uns sagt, dass wir vorwärts gehen sollen – egal, ob es sich bei der Aufgabe, die da vor uns liegt, darum handelt, vor Publikum zu sprechen, einen Toast auszubringen oder jemanden um den nächsten Tanz zu bitten.

Auf viele Menschen wirken Moritas Ideen befreiend. Wenn der Fokus einmal auf der konstruktiven Handlungsweise liegt, realisieren die Leute, dass dennoch aufkommende soziale Ängste ihren Lauf nehmen und der Aufregung, ein Ziel erreicht zu haben, Platz machen. Ein Erfolg spornt zum nächsten an. Selbstvertrauen wächst und ebnet den Weg dazu, sich von nun an wieder kontinuierlich den verschiedensten sozialen Umgebungen auszusetzen.

Zugegeben: Menschen, die extreme soziale Ängste erleben, könnten nun ins Feld führen, dass es leichter gesagt ist als getan, sich darauf zu konzentrieren. Das kann natürlich der Fall sein, besonders dann, wenn die Konzentration auf negative Symptome und Gedanken als Gewohnheit tief verankert ist. Hier würde Moritas Ansatz unter Umständen nicht ausreichen; es müssen andere Wege gefunden werden, um an der Schüchternheit zu arbeiten. Eine Reihe alternativer Ansätze, die das leisten können, finden Sie in den nachfolgenden Kapiteln.

Die freie Wahl des eigenen Weges

Bevor wir fortfahren, würde ich gern einige Perlen der Weisheit an Sie weiterreichen, die einer Diskussion von Fortgeschrittenen aus einer meiner Angstgruppen entsprungen sind. Wir treffen uns einmal im Monat, um über alles zu reden, was mit sozialen Ängsten und Selbstvertrauen zu tun hat. Das Thema des bewussten Tages war „Schüchternheit und Heimlichtuerei“. Wir waren uns darin einig, dass die Gesellschaft uns viele Signale sendet, die besagen, dass Schüchternheit nicht in Ordnung ist. Wir waren uns auch darin einig, dass wir uns diese Signale einmal näher anschauen mussten. Hier folgt nun eine Zusammenfassung der Schlüsselgedanken unserer Gruppe:

1. Wir erklären, dass Schüchternheit nicht mit Schwäche gleichzusetzen ist. Ich kann schüchtern und trotzdem immer noch stark sein, solange ich mich der Aufgabe widme, die erledigt werden muss, anstatt nervös und ungeschickt zu sein. Schüchternheit existiert unabhängig von Charakterstärke. Menschen können laut und wild sein oder schüchtern. Schüchternheit steht auch nicht der Entwicklung der Charakterstärke im Weg. In der Tat kann sie sogar dabei helfen, denn als schüchterner Mensch bin ich daran gewöhnt, mich durch Angstgefühle durchzuarbeiten und tapfer das zu tun, was ich eben zu tun habe.
2. Schüchternheit ist normal. Eine Menge guter Eigenschaften gehen mit ihr einher, darunter Sensibilität für Nuancen, für feine Unterschiede. Desgleichen Mitgefühl für andere. Das sind großartige Eigenschaften für bestimmte Beschäftigungen und solide Freundschaften.
3. Wir erklären, dass wir das negative Urteil der Gesellschaft über Schüchternheit nicht teilen. Es ist willkürlich. In Großbritannien gilt Schüchternheit als charmant. Japaner betrachten ein scheues Lachen als kultiviertes Verhalten. In Nordamerika dagegen wollen alle immer noch größer, unabhängiger und auffälliger sein. In anderen Kulturkreisen wären Menschen, die derartige Eigenschaften an den Tag legen würden, ein Ärgernis. Ich kann es mir aussuchen, ob ich solch willkürliche Werte übernehme. Ich kann mir den Wert selbst aussuchen, der meinem wahren Wesen näher kommt.
4. Wir erklären, dass wir die Vorurteile jener, die auf die Schüchternen unter uns herabblicken, nicht akzeptieren müssen. Manche Menschen schauen auf Albaner, Serben, Katholiken, Juden, Asiaten, Schwule, Lesben, Aborigines, Farbige, Frauen, Computerfreaks (es sei denn, sie sind so

reich wie Bill Gates), Kleinwüchsige, Dicke, Menschen, die zu dunkelhäutig, zu blass, nicht intellektuell oder sportlich genug sind, und so weiter herab. Eine Politik der Mächtigen wird es immer geben. Der Selbstgerechte kann nur verlieren, indem er auf jemanden herabblickt. Sein Vorurteil ist für gewöhnlich das Produkt eines Mangels an Erziehung und Erfahrung, von Niedertracht oder Gehirnwäsche. Ich muss mich mit so etwas nicht solidarisieren. Ich muss nicht ebenfalls davon ausgehen, dass mit mir etwas nicht stimmt, nur weil jemand anderes so denken könnte.

5. Wir erklären, dass es an der Zeit ist, unsere Schüchternheit zu feiern, eine Stolz-auf-Schüchternheit-Parade abzuhalten oder eine Schüchternheits-Coming-out-Party zu veranstalten! Wir machen aus unserer Schüchternheit kein Geheimnis mehr.

Was also steht an? Den Status quo einfach zu übernehmen? Oder sich selbst vom Einfluss fremder Meinungen und willkürlicher Überzeugungen zu befreien? Als letzte Ermutigung in diesem Kapitel möchte ich Viktor E. Frankl zitieren, einen österreichischen Psychiater und Neurologen. In der Zeit seiner Inhaftierung in einem Konzentrationslager während des Zweiten Weltkriegs (also unter schrecklichen und erniedrigenden Bedingungen) notierte er, dass man dem Menschen alles nehmen könne – bis auf eines, die letzte der menschlichen Freiheiten: die freie Wahl der eigenen inneren Haltung, unabhängig von den äußeren Gegebenheiten, die freie Wahl des eigenen Weges.

Vielleicht ist es an der Zeit, dass Sie nun Ihren eigenen Weg wählen. Vielleicht ist es an der Zeit, dass Sie nun Ihre eigene Unabhängigkeit von kulturellen, wirtschaftlichen und wissenschaftlichen Einflüssen erklären. Ist es wirklich nötig, schüchtern aufgrund der eigenen Schüchternheit zu sein? Vielleicht ist es auch an der Zeit, dass Sie Ihre normale Schüchternheit schätzen lernen. Und zuletzt ist es unter Umständen an der Zeit, dass Sie nun etwas gegen diese übertriebene Schüchternheit unternehmen, die Ihnen den Weg zu einem erfüllenden Leben verstellt.

Schlüsselgedanken

- Je nach kulturellem Hintergrund kann das Wort „schüchtern" positiv oder negativ besetzt sein.
- Das Wechselspiel von wirtschaftlichen, wissenschaftlichen, sozialen und kulturellen Faktoren bestimmt, ob Schüchternheit als wünschenswerter Charakterzug oder soziales Handicap betrachtet wird.
- Es ist wichtig, nicht die ganze Person mit ihrer Schüchternheit oder sozialen Angst gleichzusetzen. So viel mehr macht einen Menschen aus: seine Leidenschaften, Interessen, Werte und Lebensziele.
- Schüchternheit ist normal. Erst wenn Sie aufgrund dieser Eigenschaft noch schüchterner werden, geraten Sie in Schwierigkeiten.
- Soziale Ängste bedeuten, dass Sie im sozialen Miteinander gut dastehen wollen. Ob Sie vorübergehend von Gefühlen dieser Angst beeinträchtigt sind, ist aufs Ganze gesehen nicht von Bedeutung. Wichtig ist indes eine konstruktive Handlungsweise.
- Die Sensibilität, die mit Schüchternheit einhergeht, ist von großem Wert. Man kann sie nutzen, um seine Kompetenz sowohl im Privat- als auch Berufsleben zu steigern.
- Es ist vielleicht an der Zeit, die negativen Botschaften der Gesellschaft über Schüchternheit infrage zu stellen und den Wert normaler Schüchternheit und sozialer Angst schätzen zu lernen. Unternehmen Sie dagegen etwas gegen übertriebene Schüchternheit und soziale Angst, damit Sie Ihre Hoffnungen und Träume verfolgen können, bis Sie sie verwirklicht haben.

Das möchte ich aus diesem Kapitel mitnehmen:

....

....

Teil zwei:

Der Körper

KAPITEL DREI:

O Gott, nicht jetzt!

Die körperlichen Aspekte der sozialen Angst

Ich begann erst als Teenager, richtig befangen zu sein. Ich war sehr still. Ich konnte nicht laut vor Gruppen sprechen. Wenn ich heute bei der Arbeit mit Klienten zu tun habe, werde ich sehr nervös. Sogar wenn mir ein Kunde ein Kompliment macht, beginne ich zu schwitzen und zu zittern. Ich kann mich nicht mehr konzentrieren. Mein Gesicht wird richtig maskenhaft. Es fällt mir schwer, mich zu entspannen. Ich fange an zu denken: Mein Gott, er wird merken, was für ein Problem ich habe. Er wird wissen, dass ich nicht selbstsicher bin. Er wird denken, dass ich dumm bin. Ich fühle mich wirklich klein ... unbedeutend. Ich meide oft Arbeitstreffen. Ich habe solche Angst, dass ich dumm dastehe, wenn ich eine Frage stelle. Ich mache erst dann Mittagspause, wenn alle anderen weg sind. Ich mag es nicht, vor anderen Leuten zu essen. Dann fange ich an zu zittern – was, wenn ich mein Essen verkleckere?

JIM, 32 Jahre

Jims Geschichte ist nicht ungewöhnlich. Seine sozialen Ängste äußern sich in seinen körperlichen Symptomen, in seiner Denk- und Verhaltensweise. Es ist unmöglich, über einen Aspekt der sozialen Angst zu sprechen, ohne die anderen Aspekte mit einzubeziehen. Die körperlichen, gedanklichen oder kognitiven Symptome und die Verhaltenssymptome sozialer Ängste sind miteinander verbunden. Ungefähr 20 bis 30 Prozent meiner Gruppenteilnehmer schätzen ihre physischen Symptome als ihr

Hauptproblem ein. Sie beschreiben sie als „qualvoll“, „unerträglich“ und – wenn sie von anderen entdeckt werden – „demütigend“. Der hämmernde Herzschlag, das Zittern und Schwitzen sowie die Atemnot geraten ins Zentrum der Aufmerksamkeit, während alles andere in den Hintergrund tritt. Die übrigen 70 bis 80 Prozent meiner Klienten erleben auch physische Symptome, aber weniger ausgeprägt. Wenn Sie Ihren Körper aus der Umklammerung der Angst befreien wollen, sollten Sie jetzt weiterlesen, wie es um die Funktionsweise von Gehirn, Nervensystem und Körper bestellt ist.

Die Physiologie der Angst

Stellen Sie sich einen Augenblick lang vor, Sie würden in Ihrem warmen Bett schlafen. Ihr Körper ist vollkommen in Ruhe, schlaff wie die Spaghetti, die Sie zu Abend gegessen haben. Dann, einen verstörenden Moment später, sind Sie hellwach, Ihr Herz pocht laut, und Ohren und Augen versuchen angestrengt herauszubekommen, was Sie aufgeweckt hat. Haben Sie wirklich Glas klirren hören? Ist jemand im Haus? Sind das Schritte, die Sie hören? Sollen Sie sich verstecken? Den Notruf wählen? Zur Verteidigung nach dem Hockeyschläger greifen? Oder erstarren Sie? Die Angst, die Sie gerade erleben, ist das Resultat der wunderbaren Fähigkeit Ihres Körpers, im Angesicht einer möglichen Gefahr aktiv zu werden. Mutter Natur tritt auf den Plan. Im Interesse Ihres Überlebens versucht sie eine Vielzahl von Tricks, die nur zu Ihrem Schutz ersonnen sind, wie Sie bald sehen werden.

Jeder, der schon einmal eine heftige Angstattacke erlebt hat, wird vertraut sein mit Symptomen wie beschleunigtem Herzschlag, schnellerer oder erschwerter Atmung, Schwitzen, Zittern und so weiter. Das sind genau die Körperreaktionen, die auch in einer Notlage auftreten, etwa wenn Sie körperlich bedroht werden. Im Fall der sozialen Angst ist die Bedrohung dagegen von psychologischer Natur. Der Betroffene fürchtet, seine Sache nicht gut zu machen und als Versager bewertet zu werden. Vielleicht spielt hier auch auf höherer Ebene die Furcht mit hinein, dass solch eine soziale Missbilligung zu Ablehnung führen könnte – ganz ähnlich der Ausstoßung aus dem Stammesverband in alter Zeit, die ja im Grunde tatsächlich eine Bedrohung für Leib und Leben mit sich brachte.

Das autonome oder vegetative Nervensystem

Kehren wir zu unserem Beispiel zurück, in dem wir wegen eines möglichen Einbrechers aus dem Schlaf hochschrecken. Die Wahrnehmung der vermeintlichen Gefahr veranlasst das Gehirn dazu, Signale an das autonome Nervensystem zu senden. Es wird „autonom" genannt, weil es unabhängig vom Willen arbeitet. Es operiert automatisch, gemäß den Botschaften, die es vom Rest des Körpers erhält. Dieses Nervensystem ist unterteilt in zwei weitere Systeme: das sympathische und das parasympathische Nervensystem.

Der Sympathikus

Hauptaufgabe des Sympathikus ist es, den Körper auf eine Aktion vorzubereiten – Flucht oder Kampf –, um sein Überleben zu sichern. Er setzt Stresshormone wie Adrenalin und Noradrenalin aus den Nebennieren frei. Diese Substanzen sind Botenstoffe, die den Körper in Schwung bringen, während er sich für die Aktion bereit macht. Wenn der Sympathikus aktiviert ist, nehmen verschiedene Teile des Körpers ihre Arbeit auf.

Herz und Blut

- Das Herz schlägt schneller, um die Durchblutung zu beschleunigen.
- Das Blut transportiert Sauerstoff ins Gewebe, vor allem in das der großen Muskelgruppen wie etwa in den Beinen, um die Flucht vor der Gefahr oder den Kampf zu ermöglichen.

- Da das Blut nun vor allem in die großen Muskeln strömt, wird die Durchblutung von Haut, Fingern und Zehen geringer. Daher das Kribbeln.

Atem

- Frequenz und Tiefe der Atmung intensivieren sich, um die Sauerstoffmenge zu erhöhen, die in all jene Körpergewebe diffundiert, in welchen die Aktion vorbereitet wird.
- Dieser plötzliche Anstieg der Atmung kann zu Atemlosigkeit führen, zu Erstickungsgefühlen und sogar Schmerzen oder Enge in der Brust.
- Eine weitere mögliche Nebenwirkung der beschleunigten Atmung ist das Abnehmen der Durchblutung im Kopf. Das kann Schwindel und Verwirrung herbeiführen.

Schweißdrüsen

- Vermehrtes Schwitzen schützt den Körper vor Überhitzung.
- Starkes Schwitzen hat außerdem auch einen schützenden Effekt: Jeder Angreifer hätte Schwierigkeiten, mit jemandem zu ringen, der so schlüpfrig wie ein frisch gefangener Thunfisch ist.

Verdauungssystem

- Da Energie für die Aktivierung anderer Körpersysteme abgezogen wird, steht dem Verdauungssystem nun weniger davon zur Verfügung. Deshalb nimmt die Produktion von Speichel und Verdauungssäften ab, was sich in einem trockenen Mund, Übelkeit, einem flatternden oder vollen Magen und sogar Verstopfung äußert.

Augen

- Die Pupillen erweitern sich, um mehr Licht aufzunehmen, während die Augen die Umgebung nach Zeichen einer möglichen Gefahr absuchen. Daraus kann sich Lichtempfindlichkeit ergeben.

- Die Pupillen können sich auch nach auswärts wenden, um Gefahrenquellen besser zu orten. Manchmal kehren sie nicht in ihre normale, konvergente Stellung zurück (insuffiziente Konvergenz), und die Betroffenen klagen über verschwommenes Sehen.

Energie

- Viele Muskelgruppen werden in Vorbereitung auf Kampf oder Flucht angespannt. Diese Konzentration von Energie kann zu Schmerzen oder Zittern führen.
- Da sehr viel Energie für die Notfallreaktion aufgewandt wurde, fühlt man sich später für gewöhnlich sehr müde und erschöpft.

Es ist wichtig, sich bewusst zu machen, dass der Sympathikus das körperliche „Wecksystem“ nicht auf unbegrenzte Zeit aktivieren kann. Ihm wird auf zwei Wegen Einhalt geboten: Zunächst reagieren die Hormone Adrenalin und Noradrenalin mit anderen Stoffen des Körpers, werden dann aber von Leber und Nieren innerhalb weniger Minuten wieder absorbiert. Außerdem schaltet sich der Parasympathikus nach der Vorbereitung des Körpers auf den Notfall ein und fährt das System langsam wieder herunter.

Der Parasympathikus

Hauptaufgabe des Parasympathikus ist es, den Sympathikus vor einer „Überarbeitung“ zu bewahren. Wenn er nicht kontrolliert würde, könnte der Zustand der gespannten Aktionsbereitschaft Schaden verursachen. Können Sie sich vorstellen, was zum Beispiel passieren könnte, wenn sich die Durchblutung von Fingern und Zehen nie wieder normalisieren würde? Wenn Ihre Verdauung dauerhaft quasi auf null zurückgeschraubt wäre? Der

Parasympathikus stellt im Körper wieder den Normalzustand her. Er senkt Herzschlag, Blutdruck und Atemfrequenz und steigert die Aktivität des Verdauungssystems. Die Aktivierung des Parasympathikus hilft uns, zur Normalität zurückzukehren.

In extremen Stresssituationen, wenn es keine Möglichkeit zur Flucht oder zum Kampf gibt, setzt der Parasympathikus seine verlangsamende Wirkung sogar noch drastischer ein, um den Körper vor Gefahr zu bewahren. Er fährt die Systeme so weit herunter, dass der Betroffene entweder zur Salzsäule erstarrt oder kollabiert. Diese Stressreaktion lässt sich im Tierreich häufig beobachten. Einmal sahen mein Mann und ich unserer Katze Tess zu, die eine Maus im Maul hatte. Sie ließ die Maus fallen und schubste sie mit den Pfoten herum, während die Maus zu entwischen versuchte. Als diese aber plötzlich ganz schlaff wurde, schnupperte Tess noch ein paar Mal an ihr herum, verlor dann das Interesse und trollte sich. Tatsächlich kam die Maus nach wenigen Augenblicken wieder zu sich und huschte davon.

In ihrem Buch *Social Anxiety* zitieren Leary und Kowalski Forschungsarbeiten (Frijda 1986 und Hamilton 1989), die das Auftreten von Mustern parasympathischer Reaktion in Situationen beschreiben, die mit starken negativen Gefühlen, üblicherweise Angst, verknüpft sind und denen man nicht gewachsen ist.

Der Parasympathikus schaltet sich jedoch nicht nur dann ein, wenn man der Situation tatsächlich nicht gewachsen ist, sondern es nur annimmt. Hal, 40 Jahre alt, erinnert sich noch lebhaft an einen Moment der Erstarrung in einem Collegekurs 20 Jahre zuvor:

„Wir saßen im Halbkreis um die Tafel herum, als der Professor mich bat, an die Tafel zu gehen und irgendeine musikalische Theorie zu analysieren. Seine Terminologie brachte mich aus dem Konzept. Ich war andere Begriffe gewöhnt. Ich verstand einfach nicht, was er mir sagen wollte. Einer der Kommilitonen versuchte zu helfen. Dann begann der Professor zu brüllen. ‚Was ist denn mit Ihnen los?', schrie er mich an. Ich erstarrte. Ich war in größter

Verlegenheit. Ich fühlte mich dumm. Nichts ging mehr. Alles schien blockiert zu sein. Später kam eine Kommilitonin zu mir und sagte, dass sie das nicht auf sich hätte sitzen lassen. Sie sagte, sie hätte zurückgebrüllt, dem Professor mitten ins Gesicht, und wäre gegangen. Aber das lag eben nicht in meiner Natur.“

Aus Hals subjektiver Perspektive als 20-Jähriger gab es keine Möglichkeit, mit dem unerwarteten und demütigenden Verhalten des Professors umzugehen. Seine Erziehung hatte ihn nicht gelehrt, dass es in Ordnung war, eine Autoritätsperson infrage zu stellen. Den Spieß umzudrehen und den Professor ebenso grob zu behandeln, wie dieser ihn behandelt hatte, war keine Handlungsalternative. Es wäre Hal gegen den Strich gegangen, so etwas zu tun. Zu jener Zeit kam ihm keine mögliche Handlungsweise in den Sinn, auch wenn sein Sympathikus in Aktion getreten war, um ihn auf eine Reaktion vorzubereiten. Der Parasympathikus schaltete sich ein, und Hal erstarrte. Und all das lief innerhalb weniger Sekunden ab.

Erst Jahre später, in der Therapie, fand Hal heraus, wie er anders mit der Situation hätte umgehen können. Er realisierte, dass er ironische, verbale Fähigkeiten hätte nutzen können, die seinem freundlichen und überlegten Wesen gemäßer gewesen wären. Er hätte dem Professor vorsichtig sagen können, dass ihm sein Tonfall nicht gefiel, ebenso wenig wie seine Andeutungen über Hals angebliche Dummheit, nur weil er die Terminologie nicht verstand, die der Professor benutzte. Wenn Hal eine Auseinandersetzung im Kursraum nicht recht gewesen wäre, hätte er sich mit dem Professor allein treffen und ihm die Situation aus seiner Sicht darlegen können. Und heutzutage, da die Öffentlichkeit für Schikanen gegen Untergebene sensibilisiert ist, hätte Hal das abstoßende Verhalten des Professors an höherer Stelle melden können.

Es gibt andere Gelegenheiten, zu denen sich die Aktivitäten von Sympathikus und Parasympathikus überschneiden. Es ist nicht ungewöhnlich, dass eine Person mit sozialen Ängsten zunächst die Aktivität des Sympathikus in Form von erhöhter Wachsamkeit, beschleunigtem Herzschlag und Anspannung spürt, nur um dann – noch während das Herz rast – in eine ohnmächtige Starre zu verfallen, da der Blutdruck sinkt.

Beim geringsten Anlass: Der überreizte Sympathikus

Einige Menschen, die in der Vergangenheit ein Trauma durchlebt haben, klagen darüber, dass sie fast immer am Rande der Angst leben. Schon der nichtigste Anlass kann eine Angstreaktion auslösen. Sogar der bloße Gedanke an solche Auslöser kann körperliche Symptome zur Folge haben, wie beispielsweise bei Tricia, 38 Jahre alt, die einen ganz gewöhnlichen Arbeitstag beschreibt:

> *„Jeden Morgen wache ich mit Übelkeit auf, weil ich mich fürchte, den Leuten bei der Arbeit gegenüberzutreten. Ich stelle mir sämtliche Möglichkeiten vor, wie ich einen Narren aus mir mache. Wenn ich den Lift betrete, fühle ich, wie mein Herz die Schlagen-wir-mal-so-schnell-es-geht-Nummer abzieht. Es hört nicht einmal dann auf, wenn ich die Bürotür hinter mir gelassen habe. Ich bin ständig nervös, ob ich auch ja das Richtige sage und tue. Jedes Mal, wenn ich sehe, dass mein Vorgesetzter oder eine der Sekretärinnen mich anschaut, fühle ich mich taxiert. Und wenn ich dann nach Hause komme, bin ich völlig erschöpft."*

Tricia wuchs in einem Elternhaus auf, in dem sie verbal und körperlich missbraucht wurde. Durch die wiederholte Konfrontation mit emotionaler oder körperlicher Verletzung gewöhnte sich ihr Nervensystem so sehr daran, schnell und intensiv zu reagieren, dass es irgendwann diese Muster ganz automatisch abspulte, unabhängig davon, ob eine tatsächliche oder imaginäre Bedrohung bestand – sogar im späteren Leben. Tricia wusste, dass diese Angstreaktionen oft Überreaktionen waren, aber sie konnte einfach nichts dagegen tun. Alles schien automatisch abzulaufen. Und Tricia hatte Recht. Es war nicht ihr Fehler, aber ihr Nervensystem hatte nun einmal gelernt, bei der geringsten Provokation eine überschießende Reaktion zu produzieren (bekannt als der „Kindling Effect“) – /\/\/\/\/\/\/\/\/\ –, während das Nervensystem eines anderen in dieser Situation gemäßigter und weniger intensiv reagieren würde: ~~~~~~~. Tricias Herz jedoch begann wild zu rasen, und sie geriet in Panik, während andere Menschen kaum Reaktionen gezeigt hätten und dann wieder zur Tagesordnung übergegangen wären.

Die drei Bereiche des Gehirns

Für diejenigen unter Ihnen, die ganz genau wissen wollen, was im Körper abläuft, wenn die soziale Angst erwacht, ist dieser Abschnitt über die drei Bereiche des Gehirns bestimmt. Dank neuester Hirnforschungen, deren Entdeckungen sich dem Basiswissen der Psychotherapie immer weiter annähern, können wir nunmehr einige der physiologischen Prozesse enträtseln, die der sozialen Angst zugrunde liegen.

Stellen Sie sich das Gehirn in drei Abschnitte unterteilt vor. Das oberste Drittel ist der Cortex, die Großhirnrinde – der denkende Teil. Das mittlere Drittel stellt das limbische System dar, das Zentrum der Emotionen und Gefühle. Das untere Drittel nennt man den Hirnstamm, der für die Atmung und das autonome Nervensystem zuständig ist. Bei einer Bedrohung wird die Information eines Sinnesreizes (Anblick eines wütenden Gesichts, Geräusch eines knurrenden Hundes) an den Thalamus übermittelt, der im mittleren Drittel des Gehirns sitzt.

Der Thalamus hat seinen Namen vom griechischen Wort für „Raum“. Er liegt in der Mitte des Gehirns und dient als Relaisstation, die Botschaften an verschiedene Teile des Gehirns sendet. Im Falle einer Bedrohung schickt der Thalamus gleichzeitig Informationen an den Cortex über ihm und die Amygdala neben ihm.

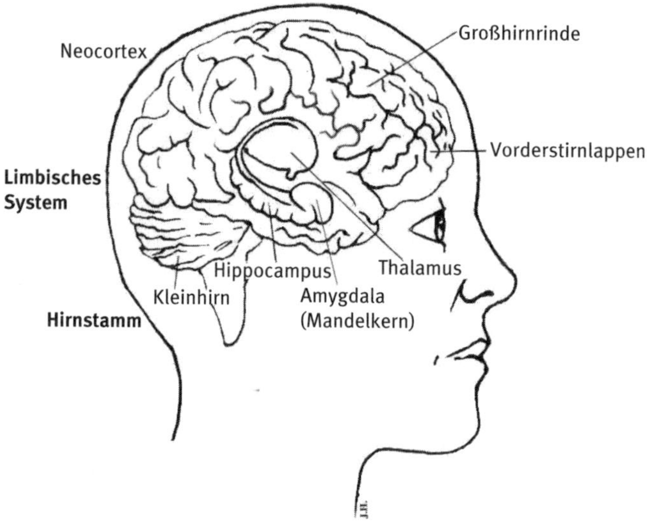

Die Amygdala, auch Mandelkern genannt, ist ein faszinierendes Organ, dessen Namen sich aufgrund seiner Größe von dem griechischen Wort für Mandel ableitet. Ihre Aufgabe ist es, alles Neue zu registrieren und zu entscheiden, ob es gefährlich ist oder nicht. Wenn sie es für gefährlich hält, „funkt" sie sofort Alarmsignale an den Hypothalamus. Dieser befindet sich neben dem Thalamus in der Mitte des Gehirns und setzt einerseits den Sympathikus in Gang, während er andererseits die Ausschüttung von Stresshormonen wie Adrenalin und Kortisol auslöst. Diese Stresshormone tragen zur Festigung der Erinnerung an das Ereignis bei. Das wiederum hilft dem Gehirn und der Amygdala, beim nächsten Mal die Bedrohung noch schneller zu erkennen.

Welche Rolle spielt all das für Menschen mit sozialen Ängsten? Es erklärt, warum infolge von Hänselei und Demütigung durch ein paar Kameraden in Ihrer Kindheit nun jede Gruppe von Menschen die Alarmglocken in Ihrer Amygdala zum Läuten bringt, die wiederum die Stressreaktion und den Sympathikus in Gang setzt. Es verleiht plötzlich der Tatsache einen Sinn, dass Sie – nach dem emotionalen Missbrauch durch einen Elternteil oder Lehrer in der Vergangenheit – nun zu schwitzen und zittern anfangen, sobald Sie vor einer Autoritätsperson wie einem Polizisten, einem Vorgesetzten oder dem Chef stehen.

Für Menschen, die einen Blackout haben, wenn sie unter sozialen Ängsten leiden, könnte die folgende Information von Interesse sein. Der Fortschritt in der bildgebenden Darstellung des Gehirns durch Magnetresonanztomographie (MRT) hat Befunde erbracht, die zeigen, welche Teile des Gehirns während verschiedener Ereignisse aktiviert oder deaktiviert werden. Wenn die Betroffenen Beschreibungen eines traumatischen Ereignisses lesen, das sie in der Vergangenheit erlebt haben, nimmt die Aktivität des Thalamus ab. Wenn nun mit dem Thalamus die Relaisstation herunterfährt, kann sie auch keine Signale an andere Teile des Gehirns senden – auch nicht an solche, die am Denkvorgang und der Steuerung von Affekten und Emotionen beteiligt sind. Diese kurze Unterbrechung zwischen Thalamus und Cortex ist die beste Erklärung, die ich auf die Frage gefunden habe, warum der Verstand aussetzt. Glücklicherweise wird die Verbindung zwischen beiden wiederhergestellt, wenn der Stress abnimmt, und der Betroffene „funktioniert“ wieder normal.

Wissen ist Macht

Hoffentlich können Sie – da Sie jetzt die Arbeitsweise Ihres Gehirns und Ihres Körpers kennen, wenn Sie soziale Ängste spüren – nun aus der Distanz eines Forschers das bestaunen, was da vor sich geht, anstatt sich von alldem überfahren und verwirrt zu fühlen. Sie sollten nicht in Panik geraten, sondern nun in der Lage sein, sich selbst daran zu erinnern, dass die Aktivierung des Sympathikus mit all seinen Symptomen der Nervosität nicht ewig dauern wird. Alles wird seinen Lauf nehmen, und dann wird sich der Parasympathikus einschalten und den Körper in einen Entspannungszustand zurückführen. Lassen Sie uns nun fortfahren und einen Blick darauf werfen, wie sich der Körper auf physischem Wege beruhigen lässt.

Den Körper beruhigen

Wenn wir dem Parasympathikus dabei helfen wollen, die Kontrolle zu übernehmen, ist es entscheidend, uns zu entspannen. Glücklicherweise ist Entspannung eine Fähigkeit, die man lernen kann.

Zu Beginn sollten Sie den Unterschied zwischen dem kennen lernen, was nach Entspannung aussieht, und dem, was wirklich Entspannung ist. Das können Sie, indem Sie sich in Ihren Körper einfühlen und auf die körperlichen Empfindungen achten, die Sie erleben. Zum Beispiel glauben viele Leute, dass Fernsehen Entspannung pur sei. Das nächste Mal, wenn Sie sich einen Actionfilm, einen Thriller, ja sogar einen Naturfilm über das Überleben der Tiere in der Wildnis ansehen, sollten Sie deshalb den Reaktionen Ihres Körpers Ihre Aufmerksamkeit schenken. Ich besuchte einmal die Vorlesung des Traumaexperten Dr. Peter Levine. Dabei wurde ein Film gezeigt, in dem ein Kojote einen Hasen jagte. Nun stellen Sie sich dieses arme, langohrige Geschöpf vor, wie es sich immer wieder mit seinen riesigen Hinterläufen vom Boden abdrückt, hierhin und dorthin Haken schlägt, so hoch springt, dass es zu fliegen scheint, nur um gleich darauf wieder auf dem Boden aufzukommen, und all das mit nur einem knappem Vorsprung vor seinem Verfolger, dem bald weitere Kojoten zu Hilfe kommen.

Etwa alle 30 Sekunden bat Dr. Levine den Filmvorführer, den Film anzuhalten. Dann forderte er die Zuhörer auf zu berichten, welche Vorgänge sie in ihrem Körper bemerkt hatten. „Meine Brust ist ganz eng“, sagte einer. „Ich kann mein Herz schlagen spüren“, meinte ein anderer. Einer nach dem anderen berichteten sie von den bekannten Symptomen für die Vorbereitung zu Flucht oder Kampf. Mit anderen Worten: Fernsehen oder Kino kann manchmal mehr Stress als Entspannung sein. Wenn Sie wirklich daran interessiert sind, Ihre körperliche Angst in den Griff zu bekommen, tun Sie besser daran, wenn Sie Entspannungstechniken wie Erdung, Selbstregulationstherapie, kontrollierte Atmung und Progressive Muskelrelaxation praktizieren. Ich werde Erdung und Selbstregulation im Folgenden detailliert beschreiben, da dies ebenso neue wie effektive Methoden sind, den Körper zu beruhigen. Darstellungen der geeigneten Atemtechniken und der Progressiven Muskelrelaxation finden Sie in der einschlägigen Literatur (siehe Literaturverzeichnis).

Erdung

Die Erdung wirkt vor allem bei all jenen, die von ihren körperlichen Symptomen fast überwältigt werden, oder die nicht in der Lage sind, sich mit Hilfe von kognitiven Techniken oder Denktechniken zu beruhigen, weil bei ihnen die Verbindung zwischen Thalamus und Cortex unterbrochen ist. Ich habe diese spezielle Erdungstechnik von den Psychologen Dr. Lynn Zettl und Dr. Edward Josephs von der Canadian Foundation for Trauma Research and Education gelernt. Sie ist Teil ihrer Arbeit mit Traumapatienten. Und so gehen Sie vor:

1. Sie befinden sich in einer bequemen Sitzposition und fühlen in Ihre Füße hinein. Das Schlüsselwort ist hier, sich in die Empfindungen der Füße – die ruhig auf dem Boden aufliegen – einzufühlen. Achten Sie darauf, wie sich Ihre Fußsohlen in den Schuhen und Strümpfen anfühlen oder die Haut Ihrer nackten Füße den Boden empfindet. Spüren Sie, wie der Boden Ihre Füße stützt oder aufnimmt.
2. Nun fühlen Sie in den Teil Ihres Körpers hinein, auf dem Sie sitzen, also Ihr Gesäß und die Lendengegend. Achten Sie darauf, wie Sie mit diesen Körperbereichen auf Ihrem Stuhl sitzen. Wenn es ein weicher Sitz ist, achten Sie vor allem darauf, wie der Stoff Gesäß und Lendengegend umhüllt. Wenn die Auflage hart ist, achten Sie auf das harte Gefühl an Ihrem Körper.

3. Als Nächstes spüren Sie in Ihre Hände hinein, die in Ihrem Schoß ruhen. Achten Sie auf alle Empfindungen. Sind Ihre Hände schwer oder leicht? Warm oder kalt? Trocken oder feucht? Achten Sie auf den Unterschied zwischen der Haut Ihrer Hände und dem Stoff Ihrer Hose oder Ihres Rockes.
4. Fühlen Sie in Ihren Rücken hinein. Achten Sie darauf, wie es sich anfühlt, wenn Ihr Rücken die Stuhllehne berührt. Fühlen Sie, wie die Lehne Ihren Rücken stützt.
5. Schließlich spüren Sie in Ihren Atem hinein. Sie müssen gar nichts mit Ihrem Atem machen. Achten Sie einfach nur auf ihn. Achten Sie auf die Empfindung jedes einzelnen Ein- und Ausatmens. Fühlen Sie, wie die Luft durch Ihre Nase strömt, die Atemwege hinab und in Ihre Lungen hinein. Achten Sie darauf, wie Ihre Brust und Ihr Bauch sich heben und senken, während Sie ein- und ausatmen. Achten Sie darauf, wo das Einatmen aufhört und das Ausatmen beginnt.

Zur Wiederholung spüren Sie noch einmal in Füße, Gesäß und Lenden, Hände, Rücken und Atem hinein. Üben Sie dies mehrmals am Tag, zunächst in ruhiger, dann auch in anregenderer Umgebung – sodass Sie, wenn die Angst Sie plötzlich packt, bereit sind, sich sofort zu erden. Denken Sie auch daran, dass es manchmal nicht möglich ist, sich im Sitzen zu erden. Oft überkommt uns die Angst im Stehen. Wenn das der Fall ist, dann fühlen Sie mit aller Macht in Ihre Füße hinein. Sie können sich sogar erden, wenn Sie liegen. Dabei spüren Sie in jenen Bereich Ihrer Beine, der mit der Matratze oder dem Boden in Berührung ist. Sie können dann auch in Ihre Arme, den Rücken und so weiter hineinfühlen.

Erdung ist eine flexibel handhabbare Fähigkeit, die Ihnen helfen kann, egal, wo Sie sich gerade aufhalten. Ich bringe allen meinen Klienten bei, wie sie sich erden können. Ich selbst erde mich ständig, wenn ich unter Stress stehe, unter welchem auch immer. Wenn ich Auto fahre, fühle ich zum Beispiel in meine Hände, während sie das Lenkrad halten. Ich erde mich, während ich die Traumastation meines Krankenhauses betrete und Angst habe, einen meiner Lieblingspatienten nach einem Selbstmordversuch im Koma, im Kampf auf Leben und Tod, vorzufinden. Ich erde mich und spüre ganz bewusst den Kontakt meiner Füße zum Boden bei jedem Schritt, den ich tue – sogar, wenn ich mit einem Kollegen an meiner Seite spreche und man mir nicht ansieht, womit ich außerdem beschäftigt bin.

Selbstregulationstherapie

Die Selbstregulationstherapie (SRT) ist eine Methode, sich zu „desensibilisieren", die ebenfalls von den Psychologen Dr. Lynn Zettl und Dr. Edward Josephs gelehrt wird. Desensibilisierung in diesem Zusammenhang bedeutet, immer weniger sensibel für etwas zu werden, nicht mehr darauf anzusprechen (sie wird ausführlicher in den Kapiteln neun und zehn besprochen). Zettls und Josephs' Arbeit ist von einer Reihe von Traumaspezialisten beeinflusst worden, darunter Peter Levine, der sich mit dem Körper und dem Nervensystem befasste. Den Verdiensten dieser Therapie gerecht zu werden, würde den Rahmen dieses Buches sprengen. Dennoch möchte ich Ihnen wenigstens einen kleinen Einblick geben, wie Sie mit Hilfe der Selbstregulationstherapie Ihr Nervensystem ausgleichen können.

Kurz gesagt wechseln Sie bei dieser Methode willentlich hin und her zwischen der Wahrnehmung Ihrer physischen Angstsymptome und der Wahrnehmung dessen, was in Ihrem Körper passiert, wenn Sie bei einer angenehmen Erinnerung oder der Erdung Zuflucht suchen. Für unsere Zwecke bleiben wir in diesem Beispiel bei der Erdung.

Denken Sie zunächst an eine Angst auslösende soziale Situation. Ted zum Beispiel denkt an das 20-Jahre-Abschlusstreffen mit seinen Schulkameraden. Zu Beginn stellt er sich vor, wie er sich zu Hause fertig macht. Als dieses Bild vor sein geistiges Auge tritt, nimmt Ted wahr, dass ihm eng in der Brust wird und sein Herz schneller zu schlagen beginnt.

Sobald Sie beginnen, an Ihre gewählte Situation zu denken, achten Sie darauf, was in Ihrem Körper vor sich geht. Wenn Sie ein Angstsymptom entdecken, forschen Sie nach. Wie eng ist die Enge in Ihrer Brust? Wie schnell schlägt Ihr Herz? Wenn Sie diese unangenehmen Empfindungen wahrgenommen haben, sollten Sie sich erden. Vielleicht möchten Sie in Ihre Füße auf dem Boden hineinspüren oder in Ihr Gesäß auf dem Stuhl. Ted entscheidet sich, sich auf seine Füße und seine Atmung zu konzentrieren. Dann, als er ruhiger wird, denkt er wieder an das Abschlusstreffen. Diesmal stellt er sich vor, wie er sich zu Hause fertig macht und ins Auto steigt, um zur Schule zu fahren. Sollten wieder physische Symptome auftauchen, würde er eben auf sie achten und dann wieder in seine Füße und seinen Atem hineinspüren. Ted fährt fort, hin- und herzuwechseln, vor und zurück, vom Stressauslöser zur Erdungsübung – bis er sich schließlich vorstellt, wie er seine alten Schulkameraden trifft und ruhig mit ihnen spricht.

Und auch Sie können hin und her wechseln zwischen dem Fokus auf Ihre Angstsymptome, wenn Sie an die betreffende Situation denken, und dem Fokus auf Ihre Erdung.

Engagement ist gefragt

Manche Leute behaupten, sie hätten tagsüber keine Zeit, Beruhigungstechniken zu üben. Wenn Sie zu denjenigen gehören, die ihre soziale Angst vor allem über körperliche Symptome erleben, dann rate ich Ihnen: Nehmen Sie sich die Zeit. Wenn Sie unter gravierenden körperlichen Symptomen leiden, ist es eine lohnende Investition, Zeit für Beruhigungstechniken zu opfern, ob es nun Erdung, SRT, Atmung oder Progressive Muskelrelaxation ist. Sie können es sich einfach nicht leisten, darauf zu verzichten.

Schlüsselgedanken

- Die körperlichen, gedanklichen oder kognitiven Symptome und die Verhaltenssymptome sozialer Ängste sind miteinander verknüpft.
- Die meisten Betroffenen erleben soziale Angst körperlich; bei 20 bis 30 Prozent sind diese Symptome so dramatisch, dass sie sie als „qualvoll" und manchmal auch „demütigend" beschreiben.
- Viele dieser Symptome ähneln den körperlichen Reaktionen, die ablaufen, wenn man einer Bedrohung ausgesetzt ist. Diese Symptome kommen durch die unwillkürliche Aktivierung von Sympathikus und Parasympathikus zustande. Der Sympathikus bereitet den Körper auf Flucht oder Kampf vor, der Parasympathikus entspannt ihn wieder. Eine Mischung aus sympathischer und parasympathischer Aktivierung löst Erstarrung oder Kollaps (etwa in Gestalt einer Ohnmacht) aus.
- Bei bestimmten Betroffenen, vor allem solchen mit traumatischen Erfahrungen, ist das Nervensystem so überreizt, dass die geringste Provokation genügt, um eine Überreaktion auszulösen.
- Im Gehirn mit seinen drei Abschnitten Cortex, limbisches System und Hirnstamm spielen Amygdala und Thalamus eine wichtige Rolle beim Auslösen der körperlichen Symptome sozialer Angst. Während die Amygdala den Sympathikus in Gang setzt und für die Ausschüttung von Stresshormonen zuständig ist, wird der Thalamus – die Relaisstation für Mitteilungen ans Gehirn – unter Stress heruntergefahren. Infolgedessen klagen Betroffene oft darüber, dass sie in einer Angst auslösenden Situation völlig „leer im Kopf" sind.
- Sie können Ihren Körper durch Erdung, Selbstregulation, Atemtechniken und Entspannungsübungen beruhigen. Sich die Zeit für diese Übungen zu nehmen ist von größter Bedeutung, wenn Sie Ihren Körper aus der Umklammerung der Angst befreien wollen.

Das möchte ich aus diesem Kapitel mitnehmen:

....

....

Ich werde es auf folgende Art und Weise in die Tat umsetzen:

....

....

KAPITEL VIER:
Rote Beete

Erröten

Mit vierzehn war Helen sehr intelligent, linkisch, schüchtern und in ihren Fantasien sehr viel mutiger als in Wirklichkeit, wo sie oft errötete. Schon aus Sorge, sie könne erröten, wurde ihr heiß: die demütigende rosa Farbe spritzte von ihrer Brust bis zum Haaransatz, sodass andere sie anstarrten, als habe das Erröten mit ihnen zu tun, während sie sich mit gekrümmten Schultern noch mehr in sich verkroch und versuchte, Gelegenheiten, bei denen sie erröten könnte, zu vermeiden.

URSULA HEGI, *Emma Blau*

Keine Erörterung der Physiologie sozialer Ängste wäre vollständig, ohne auch auf das Rotwerden einzugehen. Interessanterweise ist dies ein Gegenstand, der in der einschlägigen Literatur oft ignoriert oder nur kurz erwähnt wird. Vielleicht ist der Grund dafür der, dass erst sehr wenig darüber geforscht wurde, seitdem Charles Darwin das Rotwerden 1872 als den „typischsten und menschlichsten Gesichtsausdruck" bezeichnet hat. Darwin beobachtete, dass Frauen leichter als Männer rot werden, dass Menschen aller Hautfarben rot werden können, dass Jüngere es häufiger als ältere Leute tun, dass Säuglinge es gar nicht können und dass sich die Neigung zum Rotwerden durch ganze Familien zieht. Er bemerkte sogar, dass die entscheidende Voraussetzung für das Rotwerden in dem Bewusstsein des Betroffenen besteht, dass alle anderen auf ihn blicken. Nach Darwin wird Erröten nicht nur dadurch „erweckt", dass wir über unsere eigene

Erscheinungsweise reflektieren, sondern auch darüber nachdenken, dass andere über uns nachdenken.

„Erweckt"! Nicht „ausgelöst", „hervorgerufen" oder „herbeigeführt", sondern „erweckt". Ich finde Darwins Wortwahl irgendwie lebensbejahend. Das Wort „erweckt" beschwört Bilder des Neuen, des Wachstums, des Lebens, des Abenteuers herauf. Aber wie kann etwas wie das Rotwerden überhaupt positive Konnotationen haben? In Kapitel zwei habe ich über Shoma Moritas mitfühlenden Blick auf die Schüchternheit geschrieben. Morita zufolge sind soziale Ängste eine normale menschliche Erfahrung, deren Bedeutung mit dem Wunsch des Betreffenden zu tun hat, in seiner sozialen Umgebung seine Sache gut zu machen. Es ist die Schüchternheit wegen der Schüchternheit, die zum Problem wird. Ich glaube, dass es sich mit dem Rotwerden ebenso verhält. Normales Rotwerden ist ein wichtiger Bestandteil eines gesunden Lebens. Die Angst davor kann indes ernste Probleme aufwerfen.

Die guten Seiten des Rotwerdens

Dichter, deren Beruf es ja ist, mit Worten Bilder vom Leben zu malen, haben das lebensbejahende Wesen des Rotwerdens in den folgenden Versen erfasst:

Eine Fülle von Perlen ist heiter von reinstem Glanz und birgt sich in dunklen unergründlichen Tiefen des Ozeans. Eine Fülle von Blumen ist geboren zu ungesehener Röte und verschwendet ihre Süße an die Wüstenluft.

THOMAS GRAY (1716-1771)

Wohin du auch gehst, sollen kühle Stürme die Lichtung fächeln,
Bäume, unter denen du sitzt,
sollen sich drängen zum Schatten:
Wohin du auch trittst, sollen errötende Blumen sich heben,
und alle Dinge gedeihen, wohin du deine Augen wendest.

ALEXANDER POPE (1688-1744)

Das Wasser hört auf das matteste Wort und errötet zu Wein.
JOHN SAMUEL BEWLEY MONSELL (1811-1875)

In Thomas Grays Gedicht heißt es sinngemäß: Wenn das Rotwerden nicht von anderen bemerkt wird, ist seine Süße verschwendet. Die Röte zu sehen bedeutet, das Leben zu feiern. In jedem Fall ruft das Wort Bilder der Fülle, des Reichtums, der Reife und Farbe sowie des blühenden Lebens hervor. In Monsells Gedicht bedeutet das Wort all das und mehr. Inspiriert verwandelt sich Wasser in Wein.

Es ist kein Zufall, dass junge Menschen häufiger erröten als ältere. Vor einer Reihe von Jahren fragte ich meinen Sohn auf der Heimfahrt von der Schule nach einem Mädchen, das angerufen und ihm Nachrichten hinterlassen hatte. Er wurde rot. Ich bemerkte es, sagte aber nichts dazu. Stattdessen hielt ich das Gespräch am Laufen. Die Röte verschwand, und er erzählte mir von Susan. Wie ich das Rotwerden deutete? Ich war aufgeregt für ihn. In meinen Augen signalisierte es Leben, welches durch seinen Körper strömte. Er war ganz offensichtlich an Susan interessiert, und sein emotionaler Aufruhr äußerte sich über die Blutgefäße in seinem Gesicht. Warum sollte man sich nicht darüber freuen? Mein Sohn errötete, wie eine Blume, die langsam erblüht. Sein sexuelles Bewusstsein knospte, und so sollte es ja auch sein. Junge Menschen befinden sich in einer Phase des Umbruchs. Es ist eine neue Zeit des Entdeckens, Lernens, Fehlermachens und nochmals Lernens. Und oft ist diese Phase verziert mit Momenten der Röte. Halleluja!

Aber das Erröten ist nicht nur den Jungen vorbehalten. Menschen allen Alters werden rot. Das Rotwerden dient vielen Zwecken. Es kann bedeuten, dass man aufgeregt ist. Es kann ein wichtiges Signal sein, um dem anderen mitzuteilen, dass man an ihm interessiert ist – wieder eine der schlauen Erfindungen von Mutter Natur. Falls man zu schüchtern, zu stolz oder wie in meinem Fall vielleicht auch zu verheiratet ist, um dem anderen Interesse zu signalisieren, hat die Natur diesen unwillkürlichen

Mechanismus eingerichtet. Sie schert sich nicht darum, ob es Ihnen unangenehm ist. Es geht nur darum, der Spezies Mensch maximale Überlebenschancen zu sichern.

Darüber hinaus kann Erröten Ihre Verlegenheit über einen Vorfall ausdrücken, den Sie bedauern. Diese besondere Funktion kann gerade im menschlichen Miteinander nützlich sein. Die Fähigkeit, rot werden zu können, ist wichtiger, als die Leute meistens realisieren. Um das zu demonstrieren, bat der Forscher Rowland Miller eine Gruppe von Probanden, sich jemanden vorzustellen, der versehentlich seine Cola über der Frau eines Kollegen verschüttet, zu der er sich gerade setzen will. Die arme Frau sitzt in der Cafeteria, und Cola tropft ihr über Gesicht und Hals in die Kleidung. Stellen Sie sich vor, dass derjenige, der seine Cola verschüttet hat, ruhig und unbeteiligt bleibt. Gelassen entschuldigt er sich und besteht sogar darauf, die Reinigung zu bezahlen. Was würden Sie tun, wenn jemand sich unter diesen Umständen so distanziert verhalten würde? Wahrscheinlich würden Sie seine Aufrichtigkeit anzweifeln. Womöglich würden Sie es sogar vorziehen, den Kontakt mit ihm abzubrechen. Und nun stellen Sie Mr. Cool einen Mann gegenüber, dessen Emotionen auch zu seiner Entschuldigung passen. Dieser Mann würde vor Verlegenheit puterrot werden, um Worte ringen oder sich überschwänglich entschuldigen. Wem würden Sie Ihr Vertrauen schenken – Mr. Cool oder Mr. Puterrot? Und in der Tat, als Zeugen derartiger Vorfälle gebeten wurden, Sympathiepunkte an beide zu verteilen, schnitt der Mann, der die dazu passende Verlegenheit zeigte, besser ab als der Mann, der ruhig blieb.

Wenn wir in der Lage sind, Verlegenheit über unsere Fehler zu zeigen, die vielleicht anderen Umstände gemacht oder sie verletzt haben, erfahren die Leute, dass wir uns für sie interessieren – und dass wir weiterhin bei ihnen gut dastehen wollen. Nicht jeder, der verlegen ist, wird auch rot, aber natürlich ist das Erröten eine allgemeine Äußerungsform von Verlegenheit. Es kann ein Signal des guten Willens und des Respekts für andere sein. Es kann unseren Wunsch reflektieren, soziale Beziehungen zu unterhalten. Nach Miller neigen Menschen, die Verlegenheit zeigen können, zu psychischer Gesundheit. Sie sind oft weniger aggressiv und rücksichtsvoller als Leute, die keine Verlegenheit äußern.

Und was ist, wenn man vor Scham rot wird? Uns gelegentlich zu schämen und verlegen zu sein, weil wir dabei ertappt wurden, dass wir uns nicht gerade vorbildlich verhalten haben, ist nicht das Schlechteste auf der Welt. Solange wir uns selbst nicht als minderwertig geißeln, kann ein wenig Scham und Verlegenheit uns dazu motivieren, uns in Zukunft mehr an unseren eigenen Messlatten zu orientieren. Erröten bei solchen Gelegenheiten signalisiert, dass wir unser Versagen registriert haben. Die Zuschauer nicken dazu. Und dann geht das Leben weiter.

Wenn Sie sich jemals gewünscht haben, das Rotwerden ein für allemal aus Ihrem Repertoire emotionaler Äußerungsformen zu streichen, dann hoffe ich, dass Sie es sich jetzt noch einmal überlegen. Rotwerden hat viele Vorzüge. Es lässt die Leute wissen, dass Sie sich für sie interessieren und dazugehören wollen. Es erinnert Sie daran, dass Sie ein lebendiges menschliches Wesen sind und über eine breite Palette an Gefühlen verfügen. Es ist ein Pauschalarrangement: Wir lachen, wir weinen, wir sind wütend – und wir entflammen eben.

Angst vor dem Rotwerden und chronisches Erröten

Obwohl Erröten oft in gesundem Maße auftritt, verwandelt es sich für einige Betroffene in einen alptraumhaften Fluch. Irgendwo auf dem Weg betritt die Angst die Bühne, und das Erröten wird zum gefürchteten Ereignis. Die krankhafte Angst davor, rot zu werden, hat auch einen Namen: Erythrophobie (von griech. *erythros*, „rot“). Kein Wunder, dass man desto häufiger errötet, je mehr man sich davor fürchtet; denn schon Viktor E. Frankl erkannte, dass die Angst die Mutter des Ereignisses ist. Im Extremfall meiden die Betroffenen alle sozialen Begegnungen, damit sie sich die Sorgen um ein mögliches Erröten ersparen können. Was sollen sie also tun?

Was man dagegen tun kann

Erröten behandelt man normalerweise indirekt. Dabei wird das Hauptaugenmerk darauf gerichtet, die sozialen Ängste abzubauen und das Selbstvertrauen ganz allgemein zu stärken. Denn in dem Maße, in dem das Selbstvertrauen steigt, nimmt die Häufigkeit des Errötens ab. Und wenn es doch einmal auftritt, dann machen Sie keine große Geschichte daraus! Es erinnert Sie lediglich daran, dass Sie der menschlichen Spezies angehören.

Direktere therapeutische Maßnahmen gegen lästiges Erröten sind paradoxe Intervention, das Bekenntnis zum Rotwerden, Reframing, kognitive Therapie, Medikation und – in schweren Fällen – Operationen. Sie alle werden im Folgenden ausführlich besprochen.

Paradoxe Intervention

Bei dieser Therapie geht es darum, das gewünschte Ziel dadurch zu erreichen, indem man das Gegenteil von dem tut, was normalerweise erwartet wird. Im Falle des Errötens sagt man dem Betroffenen, er solle versuchen, noch häufiger als sonst zu erröten – und nicht seltener. In einer Fallstudie instruierte man einen Mann, der einmal am Tag lange und qualvoll unter Erröten litt, dreimal täglich Rotwerden zu üben. Ein paar Monate später wurde er durchschnittlich nur noch etwa zweimal im Monat rot. Was führte zu dieser Kehrtwende? Der Mann hatte entdeckt, dass er nicht auf Kommando rot werden konnte, denn dieser Prozess läuft unwillkürlich ab. Ich denke jedoch nicht, dass diese Entdeckung allein die Frequenz des Errötens beeinflusst hat.

Stattdessen ist, wie ich glaube, zusätzlich noch Folgendes passiert: Der Mann entwickelte ein neues Verhältnis zu seinem Erröten. Über Jahre hinweg, immer wenn seine tägliche „Rotphase“ nahte, hatte er wahrscheinlich stumm in sich hinein geschrien: „O nein, nicht schon wieder, nicht jetzt!“ Es war, als sei das Rotwerden ein unwillkommener Besucher, der hereinplatzte, ob es dem Gastgeber nun gerade passte oder nicht. Und tatsächlich: Je öfter man den Gast wissen ließ, dass er nicht willkommen, ja, dass er sogar gefürchtet sei, desto regelmäßiger kam er zu Besuch, in einer boshaften, heimtückischen Art und Weise. Das Erröten hatte die Kontrolle übernommen, und der Mann war das Opfer. Eines Tages sagte man ihm, dass er sich nicht länger dagegen wehren, sondern es uneingeschränkt in sein Leben einladen solle. Der Mann drehte daraufhin den Spieß um und hielt nun selbst die Fäden in der Hand. Aber damit nicht genug: Als er sich an dieses neue Verhältnis gewöhnt hatte, entdeckte er, dass seine Angst immer mehr abnahm. Und in dem Maße, wie die Angst vor dem Rotwerden weniger wurde, reduzierten sich auch die „Rotphasen".

Das Bekenntnis zum Rotwerden

Eng verwandt mit der Übernahme der Kontrolle ist auch das Bekenntnis zum Rotwerden. Bisher bin ich noch nicht auf Forschungsarbeiten gestoßen, die diesen Ansatz stützen. Ich verfüge nur über meine persönlichen Erfahrungen. Als ich Ende 20 war, unternahm ich ein Experiment. Ich entdeckte, dass die Röte jedes Mal zurückging, wenn ich mir sagte: „Jetzt werde ich rot." Wenn ich jedoch im Gegensatz dazu stumm flehte „O nein, nicht jetzt!", wurde ich noch röter. Auch wenn ich begriff, dass das Erröten vollkommen unwillkürlich ablief, bekam ich doch durch diese vier Worte „Jetzt werde ich rot" das Gefühl, als hätte ich alles unter Kontrolle. Ich war nicht länger auf Gedeih und Verderben dem unwillkommenen Besucher ausgeliefert.

Reframing

Reframing bedeutet, die eigene Perspektive zu verändern, den Rahmen (engl. *frame*) neu zu stecken – für gewöhnlich, indem man den Kontext, den Rahmen oder die Bedeutung der fraglichen Sache verändert. Zum Beispiel beklagte sich eine Frau darüber, dass jedes Mal, wenn sie mit Staubsaugen fertig war, ihre Familie geradewegs über den Teppich liefe und frische Fußabdrücke auf den noch vor wenigen Augenblicken ordentlich ausgerichteten Teppichfasern hinterlasse. Sie war frustriert, dass ihre Bemühungen, einen Bilderbuchhaushalt zu führen, durch das „gedankenlose" Paradieren ihrer Familie durch jedes Zimmer einfach so weggewischt wurden. Der Therapeut dieser Frau bat sie, sich nun einmal ein Haus vorzustellen, in dem alle Teppiche wie frisch gesaugt aussehen. Kein Fußabdruck verunstaltet jemals das ordentliche Gewebe des Teppichbodens. Sofort begriff die Frau, dass dazu ihr Haus leer sein müsste. Weder die Kinder noch der Mann wären da. Sogar sie selbst müsste vorsichtig auftreten. Die Aussicht auf ein unbeflecktes, aber lebloses Zuhause erfüllte die Frau mit dem Gefühl eines immensen Verlustes. Fußabdrücke auf dem Teppich bekamen nun eine ganz neue Bedeutung. Sie erinnerten die Frau daran, wie glücklich sie war, mit einer solchen Familie gesegnet zu sein – einer Familie, die gern zu Hause war. Ihre Klagen lösten sich nun vollständig in Luft auf.

Stellen Sie sich Ihr Rotwerden wie Fußabdrücke Ihres Blutes vor, die es hinterlässt, sobald es in die Blutgefäße in Ihrem Gesicht strömt. Sie stehen für die Tatsache, dass das Leben in Ihnen zirkuliert. Gefühle gehen ein und aus und bereichern ein sonst doch blutleeres, emotionsloses Zuhause. Neulich erzählte Lucy, die an einer meiner Angstgruppen teilnimmt, dass sie jedes Mal, wenn ihr niedlicher Kollege James ihr Büro betritt, furchtbare Angst hat, rot zu werden:

> *„Er kommt herein, und plötzlich realisiere ich, wie ich rot werde. Augenblicklich. Meine Wangen fühlen sich ganz heiß an. Ich bin sicher, dass er es merkt. Und während ich mir darüber Gedanken mache, werden meine Wangen noch heißer. Sie stehen in Flammen. Äußerlich agiere ich mechanisch; innerlich wünsche ich mir, nicht mehr da zu sein. Die Zeit scheint stillzustehen."*

Joe, ein anderer Teilnehmer, erwiderte ihr, dass er es toll findet, wenn eine Frau rot wird. Es gibt ihm das Gefühl, attraktiv zu sein. Lucys Erröten sei doch großartig, und er hoffe, sie würde weiter rot werden können, denn es mache sie ebenfalls attraktiv. In der Woche darauf, erzählte Lucy später, sei sie kaum noch rot geworden, als Mr. Wonderful zur Tür hereinmarschiert kam. Zu ihrem eigenen Erstaunen kümmere es sie nicht mehr wirklich, ob sie erröte oder nicht. Sie bedankte sich bei Joe für seine Bemerkungen in der Vorwoche – er habe ihr geholfen, das Rotwerden in einem neuen Licht zu sehen. Da es nun eine neue Bedeutung angenommen hatte, war es plötzlich kein Thema mehr.

Irrationale Überzeugungen ändern

Durch negative Überzeugungen und Annahmen verschlimmert sich Erröten – wie jedes andere Symptom sozialer Angst auch – nur noch. Obwohl wir im Abschnitt über den Geist noch detailliert darauf zurückkommen werden, lassen Sie uns einen kurzen Moment darüber nachdenken, wie irrationale Überzeugungen ganz gewöhnliches Erröten zu einem Problem werden lassen. Erinnern Sie sich noch daran, wie mein Sohn errötete, als ich ihn nach Susan fragte – dem Mädchen, das ein paar Nachrichten für ihn hinterlassen hatte? Es war ein normales Erröten. Keine große Sache – nur Teil des Lebens.

Und jetzt stellen Sie sich im Gegensatz dazu die folgende Szene vor: Der 17-jährige Joshua wird von Freunden wegen seines Interesses an seiner Mitschülerin Linda gnadenlos verspottet. Joshua beginnt, rot zu werden, und entwickelt einen regelrechten Horror davor, dass sein Rotwerden eine neue Runde grausamer Hänseleien einläutet. Er fühlt sich von seinen Klassenkameraden gedemütigt und respektlos behandelt. Wegen dieser unglücklichen Sache beginnt er sich einen Irrglauben über das Rotwerden zurechtzuzimmern – der nur auf diesem einen Vorfall basiert. Wenn wir ihn bei seinen Selbstgesprächen belauschen könnten, würden wir ungefähr Folgendes zu hören bekommen:

„Ich muss cool aussehen, koste es, was es wolle, vor allem vor meinen Freunden. Wenn ich rot werde oder irgendein

Gefühl zeige, werden sich die anderen über mich lustig machen und über mich lachen. Ich werde wir ein Vollidiot dastehen. Die Leute werden mich ablehnen. Ich hasse es, wenn ich rot werde. Die Leute denken, ich bin ein Freak, wenn ich erröte. Es kommt überhaupt nicht infrage, dass ich jemals wieder rot werde."

Armer Joshua. Er ist das Opfer der Tyrannei irrationalen oder unrealistischen Denkens geworden. In Anbetracht der Umstände ist es nachvollziehbar, dass er diese negativen Glaubenssätze formuliert hat. Aber wenn man an ihnen festhält, als würden sie zu allen Zeiten die reale Welt repräsentieren, handelt man sich nur Probleme ein. Wenn solch ein Glaubenssatz bei Joshua zur dauerhaften Ansicht über das Rotwerden·wird, riskiert er, sich selbst den Weg zu jeder spontanen Gefühlsäußerung zu versperren, um in Zukunft derartige Verlegenheiten zu vermeiden. Stellen Sie sich vor, Sie versperren sich selbst den Weg zu Ihren Gefühlen. Das wäre so, als würden Sie Ihr ganzes Leben in einer sterilen Seifenblase verbringen. Welch ein Verlust – nicht nur für Joshua, sondern auch für all jene Menschen um ihn herum, denen die Freude an einem vollkommen lebendigen Menschen versagt bliebe.

Um einen solchen Verlust zu vermeiden, muss Joshua seine Glaubenssätze infrage stellen. Er muss sich darüber klar werden, dass sie auf einem einzigen unglücklichen Vorfall beruhen. Sie müssen nicht notwendigerweise etwas damit zu tun haben, wie der Rest der Welt ihn behandeln wird, vor allem, wenn er darauf vertraut, dass er ein Recht auf seine Gefühle hat. Wie man diese Glaubenssätze infrage stellt, wird ein anderes Kapitel im Einzelnen zeigen. Hier mag es genügen festzuhalten, dass das Rotwerden seinen angestammten Platz am unteren Ende der Gewichtungsskala einnehmen wird, wenn der Geist einmal von solch negativen Botschaften befreit ist.

Visualisierung

Visualisieren bedeutet, sich von sich selbst und dem eigenen Verhalten in einer bestimmten Situation ein lebendiges, detailliertes Bild zu machen. Im Falle des Rotwerdens können Sie beispielsweise die Augen schließen und sich vorstellen, dass eine lange heiße Dusche oder ein ausgedehnter, flotter Spaziergang Ihnen die Röte in die Wangen getrieben hat. Dann stellen Sie sich vor, wie Sie sich kühles, erfrischendes Wasser ins Gesicht spritzen oder mit einem tropfenden Eiswürfel über Ihre Wangen streichen. Bemerken Sie nun bei der Berührung, dass Ihre Wangen nicht länger warm, sondern stattdessen mit einem Mal sehr kühl sind. Visualisierung kann ein starkes Instrument gegen das Rotwerden sein.

Medikamente

Medikamente können dazu dienen, ängstliche Erregung abzubauen. Wenn die Angst abnimmt, sinkt für gewöhnlich auch die Wahrscheinlichkeit, rot zu werden. Bestimmte Antidepressiva wirken bei einigen Menschen mit Symptomen sozialer Angst. Schwache Beruhigungsmittel helfen, die Angst zu verringern. Betablocker lindern die Symptome, die das autonome Nervensystem erzeugt. Medikamenteneinnahme ja oder nein ist ein sehr persönliches Thema. Ich werde verschiedene Ansichten dazu in Kapitel sieben erörtern.

Chirurgische Eingriffe

Operationen sind eine weiter Form der Behandlung von chronischem Erröten. Ich zögere fast, sie zu erwähnen, da sie eine drastische Maßnahme sind – vor allem im Lichte von Forschungsergebnissen, die zeigen, dass kognitive Verhaltenstherapie die effektivste Art ist, mit sozialen Ängsten und ihren Symptomen umzugehen. Trotzdem: Da Operationen seit einiger Zeit als Behandlungsalternative bestehen – und zwar eine, die ohne weiteres von Chirurgen auch im Internet gefördert und beworben wird –, ist es sinnvoll, hier zumindest ein Wort darüber zu verlieren.

Die chirurgische Methode, die in solchen Fällen angewendet wird, bezeichnet man als „endoskopische transthorakale Sympathektomie" (ETS). Ein Endoskop ist ein Instrument, das man zu Untersuchungs- und Operationszwecken ins Körperinnere einführt, Thorax bezeichnet den Brustkorb und Sympathektomie die Durchtrennung des Sympathikusstrangs. Bei der ETS dringt der Chirurg also mit einem Endoskop in den Thorax ein und durchtrennt den Nervenstrang an einer bestimmten Stelle.

Erinnern Sie sich noch an den Abschnitt über den Sympathikus? Dieser bereitet uns in Notfallsituationen auf Flucht oder Kampf vor. Er beeinflusst unsere Durchblutung und sorgt für vermehrtes Schwitzen, um nur zwei seiner Defensivmanöver zu nennen. Es dürfte wohl keine Überraschung sein, dass in unserer Zeit des technischen Fortschritts und der Mikrochirurgie auch ein Weg gefunden wurde, um Erröten und Schwitzen durch operative Eingriffe an den Grenzstrangganglien abzustellen.

Man kennt zurzeit drei Techniken, um den Einfluss des Sympathikus auf die Blutgefäße im Gesicht zu unterbinden: Operation, Kauterisation (Verbrennung mit Hilfe einer Elektrode) oder Klammern. Im Internet wird diese Art der Chirurgie als neues Verfahren gegen Handschweiß oder Gesichtsröte beworben. „Unkontrollierbares, schweres Erröten kann jetzt radikal behandelt werden – und das in 20 Minuten!" Das klingt doch zu schön, um wahr zu sein, oder? Vorsicht, Falle! Im Übermaß zitierten Referenzen, wonach dieser Eingriff das Leben der Betroffenen positiv verändert habe, steht umfangreiches Beweismaterial gegenüber, das belegt, dass viele Patienten diesen Eingriff bedauern. Ein häufiges Nebenprodukt ist nämlich kompensatorisches Schwitzen – was bedeutet, dass Mutter Natur den Umstand, dass das Schwitzen in den Händen abnimmt, durch vermehrtes Schwitzen im übrigen Körper kompensiert, häufig an den Beinen. Das Ausmaß des kompensatorischen Schwitzens variiert dabei von Fall zu Fall. Manche Leute finden es erträglich, während es andere stört. Wenn das Gesicht betroffen ist, bleibt es blass und manchmal übermäßig trocken. Ein anderes Resultat des Eingriffs ist das halbseitige Erröten – das Gesicht wird also nur zur Hälfte rot. Je nach Forschungsliteratur differiert der Prozentsatz der davon Betroffenen erheblich. Kurzum, diese Nebeneffekte sind alles andere als selten.

Brent, bei dem das Erröten zu Depressionen und Angstzuständen geführt hatte, veröffentlichte seine Meinung zur ETS-Chirurgie in einem Internetforum. Er berichtete, er sei anfangs ganz aufgeregt gewesen, als er von der ETS gelesen habe. Seine Familie habe ihn dazu gedrängt, erst einmal ein Jahr lang zu recherchieren und dann eine Entscheidung zu treffen. Brent folgte diesem klugen Rat, las alles, was er darüber finden konnte, und sprach mit ETS-Chirurgen. Er fand heraus, dass die Quote der Patienten, die unter kompensatorischem Schwitzen litten, normalerweise bei fünf bis zehn Prozent lag. Ein erfahrener ETS-Chirurg sagte ihm außerdem, dass sich die Quote der Patienten mit halbseitigem Erröten nach dem Eingriff auf ebenfalls etwa zehn Prozent beläuft. Am Ende stellte Brent fest: „Ich bin nicht bereit, mich auf etwas einzulassen, das den Kummer, den ich habe, sogar noch vermehren könnte."

Ob man sich für oder gegen einen Eingriff entscheidet, ist wie die Entscheidung für oder gegen Medikamente eine sehr persönliche Frage. Da ich kein Problem mit chronischem Erröten habe, kann ich auch nicht zu- oder abraten. Ich neige bei den meisten Dingen im Leben dazu, wo immer es möglich ist, den natürlichsten Weg zu wählen. Denken Sie daran, dass bei einem Entschluss für den Eingriff ein chirurgisches Trauma unausweichlich ist. Wir vertrauen darauf, dass die meisten Chirurgen ihr Bestes tun, um die Auswirkungen auf den Körper zu minimieren. Aber eine Operation ist nun einmal eine Belastung für den Körper, egal, wie geschnitten wird! Empfindliches Nervengewebe zu verbrennen oder es zu klammern bzw. abzubinden, ist ebenfalls ein enormer Eingriff. Deshalb ist meine Meinung zur chirurgischen Lösung, sie lediglich als letzte Möglichkeit in Betracht zu ziehen. Es gibt so viele natürlichere Wege, die Belastung des Errötens abzubauen, mit positiven Nebeneffekten wie ein gesteigertes Selbstwertgefühl und Selbstvertrauen. Es stimmt, dass diese natürlichen Methoden oft Engagement und harte Arbeit erfordern. Wer hat schon gesagt, dass das Leben leicht ist? Wenn das peinliche Erröten anhält, nachdem Sie jede andere Möglichkeit mit gutem Willen und langfristigem Bemühen ausgeschöpft haben (und ich bezweifle, dass das dann noch der Fall ist) – nun, dann ist vielleicht die Zeit gekommen, um über drastischere Alternativen nachzudenken. Vielleicht.

Schlüsselgedanken

- Normales Erröten ist gesund. Die Angst vor dem Rotwerden kann jedoch zum Problem werden.
- In der Dichtung beschwört das Rotwerden Bilder blühenden Lebens herauf.
- Das Rotwerden hat durchaus positive Aspekte. Es bedeutet, dass das Leben in Ihnen pulsiert; es signalisiert, dass Sie wegen jemandem oder etwas aufgeregt sind.
- Erröten kann Verlegenheit signalisieren. Ein Mensch, der nach einem Fehltritt die passende Verlegenheit an den Tag legt, ist sympathischer als jemand, der ruhig bleibt und keine Verlegenheit zeigt.
- Rotwerden kann Scham und Verlegenheit signalisieren, wenn wir bei nicht gerade vorbildlichem Verhalten ertappt wurden. Ein wenig Scham und Verlegenheit kann uns dazu motivieren, es das nächste Mal besser zu machen. Wenn wir erröten, nicken die Zuschauer dazu, und das Leben geht weiter.
- Bei einigen macht die Angst vor dem Rotwerden das Erröten noch schlimmer, und es wird zu einem alptraumhaften Fluch. Die Angst vor dem Rotwerden nennt man Erythrophobie.
- Normalerweise geht man chronisches oder extremes Erröten indirekt an. Wenn die sozialen Ängste abnehmen und das Selbstvertrauen steigt, wird auch das Erröten seltener.
- Direkte Ansätze sind paradoxe Intervention (absichtliches Rotwerden), Bekenntnis zum Rotwerden (Gefühl der Kontrol-

le über das Erröten), Reframing (Blick auf das Erröten aus einer neuen Perspektive), Ändern von irrationalen Überzeugungen (über die Wirkung des Rotwerdens auf andere) und Visualisierungstechniken.
- Medikamente können das Angsterregungsniveau herabsetzen – deshalb nimmt auch das Erröten ab.
- Der chirurgische Einriff ist das letzte Mittel, um das Rotwerden in den Griff zu bekommen, denn er kann schwer wiegende Nebenwirkungen haben. Deshalb sind ihm natürlich Wege zur Reduktion extremen Errötens vorzuziehen.

Das möchte ich aus diesem Kapitel mitnehmen:

....

....

Ich werde es auf folgende Art und Weise in die Tat umsetzen:

....

....

KAPITEL FÜNF:

Öffentliche Toiletten? Niemals!

Das Syndrom der „schüchternen Harnblase“

Dass ich nicht fähig bin, öffentliche Toiletten zu benutzen, macht mein Leben zum Alptraum!
LANCE, 55 Jahre

Vor Jahren rief mich eine Frau an, die einen Zeitungsartikel über eine meiner Angstgruppen gelesen hatte. Sie sagte, ihr Mann habe Probleme damit, öffentliche Toiletten zu benutzen. Ich hatte in der Literatur zur sozialen Angst erst einen kurzen Artikel darüber gelesen und war mir nicht sicher, ob ich hier würde helfen können. Trotzdem schlug ich ein Treffen vor.

Mein potenzieller neuer Klient war ein gut aussehender, distinguierter, angegrauter Geschäftsführer in einem teuren blauen Nadelstreifenanzug. Sein Handschlag war kräftig, und er setzte sich selbstsicher. Nichts an ihm ließ erahnen, was er mir gleich verraten würde. Er erklärte, dass er große Angst davor habe, öffentliche Toiletten zu benutzen und sein Leben deshalb ein Alptraum sei. Das Unvermögen, sich zu erleichtern, wann immer er das Bedürfnis dazu habe, brachte großes körperliches Unbehagen mit sich. Ihn beschäftigte stets der Gedanke daran, wie und wann er es einrichten konnte, die einzige Toilette im Erdgeschoss des großen Firmengebäudes zu benutzen, in dem er arbeitet. Er begann sich auszurechnen, wann er den Lift nehmen konnte, ohne dass seine Kollegen und Angestellten bemerken, was er vorhatte. Er weigerte sich, mit seiner Frau auszugehen, wenn nicht absolut sichergestellt war, dass er ungestört die

Toilette benutzen konnte. Er wusste, welche Restaurants separate Kabinen und welche Gemeinschaftstoiletten hatten. Dieser liebenswerte Mann setzte mir auseinander, dass er sich manchmal sogar in eine Gemeinschaftstoilette hineinwagte, und dass es – wenn wirklich niemand außer ihm dort war – ihm sogar gelang, dort zu urinieren. Trotzdem erfüllte ihn die Vorstellung, dass jemand anders hereinkommen könnte, mit großer Angst. Und wenn dann tatsächlich jemand hereinkam, war es ihm unmöglich, weiter zu urinieren.

Es war, als würde seine Blase den Dienst verweigern. Auch wenn er es noch so sehr versuchte, es half nichts. Er sagte, dass er selbst dann nicht fähig wäre zu urinieren, wenn seine Blase kurz vor dem Platzen stand und jemand ihm dafür eine Million Dollar bieten würde. Seine Qual berührte mich. Ich erinnere mich auch noch an mein Gefühl der Hilflosigkeit. Ich schlug ihm unbekümmert vor, er solle daran arbeiten, seine negativen Selbstgespräche zu verändern und den Gang auf die öffentliche Toilette zu visualisieren, aber mein Mangel an Selbstsicherheit und Erfahrung in dieser besonderen Angelegenheit muss durchgeklungen sein, denn mein Kunde kam nie wieder.

Fast eineinhalb Jahrzehnte später ist immer noch wenig zu diesem Thema geschrieben worden. Zum Glück wird heute aber allmählich das öffentliche Bewusstsein für das Syndrom der „schüchternen Blase“, wissenschaftlich Paruresis genannt, sensibilisiert. Einige wenige Zeitungs- und Zeitschriftenartikel und sogar einige Radiosendungen haben sich bereits mit diesem rätselhaften Zustand befasst. Im Jahr 2001 wurde schließlich ein Buch darüber veröffentlicht: *Shy Bladder Syndrome – Your Step-by-Step Guide to Overcoming Paruresis*. Es ist ein Gemeinschaftswerk der Autoren Soifer, Zgourides, Himle und Pickering. Wenn Sie auch nur den geringsten Verdacht haben, dass Sie an dieser Form der sozialen Angst leiden, kann ich Ihnen dieses klare und informative Buch wirklich empfehlen.

Paruresis als besondere Form der sozialen Angst

Wenn Harnstau oder die Unfähigkeit, in Anwesenheit anderer zu urinieren, mit sozialen Ängsten und nicht mit medizinischen Ursachen gekoppelt ist, nennt man dieses Phänomen das Syndrom der „schüchternen Blase", psychisch bedingte Entleerungsstörung oder Paruresis. Der wissenschaftliche Name wurde im Jahre 1954 von den Forschern Williams und Degenhardt geprägt – sie hatten eine Verbindung zwischen der Schwierigkeit zu urinieren und dem Erlebnis des Unbehagens bei der Beobachtung durch andere entdeckt und die These entwickelt, es könne sich hier um eine Form von sozialer Angst oder sozialer Phobie handeln. Laut Soifer und seinen Koautoren zeigen zwei Studien, dass bis zu sieben Prozent der Bevölkerung in unterschiedlichem Ausmaß unter einer „schüchternen Blase" leiden. Von diesen Betroffenen erleben zehn Prozent dieses Syndrom so extrem, dass es ihr Leben nachhaltig beeinträchtigt.

Ausprägungsformen

Wie von anderen Formen sozialer Ängste kennt man auch von der Paruresis eine breit gefächerte Skala der Ausprägung, die von gelegentlichen Episoden des erschwerten Wasserlassens bis hin zu einer konstanten Unfähigkeit reicht, irgendwo anders als in der Ungestörtheit des eigenen Zuhauses zu urinieren – vorausgesetzt, es ist niemand anderes anwesend.

Gelegentliche Episoden von Harnstau werden als normal betrachtet und sprechen noch nicht für die Diagnose einer Paruresis. Und tatsächlich: Als ich kürzlich einigen Kolleginnen gegenüber erwähnte, dass ich über das Syndrom der „schüchternen Blase" schreibe, teilten sie mir ihre Strategien mit, wie sie selbst damit umgehen. Eine erzählte, dass sie immer versuche, den Urinstrahl so zu lenken, dass er auf der Wand der Toilettenschüssel auftrifft und nicht im Wasser, um das Geräusch von Flüssigkeit auf Flüssigkeit zu vermeiden. Eine andere wiederum berichtete, dass sie schon vorher die Toilettenspülung betätige, um das Plätschern des Urins ins Toilettenwasser zu übertönen. Diese Art der Befangenheit im Umgang mit der eigenen körperlichen Entleerung ist also wahrscheinlich verbreiteter, als wir denken. Man könnte sie als momentane Gehemmtheit betrachten, die nicht wirklich von Bedeutung ist. Dennoch kann das Leben schwierig werden, wenn Befangenheit zur dauerhaften Hemmung wird und diese dann zum chronischen Meiden öffentlicher Toiletten führt.

Am äußersten anderen Ende der Skala treffen die Betroffenen oft spezielle Arrangements und ziehen ganz in die Nähe des Arbeitsplatzes oder arbeiten in ihren eigenen vier Wänden, um stets nur für kurze Zeit das Haus verlassen zu müssen. Kurz gesagt, führen diese Menschen fast ein Leben unter Hausarrest (oder eher unter Nachbarschaftsarrest). Innerhalb dieser Bandbreite werden unterschiedliche Ausprägungen erlebt. John Marshall schreibt in seinem Buch *Social Phobia*:

> *„Einige Menschen sind nur dann betroffen, wenn sich andere Leute innerhalb eines bestimmten Umkreises in ihrer Nähe befinden, andere können in Anwesenheit von Fremden, nicht aber von Freunden und Familienangehörigen urinieren, anderen geht es genau umgekehrt; wieder andere haben kein Problem damit, sofern Sichtschutz besteht, auch wenn man sie hören kann, während für die Fünften das Fehlen der akustischen Ungestörtheit den großen Hemmfaktor darstellt. Und einige sind niemals in der Lage, öffentliche Toiletten zu benutzen, unabhängig davon, ob sich nun jemand dort befindet oder nicht.“*

Ursachen

Wie jede andere Form der sozialen Angst kann auch das Syndrom der „schüchternen Blase“ von vielen Seiten erklärt werden. Es kann biologische und genetische Faktoren geben. Ebenso können auch psychologische Faktoren wie Gedanken, die innere Einstellung, Verhaltensweisen und Erfahrungen ihren Teil zu der Unfähigkeit beitragen, in der Öffentlichkeit zu urinieren. Zum Beispiel kann jemand in dem Glauben erzogen worden sein, sich für seine Körperfunktionen schämen zu müssen. Folglich geniert diese Person sich, wenn sie vor anderen Wasser lassen soll. Oder wenn das Sauberwerden als traumatisch erlebt wurde – wie im Falle eines Kindes, dessen übereifrige Eltern es zur Chefsache erhoben, wie oft und in welchen Mengen es sein Geschäft erledigte –, kann das Zurückhalten des Urins eine gewohnheitsmäßige unfreiwillige Reaktion darauf werden. Manchmal können die Betroffenen keinen bestimmten Grund für ihre „schüchterne Blase“ angeben. Alles, was sie wissen, ist, dass sie in Gegenwart anderer einfach nicht „können“, egal, wie sehr sie sich auch bemühen.

Behandlung

Da es also vielfältige Ursachen der Paruresis geben kann, bedienen sich die meisten Therapeuten eines multidimensionalen Ansatzes. Ich möchte hier jedoch weder in Bezug auf die kognitive Umprogrammierung, die mit der Arbeit an Gedanken zu tun hat, noch auf Entspannungstechniken oder Selbsthilfegruppen ins Detail gehen, da sie alle an anderer Stelle in diesem Buch ausführlich behandelt werden. Ich werden mich deshalb im Folgenden auf die Darstellung der beiden Behandlungsmethoden beschränken, die Soifer und seine Koautoren in ihrem Buch vorstellen: die Therapie der schrittweisen Expositionsbehandlung und die Selbstkatheterisierung.

Therapie der schrittweisen Expositionsbehandlung

Diese Form der Behandlung wird ausführlich in dem Buch *Shy Bladder Syndrome* beschrieben, allerdings ist der Titel bisher nur in englischer Sprache erhältlich. Bei der Behandlung geht es um die Konfrontation des Betroffenen mit der Situation. Dieser muss sich genau mit dem aussetzen, was er so sehr fürchtet, und zwar schrittweise, oft und über immer längere Zeit. Mit anderen Worten muss ein Paruretiker wiederholt versuchen, in Anwesenheit anderer zu urinieren, zuerst in Situationen, in denen er sich „sicher“ fühlt, und am Ende dann in Situationen, die schwieriger für ihn sind.

Zuerst sollten Sie, so rät Soifer, vor einer solchen Exposition viel Flüssigkeit zu sich nehmen, und dann müssen Sie jemanden um Hilfe bitten – einen Freund, auf den Sie sich verlassen können, oder ein Familienmitglied. Seine Aufgabe wird sein, sich in unterschiedlicher Entfernung von Ihnen aufzuhalten, während Sie die Toilette betreten – anfangs so weit von Ihnen, wie Sie möchten, zum Beispiel am Ende des Ganges, um dann immer näher und näher zu kommen, und zwar auf Ihre Anweisung hin.

Wenn Ihr Vertrauter nun dort ist, wo Sie ihn haben möchten, beginnen Sie mit dem Wasserlassen, aber nicht länger als drei Sekunden. Stoppen Sie den Strahl nach drei Sekunden und warten Sie drei Minuten. Wenn Sie nicht urinieren konnten, bitten Sie Ihren Helfer, noch weiter weg zu gehen. Versuchen Sie es dann nochmals. Wenn Sie nun Erfolg haben, lassen Sie ihn ganz genau dort stehen bleiben, wo er gerade ist, und urinieren Sie noch einmal drei Sekunden. Ziel ist es dabei, die Prozedur des Wasserlassens so oft wie möglich zu wiederholen.

Wenn Sie zweimal erfolgreich uriniert haben, machen Sie wiederum zwei Minuten Pause und bestimmen Sie, ob Ihr Helfer nun ein wenig näher kommen kann. „Ein wenig näher“ kann nur ein paar Zentimeter oder ein paar Schritte näher heißen. Es liegt bei Ihnen. Ihr Vertrauter gehorcht, ohne eine Frage zu stellen. Die Exposition ist eine Sache des Vor- und Zurückgehens, immer wieder, von einem Ort, der Erfolg bedeutet, zu einem anderen Ort, der eine etwas größere Herausforderung darstellt. Lassen Sie sich die Zeit, die Sie brauchen. Diese Art der Exposition wird eine Reihe von Versuchen in Anspruch nehmen, denn sie hat nur Sinn, wenn Ihre Blase voll ist. Am Ende – ob es nun Stunden, Tage, Wochen oder noch länger dauert – werden Sie in der Lage sein, zweimal hintereinander Wasser zu lassen, während Ihr

Helfer direkt draußen vor der Tür steht. Die nächsten Schritte werden dann sein, die Tür zu öffnen und Ihren Helfer hereinzulassen und schließlich diese Expositionsübung in öffentlichen Toiletten zu praktizieren.

Selbstkatheterisierung

Einen Katheter zu legen bedeutet, zur Entleerung der Blase einen Schlauch (Katheter) in die Öffnung der Harnröhre, die in die Blase mündet, einzuführen. 1996 empfahl George Zgourides, einer der Autoren von *Shy Bladder Syndrome*, die Selbstkatheterisierung als Option zur Behandlung von Paruresis. Zgourides schreibt, Klienten hätten berichtet, „dass es viel schlimmer und schmerzhafter klingt, als es tatsächlich ist, vor allem im Gegensatz zur Alternative des verlängerten Blasenleidens". Der Literatur über Katheterisierung zufolge kann sogar ein Fünf- oder Sechsjähriger die Technik erlernen. Einige Therapeuten erzählen ihren Klienten, dass die Selbstkatheterisierung ein wertvoller Bestandteil der schrittweisen Expositionstherapie sein kann. Während der Klient das Wasserlassen in öffentlichen Toiletten übt, wird seine Angst erheblich gemindert durch das Wissen, dass er sich jederzeit mit Hilfe eines Katheters erleichtern kann, wenn es nötig ist. Oder die Betroffenen können die Blasenentleerung mit einem Katheter üben, wenn andere in der Nähe sind. Wenn sie einmal begriffen haben, dass niemand sich darum kümmert, wie sie sich erleichtern, können sie das Wasserlassen ohne Hilfsmittel üben. Wenn Sie denken, dass Selbstkatheterisierung eine Möglichkeit darstellt, die einen Versuch wert ist, gehen Sie zuvor unbedingt zu einem Arzt.

Wenn die „schüchterne Blase" zu Ihren Problemen gehört, möchte ich Ihnen nochmals die Lektüre von *Shy Bladder Syndrome* ans Herz legen. Im Internet erhalten Sie auf verschiedenen deutschsprachigen Websites ebenfalls Aufklärung, Ratschläge und Tipps (zum Beispiel unter www.paruresis.de).

Schlüsselgedanken

- Etwa sieben Prozent der Bevölkerung sind vom Syndrom der „schüchternen Blase“ oder Paruresis betroffen. Zehn Prozent von ihnen leiden in solchem Maße darunter, dass es ihre Lebensweise beeinträchtigt.
- Wie bei anderen Formen sozialer Angst gehören zu den Ursachen der „schüchternen Blase“ biologische, genetische, umweltbedingte und psychologische Faktoren.
- Die Behandlung beschreitet mehrere Wege, darunter kognitive Verhaltenstherapie, systemische Familientherapie, Verhaltenstherapie und Relaxation. Schrittweise Expositionsstrategien stellen die Hauptsäule der Behandlung dar.
- Selbstkatheterisierung ist die Methode, mittels eines Schlauchs die Blase zu leeren, und kann dem Paruretiker körperliche Erleichterung verschaffen, während er lernt, mehr Selbstsicherheit im Urinieren in öffentlichen Toiletten zu entwickeln.

Das möchte ich aus diesem Kapitel mitnehmen:

....

....

KAPITEL SECHS:
Aufreger und Abreger

Ernährung

Sag mir, was du isst, und ich sage dir, was du bist.
JEAN ANTHELME BRILLAT-SAVARIN (1755-1826)

Bestimmte Nahrungsmittel helfen, den Körper ruhig zu halten. Andere Nahrungsmittel und Substanzen wiederum stören diesen Ruhezustand und fördern sogar die Angst. Die wichtigsten Nährstoffe, die helfen, die Angst zu kontrollieren und die der Ruhe Vorschub leisten, sind mehrere B-Vitamine, das Mineral Kalzium und einige Aminosäuren.

Die B-Vitamine

Es ist Aufgabe aller B-Vitamine, an der Bildung der roten Blutkörperchen mitzuwirken, genetische Blaupausen zu erstellen, dem Körper bei der Energiegewinnung aus der Nahrung zu helfen und – sehr wichtig – die Funktion von Gehirn und Nervensystem aufrechtzuerhalten.

Vitamin B_1 (Thiamin)

Wenn der Thiaminspiegel sinkt, sind Aufregung und Nervosität, Schlafstörungen, eine erhöhte Adrenalinausschüttung und bei einigen empfindlichen Menschen sogar Panikattacken die Folge. Unter den natürlichen Quellen für Vitamin B_1 finden sich

Weizenkeime, Vollkornweizen, Erbsen, Bohnen, angereichertes Mehl, Fisch, Erdnüsse und Fleisch. Die Besserung kann möglicherweise langsam vonstatten gehen, auch wenn Sie dieses Vitamin wieder auf Ihren Speisezettel setzen.

Wenn Sie darüber nachdenken, ob Sie einen Thiaminmangel haben, sollten Sie Ihren Speiseplan überprüfen. Nehmen Sie viele naturbelassene Nahrungsmittel zu sich, besonders Vollkornprodukte? Hüten Sie sich vor dem Trugschluss, dass alles, was braun ist, auch das volle Korn enthält. Oft werden Melasse oder andere Zusatzstoffe dazu benutzt, Brot braun zu färben. Bezeichnungen wie „Landbrot" bedeuten nicht notwendigerweise, dass das Brot ein Vollkornprodukt ist. Die Biochemikerin und Ernährungsexpertin Laura Pollack rät: „Wenn nicht ‚Vollkornweizen' oder ‚Vollkorn' darauf steht, sollten Sie davon ausgehen, dass es auch nicht drin ist." In Deutschland und anderen Staaten der Europäischen Union besteht grundsätzlich eine Kennzeichnungspflicht aller Zutaten und Inhaltsstoffe des angebotenen Produkts (ausgenommen lose Ware), sodass der Aufdruck Auskunft darüber gibt, ob es sich um ein Vollkornprodukt handelt oder nicht.

Vitamin B_3 (Niacin [Nicotinsäure], Niacinamid, [Nicotinsäureamid])

Vitamin B_3 spielt ebenfalls eine wichtige Rolle in der Gesunderhaltung des Nervensystems. Es kommt in zwei Formen vor: Niacin (Nicotinsäure) und Niacinamid (Nicotinsäureamid). Niacin ist ein so genannter Vasodilator, erweitert also Blutgefäße, was zu einer Rötung der Haut führen kann. Wer nicht gerade begeistert vom Erröten ist, wird natürlich diese Form des Vitamins B_3 meiden wollen, sofern er nicht wegen Hautproblemen behandelt wird. Die Rötung verschwindet indes für gewöhnlich nach einigen Tagen.

Niacinamid wird für gewöhnlich verschrieben, um Angstsymptome zu lindern. Die besten natürlichen Quellen dieses Vitamins sind Erdnüsse, Bierhefe, Fisch und Fleisch. In geringen Mengen kommt es auch in Vollkornprodukten vor. Was Vitaminpräparate betrifft, so wird generell empfohlen, Niacinamid in einem Vitamin-B-Komplex- oder einem Multivitaminpräparat zu konsumieren, da viele B-Vitamine besser resorbiert werden, wenn man sie zusammen einnimmt.

Cholin

Das B-Vitamin Cholin versieht mehrere Aufgaben im Körper. Für uns ist seine Rolle in der Funktion des Nervensystems von Interesse. Es ist ein Bestandteil von Acetylcholin, dem Haupttransmitter für Nervenimpulse innerhalb des Parasympathikus. Wie Sie sich vielleicht erinnern, fährt der Parasympathikus den Körper nach dem Erregungszustand wieder herunter. Deshalb kann eine vermehrte Zufuhr von Cholin dem Parasympathikus dabei helfen, den Körper zu beruhigen. Dieses Vitamin ist in Weizenkeimen, Sojaöl, Eigelb, Leber, Hafermehl, Kohl und Blumenkohl enthalten.

Vitamin B_6 (Pyridoxin)

Vitamin B_6 oder Pyridoxin spielt ebenfalls eine wichtige Rolle für das Nervensystem – und das in verschiedener Hinsicht. Es unterstützt die Aminosäuren (die Grundbausteine der Proteine) bei ihrer Aufgabe, Signale zwischen den Zellen zu übermitteln. Der Körper braucht es ferner, um Serotonin, Melatonin und Dopamin zu produzieren. Serotonin ist ein Hormon, das uns entspannt und schläfrig macht; Melatonin, ebenfalls ein Hormon, hilft uns beim Schlafen, und Dopamin tritt auf den Plan, wenn wir Freude fühlen. Vitamin B_6 unterstützt ebenso den Aufbau von Neurotransmittern (den Botenstoffen im Gehirn), die geistige Prozesse und Stimmungen steuern. Pyridoxin wird häufig Frauen, die unter dem prämenstruellen Syndrom (PMS) leiden, in Kombination mit Kalzium als Zusatzpräparat empfohlen. Natürliche Quellen für Vitamin B_6 sind Kartoffeln, Bananen, Linsen, Leber, Getreideflocken mit Rosinen, Thunfisch und Putenfleisch.

Vitamin-B-Räuber

Koffein, Zucker, Alkohol und Nikotin in größeren Mengen zerstören Thiamin und andere B-Vitamine. Wenn Sie süchtig nach einer dieser Substanzen sind, könnten Sie gelegentlich oder häufig Anfälle nervöser Erregung erleben. Denken Sie über eine Reduktion oder den völligen Verzicht auf diese Vitaminräuber nach. Die Aussicht auf eine Einschränkung kann indes für manche Menschen ein regelrechtes Schreckgespenst sein, wie mir ein Klient einmal erzählte.

Allan war ein wenig schüchtern, aber hauptsächlich klagte er über allgemeine Angst. Er war oft nervös, reizbar, irritiert und ein Nervenbündel. Eines Tages fragte ich ihn, was er gefrühstückt hatte. Er sagte, dass er morgens normalerweise drei Tassen Kaffee trinke.

„Und während des Tages?“

„Noch ein paar Tassen.“

„Mit Zucker?“, fragte ich.

„Jep“, sagte er knapp, als würde ich ihm eine schlechte Note geben.

„Wie viel?“ Ich fühlte mich jetzt auch so, als würde ich ihn schlecht benoten.

„Nur ein paar Teelöffel.“

„Isst du etwas dazu?“

„Im Augenblick am liebsten ein oder zwei Windbeutel.“

„Was ist da drin?“

„Schlagsahne.“

Ich erzählte Allan, dass ich gelernt hatte, Koffein und Zucker seien Thiaminräuber. Ich erklärte ihm den Wert dieses Vitamins und fragte ihn dann, ob er bereit sei, ein Experiment mitzumachen.

„Uh“, sagte er leise.

Ich bat Allan, seinen Kaffee- und Zuckerkonsum zu reduzieren, zumindest für eine kleine Weile, um zu sehen, ob sich dadurch etwas änderte.

„Wissen Sie“, sagte Allan, „als Sie das eben mit dem Kaffee und dem Zucker erwähnten, konnte ich spüren, wie sich in meiner Brust Panik breit machte. ‚O Gott, nimm mir nicht meinen Kaffee und meinen Zucker’, dachte ich.“

Allan sagte, er würde über meinen Vorschlag nachdenken, aber es würde nicht leicht sein, seinen geliebten Kaffee aufzugeben.

Koffein

Im internationalen Vergleich ist Deutschland dem Deutschen Kaffee-Verband zufolge nach den USA und Brasilien der drittgrößte Absatzmarkt für Kaffee; im Durchschnitt liegt hier der Pro-Kopf-Verbrauch bei stolzen 158 Litern im Jahr. Die Deutschen reihen sich also weltweit in die vordere Reihe der Kaffeetrinker-Nationen ein. Die erste Tasse kann uns startklar für den Tag machen, jedoch bringt schon die zweite in dieser Hinsicht keine nennenswerte Steigerung mehr. Dass Koffein als psychisch und physisch abhängig machendes Genussmittel betrachtet wird, erklärt die Tatsache, dass viele Leute zu viel davon trinken. Man weiß inzwischen, dass hohe Dosen davon Nervosität, Reizbarkeit und Angst verursachen; nicht selten fördern sie auch Schlaflosigkeit, Magenprobleme und das prämenstruelle Syndrom. Koffein wurde ebenfalls als „Kalziumräuber“ bezeichnet – und Kalzium gehört nun einmal zu den wichtigsten Mineralien, die uns Ruhe bewahren lassen.

Wenn es Ihnen ernst mit der Angstbekämpfung ist, sollten Sie die Aufnahme von Koffein reduzieren oder ganz darauf verzichten. Eine Tasse Kaffee täglich (das entspricht ungefähr 150 Milligramm Koffein) scheint eine für die meisten vertretbare Menge zu sein. Entkoffeinierter Kaffee (etwa 4 Milligramm Koffein pro Tasse) ist eine Alternative. Beachten Sie bitte, dass bei manchen Entkoffeinierungsverfahren chemische Lösungsstoffe zum Einsatz kommen. Diese Stoffe können – zusammen mit Pestiziden, die beim Anbau der Kaffeebohnen verwendet werden – eine toxische Wirkung auf das Nervensystem haben. Koffein ist übrigens sehr wohl auch in schwarzem und grünem Tee enthalten (jeweils etwa 80 Milligramm pro Tasse). Eine Dose Cola enthält 30 bis 45 Milligramm Koffein, Kräutertee ist koffeinfrei.

Zucker

Zucker entzieht dem Körper Thiamin und andere B-Vitamine. Der durchschnittliche Deutsche konsumiert 36,4 Kilogramm Zucker pro Jahr. Interessanterweise spielte Zucker bis zum 20. Jahrhundert keine Rolle für die tägliche Ernährung. Heute findet er sich überall: in Getränken, Getreideprodukten, Salatdressings und sogar in behandeltem Fleisch. Im Handel ist Zucker in den verschiedensten Formen erhältlich: als raffinierter oder brauner Zucker, Kandis, Ahornsirup und Melasse. Zucker aus naturbelassenen Lebensmitteln wird vom Körper langsamer resorbiert als der aus bearbeiteten Nahrungsquellen, und deshalb bewirkt er auch keine überschießende Reaktion in der Insulinproduktion und kein „Zuckerhoch“.

Die Theorien über die Gefahren des Zuckers gehen auseinander. Die meisten Experten sind sich darin einig, dass raffinierter Zucker Karies verursacht. Man mag darüber streiten, ob Industriezucker eine Funktionsstörung im Zuckerstoffwechsel verursachen und damit letztlich zu Diabetes führen kann. Es gibt bisher keine Forschungsarbeiten, die frühere Vermutungen bestätigen, wonach Zucker Hyperaktivität fördert. Indes gilt als gesichert – was wichtig für alle ist, die ihre Angststörungen in den Griff bekommen wollen –, dass Zucker dem Organismus B-Vitamine entzieht, besonders Thiamin. Ein zu hoher Zuckerkonsum ist daher ein Risikofaktor für Menschen, die zu Ängsten neigen.

Interessanterweise kann für manche Personen ein zu niedriger Zuckerkonsum zum Problem werden. Diese Leute leiden unter der so genannten Hypoglykämie. Wenn der Zuckergehalt im Blut sinkt, können sie Symptome wie Angst, Zittern, Schwanken, Schwäche, Reizbarkeit und Herzklopfen entwickeln.

Summa summarum ist es in den meisten Fällen eine weise Entscheidung, den Zuckerkonsum zu senken. Hypoglykämiker allerdings tun besser daran, wenn sie auf einen gleich bleibenden Zuckerspiegel achten.

Alkohol

In Kapitel eins haben wir erfahren, dass viele Menschen mit sozialen Ängsten dem Alkohol zusprechen, um beim zwischenmenschlichen Kontakt entspannter zu sein. Da Alkohol in erster Linie ein „Beruhigungsmittel" ist, hat er eine sedierende Wirkung auf das Nervensystem. Das erklärt das Gefühl der Entspannung, das sich bei seinem Genuss einstellt. Dennoch kann Alkohol – abhängig vom Konsumenten und den Umständen – auch als Stimulans wirken. In anregender Umgebung können schon geringe Mengen enthemmend wirken, sodass man gesprächig, selbstsicherer und generell risikofreudiger wird. Kein Wunder also, dass manche Menschen sich dem Alkohol zuwenden, um ihre sozialen Ängste zu bewältigen. Unglücklicherweise haben einige Leute eine genetische Veranlagung, die sie für eine Alkoholabhängigkeit mehr prädestiniert als andere. Wenn das Trinken einmal zur Dauerlösung für soziale Ängste geworden ist, entwickeln sich gravierende Probleme.

Unter gewohnheitsmäßigem Alkoholkonsum verstärken sich sowohl die beruhigende als auch die stimulierende Wirkung. Das Nervensystem versucht, das Gleichgewicht wiederherzustellen und gegen den anfänglich beruhigenden Effekt zu steuern, indem es in einen Zustand der Erregung wechselt. Das kann sich sehr ähnlich wie Übererregbarkeit und Angst anfühlen. Und der Teufelskreis beginnt. Der Betroffene trinkt weiter, um wieder ruhig zu werden. Einmal ruhig geworden, ist es nur eine Frage der Zeit, bis diese Wirkung nachlässt und der stimulierende Effekt mit Macht zurückkehrt. Aus diesem Grund kann selbst jemand, der nur ab und zu trinkt, entspannt und schläfrig sein, wenn die Party vorbei ist – nur um mitten in der Nacht senkrecht im Bett zu stehen und nicht wieder einschlafen zu können.

Alkohol ist nicht im Entferntesten die Lösung aller Angstprobleme, die er auf den ersten Blick zu sein scheint. Er zerstört B-Vitamine. Er kann nervöse Erregbarkeit fördern. Es kann sich eine Abhängigkeit entwickeln. Einmal abhängig, stürzt über den Betroffenen eine wahre Flut anderer, gravierender körperlicher Probleme herein. Exzessiver Alkoholmissbrauch kann die Beziehung zu Familie, Freunden, Mitarbeitern und nicht zuletzt zum eigenen Selbst zerstören. Auf lange Sicht gesehen hilft Alkohol niemandem bei der Bewältigung seiner sozialen Ängste. Tatsächlich kann er die Dinge nur viel schlimmer machen.

Nikotin

Nach sieben Sekunden Inhalation wandern 15 Prozent des im Zigarettenrauch enthaltenen Nikotins direkt ins Gehirn. Diese rasche Absorption macht Nikotin so Sucht erzeugend wie Heroin. Im Gehirn löst es die Ausschüttung eines Neurotransmitters aus, der Dopamin heißt. Er wird mit Gefühlen des Wohlbehagens in Verbindung gebracht. Einmal mehr haben wir hier eine Substanz, die für Menschen mit sozialen Ängsten sehr attraktiv ist. Obwohl Nikotin ein Stimulans ist, kann es wie Alkohol auch entspannende Wirkung haben. Natürlich ist das Versprechen von Wohlgefühl und Entspannung eine verführerische Alternative zur Angst!

Doch es gibt einen Haken. Nach gewisser Zeit senkt Nikotin die Fähigkeit des Gehirns, Behagen zu empfinden, weshalb Raucher mehr und mehr Nikotin brauchen, um in den Genuss der gleichen Wirkung wie früher zu kommen. Wenn der Nikotinkonsum gedrosselt wird, können daraufhin folgende Symptome auftreten: Ängste, Reizbarkeit, Rastlosigkeit, Schlaf- und Konzentrationsstörungen. Dazu kommt noch der Umstand, dass Nikotin Thiamin zerstört! Unglücklicherweise ist Rauchen so attraktiv, dass es für viele fast unmöglich ist damit aufzuhören. Wenn Sie selbst rauchen und es erfolglos aufgeben wollen, sollten Sie darüber nachdenken, sich beraten zu lassen.

Kalzium

Kalzium ist das Mineral, das im menschlichen Körper in der größten Menge vorkommt; in der Erdkruste ist es immerhin noch der am fünfthäufigsten enthaltene Mineralstoff. 99 Prozent des körpereigenen Kalziums findet sich in Knochen und Zähnen. Es ist allseits bekannt, dass es eine große Rolle spielt, da es für ein starkes Skelett sorgt; weniger bekannt hingegen ist seine wesentliche Aufgabe für das Nervensystem. Kalzium dient als „Pförtner" und kontrolliert als solcher das Öffnen und Schließen der Kanäle, durch die jene Mineralstoffe passieren, welche den elektrischen Strom aus dem Inneren der Nervenzellen nach draußen transportieren. Ohne Kalzium wäre die Übermittlung von Signalen zwischen den Nervenzellen nicht möglich. Was den Parasympathikus betrifft, so würde ein Kalziummangel die Befehligung verschiedener Bereiche des Körpers beeinträchtigen, die dafür sorgen, dass das ganze System wieder heruntergefahren wird. Kalziumquellen sind Tofu, Milchprodukte, Sardinen, Lachs und grünes Blattgemüse. Um Kalzium in den Körper aufnehmen zu können, wird Vitamin D benötigt.

Aminosäuren

Aminosäuren sind die Grundbausteine von Eiweiß; im Körper gibt es über 100 davon. Im Folgenden werden diejenigen beschrieben, die einen besonders wichtigen Teil zu einer gesunden Funktionsweise des Nervensystems beitragen.

Tryptophan

Tryptophan wird im Gehirn zu Serotonin umgewandelt, das eine beruhigende Wirkung auf den Körper ausübt. Unter den natürlichen Quellen von Tryptophan finden sich Kürbis- und Sonnenblumenkerne, Putenfleisch und Milch. Aus diesem Grund erleichtert ein Glas warme Milch vor dem Zubettgehen manchen

Menschen das Einschlafen. Tryptophan ist bedingt rezeptfrei (sobald Depressionen indiziert sind, muss es ärztlich verordnet werden). Es darf nicht eingenommen werden, wenn bereits Antidepressiva der SSRI-Gruppe (Selektive Serotonin-Wiederaufnahme-Inhibitoren) konsumiert werden.

Gamma-Amino-Buttersäure (GABA)

Gamma-Amino-Buttersäure ist ein Neurotransmitter (Botenstoff), der den Austausch zwischen den Nervenzellen im Gehirn verringert. Sie hat einen leicht entspannenden Effekt. Deshalb wird sie manchmal als natürlicher Tranquilizer verwendet und ist frei im Handel erhältlich.

Glutamin

Glutamin ist von allen Aminosäuren am reichhaltigsten im menschlichen Körper vertreten und an verschiedenen Stoffwechselprozessen beteiligt. Was seine Rolle im Nervensystem betrifft, so ist es die einzige Aminosäure, die ohne weiteres die Blut-Hirn-Schranke überwinden kann. Zusammen mit Glutaminsäure ist Glutamin für 80 Prozent des Amino-Stickstoffs im Gehirn verantwortlich. Es kommt in eiweißreichen Lebensmitteln vor, so etwa in Fisch, Fleisch, Bohnen und Milchprodukten, aber auch in Wurzelgemüse wie Rote Beete, Karotten und Radieschen.

Wenn Sie genauer wissen möchten, welche Nahrungsmittel den Körper beruhigen oder aufputschen, lesen Sie Edmund Bournes Buch *Healing Fear – New Approaches to Overcoming Anxiety* und Douglas Hunts Buch *Angstfrei leben.*

Wenn Sie sich ausgewogen ernähren, also viel Gemüse und Obst zu sich nehmen, Vollkornprodukte, Milchprodukte und etwas Fleisch oder Fleischersatz, geben Sie Ihrem Körper die meisten Vitamine und Mineralien, die für eine gesunde Nervenfunktion unabdingbar sind. Und wenn Sie dann noch die Zufuhr von Koffein, Zucker und Nikotin senken oder ganz einstellen können, wird es Ihnen Ihr Nervensystem danken.

Schlüsselgedanken

- Bestimmte Nahrungsmittel helfen, den Körper zu beruhigen, während andere Ängste fördern.
- Die wichtigsten Nährstoffe, die Ruhe fördern, sind verschiedene B-Vitamine, das Mineral Kalzium und einige Aminosäuren.
- Koffein, Zucker, Alkohol und Nikotin, in größeren Mengen konsumiert, zerstören Thiamin, ein wichtiges Vitamin des B-Komplexes.
- Kalzium hilft, Signale zwischen den Nervenzellen zu übermitteln.
- Tryptophan, Gamma-Amino-Buttersäure (GABA) und Glutamin sind Aminosäuren, denen eine bedeutende Rolle bei der Beruhigung des Körpers zukommt.
- Eine ausgewogene Ernährung mit viel Gemüse und Obst, Vollkornprodukten, Milchprodukten und etwas Fleisch oder Fleischersatz stellt die Versorgung mit den meisten Vitaminen und Mineralien sicher, die für eine gesunde Nervenfunktion unabdingbar sind.

Das möchte ich aus diesem Kapitel mitnehmen:

....

....

Ich werde es auf folgende Art und Weise in die Tat umsetzen: (Beispiel: Ich werde von ... bis ... weniger Alkohol trinken.)

....

....

KAPITEL SIEBEN:

Einnahme ja oder nein?

Medikamente

Denn mancher Schmerz ist heilsam.
WILLIAM SHAKESPEARE (1564-1616), *Cymbeline*

Medikamente nehmen oder nicht nehmen, das ist hier die Frage. Manche Menschen betrachten Medikamente als erste Wahl, wenn es um die Bewältigung ihrer sozialen Ängste geht. Viele dieser Betroffenen verfolgen im Berufsleben hoch gesteckte Ziele und geben weder viel auf kognitive Verhaltenstherapie, noch haben sie die Zeit dazu. Daneben gibt es andere, denen es mit dem Gedanken an Medikamente besser geht, entweder begleitend zu einer anderen Therapie oder als letzte Möglichkeit, wenn andere Therapieformen nur bescheidenen Erfolg brachten. Und natürlich sind da noch diejenigen, für die Medikamente überhaupt nicht infrage kommen und die sich sehr wohl mit dieser Entscheidung fühlen. Diese Menschen haben gelernt, ihren sozialen Ängsten mit Hilfe der Mittel zu begegnen, die in diesem Buch beschrieben werden.

Wie auch immer man sich als Betroffener entscheidet, der Entschluss für oder gegen Medikamente ist immer eine individuelle Angelegenheit. Persönliche Haltungen und Wertvorstellungen gegenüber Medikamenten, die Schwere sozialer Angstsymptome und das Abwägen von Risiken und Nutzen verdienen gründliche Überlegung.

Persönliche Haltung

Wie die Haltung zu allem anderen wird auch die Einstellung zu Medikamenten durch kulturelle Einflüsse, Erziehung, Annahmen, Werte, Überzeugungen und persönliche Erfahrung geformt. Wenn ich „kulturell" sage, beziehe ich mich ebenso auf alle Arten von Kleinkulturen wie auf die großen gesellschaftlichen Kulturen. Wir haben spezielle Kulturen in der Familie, im Berufsleben und am Arbeitsplatz, geschlechtsspezifische Kulturen, Kulturen im sozialen Netzwerk und große Gesellschaftskulturen. Was halten Mutter und Vater von Aspirin, Schmerzmitteln oder Antibiotika? Welcher Druck herrscht in der männlichen und weiblichen Kultur in Bezug auf die Einnahme von Medikamenten? Was sagen unsere Freunde über Arzneimittel? Ist das nur etwas für Schlappschwänze? Ist es eine schlaue, praktische Wahl? Was sagen die Angehörigen oder Dogmen Ihrer Kirche, Synagoge, Moschee oder Ihres Tempels? Rät man Ihnen, allein auf Gott zu vertrauen? Auf die Wissenschaft? Auf Ihre eigenen Bemühungen? Welches sind die gesellschaftlichen Botschaften zu Medikamenten? Wir wissen selbstverständlich, dass Pharmafirmen für die Medikation werben. Was sagen Fernsehen, Kino und Zeitungen darüber?

Annahmen formen unsere Haltung. Je weniger wir wissen, desto mehr nehmen wir an. Deshalb ist Bildung unbedingt notwendig, wenn wir eine realistische Haltung gegenüber Medikamenten einnehmen wollen. Prüfen Sie Ihre Annahmen. Glauben Sie, dass Arzneimittel eine schnelle Lösung sind und Ihre sozialen Ängste ein für alle Mal verschwinden lassen? Glauben Sie, dass Sie für den Rest Ihres Lebens Medikamente nehmen müssen? Glauben Sie, dass nur wirklich „kranke" Menschen darauf angewiesen sind? Finden Sie so viel wie möglich über jedes Arzneimittel heraus, über dessen Einnahme Sie nachdenken. Fragen Sie Ihren Arzt. Lesen Sie. Recherchieren Sie im Internet. Sprechen Sie mit Familie und Freunden darüber.

Werte und Überzeugungen bestimmen unsere Haltungen. Schätzen Sie nur natürliche Ansätze? Glauben Sie, dass chemische Substanzen Ihr Gehirn durcheinander bringen werden? Sind Sie offen dafür, es einmal mit Medikamenten zu versuchen? Schätzen Sie Ihre Unabhängigkeit so sehr, dass Sie trotz Ihres qualvollen Leidens ganz allein damit fertig werden wollen?

Vielleicht ist persönliche Erfahrung die wichtigste Determinante unserer Haltung. Je breiter die Erfahrung, desto klüger werden wir in Bezug auf die existierenden Möglichkeiten. Meine Ausbildung zur Sozialarbeiterin fiel in die frühen Siebzigerjahre, in die Nach-Hippie-Ära. Die Hippies hatten sich ihrer eigenen Make-love-not-war-Kultur erfreut, waren die Dinge ganz natürlich angegangen – manchmal ein wenig unterstützt durch „Freizeitdrogen" – und hatten das Establishment infrage gestellt. Einige dieser Wertvorstellungen hallten noch bis in die Siebziger nach. Es war noch immer wichtig, einen Lebensstil zu pflegen, der so natürlich wie möglich war. Ein unausgesprochenes Vorurteil gegen Medikamente war in der Psychotherapeutenszene weit verbreitet, aus diesem Grunde erhielt man bei der Therapeutenausbildung keinerlei Informationen über Arzneimittel.

Über die Jahre hinweg hat mich meine persönliche Erfahrung jedoch gelehrt, dass natürliche Quellen nicht immer ausreichend sind. Als ich anämisch war, rettete mich der Mineralstoff Eisen aus meiner entkräftenden Müdigkeit. Als ich PMS-Symptome zeigte, glichen Vitamin B_6 und Kalzium meinen Gemütszustand aus und ersparten meinem Mann und mir unnötige Spannungen. Die Arbeit mit psychiatrischen Patienten über fast 30 Jahre bot mir zahlreiche Gelegenheiten, Zeugin der Wunder unserer Arzneimittel zu werden. Depressive Menschen, die kaum noch laufen oder sprechen konnten, wurden durch Antidepressiva wieder mit Leben erfüllt. Betroffene mit manischen Episoden, die weder schlafen noch mit dem Reden aufhören konnten und ständig in Bewegung waren, wurden durch entsprechende Medikamente ruhiger. Schizophrene waren in der Lage, durch Antipsychotika ihre starken Symptome auf ein zumindest erträgliches Niveau zu reduzieren. Ich entwickelte großen Respekt vor den komplizierten Abläufen innerhalb des menschlichen Körpers und vor der Rolle der Medikamente, die ihm bei der Rückkehr in sein Gleichgewicht helfen. Neben diesen positiven Beispielen begegneten mir aber auch Fälle, in denen die Betroffenen nur gering auf die Medikamente ansprachen oder es in Einzelfällen traurigerweise zu einer Verschlimmerung der Symptome kam. All das zusammengenommen ist meine Einstellung zu Arzneimitteln heute respektvoll, voller Hoffnung, aber auch vorsichtig. Ich favorisiere wo immer es geht noch die natürlichen Methoden, aber manchmal reichen diese ganz eindeutig nicht aus.

Gravierende soziale Ängste

Es versteht sich von selbst, dass man desto verzweifelter wird und desto ernsthafter über die Möglichkeit einer Medikation nachdenkt, je schlimmer die Symptome sind. Solche Ängste bezeichnet man dann als gravierend, wenn sie Ihre Fähigkeit, im Alltagsleben zu funktionieren, beeinträchtigen. Der Psychiater Ron Remick hält jede Verfassung für gravierend, die zwei der folgenden Bereiche in Mitleidenschaft zieht: Arbeit, Liebe und Freizeit. Wenn Sie sich zum Beispiel so schlecht fühlen, dass Sie nicht zum Vorstellungsgespräch gehen können. Wenn Sie einen Job haben, teilen Sie dort nur selten Ihre Ideen oder Meinungen mit; ein Fortkommen auf der Karriereleiter ist nichts mehr als ein Luftschloss. Sie wagen nicht, ans Telefon zu gehen. Sie meiden Gelegenheiten, andere Leute oder einen Partner zu treffen. Sie fühlen sich einsam. Sie haben keinen Spaß an der Gesellschaft anderer. Selbst wenn es Ihnen gelingt, mechanisch durch den Tag zu kommen, so geschieht es um den Preis unerträglicher persönlicher Unannehmlichkeiten, vor allem in Bezug auf das soziale Miteinander. Gravierende soziale Ängste münden oft in Depressionen. Das Leben wird so eingeschränkt, dass es nur noch wenig darin gibt, was Sie reizen könnte. Die Hoffnung auf eine bessere Zukunft rückt entweder in weite Ferne oder wird ganz utopisch. Und zu guter Letzt sind soziale Ängste dann gravierend, wenn sie andauern und der Betroffene nicht in der Lage ist, langfristige Anstrengungen gegen sie zu unternehmen, beispielsweise zu versuchen, sie mit Hilfe kognitiver Verhaltenstherapie und anderer psychotherapeutischer Ansätze in den Griff zu bekommen.

Risiken und Nutzen

Jeder Tag ist so schwer. Ich fürchte mich so sehr davor, zur Arbeit zu gehen und all diesen Leuten ins Gesicht zu sehen. Die Angst, dumm auszusehen oder zu klingen, ist immer da. Ich verstecke diese Angst hinter einer leeren Miene, einer Maske, die ich Tag um Tag trage. Dabei hämmert mein Herz, und mein Magen rebelliert.

LILY, 34

Tun Sie für einen Moment einmal so, als wären Sie Lily. Nun kommt jemand zu Ihnen und sagt: „Lily, ich habe da etwas für dich – etwas, das dir all deine Angst und deinen Schmerz nehmen wird. Nur: Du musst mich bezahlen. Wir werden erst dann genau wissen, wie hoch die Kosten sind, wenn du mein Angebot angenommen und alles getan hast, was dir gesagt wurde." Was würden Sie darauf antworten?

Wenn es schlimm genug um Sie steht, ist es gut möglich, dass Sie sich auf das Spiel einlassen. Leben ist zum Leben da, nicht, damit Sie sich hinter einer Maske verstecken. Manche Leute mögen die Entscheidung für oder gegen Medikamente als Spiel betrachten. Während die finanziellen Kosten der Medikation feststehen, sind die physiologischen und emotionalen Kosten jedoch ungewiss. Aufgrund individueller Unterschiede reagieren die Menschen auch unterschiedlich auf Medikamente. Einige bekommen bei der Einnahme Nebenwirkungen zu spüren. Dies sind unerwünschte physiologische Symptome, von denen manchmal die zuträglichen Wirkungen der Medikation begleitet werden: etwa ein trockener Mund, Schwindel, Kopfweh, Müdigkeit und Gewichtszunahme, um nur einige Beispiele zu nennen. Nebenwirkungen können nach einer Woche abklingen oder andauern. Manche Menschen haben für sich beschlossen, dass diese unerwünschten Symptome im Vergleich zum emotionalen Preis der sozialen Angst vernachlässigbar sind. Für andere können Nebenwirkungen zur Belastung und sogar zum Problem werden. Solche Leute würden eher Angstattacken über sich ergehen lassen als diese Nebenwirkungen. Bei wieder anderen besteht die Gefahr eines Missbrauchs oder einer Abhängigkeit. Warum also sollten Sie angesichts all dieser negativen Fakten auch nur über Medikamente nachdenken? Einfach gesagt: Weil sie Ihnen gut tun können. Sie sind in der Lage, Ängste auf ein solches Maß zu reduzieren, dass es Ihnen endlich möglich wird, sich zu konzentrieren und neue Wege des Denkens und Seins zu beschreiten. Neue Fähigkeiten, mit Ihrer Lage zurechtzukommen, helfen, jede Errungenschaft zu festigen, die die Betroffenen unter der Medikation machen, sodass diese sich nicht in Luft auflösen, wenn die Medikamente abgesetzt werden.

Übersicht und Beschreibung der Wirkstoffe

Heute verfügen wir über eine breite Palette an – verschreibungspflichtigen – Arzneimitteln, die Menschen mit sozialen Ängsten in der Vergangenheit schon geholfen haben. Diese Medikamente sind in sechs Hauptgruppen eingeteilt: SSRI, SNRI, Benzodiazepine, Betablocker, reversible und irreversible MAOI (keine Sorge, sie alle werden gleich erklärt). Da die Forschung hier in vollem Gange ist, wird die folgende Liste in der Zukunft sicher noch wachsen. Die aufgeführten Medikamente variieren in Effektivität, Eignung, Nebenwirkungen und Risiken von Missbrauch und Abhängigkeit. Aufgeführt sind ausschließlich die Wirkstoffnamen, da meist mehrere Medikamente mit diesem Wirkstoff (unter verschiedenen Handelsnamen) auf dem Markt sind und jede Auswahl willkürlich wäre.

(Selektive) Serotonin-Wiederaufnahmehemmer (SSRI)

Wirkstoffe: Sertralin, Paroxetin, Fluvoxamin, Fluoxetin, Citalopram, Escitalopram.

SSRI sind die heute gebräuchlichsten Antidepressiva. Sie kamen in den späten Achtzigerjahren auf den Mark. Forschungen haben gezeigt, dass sich bei 50 bis 75 Prozent der mit SSRI behandelten Patienten die Angstsymptome klar verbesserten und in der Folge auch das soziale Leben. Diese Medikamente blockieren die Aufnahme des Neurotransmitters Serotonin in den Nervenzellen, was den Serotoninspiegel im Gehirn anhebt und zu einer Entspannung führt. Zugleich wird verhindert, dass das Serotonin Nervenimpulse von einer Zelle zur nächsten übermittelt, da ihm der Weg in die Zwischenräume zwischen den Nervenzellen, den synaptischen Spalt, verwehrt ist. So können beispielsweise Angstbotschaften nicht mehr zwischen den Zellen weitergegeben werden, und ein Ruhezustand tritt ein. Obwohl der Serotoninspiegel sofort nach der SSRI-Einnahme ansteigt, dauert es doch eine Weile, bis die Rezeptoren an den Synapsen „auf dem Trockenen sitzen“. Aus diesem Grund vergehen etwa drei bis vier Wochen, bis man die Wirkung des Medikaments spürt, wenn man es als Antidepressivum nimmt. Nimmt man es gegen soziale Ängste, so können sechs bis acht Wochen vergehen, bis ein Effekt spürbar wird.

Einschränkungen

SSRI haben – wenn überhaupt – wenige Einschränkungen. Es besteht kein Risiko, von ihnen abhängig zu werden. Dennoch leiden Menschen, die SSRI oder auch SNRI abrupt absetzen, unter Entzugserscheinungen, etwa auftretenden Ängsten, Schlaflosigkeit, lebhaften Träumen, Reizbarkeit und Empfindungen wie bei einem Elektroschock. Sie müssen unbedingt einen Arzt aufsuchen, wenn Sie mit der Medikamenteneinnahme nicht fortfahren.

Nebenwirkungen

Wenn Sie über Nebenwirkungen von Medikamenten lesen, sollten Sie daran denken, dass nicht jeder diese auch erlebt. Darüber hinaus sind manche Nebenwirkungen weiter verbreitet, andere treten weniger häufig auf, und einige sind sehr selten. Einer der Gründe, warum sich SSRI so großer Beliebtheit erfreuen, ist ihr Ruf, weniger Nebenwirkungen hervorzurufen als andere Antidepressiva. Auftreten können jedoch ruheloser Schlaf, Appetitmangel, Übelkeit, gelegentliche Müdigkeit und vermehrtes Schwitzen. Auch Kopfschmerzen, Nervosität, Schlaflosigkeit, Angst und Durchfall können vorkommen. Bei manchen Patienten ist auch das Sexualleben beeinträchtigt.

Serotonin-Noradrenalin-Wiederaufnahmehemmer (SNRI)

Wirkstoff: Venlafaxin

Das Medikament gehört zu den bizyklischen Antidepressiva. Seine Wirkungen und Nebenwirkungen sind mit denen der SSRI vergleichbar.

Benzodiazepine

Wirkstoffe: Clonazepam, Alprazolam, Lorazepam, Diazepam, Oxazepam, Bromazepam

Benzodiazepine bilden eine eigene Gruppe innerhalb der angsthemmenden Medikamente und sind die wichtigsten Tranquilizer. Sie kamen in den Sechzigerjahren auf und galten als sichere Alternative zu den damalig gängigen Medikamenten, den so genannten Barbituraten. Wenn ein Benzodiazepin das Gehirn erreicht, bindet es sich an die entsprechenden Rezeptoren. Dies sind Strukturen, die mit der Zelle verbunden sind und auf ihrer Außenschicht „schwimmen"; ihre Wurzeln reichen tief ins Innere der Zelle hinunter. Diese Rezeptoren warten auf chemische Boten, die von ihrer Struktur angezogen werden und perfekt in sie hineinpassen. Sobald dieser Prozess der „Anbindung“ erfolgt, dringt die Information in die Zelle ein. Diese Information löst eine Kettenreaktion biochemischer Ereignisse aus, die winzige physiologische Veränderungen bewirken und Verhalten, körperliche Aktivitäten und sogar Stimmungslage beeinflussen können. Im Falle der Benzodiazepine wird bei der Rezeptoranbindung der Neurotransmitter Gamma-Amino-Buttersäure (GABA) aktiviert. Wie Sie vielleicht noch aus dem Ernährungsabschnitt wissen, hemmt GABA die Aktivität in jenen Hirnzellen oder Neuronen, die Angst „produzieren“.

Normalerweise werden Benzodiazepine verwendet, um generalisierte Angststörungen zu behandeln. Dennoch haben Studien bewiesen, dass die Benzodiazepine Clonazepam und Alprazolam Symptome sozialer Angst ebenfalls wirksam abbauen konnten. Da Clonazepam nicht so schnell wirkt und eine lange Halbwertszeit hat, wird es für gewöhnlich nur einmal täglich vor dem Schlafengehen verabreicht. Auch einige andere Benzodiazepine wurden bereits von Ärzten zur Behandlung von sozialen Ängsten verschrieben. Schneller wirken Alprazolam, Lorazepam, Bromazepam und Oaxzepam. Alprazolam wird heute nur ein- oder zweimal am Tag gegeben.

Einschränkungen

Eine Einzeldosis führt oft zu schneller Ermüdung und Schläfrigkeit. Daher eignen sich Benzodiazepine nicht für Sie, wenn Sie Aufgaben zu erledigen haben, die geistige Wachheit und schnelle körperliche Reaktionsfähigkeit erfordern. Bis man herausgefunden hat, wie man auf Benzodiazepine reagiert, sollte man beim Autofahren und Bedienen von gefährlichen Gerätschaften Vorsicht walten lassen. Bei regelmäßiger Einnahme zwei- bis viermal täglich gewöhnt sich der Körper rasch an die Medikamente, und die Nebenwirkungen nehmen ab. Dennoch bringt die langfristige Einnahme von diesen Medikamenten zwei Nachteile mit sich: Erstens braucht der Körper, da er sich an die Benzodiazepine gewöhnt, mehr und mehr, um das gleiche Wirksamkeitsniveau halten zu können. Der Betroffene entwickelt also mit der Zeit eine körperliche Abhängigkeit. Um Entzugserscheinungen, wie z.B. das Auftreten sozialer Angst, zu reduzieren, muss die Einnahme langsam und unter ärztlicher Aufsicht gedrosselt werden. Außerdem nimmt die Möglichkeit eines Anfalls bei einem plötzlichen Entzug zu. Der zweite große Nachteil des täglichen Gebrauchs ist das Risiko des Drogenmissbrauchs. Das gilt vor allem für Menschen, bei denen in der eigenen oder der Familiengeschichte Drogenmissbrauch, Abhängigkeit oder Süchte wie Bulimie, Spielsucht oder Sexsucht bereits ein Thema waren. (Anmerkung: „Abhängigkeit" bedeutet, dass Ihr Körper nach dem Medikament verlangt und ohne es Symptome eines Entzugs entwickelt. „Missbrauch" bedeutet, dass Sie es mit einem Medikament übertreiben und vielleicht krank werden, aber keine Entzugserscheinungen zeigen.)

John Marshall, Psychiater und Autor von *Social Phobia*, verteidigt den Gebrauch von Benzodiazepinen bei Menschen, die unter heftigen Angstanfällen leiden, solange sie nicht zuvor schon einmal von einer chemischen Substanz abhängig waren. Er rät bei der Einnahme jedoch zu strenger ärztlicher Aufsicht.

Nebenwirkungen

Wenn Benzodiazepine in Einzeldosen genommen werden, sind die häufigsten Nebenwirkungen Schläfrigkeit, schnelle Ermüdung und Unbeholfenheit. Bei regelmäßigem Gebrauch nehmen diese Symptome ab; doch noch immer können schnelle Ermüdung, längere Schlafzeiten, Vergesslichkeit, beeinträchtigte Koordination und – nicht sehr häufig – sexuelles Desinteresse vorkommen. Zuweilen können Benzodiazepine die depressiven Symptome noch verschlimmern. Wer sie einnimmt, sollte die Finger von Alkohol lassen, da dessen Wirkung durch die Medikamente noch verstärkt wird.

Betablocker

Wirkstoffe: Propranolol, Atenolol

Betablocker kamen in den Sechzigerjahren auf den Markt, um Bluthochdruck oder Herzrhythmusstörungen zu behandeln. Sie blockieren Betarezeptoren, sodass das Hormon Adrenalin an diesen nicht mehr wirken kann. Wenn in einer Notfallsituation der Sympathikus aktiviert wird, erfolgt, wie Sie sicher noch wissen, eine Adrenalinausschüttung, um die Flucht- oder Kampfreaktion auszulösen. Die Betarezeptoren finden sich in Organen wie dem Herzen und den Muskeln. Wenn Adrenalin von diesen Bereichen ferngehalten wird, erhält weder das Herz den Befehl, schneller zu schlagen, noch die Muskeln, sich anzuspannen und zu zittern. Der Körper schwitzt nicht, und alles bleibt ruhig.

Denken Sie auch daran, dass für die Auslösung der Flucht- oder Kampfreaktion keine echte Gefahr vorliegen muss. Es reicht, wenn sie in der Vorstellung existiert, wie etwa im Fall des Künstlers, der sich ausmalt, dass das Publikum sein Klavierspiel, seinen Tanz oder seinen Comedyauftritt nicht mögen wird. Als man in der Künstlerszene zum ersten Mal von Betablockern hörte, war es, als würde ein Traum in Erfüllung gehen. Endlich hatten man etwas, das dem Lampenfieber die Schärfe nahm. Künstler nahmen das Medikament nicht nur routinemäßig für ihre eigenen Zwecke, sondern teilten die verschreibungspflichtigen Betablocker auch mit ihren Kollegen. Das sorgte für Aufsehen, da immer mehr Menschen dieses Medikament ohne jede ärztliche Aufsicht nahmen. Einmal etabliert, wurden Betablocker auch zur Wunschdroge für Menschen, die vor anderen öffentlichen Auftritten zitterten: wenn sie einen mündlichen Arbeitsbericht abliefern oder einen Vortrag halten, auf Hochzeiten einen Toast ausbringen oder eine mündliche Prüfung ablegen mussten. Denn eine Einzelgabe des Betablockers, eine Stunde vor dem Ereignis, genügt, um das Adrenalin zu blockieren und den Körper ruhig zu halten.

Einschränkungen

Betablocker sind bestens geeignet für Menschen, die große Ängste in bestimmten, begrenzten Situationen ausstehen. Indes nützen sie Betroffenen mit einem niedrigeren Angstlevel nicht in gleicher Weise. Einige Künstler berichteten davon, wie sehr sie von dem Adrenalinstoß profitieren, den sie erleben, wenn sie kurz vor ihrer Darbietung stehen. Diese zusätzliche Energie gibt ihnen die Präzision und Konzentration, die sie brauchen, um eine Spitzenleistung voller Ausdruck und Inspiration abzuliefern. Betablocker empfehlen sich ebenfalls nicht in selbem Maße für Menschen, die ganz allgemein unter sozialen Ängsten leiden. Es wäre weder praktisch noch gesund, Betablocker mehrmals am Tage einzuwerfen, um die vielen verschiedenen sozialen Situationen in den Griff zu bekommen, aus denen das tägliche Leben besteht. Da Betablocker körperliche Symptome reduzieren, eignen sie sich nicht für Menschen, die große körperliche Leistungen vollbringen müssen. Ein entspannter Fußballspieler kann zum Beispiel nicht zu Spitzenleistungen auflaufen, wenn er keinen „Biss“ mehr hat.

Der Wert von Betablockern ist auch in manch anderer Hinsicht begrenzt, denn sie reduzieren keinesfalls ängstliche Gedanken. Und wenn man sie regelmäßig anwendet, neigen sie dazu, an Wirkung zu verlieren.

Nebenwirkungen

Betablocker sind, abgesehen von einer gewissen Lethargie oder Müdigkeit und Benommenheit, wenn man zu schnell aufsteht, weitgehend frei von Nebenwirkungen. Sie müssen gemieden werden, wenn in Ihrer Krankengeschichte Asthma, Herzkrankheiten, Diabetes oder Atemnot auslösende Allergien eine Rolle spielen.

Irreversible nichtselektive Monoaminooxidase-Hemmer (MAOI)

Wirkstoff: Trancyclopromin

MAOI wurden in den Fünfzigerjahren strikt als Antidepressiva eingesetzt. In den Sechzigern fanden dann Wissenschaftler heraus, dass MAO-Hemmer effektiver als andere Antidepressiva bei Patienten mit Depressionen wirken. In den frühern Achtzigern behandelte Michael Liebowitz Menschen mit sozialen Ängsten in einer kontrollierten Studie mit MAO-Hemmern. Die Patienten berichteten von gestiegenem Selbstvertrauen, einer größeren Resistenz gegenüber Kritik und einem Abbau der Angst in sozialen Situationen oder bei öffentlichen Auftritten.

MAOI hemmen die Aktivität der Monoaminooxidase, eines Enzyms, das bestimmte Neurotransmitter im Gehirn steuert. Man nimmt an, dass MAOI den Abbau dieser Transmitter verhindern, was wiederum zu höheren Konzentrationen der Neurotransmitter Norepinephrin, Serotonin und vor allem Dopamin führt. Norepinephrin gibt den Betroffenen das Gefühl, hellwach und munter zu sein; Serotonin hilft ihnen, sich entspannt zu fühlen, und Dopamin ist mit Gefühlen des Wohlbehagens verbunden. All das summiert sich und führt zu einer Abnahme der sozialen Ängste.

Einschränkungen

Leider können MAO-Hemmer lebensbedrohliche Wechselwirkungen mit Nahrungsmitteln zeigen, die eine hohe Konzentration von Tyramin enthalten. Diese Wechselwirkungen können einen plötzlichen Anstieg des Blutdrucks, Kopfschmerzen und Erbrechen und – was am gravierendsten ist – einen Schlaganfall oder den Tod zur Folge haben. Daher müssen Menschen, die über die Einnahme von MAO-Hemmern nachdenken, eine strenge Diät einhalten. Sie sollten darauf achten, dass der behandelnde Arzt Ihnen genaue Anweisungen gibt, was Sie essen dürfen und was nicht. Ganz allgemein sollten Sie Nahrungsmittel meiden, die alt, verdorben, vergoren oder eingelegt sind. Jede Art von Nahrung, vor allem Fleisch, Fisch oder Geflügel, sollte nur in frischem Zustand verzehrt werden. Fleisch aus der Dose muss sofort nach dem Öffnen gegessen werden. Gemieden werden sollten auch bestimmte Sorten gereiften Käses (Mozzarella und Ricotta sind erlaubt), Wurst, bestimmte alkoholische Getränke (Bier, Rotwein) und Favabohnen. Einige Arzneimittel, darunter Schleimlöser, die es auch rezeptfrei zu kaufen gibt, dürfen ebenfalls nicht verwendet werden. Wenn die diätetischen Anweisungen befolgt werden, ist sogar leichter Bluthochdruck selten.

Nebenwirkungen

Abgesehen von den schweren, aber ungewöhnlichen Nebenwirkungen, die bereits erwähnt wurden, können schnelle Ermüdung, Schläfrigkeit, ein trockener Mund, Benommenheit bei zu schnellem Aufstehen, Gewichtszunahme und gelegentlich auch sexuelle Probleme auftreten. Sie setzen typischerweise ein bis drei Monate nach Einnahmebeginn ein und dauern häufig länger an.

Selektive reversible Monoaminooxidase-Hemmer (RIMA)

Wirkstoff: Moclobemid

RIMA oder MAO-A-Hemmer gehören einer neueren Generation von Antidepressiva an. Sie hemmen dasselbe Enzym wie die MAO-Hemmer, aber nicht vollständig (daher „reversibel"). Ihr Vorteil ist, dass keine strengen Diätvorschriften befolgt werden müssen. Obwohl sie bei sozialen Ängsten nicht so effektiv wirken wie die anderen MAOI, sind sie doch viel versprechend. Auf diesem Sektor wird weitergeforscht, sodass wir wohl in Zukunft noch einiges von den RIMA hören werden.

Zwei andere Medikamente, die bei sozialen Ängsten zur Anwendung kommen, sind das schon ältere trizyklische Antidepressivum Imipramin und das Antikonvulsivum Gabapentin.

Die Medikation

Die Einnahme von Medikamenten beschließen Sie für gewöhnlich zusammen mit einem Arzt Ihres Vertrauens. Abhängig von Ihren Symptomen und Ihrer Krankengeschichte wird er Ihnen eine Medikation vorschlagen, die Ihren Bedürfnissen bestens angepasst ist. Da jeder anders auf Medikamente reagiert, kann es einige Zeit dauern, bis Sie das für Sie richtige Präparat gefunden haben. Mit anderen Worten: Sie müssen Geduld haben.

Es stimmt, dass Menschen, die unter sozialen Ängsten leiden, unter der Medikamenteneinnahme von dramatischen Veränderungen berichten. Manch einer nennt diese Veränderungen erstaunlich und nichts weniger als einen Wandel der Persönlichkeit. Ich habe kurz mit einem schmerzhaft schüchternen Teenager zu tun gehabt, deren Mutter beschloss, sie zu einem Psychiater zu bringen. Dieser verschrieb Prozac, einen SSRI, und die Mutter berichtete, dass die Tochter seither nicht mehr zurückgeblickt hat. Fast augenblicklich wurde sie selbstsicher und extrovertiert. Ähnliche Fallbeispiele finden sich auch in der einschlägigen Literatur. Für gewöhnlich sind die Ergebnisse der Medikation jedoch eher bescheiden. Bei den meisten Patienten werden Medikamente das exzessive Bedürfnis nach Anerkennung nicht stillen können. Sie werden auch nicht automatisch negative Denkmuster verändern oder die verborgenen Wurzeln eines geringen Selbstwertgefühls ans Tageslicht bringen. Medikamente sind selten die perfekte Lösung und sollten auch nicht zu einer langfristigen werden. Sie können nur das Herz lang genug beruhigen, um Erleichterung zu bringen. Ohne die Ablenkung durch Angstsymptome nimmt die Konzentration zu, und es wird möglich, nach neuen Wegen des Denkens und Seins Ausschau zu halten. Das Engagement für natürliche Ansätze kann das Bedürfnis nach Medikamenten reduzieren. Die Veränderungen in Gedanken und Verhalten, die aus echtem Bemühen resultieren, überdauern die Veränderungen durch Medikamente. Daher fällt die typische Rückkehr der Symptome minimal aus, wenn die Medikamente nach etwa sechs bis zwölf Monaten abgesetzt werden. Selbst wenn die Angst wieder da ist, helfen neue Fähigkeiten bei deren Bewältigung und die Erinnerung an erfolgreiche soziale Begegnungen, die Furcht auf einem zu bewältigenden Level zu halten.

Schlüsselgedanken

- Ihre persönlichen Werte und Ihre innere Einstellung, die Schwere Ihrer Angstsymptome und das Abwägen von Risiko und Nutzen wollen bedacht sein, wenn Sie sich für oder gegen Medikamente entscheiden.
- Die sechs Medikamentengruppen, die bei der Behandlung von sozialen Phobien zum Einsatz kommen, sind SSRI, SNRI, Benzodiazepine, Betablocker, MAOI und RIMA. Jede einzelne davon hat ihren Nutzen, ihre Einschränkungen und Nebenwirkungen.
- Medikamente können eine vorzügliche Alternative für Menschen mit extremen sozialen Ängsten sein. Sie helfen, den Körper zu beruhigen, um die Konzentration zu verbessern und das Lernen neuer Fähigkeiten und Strategien zu erleichtern, mit denen Sie die Angst in den Griff bekommen und Selbstsicherheit gewinnen.
- Der Gewinn aus einem Programm, das Körper, Geist und Verhalten anspricht, wird länger anhalten als der Gewinn, den Medikamente versprechen.
- Ein offenes Gespräch mit Ihrem Arzt sollte helfen, die richtige Entscheidung pro oder kontra Medikamente zu treffen.

Das möchte ich aus diesem Kapitel mitnehmen:

....

....

Ich werde es auf folgende Art und Weise in die Tat umsetzen:

....

....

Teil drei:

Der Geist

Kapitel acht:

Stell dir vor ...

Die Macht der Bilder

Vor der Umsetzung kommt immer die Vision.
Lilian Whiting

Die meisten von uns verbinden „Geist" mit Gedanken. Als wir Babys und Kleinkinder ohne Sprache waren, kamen uns die ersten Gedanken in Gestalt von Bildern in den Sinn. Diese sind das Ergebnis der Aktivität in der rechten Gehirnhälfte, der rechten Hemisphäre. Später, als wir uns die Sprache erschlossen, nahmen unsere Gedanken auch die Gestalt von Worten an. Diese sind das Ergebnis der Aktivität in der linken Gehirnhälfte, der linken Hemisphäre. Da die Bilder zuerst da waren, ist es nur natürlich, auch zuerst ihre Macht in Bezug auf soziale Ängste und Selbstsicherheit zu untersuchen.

Die Bilder strömen, und der Körper gehorcht

Stellen Sie sich vor, Sie gehen auf eine Party. Was sehen Sie in Ihrer Vorstellung, wenn Sie sich nähern und sich die Tür des Gastgebers vor Ihnen öffnet? Was geschieht in Ihrer Vorstellung, wenn Sie sich selbst dabei zusehen, wie Sie einen Raum voller Gäste betreten? Diese Fragen stellte ich in einer meiner Gruppen. Kevin, ein 25-jähriger Automechaniker, gab eine typische Antwort:

> *„Ich sehe, wie ich zittere, während ich an die Tür klopfe. Sobald sich die Tür öffnet, sehe ich mich schnell durch den Raum gehen, den Blick zu Boden gerichtet. Ich steuere den Lehnstuhl in der hintersten Ecke an. Ich sehe mich in dem Lehnstuhl sitzen, ein wenig abgewandt von der Menge. Niemand kommt zu mir, um ein bisschen zu reden. Ich fühle mich einsam und frage mich, warum ich überhaupt gekommen bin."*

Ich fragte Kevin: „Und was geschieht wirklich, wenn Sie auf der Party sind?" Er antwortete: „Genau das: Ich gehe zum Lehnstuhl in der Ecke, ich setze mich, und niemand spricht mit mir. Ich fühle mich total befangen und kann es kaum erwarten, nach Hause zu kommen."

Ich dankte Kevin, dass er uns dieses wunderbare Beispiel dafür gegeben hatte, wie mächtig Bilder sein können. In diesem Fall wurde seine Vorstellung zur Blaupause seines Verhaltens. Wie hypnotisiert folgte er fast buchstäblich den Handlungen in seiner vorgestellten Partyszene. Und als ob das nicht schon genug wäre, gab es zugleich noch eine andere, hypnotische Ebene: Das tatsächliche Bild Kevins, wie er da in sich versunken saß, sagte den Leuten, dass er nicht bereit zu einem Gespräch war. Er sah unnahbar aus, und deshalb näherte sich ihm auch niemand.

Achten Sie auf die Bilder, die Sie im Geiste mit sich tragen. Einige von ihnen beeinflussen Sie positiv, andere negativ. Im Folgenden gebe ich Ihnen ein paar Beispiele dafür, welchen günstigen und ungünstigen Einfluss Bilder auf unser Leben ausüben können.

Bilder steuern physiologische Reaktionen

Es herrscht wahrlich kein Mangel an Dokumentationen über die Macht der Bilder, physiologische Veränderungen herbeizuführen. Studien haben gezeigt, dass sich beim Menschen unter Einfluss von Bildern Muskelaktivität, Sauerstoffverbrauch, Durchblutung und Blutdruck verändern. Filme zeigen, wie Angehörige östlicher Kulturen sich durch die eine Wange Klingen bohren, die aus der anderen wieder austreten – und das ganz ohne Blutvergießen. Auf Bali lernen die Kinder, über glühende Kohlen zu laufen, ohne auch nur eine einzige Brandblase davonzutragen.

Wenn jemand von Ihnen eine Verbindung zwischen Geist und Körper anzweifelt, bitte ich Sie darum, folgendes kleine Experiment zu machen: Das nächste Mal, wenn Sie eine sexuelle Fantasie haben, achten Sie auf die Empfindungen in Ihrem Körper – vor allem in Ihrem Unterleib. Sehen Sie, was ich meine? Sexuelle Fantasien sind nichts als Bilder, die unser sexuelles Verlangen wecken und eine Reihe von sinnlichen Körperreaktionen in Bewegung setzen.

Bilder rufen Gefühle wach

Haben Sie sich jemals dabei ertappt, wie Sie eine Träne vergossen, weil Sie sich den Tod eines lieben Menschen vorstellten? Vielleicht sind Sie auch in Lachen ausgebrochen, als Sie sich lebhaft an einen lustigen Vorfall erinnerten. Möglicherweise fühlten Sie vor Wut Ihr Blut kochen, da Sie an eine Ungerechtigkeit denken mussten. Bilder – seien sie nun erinnert oder ausgedacht – rufen emotionale Reaktionen hervor. Würden Sie sich Ihre Vorstellungskraft nicht gern dergestalt zunutze machen, dass bei der Aussicht auf eine bestimmte soziale Situation bei Ihnen Aufregung und nicht Angst ausgelöst wird?

Bilder heilen

Bilder können auch Heilprozesse unterstützen. Es gibt zahlreiches dokumentiertes und anekdotisches Beweismaterial für ihre heilende Macht. Obwohl sie noch immer als alternativer Ansatz gilt, hat die Arbeit mit Bildern bei der Heilung von Krebs und anderen schweren Krankheiten zugenommen – ebenso wie die Zahl von persönlichen Geschichten des Triumphs über die jeweilige Krankheit.

Bilder verbessern die Selbstdarstellung

Seit Jahren hat bei Athleten die Arbeit mit Bildern einen festen Platz im Trainingsprogramm. Psychologen arbeiten heute auch in den darstellenden Künsten mit Künstlern, indem sie Bilder verwenden, um diese zu Spitzenleistungen zu befähigen. Für die Mitglieder meiner Angstgruppen ist die Arbeit mit Bildern seit Jahren eine unschätzbare Hilfe, um Dinge zu tun, die sie früher erschreckten.

Die 52 Jahre alte Liz zum Beispiel, die zu ängstlich gewesen war, um ihre eigene Schwägerin zum Essen einzuladen, begann sich vorzustellen, wie sie ihre Schwägerin anrief und in ein gemütliches Restaurant am Ende der Straße einlud. In ihrer Vorstellung konnte sie sogar den Duft und Geschmack der Pizza wahrnehmen, die sie sich bestellen würde. Bald fragte Liz ihre Schwägerin, ob sie mit ihr ausgehen wolle, und die beiden hatten einen schönen Abend. Die Macht ihrer positiven Bilder ließ Liz so mutig werden, dass sie diese Praxis auf viele andere Situationen in ihrem Leben übertrug. Zu ihrer eigenen Überraschung begann sie, in Situationen ihre Meinung zu sagen, die sie früher geängstigt hatten. Sie bot ihrem Ex-Mann die Stirn, als er sie zu übervorteilen versuchte. Sie sprach mit ihrem Sohn über ein sensibles Familienthema. Sie fing an, sich wohl in ihrer Haut zu fühlen, und nicht verschrumpelt wie eine Trockenpflaume und zu furchtsam, um ihren Platz in der Welt einzunehmen. Sie fütterte ihr Unterbewusstsein mit ermutigenden Botschaften und Bildern, und ihr Körper gehorchte.

Vorstellung und Wille

Um 1900 schrieb ein französischer Arzt namens Émile Coué über den günstigen Einfluss der Vorstellungskraft auf die Heilung physischer Leiden. Die meisten seiner Gedanken stoßen in der heutigen Literatur über die Arbeit mit Bildern auf breite Anerkennung. Ein Gedanke, den ich besonders faszinierend und einzigartig finde, ist Coués Vergleich von der Macht des Willens und der Macht der Vorstellungskraft.

Lassen Sie uns zuerst das Wort „Willen“ definieren. Laut Lexikon bedeutet es moralische Stärke und Energie sowie Entschlossenheit. Nun nehmen Sie einmal an, Sie sind entschlossen, etwas zu tun, aber Ihre Vorstellungskraft zeigt Ihnen, wie Sie etwas ganz anderes tun. Wer wird Ihrer Meinung nach gewinnen – der Wille oder die Vorstellungskraft? Ohne Ausnahme wird die Vorstellungskraft immer über den Willen triumphieren. Wenn Sie sich vorstellen, Sie seien sozial ängstlich und ungeschickt, dann werden Sie das auch sein. Schlaflosigkeit ist ein interessantes Beispiel für die Macht der Bilder über den Willen. Wenn Sie jemals Probleme mit dem Einschlafen hatten, werden Sie vielleicht bemerkt haben, dass Sie, je stärker Ihr Wunsch zu schlafen wird und je mehr Sie sich anstrengen einzuschlafen, desto wahrscheinlicher wach bleiben werden. Im Geiste sehen Sie ein Bild von sich, wie Sie es immer wieder angestrengt „versuchen“. Raten Sie, was passiert. Sie „versuchen“ es weiter angestrengt. Oder Sie sehen, wie Sie weitere Probleme mit dem Einschlafen haben. Und so wird es auch in der Realität sein. Die Vorstellung liefert die Blaupause. Der Körper gehorcht nur.

Leitbilder

Coué verglich die Bilder mit einem wilden Strom. Wenn ein riesiger reißender Strom losbricht, richtet er Verwüstungen an und zerstört ganze Ernten, Häuser und Besitzungen; und er tötet auch. Wenn wir andererseits in der Lage wären, diesen wilden Strom zu bezwingen und seinen Lauf zu ändern, könnten wir seine gewaltige Kraft in eine nützliche Energiequelle umwandeln und etwa durch Turbinen Elektrizität gewinnen. Dasselbe gilt auch für die Vorstellungskraft.

Wenn unsere Vorstellung Bilder von katastrophalen Konsequenzen unserer Handlungen lostritt, leiden wir furchtbar. Angst erfüllt uns, bis hin zur physischen Not. Wenn wir aber lernen, die

Macht unserer Vorstellungskraft zu kanalisieren und sie in Bahnen lenken, die konstruktiv sind, profitieren wir enorm davon. Wir haben alles unter Kontrolle und fühlen uns wohl.

Wie die Vorstellung arbeitet

Die Forschung hat noch keine abschließende Erklärung dafür gefunden, wie die Vorstellungskraft Körper und Verhalten genau beeinflusst. Es gibt nur Theorien. Sie beziehen sich auf Kommunikationsnetze im Körper, Energiemuster, die Leichtgläubigkeit des Unbewussten und den Einfluss künftiger Bilder auf die Gegenwart. Lassen Sie uns nun einmal einen kurzen Blick darauf werfen.

Kommunikationsnetze

Candace Pert stellt in ihrem Buch *Moleküle der Gefühle* ein Kommunikationsnetzwerk zur Diskussion, in dem chemische Boten Informationen von Zelle zu Zelle und von Organ zu Organ tragen. Alle Körpersysteme sind miteinander verbunden. Wenn das stimmt, dann geht das chemische Informationsnetzwerk an die Arbeit, sobald das visuelle System durch Bilder stimuliert wird – und sei es auch nur in der Vorstellung –, und der Körper reagiert.

Energiemuster

Manche Menschen glauben, dass alles im Universum, auch Gedanken und Bilder, aus verschiedenen Formen von Energie besteht. Edmund Bourne, der Autor von *Healing Fear*, erklärt, dass sich Energie in unterschiedlichen Wellen fortbewegt. Er behauptet, dass die Energie eines bestimmten Gedankens oder Bildes sich mit ähnlichen Energieformen organisiert oder in „Resonanz“ bringt. Das mag erklären, warum – wenn man einmal ein bestimmtes Ziel per Vorstellungskraft anvisiert hat – alle möglichen Ereignisse, zuweilen „Zufall“ genannt, ins Spiel kommen, um dabei zu helfen, dass das Ziel erreicht wird.

Leichtgläubigkeit des Unbewussten

Das Lexikon definiert das Unbewusste als jenen Bereich geistiger Aktivität, der unserem Bewusstsein nicht zugänglich ist. Coué und anderen zufolge ist das Unbewusste leichtgläubig. Es kennt den Unterschied zwischen Vorstellung und Realität nicht. Seine einzige Aufgabe ist es, den Ton anzugeben gemäß den Botschaften, die es erhält. John Kehoe, Autor von *Mind Power*, sagt, dass das Unbewusste Versagen, Krankheit und Unglück ebenso leicht wie Erfolg und Fülle manifestiert – je nach der Saat, die wir in ihm haben keimen lassen.

Die Zukunft bestimmt die Vergangenheit

Die meisten von uns sind mit der Vorstellung aufgewachsen, dass die Vergangenheit unsere Gegenwart beeinflusst. Und das stimmt natürlich auch. Dennoch ist es ebenfalls richtig, dass die Vision von unserer Zukunft auch durchaus einen Einfluss auf unsere Gegenwart haben kann.

Der bekannte Psychiater Milton Erickson wandte bei der Behandlung seiner Patienten oft Hypnose an. Immer wenn er das Gefühl hatte, dass er mit den Patienten nicht weiterkam, hypnotisierte er sie und bat sie, Szenen zu visualisieren, die in der Zukunft lagen – gleichgültig, ob sie sich nun auf die Familie oder die Arbeit bezogen. Er sagte zum Beispiel: „Es ist nun ein Jahr nach Beginn unserer Therapie. Berichten Sie mir über die Erfolge. Was hat funktioniert? Sagen Sie mir, was am hilfreichsten war. Welche Veränderungen bemerken Sie in Ihrem Leben?" Dann kündigte Erickson den Patienten unter Hypnose an, dass sie sich an nichts mehr erinnern würden, sobald sie erwacht seien. Wenn sie dann zwei Wochen später wiederkamen, berichteten sie über all die Veränderungen, die sie vorgenommen hatten, so wie sie sie unter Hypnose beschrieben hatten. Unbewusste Imagination war die Blaupause. Und wieder einmal gehorchte der Körper.

Die Macht der Vorstellung nutzen

Indem Sie daran denken, wie ein Löffel aussieht, bemühen Sie Ihre Vorstellungskraft. Dennoch finden es manche Menschen schwierig, Bilder im Geiste zu visualisieren. Wenn es Ihnen ebenso geht, verzweifeln Sie nicht. Sehen Sie sich die Anweisungen im Anhang dazu an. Sie können Ihnen bei der Arbeit mit Bildern gute Dienste leisten. Wenn Sie diese Arbeit dann immer noch schwierig finden, machen Sie sich keine Sorgen. Es gibt viele andere Wege, soziale Ängste in den Griff zu bekommen.

Bilder gegen soziale Ängste

Bilder können auf verschiedene Arten helfen, soziale Ängste zu bewältigen und das soziale Selbstvertrauen zu stärken. Zu den verbreitetsten „Verwendungszwecken" gehören die Visualisierung von Zielen, die Förderung der Entspannung und das Erproben von sozialer Interaktion. Die Arbeit mit Bildern können wir auch dazu nutzen, mit bestimmten Situationen wie dem Umgang mit Autoritätspersonen und der Vorbereitung von Bewerbungsgesprächen fertig zu werden. Auf diese Weise können wir sogar unser Selbstwertgefühl heben.

Zielsetzungen

Da das Setzen von Zielen einen Eckpfeiler in der Bewältigung von sozialen Ängsten und dem Gewinn sozialen Selbstvertrauens darstellt, werde ich diesem Thema das gesamte nächste Kapitel widmen. Sie werden viele Einzelheiten darüber erfahren, wie Vorstellung und Zielsetzung zu Ihrem Wohl zusammenarbeiten können.

Entspannung

Entspannung ist einer der Schlüssel zum Abbau sozialer Ängste. In Kapitel drei ging es um die Wirksamkeit von Erdung und

Atemtechniken. Die Arbeit mit Bildern der Entspannung ist eine weitere Methode, um die Körperchemie zu beeinflussen und Ihr allgemeines Wohlbefinden zu steigern. Im Folgenden finden Sie hierzu Beispiele.

Ein Strandspaziergang

Atmen Sie ein paar Mal aus. Schließen Sie die Augen und stellen Sie sich vor, Sie gehen an einem Strand spazieren. Fühlen Sie die Wärme der Sonne auf Ihrer Haut. Schauen Sie, wie das Meer unter der Spätnachmittagssonne glitzert. Hören Sie, wie die Wellen sich an den schroffen Felsen zu Ihrer Rechten brechen. Riechen und schmecken Sie die salzige Luft. Spüren Sie den heißen, trockenen Sand unter Ihren nackten Füßen. Und so weiter.

Ihr Lieblingsplätzchen

Alternativ können Sie an einen Ort denken, den Sie in der Vergangenheit lieb gewonnen haben oder den Sie sich ausdenken. Dort fühlen Sie sich rundum wohl. Achten Sie darauf, all Ihre Sinne zu beteiligen, wenn Sie sich einen Besuch an diesem Lieblingsplätzchen vorstellen.

Ein entspannter Körper

Stellen Sie sich vor, wie – beginnend beim Kopf bis hinab zu den Zehen – jeder einzelne Teil Ihres Körpers sich mehr und mehr entspannt. Fühlen Sie die Spannung von Ihrem Gesicht abfallen. Fühlen Sie, wie Ihre Lippen sich entspannt trennen. Spüren Sie in Ihrer Vorstellung, wie die Schultern fallen und Ihr Atem langsamer und etwas tiefer wird. Fühlen Sie Ihren Körper in einen weichen, aber stützenden Stuhl einsinken. Stellen Sie sich Schlaffheit, Weichheit, Schwere vor. Spüren Sie die Entspannung.

Verhaltens-Rehearsal

Wenn Sie sich einmal für Ihr Ziel entschieden und einen Zustand der Entspannung erreicht haben, können Sie sich der Vorstellung bedienen, um das Erreichen Ihres Ziels zu üben oder zu proben (engl. *rehearse*).

Systematische Desensibilisierung

Im Jahre 1958 beschrieb der Psychiater Joseph Wolpe aus Philadelphia als Erster die systematische Desensibilisierung. Sich für etwas zu sensibilisieren bedeutet, empfänglich dafür zu werden. Wenn Sie beispielsweise einmal große Ängste durchlitten, als Sie einen Vortrag hielten, werden Sie wahrscheinlich auch bei Ihrem nächsten Vortrag diese große Angst spüren. Mit anderen Worten: Sie wurden sensibilisiert.

Desensibilisierung heißt, die Verknüpfung zwischen einer bestimmten Situation und der Angst aufzulösen. Das lässt sich auf „systematische" Art erreichen. Das Systematische besteht darin, dass Sie sich schrittweise der Situation aussetzen, die Sie ängstigt. Wir werden dies im nächsten Kapitel detailliert besprechen.

Verhaltens-Rehearsal und die Arbeit mit Bildern

Nicht jeder hat die Zeit, im Geiste schon Wochen vorher das fragliche Ereignis durchzuspielen. Manchmal bleibt einem nur eine Woche, ein Tag oder eine Stunde zur Vorbereitung. In diesem Fall kann es nützlich sein, den wichtigsten eigenen Bildern andere hinzuzufügen. Lassen Sie uns dazu ein paar Möglichkeiten betrachten.

Reale Helden als Vorbilder

Als ich vor Publikum zu sprechen begann, war ich vor, während und nach dem Vortrag ein nervliches Wrack. Dieses nervöse Bild von mir selbst war alles, was ich hatte, um mit dem nächsten

Vortrag weiterzumachen, und es kurbelte meine Nervosität noch zusätzlich an. Dann, eines Tages, erfuhr ich große Inspiration durch eine Rednerin, die auch über geistige Gesundheit sprach. Es war Virginia Satir, eine sehr bekannte Familientherapeutin. Sie kam aus den Staaten, um an der Universität von British Columbia vor mindestens tausend Zuhörern einen Vortrag zu halten. Ich war von der machtvollen und selbstsicheren Präsentation ihrer Worte und Gesten wie elektrisiert. Satir trug ein rotes Kleid, und während sie sich auf der Bühne bewegte, sprachen aus ihrem ganzen Körper Energie und Entschlossenheit.

Von da an stellte ich mir bei der Vorbereitung meiner eigenen Vorträge stets vor, Virginia Satir ergreife von meinem Körper Besitz, wie man es von Geistern im Fernsehen kennt. Sie flößte mir ihre Energie und ihren Elan ein. Ich sah mich selbst in einem roten Kleid, wie ich mit großen, selbstsicheren Schritten die Bühne abmaß, deutlich und laut sprach und die Arme theatralisch zum Publikum hin öffnete. Was diese energischen Bilder ausmachten! Selbstsicherheit und Erregung ersetzten meine übliche Angst. Und während meine Bilder überzeichnet und übertrieben waren, wurde meine Präsentation ruhiger und professioneller, aber auch energischer.

Ich kann Ihnen nur empfehlen, sich an der Selbstsicherheit anderer Leute ein Beispiel zu nehmen. Wer sind Ihre realen Helden? Das können Familienmitglieder, Lehrer, Freunde, Bekannte, Film- oder Sportlegenden sein, aber auch spirituelle, politische oder andere Führer.

Erfundene Helden oder Führer als Vorbilder

Vorbilder können auch der Fantasie entspringen. Sie können mythische Gottheiten oder Helden aus Literatur, Film und Fernsehen sein. Auch Comicfiguren oder Idole, die Sie selbst erfunden haben, sind zulässig. Wie im Anhang beschrieben wird, ist eine der Regeln bei der Arbeit mit Bildern, sich immer einen offenen Geist zu bewahren. In der Vorstellung ist alles möglich.

Frühere Erfolge als Vorbilder

Eine weitere wirkungsvolle Methode, für ein soziales Ereignis zu „üben“, ist die Erinnerung an Erfolge, die Sie in der Vergangenheit für sich verbuchen konnten. Vor einiger Zeit wurde ich gebeten, auf einem bevorstehenden regionalen Treffen die wichtigsten Ergebnisse einer Gesundheitskonferenz vor etwa hundert Kollegen zusammenzufassen. Ich war sehr froh darüber. Trotzdem fühlte ich etwa drei Minuten vor meinem Vortrag, wie mein Herz wild zu hämmern begann. Ohne Vorwarnung ging mein Sympathikus an die Arbeit. Ich dachte: „O nein, nicht jetzt!“ Augenblicklich und unwillkürlich, als wolle mir mein Unterbewusstsein ein Geschenk machen, dachte ich an die Rede, die ich auf der Party zu meinem 50. Geburtstag gehalten hatte. Es war die erste Ansprache, die ich ohne schriftliche Vorbereitung vor einer großen Zuhörerschaft gehalten hatte. An diesem Abend hatte ich mich umringt von Familienangehörigen, Freunden und Bekannten besonders selbstsicher gefühlt. Ich sprach aus meinem Herzen, mit Energie und Ruhe.

Während ich so dasaß und darauf wartete, dass man mich ans Rednerpult rief, stellte ich mir vor, das blaue Kleid von meiner Party zu tragen. In meiner Vorstellung konnte ich den weichen blauen Stoff auf meinen Schultern und an meinem Leib fühlen. Ich konnte die Liebe und Annahme in den vertrauten Gesichtern der Menschen um mich herum sehen. Ich konnte spüren, wie das warme Glühen dieses Geburtstagsabends durch meinen Körper rieselte. Während ich noch immer darauf wartete, meinen Vortrag zu halten, bemerkte ich, dass mein Herzschlag sich normalisiert hatte. Als mein Name aufgerufen wurde, war ich dann bereit. Der Vortrag ging gut über die Bühne. Ich war erleichtert und froh.

Bilder von früheren Erfolgen – ob groß oder klein – sind eine großartige Methode, um den Teufelskreis der Angst zu umgehen, der die Führung zu übernehmen droht. Viel zu oft spielen die Leute ihre Erfolge herunter oder vergessen sie ganz. Hüten Sie jeden Erfolg, selbst den kleinsten, wie einen Schatz. Wenn Sie sich an keinen in der jüngsten Vergangenheit erinnern können, dann gehen Sie weiter zurück. Denken Sie an eine Begegnung, bei der Sie trotz Ihrer Nervosität weitermachten und die Sache zu Ende brachten. Sie waren der Erste, der gelächelt hat. Sie stellten irgendjemandem eine Frage. (Ich weiß noch, welche Leistung es für mich als Kind war, den Verkäufer zu fragen, wo die Röcke für Mädchen hingen.) Vielleicht sind Sie ja auf eine Party gegangen. Möglicherweise blieben Sie nicht lang, aber immerhin waren Sie dort!

Ein Netzwerk der Unterstützung

Von anderen unterstützt und ermutigt zu werden, gibt uns oft große Kraft. Es gibt so viele Geschichten darüber, dass wir uns stärker fühlen, wenn wir mit anderen verbunden sind.

Während ich an diesem Buch schrieb, arbeitete ich regelmäßig mit Bildern. Eines der Bilder, die ich mir immer vorstelle, ist, in eine Höhle unter Wasser zu tauchen und mich kurz mit meinem helfenden Netzwerk zu treffen. Sehr lange begegnete ich nur einem imaginären weisen Mann, der mir Ratschläge erteilte und mich ermutigte. Eines Tages standen drei Autoren neben ihm: Stephen King, den ich im Fernsehen in einem Interview gesehen und der erzählt hatte, dass er an sieben Tage pro Woche täglich fünf Stunden schreibt; James Michener, der offenbar nach seinem 80. Geburtstag mehr Bücher geschrieben hatte als davor; und Natalie Goldberg, die ein wunderbares, ermutigendes Buch über das Schreiben verfasst hatte. Jeden Tag stattete ich diesen Leuten einen Besuch ab, und sie winkten mir zu und riefen: „Du schaffst es!"

Dann erzählte mir mein Sohn, dass John Grisham, der Autor so vieler Bestseller, sich das Ziel gesetzt hatte, nur eine Seite pro Tag zu schreiben. Am nächsten Tag erschien Grisham in meiner Unterwasserhöhle. Bevor ich selbst es recht wusste, gesellten sich weitere Leute dazu: Habata, ein afrikanischer Student, den ich 30 Jahre zuvor in Afrika unterrichtet hatte; meine Lektorin Elizabeth Lyon, die ich auf einem Autorenkongress getroffen und die mich immer so sehr ermutigt hatte; sogar Oprah Winfrey war dabei, die erfolgreiche Talk-Lady, begierige Leserin und Patronin der Schriftsteller. Jeden Tag schickten sie alle mich heim mit der Botschaft „Du schaffst es!“.

Ich bestaunte meine wachsende imaginäre Fangemeinde und stellte plötzlich fest, dass ja mein Mann, meine Söhne, meine Kollegen und – sehr wichtig – sehr viele Teilnehmer meiner Angstgruppen (die mich alle zu diesem Buch ermutigt hatten) noch gar nicht dabei waren. Meine Höhle wurde allmählich ganz schön voll. Ich kann Ihnen gar nicht sagen, was für ein Schatz es für mich war zu wissen, dass ich mich ihrer aller Ermutigung versichern konnte, ob meine Verbindung zu ihnen nun imaginär war oder nicht.

Wie steht es mit Ihnen? Wer soll in Ihrer Vorstellung neben Ihnen stehen und Sie ermutigen, wenn Sie sich auf eine herausfordernde Begegnung einstellen?

Bestimmte Situationen

Bilder können auf kreative Art und Weise für den Umgang mit einer Vielzahl von bestimmten Situationen benutzt werden. Hier zwei Beispiele.

Autoritätspersonen und neue Dimensionen

Welche Bilder erstehen in Ihnen, wenn Sie sich vorstellen, mit Ihrem Chef, Arzt, Professor, Bankdirektor oder einem Polizisten zusammenzutreffen? Fühlen Sie sich wie ein Zwerg vor einem Riesen? Wie ein kleines Eichhörnchen vor einem Pitbull? Wie auch immer das Bild aussieht, es muss ganz gewiss in Größen- und Kraftverhältnissen relativiert werden. Lassen Sie uns Alice im Wunderland spielen und neue Dimensionen erforschen.

Stellen Sie sich vor, dass Sie sich auf das Treffen mit Ihrem Chef (Arzt, Bankdirektor etc.) vorbereiten. Sie sind fertig angezogen und werfen einen letzten Kontrollblick in den Spiegel. Sie sind ein wenig schockiert, denn das Spiegelbild, das Sie darin sehen, gehört einem Vierjährigen, der in viel zu großen Kleidern ertrinkt. Sie lassen sich auf den Boden plumpsen und betrachten dieses Bild im Sitzen.

Sie bemerken, dass sich ein Hungergefühl in Ihrem Bauch breit macht. Auf dem Eichentisch neben dem Spiegel liegt ein Laib Gewürzbrot. Sie strecken die Hand danach aus und stellen fest, dass es noch ofenwarm ist. Sie beißen vom Ende des Laibs ein Stück ab. Der würzige Geschmack erfüllt Sie mit schierem Entzücken. Während Sie den Bissen kauen, bemerken Sie, dass sich das Spiegelbild verändert. Es wird größer und größer und sieht älter und weiser aus. Sie sehen auf Ihren eigenen Körper und stellen fest, dass er wirklich wächst. Ihr Kopf berührt schon fast die Decke. Sie staunen, wie stark und robust Sie aussehen. Ihre Kleidung sitzt nun bemerkenswert gut. Es ist Zeit, Ihren Chef zu treffen.

Sie werden in sein Büro eingelassen und nehmen vor seinem Schreibtisch Platz. Aber etwas sehr Merkwürdiges ist passiert. Sie finden, dass es jetzt Ihr Chef ist, der wie ein Fünfjähriger aussieht. Er scheint in diesem riesigen Büro mit den großen Chefmöbeln ein wenig deplatziert zu sein. Als Sie ihm in die Augen sehen, spüren Sie in sich selbst ein Gefühl elterlicher Fürsorge für dieses menschliche Würmchen. Selbst als der Kleine sich in die Brust wirft, entdecken Sie hinter seiner Kraftmeierei den Eifer des kleinen Jungen, seine Sache gut zu machen. Sie schenken ihm ein ermutigendes Lächeln.

Da Sie größer sind, haben Sie auch größere Augen, und mit diesen erkennen Sie den Schwachpunkt im Zentrum des Wesens Ihres Chefs, jenen verletzlichen Punkt, der ihn ganz genauso menschlich macht wie Sie und jeden anderen auch. Entspannt und Ihrer selbst sicher beginnen Sie, über Ihren Job (Ihre Fragen, Ihre Diagnose, Ihren Kreditantrag, Ihren Strafzettel) zu sprechen. Die Unterredung verläuft gut. Bevor Sie es selbst wissen, schütteln Sie sich die Hände. Sie sind auf Augenhöhe, stehen beide, sind beide gleich groß.

Vorstellungsgespräche und Erinnerungen an die Zukunft

Vorstellungsgespräche können uns ebenfalls Angst machen. Diesmal wollen wir mit Bildern aus einer imaginären Zukunft arbeiten, die jenseits des vorweggenommenen Ereignisses liegt. Anstatt für etwas, das in der Zukunft angesiedelt ist, zu proben, stellen Sie sich vor, dass das Ereignis, auf das Sie sich vorbereiten, schon vergangen und erfolgreich verlaufen ist.

John, ein Teilnehmer meiner Gruppe, kündigte an, dass er in fünf Tagen ein Vorstellungsgespräch haben würde. Er fühlte sich perfekt vorbereitet, was das Inhaltliche betraf. Neben meiner Angstgruppe war er auch in eine Rhetorikgruppe gegangen, um seine Vortragsfähigkeiten zu verbessern. Nun überlegte er, was er zur Vorbereitung des Bewerbungsgesprächs und zum Abbau seiner Nervosität noch tun könnte. Ich sagte zu John, dass er seine Sache gut gemacht habe, was die Aktivität der linken Gehirnhälfte betraf. Er würde kein Problem mit Worten bekommen. Er kannte die Fachsprache, die Verfahren und Strategien der Stelle, um die er sich bewarb; er kannte die grundlegenden Fähigkeiten, die man für solch ein Gespräch brauchte. Ich schlug vor, dass er sich jetzt auf die Aktivitäten der rechten Gehirnhälfte konzentrieren solle, auf Bilder und Empfindungen. Ich schlug vor, er solle sich die Zukunft vorstellen, in der er die Stelle bekommen hat, die er wollte. Dies ist das Szenario, das ich ihm vor Augen hielt:

> *„Stellen Sie sich vor, Sie haben gerade einen Anruf erhalten. Die Stimme am anderen Ende sagt: ‚Sie haben die Stelle.' Verinnerlichen Sie diese Neuigkeit. Achten Sie auf das, was Sie fühlen. Vielleicht ist es eine Mischung aus verschiedenen Gefühlen. Erleichterung? Aufregung? Spüren Sie das Hochgefühl, wie es durch jede Muskelfaser, jeden Knochen in Ihrem Körper strömt? Vielleicht wollen Sie herumspringen und rufen: ‚Geschafft!' Möglicherweise ziehen Sie es aber auch vor, sich ruhig hinzusetzen und Ihren Erfolg zu genießen. Stellen Sie sich vor, wie Sie Ihrer Familie und Ihren*

Freunden die gute Nachricht überbringen. Saugen Sie deren Freude in sich auf, während sie Sie beglückwünschen. Stellen Sie sich vor, wie Sie den Erfolg feiern. Wie auch immer Sie ihn feiern – riechen, schmecken, sehen und hören Sie, was Sie gerade erleben. Sehen Sie sich in Ihrem neuen Job bei der Begrüßung durch den Chef und die Mitarbeiter. Stellen Sie sich vor, wie Sie sich über das Neue an Ihrem Job freuen und die neuen Herausforderungen zu würdigen wissen oder die Sinnhaftigkeit dessen, was Sie tun. Wenn Ihr Gehaltsscheck höher ausfällt als vorher, denken Sie an all das, was Sie mit dem Geld anfangen wollen. Nun blicken Sie auf das Bewerbungsgespräch zurück, das Ihnen diese Stelle verschafft hat. Denken Sie daran, wie Sie es gemeistert haben. Ihr Selbstvertrauen war ansteckend. Sie inspirierten Ihre Gesprächspartner. Nach den ersten Minuten wussten diese, dass Sie der Richtige für die Stelle sind. In gewisser Hinsicht wussten auch Sie es. Und jetzt scheint alles schon so weit weg zu sein.“

John übte fleißig mit diesem bildlichen Szenario, dreimal täglich. Er berichtete der Gruppe, dass es eine wunderbare Erfahrung war, sich auf diese Art für das Vorstellungsgespräch zu präparieren: „Es ist wirklich erstaunlich. Jedes Mal, wenn ich meine Visualisierungsübung mache, kann ich gar nicht anders, ich drehe so richtig auf und setze mich an den Schreibtisch, um mich noch ein bisschen sorgfältiger auf das Gespräch vorzubereiten. Der Nutzen dieser Art von Bildern als Motivation ist unglaublich.“ John war sich darüber klar, dass der Arbeitgeber schon seinen Mann gefunden hatte und nur noch die übrigen Bewerbungen abarbeitete. Dennoch – er fühlte, dass er gar keine andere Wahl hatte, als sein Bestes zu geben. Das Üben mit diesen Bildern motivierte ihn, sich so gut wie nur irgend möglich auf das Vorstellungsgespräch vorzubereiten. John erzählte, dass, selbst wenn er die Stelle nicht bekäme, der Prozess der Vorbereitung und das Gespräch selbst ihm bei der nächsten Bewerbung eine große Hilfe sein würden. Er konnte gar nicht verlieren! Tatsächlich war es ein Kinderspiel für John, die Stelle zu bekommen, die er wollte. Ich rief ihn drei Jahre später an, um zu hören, wie es ihm ging. Er sagte, dass er wie immer sehr beschäftigt sei. Er hatte noch immer die neue alte Stelle, und sie gefiel ihm nach wie vor.

Selbstachtung

Wie schon erwähnt, hat nicht jeder, der soziale Ängste erlebt, auch ein geringes Selbstwertgefühl, aber bei vielen ist das sicherlich der Fall. Lassen Sie uns einmal schauen, wie die Arbeit mit Bildern die Selbstachtung steigern kann.

Besuch auf der Säuglingsstation

Diese Übung wird vor allem denjenigen unter Ihnen leicht fallen, die selbst Eltern sind oder Kinder in ihr Herz geschlossen haben. Selbst von den Klienten, die Schwierigkeiten damit haben, sich selbst als liebenswert zu beurteilen, als sie klein waren, können nur wenige dem Wunder eines Neugeborenen widerstehen.

Stellen Sie sich vor, Sie befinden sich auf der Säuglingsstation eines Krankenhauses und blicken durch die Trennscheibe auf einige Bettchen mit Neugeborenen, die in Rosa und Hellblau gehüllt sind. Bei dem Säugling, der Ihnen am nächsten ist, gerade vor Ihrer Nase, steht zufällig Ihr Namen auf dem Schild am Ende seines sauberen Bettchens. Sie begreifen, dass Sie durch irgendeinen Zeitreisenzauber in der Lage sind, sich selbst im Alter von wenigen Stunden zu sehen. Schauen und staunen Sie, wie dieser kleine Engel durch seine winzigen Nasenlöcher atmet und Luft einzieht und ausstößt, während sein Bauch sich sanft hebt und senkt. Bewundern Sie seine Fäustchen mit den gekrümmten Fingern, Blüten gleich, die sich in der Frühdämmerung noch nicht geöffnet haben. Nun halten Sie diesen Schatz in Ihren Armen, sodass Sie sein Gesicht sehen können. Erschnuppern Sie den Duft der Babyhaut. Hören Sie das gurrende Geräusch, das aus seiner Kehle aufsteigt. Gurren Sie genauso zart zurück. Wiegen Sie Ihr Baby und flüstern Sie ihm ins Ohr. Sagen Sie ihm, wie hingerissen Sie sind, dass es da ist. Lassen Sie es wissen, wie gesegnet die Welt ist, dass so ein kleiner Schatz wie dieses Baby in ihr entsteht. Sagen Sie ihm, dass Sie da sein werden, um es zu unterstützen, wenn es wächst, dass Sie ihm zur Seite stehen werden, wann immer es Hilfe brauchen wird. Es ist nun an der Zeit zu gehen. Sie sollen aber wissen, dass Sie zu diesem vorgestellten liebenswerten Selbst zurückkehren können, wann immer Sie es möchten. Für heute sagen Sie ihm: „Ich liebe dich." Erinnern Sie es daran, dass Sie es im Herzen behalten werden.

Nun verfügen Sie über eine ganze Palette an Bildern, die Ihnen dabei helfen können, Selbstvertrauen bei Begegnungen zu fassen. Einige werden passen, andere nicht. Denken Sie nicht einmal daran, alle von ihnen auszuprobieren. Es wäre schön, wenn Sie eines oder zwei darunter finden, die Ihnen nützlich sind.

Schlüsselgedanken

- Die Macht der Vorstellungskraft ist gewaltig. Sie kann physiologische Reaktionen im Körper steuern, Gefühle hervorrufen, heilen und Leben retten sowie die Selbstdarstellung verbessern.
- Die Vorstellungskraft ist so stark, dass sie in einem Wettbewerb mit dem Willen immer den Sieg davontragen wird.
- Niemand weiß ganz sicher, wie die Vorstellungskraft arbeitet. Mögliche Erklärungen greifen auf ein kompliziertes Kommunikationsnetzwerk zurück, das Geist, Körper und Verhalten verbindet; auf Energiemuster, die mit ähnlichen Energiemustern auf einer Wellenlänge sind; auf die Leichtgläubigkeit des Unbewussten, das jedes Bild für bare Münze nimmt; und schließlich auf die Tatsache, dass Bilder von der Zukunft die Gegenwart bestimmen können.
- Es ist sinnvoll, gewisse Richtlinien zu befolgen, um die eigene Vorstellungskraft konstruktiv und effektiv zu nutzen (siehe Anhang).

- Die gebräuchlichsten Verwendungszwecke der Vorstellungskraft bei der Bewältigung sozialer Ängste sind das Imaginieren von Zielen, das Steigern der Entspannung und das Proben sozialer Interaktion.
- Die Rehearsal-Therapie arbeitet mit Vorbildern in Gestalt realer oder erfundener Helden oder Führer und in Gestalt früherer Erfolge. Sie können sich auch ein ganzes Unterstützungsnetzwerk vorstellen.
- Die Arbeit mit Bildern kann in den verschiedensten Situationen die Bewältigung sozialer Ängste unterstützen: so etwa im Umgang mit Autoritätspersonen und bei der Vorbereitung von Bewerbungsgesprächen.
- Die Arbeit mit Bildern kann das Selbstwertgefühl heben.

Das möchte ich aus diesem Kapitel mitnehmen:

....

....

Ich werde es auf folgende Art und Weise in die Tat umsetzen. (Beispiel: Ich werde die Bilder, die sich in meinem Kopf abspielen, protokollieren und in positive sowie negative Szenen einteilen.)

....

....

KAPITEL NEUN:

Wo anfangen?

Der Wert der Ziele

Sag mir nicht, in trauriger Zahl,
das Leben sei nur ein leerer Traum!
Denn die Seele sei tot, die schlummert,
und die Dinge nicht, was sie scheinen.

Das Leben ist echt! Das Leben ist ernst!
Und das Grab ist nicht sein Ziel;
Staub bist du, zu Staub wirst du,
ward nicht von der Seele gesagt.
HENRY WADSWORTH LONGFELLOW (1807-1882),
A Psalm of Life

Henry Longfellow hatte Recht! Das Ziel des Lebens ist das Leben selbst. Sich ganz dem Leben zu widmen passt gut zu dem Plan, den die Natur für uns entworfen hat. Einer meiner Therapeutenkollegen hat mir einmal gesagt, ich solle mir einen Moment lang vorstellen, dass das Leben zu leben so sei, wie in einem Konzertsaal zu sitzen. Versuchen Sie es. Stellen Sie sich vor, Sie könnten sich dafür entscheiden, Ihr Leben erfüllt zu leben, sodass Sie sich am Ende – mit Rückblick auf Ihre Erfahrungen im Konzertsaal – mit Befriedigung an all die Musikdramen und -komödien, Konzerte, Opern, Ballette und Jazztanzaufführungen erinnern, denen Sie dort beigewohnt haben. Sie denken auch an das Heben und Fallen jenes prächtigen Samtvorhangs, viele, viele Male vor dem letzten Vorhang. Der Eintrittspreis war die Show wert. Oder Sie können sich dafür entscheiden, ein so sicheres und vorsichtiges Leben zu führen, mit so wenig Risiko wie möglich, sodass Sie am Ende des Lebens feststellen, dass Sie noch immer in Ihrem Sitz darauf warten, dass die Show beginnt.

Im letzten Kapitel haben Sie gelernt, dass einer der Schlüsselzwecke der Vorstellungskraft in der Formulierung von Zielen liegt. Lassen Sie uns nun einen Blick darauf werfen, inwiefern das Imaginieren von Bildern der erste Schritt zu einem guten Platz im Konzert des Lebens sein kann.

Gesamtziel und Teilziele

Meine Angstgruppen finden über einen Zeitraum von zehn Wochen einmal wöchentlich statt. In der ersten Sitzung bitte ich die Teilnehmer, sich vorzustellen und niederzuschreiben, was sie in sozialer Hinsicht nach diesen zehn Wochen erreicht haben möchten. Ich bitte sie, dabei realistisch zu sein. Wenn sie beispielsweise einsam sind, wäre es nicht realistisch, als Zehn-Wochen-Ziel einen festen Partner, eine Heirat und eine Schwangerschaft zu wählen. Dies sind ein paar Beispiele für realistische und lohnende Ziele: Mary möchte eine Geburtstagsparty für sich selbst organisieren und zwei oder drei Leute zu sich nach Hause zum Essen einladen. Tom will in Vorstellungsgesprächen selbstsicherer werden. Kerry möchte bei den monatlichen Managementbesprechungen sicher vortragen können.

Bei der ersten Sitzung sind sich Mary, Tom und Kerry einig, dass diese Ziele zu groß, zu schwierig und zu beängstigend sind, aber vielleicht, nur vielleicht werden sie ja doch in der Lage sein, sie in zehn Wochen zu erreichen. Ich frage dann weiter, welche winzigen Schritte sie unternehmen könnten, um ihren Zielen ein Stückchen näher zu kommen. Mary hat zum Beispiel Probleme damit, soziale Kontakte herzustellen; sie wird im Alltag erste kleine soziale Interaktionen angehen. Ihre Teilziele in der ersten Woche sind, täglich als Erste jemanden zu grüßen und zwei Freunde anzurufen, die sie über ein Jahr lang nicht gesprochen hat.

Ziele sind wichtig

Janice, eine 30 Jahre alte Empfangskraft in einer Zahnarztpraxis, beklagte sich oft über ihr langweiliges und uninteressantes Sozialleben. Sie wünschte sich ein aufregenderes Leben, aber sie hatte keine Ahnung, wie sie das bewerkstelligen sollte, denn sie hatte keine Ziele oder Pläne. Es ist für viele von uns gar nicht unüblich, Wünsche wie Janice zu haben und nichts dafür zu tun. Wir wünschen uns, einen besseren Job zu bekommen oder auf Reisen zu gehen oder im Umgang mit anderen selbstsicherer zu werden, aber dann passiert nichts. Warum nicht? Weil wir kein bestimmtes Ziel haben! Aber ohne Ziel gibt es auch keine Bewegung und keine Motivation.

Donald Liggett erzählt in seinem Buch *Sporthypnose* eine kleine Geschichte über sein Treffen mit einer Gruppe von neun- bis dreizehnjährigen Turnerinnen. Er bat jedes Mädchen, ihm ein bestimmtes Kunststück zu nennen, an dem es gerade arbeitete. Alle nannten eines oder zwei, bis auf ein Mädchen, das nur sagte, dass es eine bessere Turnerin werden wolle. Als der Trainer zufällig ihre Antwort hörte, begriff er, warum sie im Training so unmotiviert gewirkt hatte. Er und Liggett halfen dem Mädchen, sich zwei bestimmte Flips auszusuchen, die sie sich neu erarbeiten wollte. Nach nur einer Woche der Konzentration auf diese Übungen veränderte sich die innere Einstellung der Turnerin enorm. Sie war begeistert und motiviert. Der simple Akt, sich ganz bestimmte Ziele zu setzen, gab ihr den Antrieb, den sie brauchte.

Anhand dieser Geschichte sehen Sie, warum das Setzen von Zielen so bedeutend ist. Ziele haben mehrere Funktionen:

Ziele geben uns einen Fokus und eine Richtung.

Energie und Aufmerksamkeit, die zuvor keinen Ort hatten, auf den sie sich richten konnten, lassen sich nun kanalisieren.

Ziele liefern uns Bilder und Worte, die den Körper von diesen Zielen in Kenntnis setzen.

Wenn man sich ein Ziel gesetzt hat, nimmt es entweder in der rechten Gehirnhälfte die Form eines Bildes an. Oder es nimmt in Gestalt von Worten Form in der linken Gehirnhälfte an. Wie wir schon gesehen haben, wird, was nur ein Wunsch war, am Ende Wirklichkeit, sobald die Botschaft sich herausgebildet hat, egal ob bildhaft oder in Worten.

Ziele motivieren uns, spornen uns an und machen uns beweglich.

Wenn Sie einmal ein Ziel im Sinn haben, fühlen Sie sich aufgeregt und energetisiert. Energie erzeugt Energie.

Ziele geben uns Gelegenheit, zu lernen und uns zu entwickeln.

Wenn Ihre Anstrengungen in Hinblick auf die Teilziele nicht so erfolgreich sind, wie Sie es gern hätten, ist da normalerweise noch etwas, das Sie lernen müssen. Sie lernen, neue Strategien zu entwickeln. Sie erkennen, dass Ihr Ziel zu hoch gesteckt war, um damit anzufangen, und so müssen Sie eben etwas Bescheideneres, aber Erreichbares ansteuern. Sie lernen, dass dies vielleicht nur ein schlechter Tag war und Sie sich einfach eine Auszeit nehmen müssen.

Ziele geben uns Gelegenheit, erfolgreich zu sein und uns in unseren Bemühungen bestärken zu lassen.

Wenn Ziele präzise formuliert sind, sind sie messbar – das heißt, dass Sie wissen, wann Sie sie erreicht haben. Sobald Mary sieben Leute in einer Woche gegrüßt hat, weiß sie, dass sie ihr Teilziel erreicht hat. Ziele zu erreichen stärkt Ihren Wunsch und Ihre Bemühungen um fortgesetzten Erfolg. Aus diesem Grund ist es so wichtig, nicht nur ein Gesamtziel oder langfristige Ziele zu haben, sondern auch kurzfristige oder Teilziele, die leichter zu erreichen sind.

Ziele wecken das Bewusstsein für die eigenen Ressourcen und Möglichkeiten.

Haben Sie jemals bemerkt, dass, sobald Sie Ihren Geist auf ein Ziel ausgerichtet haben, Ihre Aufmerksamkeit auf alle möglichen Dinge gelenkt wird, die Ihnen beim Erreichen dieses Ziels dienlich sein können? Wenn Sie es sich etwa zur Aufgabe machen, selbstsicherer bei Vorstellungsgesprächen aufzutreten, werden Sie die Ohren spitzen, wenn Sie von Kursen über das richtige Verhalten bei Bewerbungen hören.

Warnung: Ziele können Ihr Leben gefährden

Neben all den Vorteilen einer präzisen Zielsetzung möchte ich jedoch nicht außer Acht lassen, dass Ziele auch gravierende Nachteile haben können. Obwohl sie Ihnen dabei helfen sollen, Ihr Leben erfüllter zu leben, können sie Sie auch davon ablenken. Ironischerweise können Ziele, die ja eigentlich Ihnen einen Dienst erweisen sollen, am Ende Sie zu ihrem Sklaven machen. Leider werden manche Leute regelrecht süchtig danach, sich Ziele zu setzen. Jedes Ziel, das sie erreicht haben, wird zu einer weiteren schmückenden Feder an ihrem Hut. Das Federhorten wird zu einer Obsession, die auf Kosten der Freude am Weg zum Ziel geht.

Ich erinnere mich an eine Reise nach Maui mit meiner Mutter und meinen beiden kleinen Söhnen. Wir fuhren die Küste auf der Straße nach Hana entlang, die auf knapp 50 Kilometern aus 600 Kurven und 45 Brücken bestand und durch üppig grünen Regenwald führte. Die Straße war manchmal tückisch, aber die Landschaft stets wunderschön. Ganz besonders beeindruckend waren die vielen exotischen Formen des Laubwerks, das über unserem Cabrio zu uns herabwinkte. Am Ende erreichten wir die sieben „heiligen Teiche“, die mit Süßwasser gefüllt waren und in denen man zum Teil schwimmen durfte. Ich erinnere mich daran, dass wir die Touristentafeln mit den Informationen über sie lasen. Darin klang auch ein milder Tadel an all jene Touristen an, die die sieben Teiche als Endpunkt ihrer Reise betrachteten – denn aus der Sicht der Hawaiianer war es die ganze Straße bis nach Hana wert, um ihrer selbst willen befahren und bewundert zu werden.

Wenn Ziele zum Ein und Alles in unserem Leben werden, laufen wir Gefahr, alles aus dem Blick zu verlieren, was zwischen Punkt A und Punkt Z geschieht. Ich hatte einen Klienten in meiner Gruppe, der – weil er zum Opfer seiner Zielbesessenheit geworden war – Wert darauf legte, sich in den zehn Sitzungen der Angstgruppe kein einziges Ziel zu setzen. Tatsächlich aber verfolgte er doch ein Ziel: dabeizusitzen, teilzunehmen und alle Informationen und Erfahrungen aufzusaugen, die die Gruppe ihm bot. Ich fand seine Entscheidung, die sich an seinen persönlichen Bedürfnissen orientierte, gut. Am Ende der Sitzungen war er wirklich entspannter und selbstsicherer.

Für die Mehrheit der Menschen, die soziale Selbstsicherheit gewinnen möchten, ist es dennoch ein wichtiger erster Schritt, sich Ziele zu setzen. Aber wie die Straße nach Hana kann auch die Straße zu sozialem Selbstvertrauen holperig und rutschig sein, tückisch nahe am Abgrund oder auch ganz bequem durch smaragdfarbenen Dschungel verlaufen. Es gibt immer etwas zu entdecken – Stellen zum Verschnaufen und Entspannen und solche, die Beweglichkeit und Vorsicht verlangen.

Ihre Ziele herausfinden

Einige Leute haben kein Problem damit, ein Ziel zu formulieren, während andere grübeln, wo sie beginnen sollen. Die folgenden Vorschläge sollen Ihnen dabei helfen, einen Anfang zu machen.

Finden Sie heraus, welche sozialen Situationen Angst auslösen.

Beispiel: Mir fällt es schwer, Einladungen zu Partys anzunehmen.

....

....

Dann wandeln Sie diese Problembereiche in positive Gesamtziele um.

Beispiel: Ich möchte Einladungen zu Partys annehmen.

....

....

Nun beginnen Sie, Teilziele zu formulieren (die im Dienste der Gesamtziele stehen), indem Sie die Anzeichen und Symptome Ihrer Angst in diesen Situationen in Körper, Geist und Verhalten festhalten.

Körper

Beispiel: Es wird eng in meiner Brust.

....

....

Wandeln Sie die beschriebenen Symptome in positive, klar definierte Ziele um.

Beispiel: Ich werde eine Woche lang drei Mal täglich die Erdung praktizieren.

....

....

Geist

Beispiel: Ich habe Angst, dass ich mich auf der Party jämmerlich fühlen werde, dass niemand mit mir reden wird und selbst wenn, dass ich nicht weiß, was ich sagen soll.

....

....

Wandeln Sie dies in ein positives, klar definiertes Ziel um.

Beispiel: Ich werde meine verdrehten Gedanken erkennen und sie durch realistische, positive und mitfühlende Gedanken ersetzen. Ich werde mich eine Woche lang zweimal täglich hinsetzen und dies tun.

....

....

Verhalten

Beispiel: Ich sehe zu Boden und vermeide Blickkontakt.

....

....

Wandeln Sie dies in ein positives, klar definiertes Ziel um.

Beispiel: Ich werde üben, meinen Kopf hoch zu halten und den Leuten direkt in die Augen zu sehen. Dabei sage ich im Stillen zu mir: „Ich heiße dich willkommen." Ich werde das mindestens zweimal am Tag tun.

....

....

Es ist wichtig, Ihr eigenes Tempo zu halten. Wenn Sie einen bequemen Weg suchen, um nicht den Überblick über Ihre Ziele zu verlieren, kann das Arbeitsblatt zur Zielaufzeichnung im Anhang nützlich für Sie sein. Wenn Sie Vorschläge für mögliche Wochenziele suchen, sehen Sie bitte ebenfalls im Anhang unter „Vorschläge für Ziele" nach.

Richtlinien für die effektive Zielsetzung

Stellen Sie sicher, dass Sie die Kontrolle über das Ziel behalten, das Sie sich setzen.

Als ich die kanadische Leichtathletin und Finalistin der Olympischen Spiele 1996 Leah Pells fragte, welche Tipps sie für eine effektive Zielsetzung habe, erwähnte sie unter anderem, dass sie stets peinlich darauf achte, die Kontrolle über ihre Ziele zu behalten. Diese bezogen sich auf ihre Leistungen und nicht auf die der anderen. Pells sagte:

> *„Ich trete nur gegen mich selbst an. Es gibt immer jemanden, der schneller, und jemanden, der langsamer ist. ... Also konzentriere ich mich auf meine eigene Verbesserung. Auf diese Weise verstricke ich mich nicht in kleine Eifersüchteleien mit anderen. Ich konzentriere mich auf das, was zu tun ist. ... Und ich kann mich für meine Mitstreiter freuen, wenn sie schnell laufen ..., weil ich weiß, dass es keine Auswir-*

kung auf meine Leistungen hat, ob sie nun schnell oder langsam laufen.“

Es macht Sinn sicherzustellen, dass wir uns nur Ziele setzen, über die wir die direkte Kontrolle haben.

Setzen Sie sich sowohl lang- als auch kurzfristige Ziele.

Es ist leicht, von Zielen erdrückt zu werden, die zu groß oder zu weit erscheinen. Wenn Leah Pells ein 1500-Meter-Rennen läuft, dann setzt sie sich nicht die 1500-Meter-Marke zum Ziel. Sie „portioniert“ die Rennstrecke und gibt ihr Allerbestes bis zur ersten 20-Meter-Marke. Dann gibt sie ihr Allerbestes bis zur zweiten 20-Meter-Marke und so weiter und so weiter. Sie spürt, dass sie auf diese Weise länger eine Spitzenleistung erbringen kann. Ihr Allerbestes über die gesamten 1500 Meter zu geben würde sie erdrücken. Es ist leichter, über kürzere Sprints motiviert und kontrolliert zu bleiben, als über längere Strecken.

In Bezug auf soziale Ängste könnte es ein langfristiges Ziel sein, jemanden nach Hause zum Essen einzuladen. Es entspricht der 1500-Meter-Marke der Läuferin. Ein kurzfristiges Ziel kann es sein, als Erster die Mitarbeiter in Ihrem Büro zu begrüßen. Das wäre die 20-Meter-Marke. Nach und nach wird es Ihnen Ihre wachsende Selbstsicherheit ermöglichen, die 1500-Meter-Marke zu erreichen und den Triumph auszukosten, für einen Freund zu Hause zu kochen.

Setzen Sie sich einmalige und wiederholbare Ziele.

Gelegentlich sagen Teilnehmer meiner Gruppen, es sei ihr Ziel, in dieser Woche eine bestimmte Sache zu tun. Calvin zum Beispiel möchte ein Gespräch mit einer Person fühlen. Das ist ein ehrenhaftes und lohnendes Kurzzeitziel, aber was geschieht während der restlichen Woche? Wartet er darauf, dass die Dinge einfach passieren? Vermeidet er es? Ich empfehle normalerweise, dass die Leute sich Ziele suchen, die sie regelmäßig üben können.

So könnte Calvin täglich visualisieren, wie er das Gespräch beginnt. Regelmäßige und beständige Bemühungen werden Sie eher ans Ziel bringen.

Formulieren Sie Ihr Ziel präzise und machen Sie es messbar.

Wenn Sie zu sich sagen „Ich werde in dieser Woche freundlicher sein“, ist das nicht so nützlich wie zu sagen: „Ich werde mindestens einmal täglich zu jemandem Hallo sagen und Mary fragen, ob sie mit mir zum Essen geht.“ Präzise Ziele sind leichter vorstellbar. Denken Sie daran: Bilder sind mächtige Botschaften an den Körper. Am Ende der Woche ist es viel einfacher zu bemessen, ob Sie sieben Menschen gegrüßt und Mary zum Essen eingeladen haben, als wie freundlich Sie gewesen sind.

Drücken Sie Ihr Ziel in klaren Worten aus.

„Ich denke, dass ich es versuchen werde“ ist nicht so wirksam wie „Ich werde es tun“. Sobald Sie Formulierungen wie „Ich denke“, „Ich schätze“, „Ich werde es versuchen“ verwenden, schmälern Sie Ihre Chancen auf Erfolg. Diese Worte beschwören Bilder des Zögerns herauf. Wenn wir über Ziele sprechen, sage ich den Leuten immer, sie sollen das Wort „versuchen“ über Bord werfen. Wenn Sie bezweifeln, dass Sie ein bestimmtes Ziel erreichen können, sollten Sie besser das Ziel wechseln. Suchen Sie sich eines aus, das Sie „fast“ garantiert erreichen werden – es sollte klein und leicht genug sein, um bewältigt werden zu können, und groß und schwierig genug, um eine Herausforderung darzustellen.

Drücken Sie Ihr Ziel in positiven, machbaren Worten aus.

„Ich will weniger nervös werden“ ist weniger wirkungsvoll als „Ich will ruhiger werden“. Achten Sie darauf, dass die Worte „weniger nervös“ immer noch das Bild der Nervosität heraufbeschwören, während das Wort „ruhiger“ ein Bild des Friedens und der Ruhe schafft. Ferner ist „Ich will ruhiger werden" – obschon positiv formuliert – immer noch zu vage. Es ist viel effektiver, das Bild der Ruhe in eine Aufgabe zu übersetzen. Die Formulierung „Ich werde ruhiger werden und eine Woche lang zweimal täglich die Erdung üben und Muskelrelaxation einmal täglich" gibt Ihnen etwas auf, das Sie wirklich tun und vollbringen können.

Setzen Sie sich einen zeitlichen Rahmen: „Lieber früher als später."

Für Ihre Ziele einen Zeitrahmen oder einen Termin abzustecken hilft Ihnen, Ihr Engagement zu stärken. Haben Sie je miterlebt, wie zwei Freunde, die sich lange nicht gesehen haben, zufällig aufeinander treffen und ihr Gespräch enthusiastisch mit dem Satz beenden „Wir wollen uns bald wieder treffen, ja"? Sie sind sich aus der Laune des Augenblicks heraus einig. Dann gehen beide auseinander, sind beschäftigt, die Zeit vergeht, und keiner denkt daran, den anderen anzurufen, um ein Treffen zu vereinbaren. Es ist wichtig, hier und jetzt eine Verabredung zu treffen. Ich sage normalerweise in solch einem Fall: „Okay, lass uns mal einen Blick in unsere Kalender werfen, wann wir zum Essen gehen können." Wir finden einen Zeitpunkt und einen Ort und freuen uns auf das Wiedersehen.

Es ist genauso wichtig, Ihre Ziele lieber früher als später zu erreichen. Viele Mitglieder meiner Angstgruppen kommen überein, während der Woche mindestens zwei andere Teilnehmer anzurufen. Wenn sie berichten, wie es ihnen mit diesem speziellen Wochenziel ging, sind immer ein paar Leute dabei, die sagen, dass die Aussicht auf die Telefonate sie nervös machte, und so zögerten sie sie bis zum Ende der Woche hinaus – bis es zu spät war. Sie konnte niemanden erreichen. Wie Ian, auch ein Teilnehmer, einmal sagte: „Zögern hat seine eigene Dynamik." Je mehr er es aufschob, etwas zu tun, desto leichter war es, mit dem Aufschieben weiterzumachen. Je länger er sein Ziel aufschob, desto größer wurde seine Angst. Eine Methode, die Tendenz zum Zaudern möglichst gering zu halten, ist, die Dinge so bald wie möglich zu tun. Aus diesem Grund beginnen Teilnehmer, die ihre Anrufe gern auf die lange Bank schieben, eine Lieber-früher-als-später-Klausel in ihre Zielformulierungen aufzunehmen. Sie sagen dann zum Beispiel „Ich werde zwei Anrufe innerhalb von drei Tagen tätigen" statt „Ich werde zwei Anrufe bis zum Ende der Woche tätigen".

Schreiben Sie Ihre Ziele auf.

Ihre Ziele schriftlich zu fixieren ist eine weitere Methode, wie Sie Ihr Engagement vertiefen können. Für die meisten Leute wiegt ein geschriebener Vertrag schwerer als eine mündliche oder geistige Vereinbarung. Der körperliche Akt des Schreibens ebnet den Weg zu anderen körperlichen Handlungen auf das Ziel hin.

Zeichnen Sie Ihre Fortschritte auf.

Die Forschung hat gezeigt, dass die Fortschrittskurve steigt, wenn man die eigenen Ziele niederschreibt und Fortschritte protokolliert. Ein Protokoll kann aus einem Tagebuch bestehen, in dem Sie aufzeichnen, was genau passiert ist, was Sie gelernt haben und wie Sie sich damit fühlen. Oder einfach in einem Häkchen neben Ihrem Ziel, das Sie erreicht haben. Wenn Sie Ihre Häkchen betrachten, werden Sie daran erinnert, dass Sie Fortschritte machen. Dieser handfeste Beweis ermutigt Sie, am Ball zu bleiben.

Korrigieren Sie Ihre Ziele.

Wenn Ihr zeitliches Limit erreicht ist, ist es wichtig, Ihre Ziele zu überarbeiten. Waren sie zu leicht, zu ehrgeizig oder genau richtig? Mussten Sie feststellen, dass sie doch nicht ins Schwarze trafen und dass etwas anderes es mehr auf den Punkt gebracht hätte? Ziele sind nur Hilfsmittel. Korrigieren Sie sie, wenn nötig.

Teilen Sie Ihre Ziele mit.

Jede Woche teilen Mitglieder der Gruppe ihre Ziele den anderen mit und berichten über ihre Fortschritte. Jede freut sich auf dieses Ereignis, denn sie sind gespannt darauf, wie es ihren neuen Freunden ergangen ist. Wenn es Erfolge zu vermelden gibt, ist der ganze Raum mit Inspiration erfüllt. Und wenn die Dinge nicht so gelaufen sind wie erhofft, wird diskutiert, gelernt, ermutigt und beim nächsten Mal auf bessere Ergebnisse gehofft. Diese Verantwortung füreinander motiviert auf lange Sicht die Leute dazu, auch Risiken einzugehen, die sie sonst nicht eingehen würden.

Als ich mich endlich dazu entschloss, mir die Zeit für dieses Buch zu nehmen, sorgte ich dafür, dass ich mit vielen Leuten über meine Pläne sprach. Ich habe das nicht getan um anzugeben. Ich habe es getan, weil ich Angst hatte, dass, wenn ich dieses Ziel für mich behielt, es einfach in meinem Geist verschrumpeln und sich vollkommen in Luft auflösen würde, wie es so viele Ideen tun. Ich dachte, dass, wenn ich es nur genug Menschen erzähle, mir kein Hintertürchen zur Flucht blieb. Ich würde mein Wort halten und meine Pläne bis zum Ende verfolgen müssen. Dieses Mitteilen festigte nicht nur mein Engagement in dieser Sache, es eröffnete mir auch die Gelegenheit, Ideen mit anderen zu teilen. Ein Teilnehmer aus einer früheren Gruppe erzählte mir von einer Autorenkonferenz, zu der ich dann ging. Auf einem der dortigen Workshops traf ich meine Lektorin; auf einem anderen traf ich meinen Agenten. Andere Leute teilten mir weitere Ideen mit, und meistens ermutigte man mich. Obwohl es nicht in jeder Situation praktisch sein mag, Ihre Ziele mitzuteilen, sollten Sie es tun, wann immer Sie die Möglichkeit dazu haben. Vielleicht können Sie es Ihrer Familie sagen oder engen Freunden. Andere in Ihre Ziele einzuweihen hilft Ihnen, Ihr Engagement zu vertiefen, und – ob Sie es glauben oder nicht – es hilft, andere zu eigenen Vorhaben zu inspirieren.

Schlüsselgedanken

- Ziele zu formulieren und zu erreichen kann Ihnen dabei helfen, Schüchternheit und soziale Ängste zu bewältigen, sodass Sie ein erfülltes Leben führen können.
- Ziele dienen verschiedenen Zwecken:
  - Sie geben uns einen Fokus und eine Richtung.
  - Sie liefern uns Bilder und Worte, die den Körper von diesen Zielen in Kenntnis setzen.
  - Sie motivieren uns und machen uns beweglich.
  - Sie geben uns Gelegenheit, zu lernen und uns zu entwickeln.
  - Sie geben uns Gelegenheit, erfolgreich zu sein und uns in unseren Bemühungen bestärken zu lassen.
  - Sie wecken das Bewusstsein für die eigenen Möglichkeiten.
- Ziele können ungesund sein, wenn Sie süchtig nach ihnen werden und den Weg zum Ziel aus dem Blick verlieren.
- Eine Methode, Ihre Ziele herauszufinden, ist, die sozialen Situationen, die eine Herausforderung für Sie darstellen, und die Angstsymptome zu erkennen, die diese Situationen auf körperlicher und geistiger wie auch Handlungsebene begleiten. Dann wandeln Sie diese Problembereiche in positive Ziele um.
- Richtlinien für das Formulieren wirksamer Ziele sind:
  - Stellen Sie sicher, dass Sie die Kontrolle über das Ziel behalten, das Sie sich setzen.
  - Setzen Sie sich sowohl lang- als auch kurzfristige Ziele.
  - Setzen Sie sich einmalige und wiederholbare Ziele.
  - Formulieren Sie Ihr Ziel präzise und machen Sie es messbar.
  - Drücken Sie Ihr Ziel in klaren Worten aus.
  - Drücken Sie Ihr Ziel in positiven, machbaren Worten aus.
  - Setzen Sie sich einen zeitlichen Rahmen: „Lieber früher als später."
  - Schreiben Sie Ihre Ziele auf.
  - Zeichnen Sie Ihre Fortschritte auf.
  - Korrigieren Sie Ihre Ziele.

- Teilen Sie Ihre Ziele mit.

Das möchte ich aus diesem Kapitel mitnehmen:

....

....

Ich werde es auf folgende Art und Weise in die Tat umsetzen:

....

....

Kapitel zehn:
Worte, die brennen

Die Macht des Gesprochenen

Gedanken, die atmen, und Worte, die brennen.
Thomas Gray (1716-1771)

Die Gedanken und Worte, die unseren Geist besuchen oder bewohnen, können uns beruhigen, wie ein warmer Balsam wunde Haut beruhigt. Sie können uns ermuntern, ermutigen, inspirieren und uns zum Handeln antreiben. Gedanken und Worte können uns aber auch tyrannisieren wie eine Geheimpolizei, die noch die Bewegung unserer Augen argwöhnisch beobachtet. Als Antwort auf die brutalen Worte, die wir in unserem Kopf hören, können wir uns ducken vor Angst, verstecken vor Scham und zusammenschrumpfen vor Verzweiflung.

In diesem Abschnitt lernen wir, wie wir die Gedanken und Worte erkennen und infrage stellen, die uns entmutigen. Wir werden auch einen Blick darauf werfen, wie wir die Gedanken und Worte kultivieren können, mit denen wir uns gut in unserer Haut fühlen und die uns vertrauen lassen auf unsere Fähigkeit, mit anderen Menschen zu interagieren.

Glaubenssätze über uns selbst und die Welt

Wie kleine Schwämme saugen Kleinkinder die Worte auf, die sie um sich herum hören. Diese können neutral oder aber emotional belegt sein, sie können „Willkommen“ oder „Gefahr“ bedeuten.

Stellen Sie sich einen Augenblick vor, Sie wären ein kleines Kind, das das Folgende von jemandem aus seiner engsten Umgebung hört, einem Elternteil, einem Verwandten, einem Lehrer oder einem Freund.

> *„Was für ein Schatz du bist! Sag mal, woher hast du diese tolle Idee? Manchmal kommen dir wirklich die erstaunlichsten Einfälle! Kannst du mir etwas zu diesem Gemälde (dieser Zeichnung, diesem Hobby) sagen? Sieht sehr interessant aus. Du bist ja ein ganz kreatives kleines Ding, nicht wahr? Wirklich. Erzähl mir mehr. Es ist schön, mit dir zusammenzusein."*

Wie würden Sie sich fühlen, wenn Sie diese Worte hören? Was würden Sie von sich selbst glauben? Wäre das beispielsweise etwas wie: „Ich bin liebenswert, ich bin in Ordnung, ich bin interessant, ich habe wichtige Dinge zu sagen, ich bin es wert, dass man mir zuhört, es ist schön, mit mir zusammenzusein"? Was würden Sie von der Welt halten? Vielleicht das: „Die Leute sind freundlich und mögen mich. Sie denken, ich bin in Ordnung – mehr als das. Sie akzeptieren mich so, wie ich bin. Normalerweise wird alles immer gut. Die Welt ist ein freundlicher Ort"

Nun halten Sie eine andere Erfahrung dagegen. Tun Sie so, als wären Sie ein anderes Kind im gleichen Alter, das von den Leuten in seiner Umgebung Folgendes zu hören bekommt:

> *„Was ist bloß mit dir los? Habe ich dir nicht oft genug gesagt, dass das so nicht gemacht wird? Du hast deine Milch verschüttet. Geh und setz dich an den Katzentisch. Erzähl mir doch nicht so was. Du weißt ja gar nicht, worüber du redest. Stör jetzt nicht; es wäre auch gar nicht gut für dich. Wie soll man dich denn mögen? Manchmal würde ich es am liebsten (mit dir) aufgeben."*

Denken Sie an den kleinen Schwamm, der Sie sind und der diese kritischen Worte aufsaugt. Sie haben keinen Erfahrungsspielraum, kein Wissen über andere Realitäten. Als kleines Kind haben Sie kaum eine andere Wahl, als das zu glauben, was die Menschen um Sie herum Ihnen erzählen. Denn diese sind größer; sie müssen es besser wissen. Sie selbst werden wahrscheinlich anfangen, sich Dinge wie diese zu sagen: „Mit mir stimmt etwas nicht. Ich bin zu nichts nutze. Ich kann nichts richtig machen. Ich verdiene es, bestraft zu werden. Ich habe nichts Wichtiges zu sagen. Ich sollte es erst gar nicht versuchen, es würde ja doch nichts bringen." Sie werden annehmen, dass „die Leute keine Lust auf mich haben. Ich bin ihnen egal. Die anderen denken, ich bin ein Faulpelz. Sie wollen gar nichts von mir hören. Die Welt hat keinen Platz für mich. Die Welt ist ein gefährlicher Ort. Ich könnte verletzt werden."

Manchmal erhalten Sie diese Botschaften in der Realität viel weniger direkt als in dem genannten Beispiel. Ein Mann, Mike, erzählte mir, dass er einfach wusste, wie sehr seine Großmutter ihn liebte, allein durch die Art, wie sie ihn ansah. Dennoch war er nicht überzeugt davon, dass er etwas wert sei, denn die vorrangige Botschaft, die ihm zu Hause mitgeteilt wurde, war, dass er des Interesses der Leute nicht würdig sei. So sah wenigstens seine Interpretation aus. Was war nun die Ursache für diese Behandlung? Mike kam unter unglücklichen Umständen auf die Welt. Während der Schwangerschaft erhielt seine Mutter die Diagnose, dass ihr Kind an einer ernsthaften degenerativen Erkrankung leiden würde. Natürlich war sie deshalb in den ersten Jahren von Mikes Leben oft in Sorge. Sie sagte diese Dinge nie geradeheraus, aber ihre mangelnde Begeisterung prägte sich dem Wesen ihres Sohnes tief ein. Mike übersetzte diesen negativen Eindruck in Worte wie die folgenden: „Ich bin nicht interessant genug. Ich muss alles richtig machen, sonst denken sie, ich bin zu nichts zu gebrauchen. Die Welt erwartet von mir, dass ich keinen Wirbel mache. Es gibt zu viele andere, wichtigere Dinge, die vorgehen. Ich verdiene es nicht, dass man sich um meine Bedürfnisse kümmert." Wie sollte Mike Selbstsicherheit entwickeln, wenn er glaubte, dass er nicht das Recht auf Leben hatte?

Wie Sie vielleicht noch wissen, glaubten 60 bis 80 Prozent der Teilnehmer meiner Angstgruppen, dass Gedanken bei ihren sozialen Ängsten eine Hauptrolle spielen. Aus diesem Grund konzentriert sich ein Großteil der Literatur zu diesem Thema auf die kognitive Verhaltenstherapie – eine Therapieform, die dem Denken wie auch dem Verhalten des Einzelnen große Beachtung schenkt. Lassen Sie uns im Folgenden zwei Methoden näher betrachten, mit denen wir unser Denken erforschen und lernen können, die Gedanken, die uns verletzen, zu erkennen und infrage zu stellen.

Stimmentherapie

Eine meiner Lieblingsmethoden, negative innere Monologe und besonders negative Urteile über sich selbst infrage zu stellen, ist die Stimmentherapie, die der Psychologe Dr. Robert Firestone entwickelt und studiert hat. Ziel dieser Therapie ist es, der kritischen Stimme unseres Selbst Beachtung zu schenken.

Wie oben beschrieben, saugen Kleinkinder wie ein Schwamm die Worte auf, die an sie gerichtet werden. Wenn dieser Mensch 20, 30, 40 oder 50 Jahre alt geworden ist, wird er die Quelle dieser Worte vergessen haben. Aber da er sich selbst diese negativen Botschaften so viele hundert und tausend Male wiederholt hat, haben sich die Worte in jeder Zelle, jeder Faser des Körpers verankert. Die Person gelangt zu der Überzeugung, dass diese Worte dafür stehen, wie sie wirklich ist.

Robert Firestone fand einen Weg, Betroffenen dabei zu helfen, diese negativen Botschaften zu untersuchen, ihre Quellen aufzuspüren und zu erkennen, dass sie nicht die Realität repräsentieren. Er stellte fest, dass es tatsächlich möglich ist, den negativen Gefühlen die Stirn zu bieten und seine eigene Stimme zu finden. Stimmentherapie kann intellektuell, emotional oder gestusabhängig fokussiert sein. Gefühle können dabei aufgewühlt werden, und wenn es Ihnen Schwierigkeiten bereitet, emotionalen Schmerz zu ertragen, sollten Sie diese Arbeit in Begleitung eines

Therapeuten angehen. Wenn Sie mit Ihrer inneren Stimme zurechtkommen und darauf vertrauen, dass Sie ein vorübergehendes Unbehagen überleben werden, kann Ihnen diese Arbeit unschätzbare Dienste bei der Befreiung von den negativen Botschaften erweisen, durch die Sie sich klein und unsicher fühlen. Grundsätzlich gibt es zwei Hauptschritte: Zunächst müssen Sie die negativen Urteile über sich selbst nach außen verlagern (externalisieren). Und dann müssen Sie ihnen eben die Stirn bieten.

Die negative Stimme externalisieren

Um Ihre negative Stimme zu externalisieren, müssen Sie sich zunächst darüber klar werden, was sie sagt. Für einige Menschen ist das leicht. Die Botschaften sind eindeutig. Anderen fällt das schwerer, da die Botschaften nicht so sehr aus Worten als vielmehr aus Gefühlen bestehen: „Ich fühle mich mit Leuten irgendwie unwohl. Ich glaube, sie mögen mich nicht.“ Machen Sie sich keine Sorgen. Fangen Sie einfach irgendwo an, auch wenn dieses Irgendwo ein verschwommener Begriff ist. Sprechen Sie die Worte laut aus, in der zweiten Person, so als ob sie jemand zu Ihnen sagen würde. Mit anderen Worten: Benutzen Sie das Wort „du“. „Du fühlst dich mit anderen Leuten so unbehaglich. Man kann dich gar nicht mögen.“ Machen Sie einfach damit weiter. Übertreiben Sie, wenn es hilft. Schauen Sie, was da aus Ihnen herauskommt.

Hören Sie sich jetzt die negative Stimme von Michelle an, einer attraktiven, sich normalerweise klar ausdrückenden jungen Frau, deren soziale Ängste sie daran hindern, mit ihren Mitarbeitern offen zu sprechen. Michelle glaubt oft, dass die Leute denken, es sei etwas nicht in Ordnung mit ihr. Als sie ihre negative Stimme laut sprechen ließ, kam Folgendes dabei heraus:

„Was ist los mit dir? Du bist so sonderbar. Du bist nicht wie die anderen. Ich fühle mich nicht wohl bei dir. Du verströmst negative Energie. Du bist so unsicher. Du bist schwach. Ich mag dich nicht. Ich spreche lieber nicht mit

dir. Ich bin an dir nicht interessiert. Du spielst keine Rolle. Du widerst mich an. Du bist eine Versagerin. Du bist nichts.“

Als ich Michelle fragte, ob diese Stimme sie an jemanden in ihrem Leben erinnerte, erwiderte sie sofort, dass ihr Großvater sie oft wie eine Sünderin, die etwas Falsches getan hatte, behandelt habe, obwohl sie nie herausbekam, worum es denn genau ging. Einmal zum Beispiel, als sie fünf war, gab der Großvater ihr eine Ohrfeige, weil sie am Küchentisch saß und träumte. Michelle erinnert sich daran, wie schockiert und gedemütigt sie war. Da es oft schwierig war, herauszufinden, was sie getan hatte, um solche Bemerkungen und Reaktionen zu verdienen, nahm sie einfach an, dass mit *ihr* etwas ernsthaft nicht in Ordnung sei, dass sie einen verhängnisvollen Defekt habe.

Die negative innere Stimme infrage stellen

Sobald Sie Ihre negative Stimme externalisiert haben, ist der nächste Schritt, sie infrage zu stellen. Ich habe herausgefunden, dass es oft leichter ist, es zuerst indirekt und anschließend direkt zu tun. So bat ich Michelle, sich vorzustellen, dass sie in die Küche tritt und dabei zusieht, wie ihr Großvater seine Enkelin für ihre Träumerei tadelt. Ich bat sie, so zu tun, als sei sie die gute Fee des kleinen Mädchens, eine Patin, Tante oder Sozialarbeiterin. Als diese Person sollte Michelle zu ihrem Großvater sprechen und ihn wissen lassen, was sie von seinem Verhalten hielt. Und das sagte Michelle zu ihm:

„Wer, glaubst du, bist du eigentlich? Wie kannst du das einem kleinen Kind antun? Wie sadistisch und furchtsam musst du sein, dass du dir ein kleines, verängstigtes und sensibles Kind aussuchst. Hast du denn gar kein Mitleid? Offenbar nicht! Hast du dir überhaupt etwas dabei gedacht? Die Art, wie du mit ihr sprichst, wird sie für den Rest ihres Lebens beeinflussen. Sie wird sich selbst in Zweifel

ziehen. Sie ist so hilflos. Du nicht. Angesichts der Macht, die du hast, macht dich das verantwortungslos. Du verdienst es nicht, dich um sie zu kümmern. Wenn du weiter so mit ihr redest, werde ich sie dir wegnehmen.“

Wie Sie sehen, enthüllt Michelles Meinungsäußerung mehrere wichtige Punkte. Als Erstes wird ihr Großvater zur Verantwortung gezogen. Michelle macht sein destruktives und unverantwortliches Verhalten ganz deutlich. Indem sie das tut, führt sie sich selbst klar vor Augen, dass es ihr Großvater war, der ein Problem hatte, nicht das Kind. Die zweite wichtige Sache, die in dieser kurzen Konfrontation geschah, war, dass Michelle ihrem Großvater ein Ultimatum stellte. Entweder würde er mit seinem negativen Verhalten aufhören, oder das kleine Mädchen würde gehen. Nachdem Michelle ihrem Großvater indirekt gegenübergetreten war, folgte sie meiner Einladung, ihm noch einmal direkt anzusprechen, von ihrem eigenen Standpunkt aus, in ihrem eigenen Namen. Und so hörte sich ihre zweite Rede an:

„Was du tust, widert mich an. Lass mich allein. Geh mir aus den Augen. Lass mich so sein, wie ich bin. Hör mit deiner Wut auf. Du hast ein Problem, das nichts mit mir zu tun hat. Es ist nicht mein Fehler. Ich bin längst nicht wie du. Du verstehst mich nicht. Du verdienst Menschen wie mich gar nicht. Du hast das heilige Vertrauen gebrochen, dich um mich kümmern zu dürfen. Deine Unsicherheit tut mir Leid, aber das gibt dir immer noch nicht das Recht, deinen ganzen Frust auf einer Unschuldigen abzuladen. Wenn du damit weitermachst, bin ich hier weg. Ich verdiene Besseres als das. Es ist nur dein Problem. Mit dir stimmt etwas nicht. Mit mir ist alles in Ordnung.“

Können Sie den berechtigten Zorn in Michelles Worten hören? Diesmal bringt sie noch deutlicher zum Ausdruck, dass nicht sie das Problem ist. Sie führt eine Trennung durch. Sie zieht eine klare Linie zwischen sich selbst und ihrem Großvater. Sein empörendes Verhalten fällt auf ihn selbst zurück – nicht auf sie. Es ist so wichtig, das zu verstehen. Denken Sie an Ihre eigene Situation. Können Sie, wenn Sie das Unglück hatten, als Kind oder Jugendlicher schlecht behandelt worden zu sein, nun sehen, dass dieser schlechte Umgang das Spiegelbild von Menschen und Umständen außerhalb Ihrer selbst ist? Bitte glauben Sie daran, dass Sie wie jedes kleine Kind ein wunderbares Wesen waren, auf Ihre eigene Art herrlich und viel versprechend. Leider haben Sie durch direkte oder indirekte negative Botschaften Ihre eigene Herrlichkeit aus den Augen verloren und kamen zu der Überzeugung, dass Sie irgendwie nicht gut genug sind. Es ist an der Zeit, sich Ihren Platz in der Welt als ein großartiges menschliches Wesen zurückzuerobern, das Respekt und freundliche Aufnahme verdient.

Nun sind Sie an der Reihe. Lassen Sie sich einen Augenblick Zeit und denken Sie über jede negative Stimme in Ihnen nach. Ich empfehle Ihnen, diese negativen Botschaften auf ein Blatt Papier oder in Ihr Tagebuch zu schreiben. Alternativ können Sie sie auf Band sprechen. Und zwar aus zwei Gründen: Erstens verlagern Sie die negativen Botschaften aus dem Inneren Ihres Kopfes nach draußen, indem Sie sie aufschreiben oder laut aussprechen. Das kann eine sehr befreiende Erfahrung sein, denn sonst werden die Gedanken wahrscheinlich in Ihrem Kopf um- und umgehen. Zweitens binden Sie Ihren Körper mit ein, wenn Sie schreiben oder sprechen, was Ihnen helfen wird, die neuen Botschaften zu stärken, die Sie verankern wollen.

Sobald Sie Ihre Gedanken glücklich zu fassen bekommen, sie protokolliert und auch die damit verbundenen Herausforderungen physisch zum Ausdruck gebracht haben, wird es Ihnen leichter fallen, mental weiterzumachen, wann immer diese Gedanken zu einem Überraschungsbesuch zurückkehren.

Schritt eins: Schreiben Sie Ihre negativen Botschaften in der zweiten Person auf.

Du bist/hast ...

....

....

Schritt zwei: Fordern Sie die Stimme von Ihrem eigenen Standpunkt aus heraus, indem Sie tief drinnen zu jenem Ort vorstoßen, an dem Ihre innere Lebenskraft sitzt. Vielleicht möchten Sie dies in zwei Etappen tun, zuerst indirekt, als wären Sie ein wohlwollender Erwachsener, der zugunsten des Kindes einschreitet, und dann direkt, von Ihrem persönlichen Standpunkt aus.

....

....

Manchmal hat diese Arbeit so großen Einfluss, dass schon das eine Mal reicht, um eine dauerhafte Wirkung zu erzielen. In einem anderen Fall ist es nötig, sie zu wiederholen. Schließlich muss eine Stimme, die so lange in Ihrem Geist und Ihrem Körper gewohnt hat, nicht notwendigerweise bereit sein, wie der Blitz zu verschwinden.

Und noch etwas: Manchmal erzählen mir die Leute, dass sie Schuldgefühle haben, wenn sie einen Elternteil infrage stellen, besonders, wenn sie jetzt eine gute Beziehung zu ihm haben, er nun alt und schwach ist oder eine traumatische oder schwierige Vergangenheit hat. Ich stelle dann sofort klar, dass diese Übung nicht darauf abzielt, auf unsere Eltern einzuprügeln. Zunächst geht es nicht in erster Linie darum, unsere Eltern (Großeltern, Lehrer oder andere Bezugspersonen) infrage zu stellen. Es ist die Stimme des Elternteils, die wir vor langer Zeit verinnerlicht haben. Zweitens ist es wichtig, daran zu denken, dass die negative Botschaft seitens des Elternteils nicht notwendigerweise den ganzen Menschen widerspiegelt, sondern oft nur einen

Aspekt von ihm aus einer bestimmten Zeit in seinem Leben. Es ist dieser Aspekt, den wir infrage stellen. Obwohl manche Eltern sadistisch und gemein sind, sind die meisten doch für gewöhnlich wohlmeinend, ja liebevoll und vergreifen sich vielleicht nur deshalb im Ton bzw. lassen ihre Probleme an den Kindern aus, weil sie ihre eigene Vergangenheit noch nicht aufgearbeitet haben. Wir können unsere Eltern weiterhin lieben, all das schätzen, was sie für uns getan haben, Mitgefühl für ihre eigenen Kämpfe haben *und* uns gleichzeitig weigern zu akzeptieren, was Gift für unsere geistige und emotionale Gesundheit ist.

Denkfehler

Unser Geist kann nicht nur fehlgeleitete, negative Gedanken über unseren grundlegenden Wert als menschliches Wesen hervorrufen – er ist auch sehr erfinderisch, was die Untermauerung dieser Grundeinstellung zu uns selbst mittels zahlreicher falscher Denkweisen betrifft. Die Pioniere auf dem Feld der Identifikation und Veränderung destruktiver Denkmuster waren Albert Ellis und Aaron Beck. In den letzten 30 Jahren haben die Therapeuten in aller Welt ihre Klienten in der Ablehnung solch negativen Denkens unterwiesen.

Gedankenlesen

In Bezug auf soziale Ängste steht das Gedankenlesen auf der Liste der Denkfehler an erster Stelle. Für gewöhnlich geht es hier auch um Projektionen. Terry zum Beispiel denkt schlecht über sich. Dann projiziert er diese Einstellung auf einen Fremden, als würde sie von diesem kommen. Stellen Sie sich vor, jemand gähnt oder wirkt abgelenkt, während Sie mit ihm sprechen, und Sie denken automatisch: „Ich langweile ihn“ oder „Er weiß, dass ich schüchtern bin und mir das Konversationmachen schwer fällt“. Sie glauben, Sie wüssten, was die anderen denken. Dieses Phänomen nennt man „Gedankenlesen“. Aber wir können uns der Gedanken anderer Leute nie sicher sein – es sei denn, wir fragen denjenigen frank und frei, was er gerade denkt. Wenn Sie sich das nächste Mal beim Gedankenlesen erwischen, hören Sie einfach auf damit. Machen Sie sich klar, dass Sie, wenn Sie ein normales menschliches Wesen sind – wie der Rest von uns Sterblichen –, einfach nicht wissen können, was andere gerade denken. Wenn jemand gähnt, während Sie sprechen, kann es dafür viele andere mögliche Erklärungen geben. Vielleicht hat er letzte Nacht nicht geschlafen. Vielleicht atmet er nur sehr flach und muss von Zeit zu Zeit gähnen, um die nötige Menge Sauerstoff zu inhalieren. Wenn er zerstreut ist, gibt es bestimmt einen Grund, weshalb er das ist. Vielleicht denkt er ja immer noch an den Streit mit seinem Ehepartner, den er gerade hatte. Oder er versucht sich daran zu erinnern, ob er den Herd ausgeschaltet hat. Gedankenlesen kann Sie unnötig leiden lassen.

Die Prophezeiung negativer Ergebnisse

Mal den Teufel nicht an die Wand …
denn er könnte erscheinen.
RUSSISCHES SPRICHWORT
(überliefert von meiner Mutter)

Negative Voraussagen sind die Nummer zwei auf Ihrer Liste der Denkfehler. Menschen mit sozialen Ängsten neigen dazu, die Wahrscheinlichkeit, dass sie in einer sozialen Situation schlecht abschneiden werden, überzubewerten. Sich selbst zu sagen, dass es schief gehen wird, ist gleichbedeutend damit, sich selbst mit einem Zauber zu belegen. Sie füttern Ihr Unbewusstes mit einer negativen Botschaft, und Ihr Unbewusstes gehorcht: „Aye aye, Kapitän, eine miserable Vorstellung steht ins Haus." Wenn Sie sich schon mit einem Zauber belegen, warum dann nicht mit einem ermutigenderen? „Ach", werden Sie fragen, „aber kann ich einem ermutigenden Zauber denn glauben?" Mit geringem Aufwand können Sie lernen, realistischer und optimistischer zu denken. Machen Sie sich bewusst, dass die Prophezeiung einer schlechten Zukunft etwa durch Gedankenlesen für gewöhnlich auf Ihrer Grundüberzeugung fußt, dass Sie irgendwie nichts wert sind. Wir haben ja schon herausgefunden, dass diese grundlegende Prämisse falsch ist. Lassen Sie uns nach einem hieb- und stichfesten Beweis suchen, der eine negative Voraussage infrage stellt. Blicken Sie in die Vergangenheit zurück und suchen Sie nach Beispielen, wo Sie Erfolg hatten. Suzy etwa befürchtete, dass auf der Party niemand mit ihr sprechen würde. Dann erinnerte sie sich daran, dass sie auf der letzten Feier doch tatsächlich mit einem interessanten Mann über Paragliding gesprochen hatte. Mit ein bisschen Aufwand verwandelte sie ihr fehlerhaftes und verarmtes Denken in ein realistisches und ermutigendes.

Wie bereits erwähnt neigen Menschen mit sozialen Ängsten dazu, die negativen Folgen der von ihnen vorhergesagten Ergebnisse überzubewerten. Denken Sie an eine typische Konsequenz, die Sie vorhersagen werden, wenn Ihre Stimme bei der Unterhaltung mit einer Gruppe von Leuten zittert. „O mein Gott, meine Stimme zittert. Jetzt wissen sie, dass ich Angst habe. Sie werden denken, dass ich komisch bin.“ Hier hören die meisten normalerweise auf weiterzudenken. Die Vorstellung, dass andere einen für komisch halten könnten, kann so schrecklich sein, dass es genügt, um jemanden erstarren zu lassen. Aber der Trick ist, weiterzudenken und sich das Ganze genau auszumalen. Fragen Sie sich selbst, was als Nächstes geschehen könnte: „Wenn sie denken würden, dass ich komisch bin, würden sie nicht mehr mit mir reden.“ Und dann? „Dann wäre ich ganz allein.“ Und dann? „Dann würde ich weinen.“ Und dann? „Dann würde ich mich wirklich zum Narren machen.“ Und dann? „Dann würde niemals wieder jemand mit mir sprechen.“ Und dann? „Dann müsste ich die Stadt verlassen.“ Und dann? „Dann müsste ich ein neues Leben beginnen.“ Jetzt ist es an der Zeit, sich selbst zu fragen: „Würde ich wirklich wegziehen, meine Familie verlassen und ein neues Leben beginnen, nur weil meine Stimme gezittert hat?“

Versuchen Sie es. Durchdenken Sie Ihre Gedanken bis zum Ende. Zu oft machen wir uns nicht die Mühe, unsere Gedanken zu verfolgen, um zu sehen, wohin sie führen könnten. Wenn wir es doch täten, würden wir entdecken, dass unser Super-GAU-Szenario oft ziemlich theatralisch, ja sogar absurd oder doch zumindest lachhaft ist. Wir würden die vorgestellten Konsequenzen zurechtrücken. Und hoffentlich würden wir darüber lachen können.

Unzulässige Verallgemeinerungen

Dies ist ein weiteres populäres Gedankenkunststück, das soziale Ängste schürt. Halten Sie Ausschau nach Wörtern wie „immer“, „niemals“ und „jeder“. Sobald Sie diese Wörter hören, wissen Sie, dass da in Ihrem Denken etwas gehörig schief läuft. Als Kenny sich sagte: „Alle wissen, wie sie sich amüsieren können, nur ich nicht“, entsprach das nicht der Realität. Er entwarf ein Bild der Extreme. Alle anderen waren total selbstsicher. Er war der Einzige, der verloren herumstand. Wie hätte er sich nicht als Außenseiter fühlen sollen? So etwas nennt man Schwarzweißmalerei. Doch die Welt funktioniert nicht so einfach. Realistisch gesehen werden immer ein paar Leute selbstsicher sein; andere mögen nach außen hin selbstsicher auftreten, aber innerlich zittern, und wieder andere werden verschiedene Stufen der Vorsicht und Unsicherheit durchlaufen. Es gibt viele Graustufen zwischen Schwarz und Weiß.

Abstempeln

Nehmen Sie sich in Acht vor Hauptwörtern, vor allem negativ gefärbten. Dazu zählen zum Beispiel „Verlierer“, „Schlappschwanz“, „Versager“ und „Freak“. Auch negative Adjektive werden zum Abstempeln verwendet, darunter etwa „dumm“, „nicht gut genug“, „nutzlos“ und „langweilig“. In gewisser Hinsicht ist auch das eine Form unzulässiger Verallgemeinerung. Nehmen wir zum Beispiel an, dass Sie einen Fehler gemacht haben. Nun nennen Sie sich einen Versager. Sie machen einen gewaltigen Sprung und ziehen den Schluss, dass Sie – nur weil Sie in einer Sache einen Fehler gemacht haben – eine totale Niete sind. Das ist eine maßlose Übertreibung und deshalb ein Denkfehler. Bitte machen Sie sich klar, wie unfreundlich es Ihnen gegenüber ist, sich derart abzustempeln.

Wenn Sie nun Verben anstelle von Adjektiven und Hauptwörtern verwenden, die Sie abstempeln, ist es unwahrscheinlicher, dass Sie sich als ganze Person aus den Augen verlieren. Wenn Sie zum Beispiel sagen „Ich habe einen Fehler gemacht" oder „Ich wusste nicht, was ich sagen sollte" oder „Ich bin gestolpert und wurde verlegen", sind das Verben, die Ihnen dabei helfen, die richtige Perspektive zu bewahren. Nur weil Sie einen Fehler gemacht haben oder nicht wussten, was Sie sagen sollten, bedeutet das nicht, dass alles an Ihnen irgendwie defizitär ist. Es bedeutet einfach nur, dass eines der tausend Dinge, die Sie heute erledigt haben, nicht so gut gelaufen ist. Aber Sie sind immer noch Sie selbst, meistens in Ordnung und meistens gut. Vor dem ewigen Abstempeln sollten Sie sich wirklich in Acht nehmen.

Konzentration auf Negatives

Ein negativer Fokus hat mit der immerwährenden Frage nach dem schon sprichwörtlichen Glas zu tun. Menschen mit einer optimistischen Lebenseinstellung werden für gewöhnlich das Glas als halb voll betrachten, währen die Pessimisten dazu neigen, es für halb leer zu halten. Mit welchem Fokus Sie auf die Welt blicken, wird nachhaltige Wirkung auf den Rest Ihrer Gedanken, Gefühle und Verhaltensweisen haben. Im Folgenden gebe ich Ihnen ein wunderbares Beispiel dafür, wie ein negativer Fokus Ihnen den Tag verderben kann. Ted ist ein sozial ängstlicher Mensch, der über weite Strecken seines Erwachsenenlebens auch mit Depressionen zu kämpfen hatte. Eines Tages erzählte er mir von seiner Woche und begann mit dem Bericht bei seinem Kater. Achten Sie darauf, wie Sie sich fühlen, wenn Sie Teds Worten lauschen.

„Mein Kater musste operiert werden. Er hatte eine entzündete Pfote. Die ganze Woche war furchtbar. Ich hatte Fieber, schwänzte meine Gitarrenstunde und ließ ein paar Unterrichtseinheiten in meinen Seminaren ausfallen. Wenn ich physisch krank bin, ist es auch schwer, emotional stark zu sein. Ich hatte Magenschmerzen, die mich an Geschwüre denken ließen. Ich renne immer noch der Anwältin hinterher. Es dauert so lang, bis alle Dokumente da sind."

Können Sie die Schwere und Entmutigung fühlen? Ich fragte Ted, ob er bereit sei, ein Experiment zu versuchen. Ich bat ihn, die Woche noch einmal zu beschreiben, aber diesmal durch eine positive Linse betrachtet, als ob er an den Dingen nur die schöne Seite sehen könnte. Im Folgenden lesen Sie seinen neuen Bericht, durchsetzt mit ein paar Einwürfen von mir.

Ted: „Mein Kater ist wieder okay. Ich bin wirklich froh, dass er die Operation überstanden hat. Er ist nun viel energiegeladener. Er ist vom Sessel gesprungen und kam zu mir herüber."

Ich: „Sie haben Ihren Kater also zum Tierarzt gebracht; Sie haben ihn nicht vernachlässigt. Was sagt das über Sie aus?"

Ted: „Ich kümmere mich um die Dinge. Ich bin verantwortungsbewusst und fürsorglich. – Ich habe auch eine Studentin durchs Examen gebracht. Sie hat sich hervorragend geschlagen. Sie hat die letzten sieben oder acht Jahre damit verbracht, ihre Dissertation zu beenden. Diesmal hatte sie bei ihrem Vortrag alles unter Kontrolle. Ihre Prüfung lief besser, als ich erwartet hatte. Ich habe mich für sie gefreut."

Ich: „Was sagt das über Sie aus?"

Ted: „Ich kümmere mich um meine Studenten. Ich will, dass sie gute Leistungen bringen."

Ich: „Was ist diese Woche noch passiert?"

Ted: „Ich habe meine Anwältin angerufen. Damit wurde mir eine große Last von den Schultern genommen. Ich habe mir auch den Kopf darüber zerbrochen, wie ich mit ihr über meine Erwartungen sprechen sollte. Ich achte also auf mich. Ich stelle Erwartungen klar. Ich begreife, dass ich eine respektvolle Behandlung verdiene. Ich verdiene Aufmerksamkeit von jemandem, dessen Dienste ich in Anspruch nehme."

Nachdem Ted noch ein paar Ereignisse der Woche hatte Revue passieren lassen, bat ich ihn, diese neue Geschichte sacken zu lassen. Dann fragte ich, was er bemerkte. Ted sagte, dass diese Woche sich leichter anfühle – dass er sich leichter fühle. Er erklärte es so:

> *„Ich merke, dass ich zufrieden bin. Sogar wenn alles auseinander zu brechen scheint, leiste ich immer noch etwas. Manchmal habe ich Angst vor dem Burnout. Aber wenn ich ansehe, was ich gerade beschrieben habe, merke ich, dass ich auf mich achte und mich um die Dinge kümmere. Diese Übung sagt mir, dass ich die Welt aus einem depressiven und negativen Blickwinkel betrachtet habe. Es ist eine Art Gewohnheit, die ich entwickelt habe. Es gibt andere Arten, auf die Dinge zu blicken. Das ist mir nicht wirklich neu, aber diese andere Sichtweise hat mir das Ganze sehr deutlich vor Augen geführt."*

Einsichtig fügte Ted hinzu, dass die Gewohnheit, die Welt nur negativ zu sehen, ihm das Gefühl der Vertrautheit gab. Es eröffnete ihm auch einen Ausweg, damit er sich nicht auf die Dinge einlassen musste. Mit anderen Worten: Indem er das Leben durch einen negativen Filter sah, blieb es sicher und bequem und frei von Risiken. Kein Wunder, dass Menschen mit sozialen Ängsten es schwierig finden, diese Angewohnheit fallen zu lassen. Aber um welchen Preis? Fehlende Energie? Isolation? Mangel an Gelegenheiten, Selbstvertrauen aufzubauen?

Abwertung von Positivem

Verwandt mit dem negativen Fokus ist die Gewohnheit, Positives abzuwerten. Darunter ist die Ablehnung guter Dinge zu verstehen, aus dem einen oder anderen Grund. Wenn Ihnen zum Beispiel gerade jemand ein Kompliment gemacht hat, sagen Sie vielleicht „Danke“, aber bei sich denken Sie: „Ach, er ist ja nur höflich. Ich tue ihm Leid, und er will, dass es mir besser geht.“ Einige Leute sind so gut darin, Positives abzuwerten, dass sie den positiven Kommentar nicht einmal bemerken oder hören. Es ist, als würden sie in einer Seifenblase leben, die sie vor dem Eindringen eines positiven Kommentars schützt. Sie registrieren ihn nicht einmal. Das ist, als wären diese Betroffenen ohne musikalisches Gehör. Aber anstatt für Musik taub zu sein, sind sie es für alles Positive.

Shinichi Suzuki, der Musik in der Suzuki-Methode unterrichtet, hat einen interessanten Standpunkt zum Fehlen eines musikalischen Gehörs, der das stützt, was ich sagen will. Es waren Suzukis fünf- bis zehnjährige kleine japanische Violinisten, die uns Amerikaner vor etwa 40 Jahren im Fernsehen mit ihren Mozart- und Bach-Stücken zu Tränen rührten. Suzuki betonte, dass diese Kinder nicht die Wunderkinder seien, für die wir Westler sie hielten. Er erklärte, dass der Grund dafür, warum sie gut spielten, darin liege, dass sie praktisch in frühester Kindheit in die Musik eingetaucht seien. Suzuki glaubte nicht, dass irgendjemand ohne musikalisches Gehör geboren wird: „Im Gegenteil, ein Baby nimmt jedes noch so falsch von seiner Mutter gesungene Schlaflied auf. Es hat ein ausgezeichnetes Gehör. Aus diesem Grund wird es später auch genauso singen.“

In unserem Fall glaube ich, dass ein Kind, das meist negative Botschaften gehört hat, Schwierigkeiten entwickelt, die positiven zu hören. Aber es gibt Hoffnung. Mit Bewusstsein und Übung ist es möglich, Positives zu hören und anzunehmen. Suzuki schaffte es, Studenten „ohne musikalisches Gehör“ dahin zu bringen, Töne perfekt zu hören und wiederzugeben. Wie gelang ihm das? Durch Wiederholung. Oder, laut Suzuki:

„Wenn sie das falsche Fa (Re, Mi, Fa) gelernt haben, indem sie es 5000-mal hörten, muss sie jemand das richtige Fa eben 6000- oder 7000-mal hören lassen. Am Ende wird die Fähigkeit, das korrekte Fa hervorzubringen, die sie sich durch 6000-faches Hören erworben haben, die Oberhand

gewinnen über die Fähigkeit, das falsche Fa hervorzubringen, die sie sich durch nur 5000-faches Hören erwarben.“

Ich habe in der Therapie so oft gesehen, dass Klienten anfangs Schwierigkeiten haben, irgendeinen positiven Kommentar von mir zu hören. Nach einer Weile macht es trotzdem endlich klick! Zum Glück nicht erst nach 6000- oder 7000-mal. Ebenso verhält es sich mit dem Singen. Auch wenn die Schlaflieder, die Sie gehört haben, nicht gerade nach dem Notenblatt gesungen waren, können Sie mit ein wenig Übung dennoch lernen, den richtigen Ton zu hören, ihn an sich heranzulassen und ihm zu erlauben, Ihre Seele zu wärmen, wie es jedes gute Musikstück tut.

Die Dinge persönlich nehmen

Haben Sie jemals angesichts einer mürrischen Person in Ihrer Umgebung gedacht, dass Sie irgendetwas falsch gemacht haben müssen? Das bedeutet, die Dinge persönlich zu nehmen. Es ist ein bisschen wie Gedankenlesen, aber die Betonung liegt hier auf dem Umstand, dass Sie sich irgendwie für die schlechte Verfassung eines anderen verantwortlich fühlen. Vielleicht ist derjenige ja so mürrisch, weil ihm zum Lottogewinn eine Zahl gefehlt hat. Möglicherweise hat er einfach schlechte Laune. Oder er hat sich den Zeh angestoßen. Auch in diesem Fall können Sie diejenige Person einfach darauf ansprechen und sich nach dem Grund erkundigen. Glauben Sie nur nicht, dass alles Ihre Schuld ist. Als kleine Kinder nahmen wir oft an, dass sich die Welt nur um uns drehe und dass es immer etwas mit uns zu tun habe, wenn etwas Schlechtes passierte. Und als Erwachsene tappen wir manchmal immer noch in diese Falle. Aber wir müssen nur erkennen, dass wir einfach nicht so viel Macht haben. Die Wahrheit ist, dass wir nicht im Mittelpunkt der Stimmung anderer Leute stehen.

Denkfehler infrage stellen

Denken Sie an den letzten Tag, die letzte Woche oder den letzten Monat zurück. Welche typischen, automatischen Gedanken haben Sie gehabt, die negativ und sehr wahrscheinlich falsch waren? Ziehen Sie eine vertikale Linie mitten durch ein Blatt Papier und schreiben Sie diese negativen Gedanken auf die linke Seite. Auf der rechten Seite stellen Sie ihnen realistischere, mitfühlendere, ermutigendere und positivere Gedanken gegenüber. Dies sind ein paar Beispiele aus meinen Angstgruppen:

Falsche, negative Gedanken	**Realistische, mitfühlende, ermutigende, positive Gedanken**
Ich werde das nicht schaffen.	Ich habe schon ganz andere Dinge geschafft, die ich mir vorgenommen habe. Ich kann das. Ich muss nur einen Schritt nach dem anderen machen.
Sie denken, ich bin langweilig.	Ich kann gar nicht sicher wissen, was sie denken. Einige Freunde haben mir gesagt, dass sie gern mit mir sprechen. Vielleicht wollen diese Leute ja auch gern mit mir sprechen. Wenn ich denke, dass ich langweilig bin, dann wird es vielleicht Zeit, dass ich interessante Dinge tue, damit ich etwas habe, worüber ich reden kann.
Ich bin so ein linkischer Trottel.	Unsinn! Ich mache meine Sache ganz gut. Entweder ich erlaube mir, nicht perfekt sein zu müssen, oder ich finde heraus, wie ich besser werden kann, und fange gleich mit dem Üben an. Und selbst wenn ich keine großartige Leistung abliefere, bin ich doch immer noch ein guter und wunderbarer Typ.

Verfolgen Sie wenigstens ein oder zwei Wochen lang Ihre Gedanken auf diese Art. Seien Sie geduldig und freundlich zu sich. Erinnern Sie sich daran, dass es Zeit gebraucht hat, die Muster negativen Denkens zu erlernen. Es wird auch Zeit brauchen, sie wieder zu verlernen und durch realistische Denkweisen zu ersetzen.

Affirmationen

Seit einiger Zeit erfreut sich die Praxis, Affirmationen zu formulieren, großer Beliebtheit. Im Grunde ist eine Affirmation eine positive Aussage, eine Erklärung, dass etwas Fakt ist. Affirmationen senden wie Bilder machtvolle Botschaften an den Körper. Sie aktivieren die linke Gehirnhälfte, die für die Sprache zuständig ist. Sie sind also keine Zauberei, sondern nichts anderes als Botschaften an Sie selbst – positive Mitteilungen, die einen positiven Einfluss haben.

Die Teilnehmer meiner Angstgruppen erzählen oft, was solch positive Aussagen schon bei ihnen bewirkt haben. Nora, die sich immer für einen Angsthasen gehalten hatte und stets zögerte, etwas Neues zu wagen, begann, sich zu sagen: „Ich kann das." Das war alles. „Ich kann das." Mehrmals am Tag erinnerte sie sich daran: „Ich kann das." Nach kurzer Zeit berichtete sie der Gruppe, dass sie Dinge tat, die sie nie für möglich gehalten hatte. Sie stellte einen unhöflichen Verwandten zur Rede. Sie nahm an einem Betriebsausflug teil. Sie bot einigen Gemeindemitgliedern an, sie nach der Kirche heimzufahren. Jedes Mal, wenn sie eine Herausforderung bewältigte, sammelte sie einen neuen Beweis dafür, dass sie „das" tatsächlich konnte. Und dies wiederum feuerte sie an, sich weiter ihre Affirmation vorzusagen: „Ich kann das."

Affirmationen formulieren

Die besten Affirmationen sind die, die Sie auf Ihre eigenen Bedürfnisse zugeschnitten haben. Eine Möglichkeit, Ihre Bedürfnisse zu erkennen, ist, sich einmal Ihre Hoffnungen und Wünsche anzuschauen. Wenn Sie mehr aus sich herausgehen möchten, sagen sie einfach etwas in der Art wie: „Ich strecke die Hand aus. Ich ergreife die Initiative. Ich rufe meine Freunde an." Wenn Sie mutiger werden möchten, können Sie sagen: „Ich bin selbstsicher. Mein Mut inspiriert mich. Ich gehe Risiken ein."

Ein anderer Weg, Ihre Bedürfnisse herauszufinden, ist es, den negativen Botschaften zu lauschen, die Sie sich gern selbst schicken, und dann ein Gegenmittel zu finden – das genaue Gegenteil davon. Wenn Sie sich zum Beispiel sagen: „O nein, ich zittere", dann müssen Sie sich daran erinnern, dass Sie sich auch entspannen können. Ihre Affirmation könnte dann lauten: „Ich bin entspannt" oder „Ich bin ruhig". Wenn Sie dazu neigen zu sagen „Sie denken, dass ich komisch bin", könnte Ihre Affirmation sein: „Sie denken, dass ich in Ordnung bin" oder „Ich bin gern mit diesen Leuten zusammen" (damit nehmen Sie den Fokus von sich). Hier sind einige Beispielaffirmationen:

Für den Körper

- Ich bin entspannt.
- Ich bin ruhig.
- Ich atme ruhig und gleichmäßig.
- Das ist nur Adrenalin, das durch meinen Körper strömt. Es wird vorübergehen. Ich bin geerdet.

Für Geist und Gefühle

- Ich genieße es, mit anderen zusammen zu sein.
- Ich bin an anderen interessiert.
- Meine gute Laune schlägt durch.
- Ich habe wichtige Dinge zu sagen.
- Ich habe ein Recht auf meine Meinung.
- Ich habe das Recht, meine Gedanken und Gefühle auszudrücken.
- Ich habe das Recht, Fehler zu machen. Ich lerne aus ihnen.

- Ich bin als Mensch etwas wert.
- Das Leben ist ein Abenteuer, und ich bin ein mutiger Mensch, der am Leben teilhat.
- Ich verdiene Respekt.
- Ich habe einzigartige Qualitäten.
- Ich akzeptiere meine Schüchternheit.
- Sensibilität wird von vielen guten Eigenschaften begleitet.
- Ich bin flexibel.
- Ich kann mit Veränderungen umgehen.
- Ich freue mich über Überraschungen.
- Es ist in Ordnung, verletzlich zu sein.
- Ich bin ein Mensch.
- Ich gehöre dazu.

Für Verhalten und Handeln

- Ich setze mir leicht Ziele.
- Zu Ihnen selbst: Guten Morgen, Schatz, es ist Zeit zum Aufstehen. Es ist ein guter Tag zum Handeln.
- Ich erreiche meine Ziele mühelos.
- Ich kann das.
- Ich finde heraus, was getan werden muss.
- Das hört sich wie ein guter Plan an.
- Tu es jetzt.
- Es ist in Ordnung, einfach nur zu sein.
- Ich verdiene eine Pause.
- Ein kleiner Schritt nach dem anderen ...
- Ich feiere meine Erfolge.
- Das ist gut für mich!

Die Glaubwürdigkeit von Affirmationen

Manche Leute fragen mich: „Wie kann ich mir ständig etwas wiederholen, an das ich nicht glaube?“ Sie sagen, dass sie so beunruhigt davon sind, wie unwahr sich diese Aussage anfühlt, dass sie sich die Affirmation nicht voller Hoffnung oder Überzeugung immer wieder vorsagen können. Ein Teil von ihnen spricht die positive Affirmation, und ein anderer Teil sagt ihnen gleichzeitig, dass das Gegenteil wahr ist. Mein Vorschlag ist, mit etwas zu beginnen, das neutraler ist. Sehen Sie die obige Liste durch und streichen Sie die Affirmationen an, die sich für Sie neutral oder möglicherweise wahr anfühlen. Mit der Zeit und mit immer mehr sozialen Erfolgen im Gepäck werden einige der gewagteren Affirmationen immer glaubwürdiger werden! Im Anhang finden Sie Richtlinien, die Ihnen bei der Formulierung von Affirmationen helfen.

Sich dem geistigen Garten zuwenden

Sie haben wahrscheinlich bei diesen Methoden, Gedanken infrage zu stellen, bemerkt, dass es nicht genügt, einfach nur aufzuhören, diese negativen Gedanken zu denken. Was würde geschehen, wenn Sie das Unkraut aus Ihrem Garten entfernten und sonst nichts täten? Sie hätten den Boden nur für noch mehr Unkraut bereitet. Stattdessen sollten Sie sich die Zeit nehmen, neue Pflanzen auszusäen, Herzensblumen, -büsche, -gräser und -sträucher. Wenn diese Pflanzen Wurzeln schlagen und blühen, hat das Unkraut weniger Chancen, seinerseits zurückzukehren und zu gedeihen.

Schlüsselgedanken

- Gedanken und Worte können uns entweder ermutigen und ermuntern oder uns beschämen und hemmen.
- Kleine Kinder sind wie Schwämme, die jedes Wort aufsaugen, das ihnen begegnet. Wenn diese Worte zufällig kritisch sind, entwickelt das Kind die Grundüberzeugung, dass etwas an ihm falsch ist – und das Fundament ist gelegt für soziale Ängste und die Furcht, dass es den allgemeinen Erwartungen nicht gewachsen ist.

- Die Stimmentherapie ist eine effektive Methode, negative innere Botschaften über sich selbst infrage zu stellen.
- Es gibt zahlreiche Muster falschen Denkens, die negative Grundüberzeugungen stützen. Zu ihnen zählen Gedankenlesen, die Prophezeiung negativer Ergebnisse, unzulässige Verallgemeinerungen, Abstempeln, Konzentration auf Negatives, die Abwertung von Positivem und die Gewohnheit, Dinge persönlich zu nehmen.
- Sobald Sie diese Muster erkannt haben, ist es möglich, sie zu widerlegen und durch realistische, ermutigende und mitfühlende Gedanken zu ersetzen.
- Affirmationen sind positive Aussagen, die den Geist nähren und positiven Einfluss auf Ihr Selbstvertrauen haben. Halten Sie Affirmationen kurz, formulieren Sie sie positiv und in der Gegenwartsform, wiederholen Sie sie oft und mit Begeisterung (siehe Anhang).

Das möchte ich aus diesem Kapitel mitnehmen:

....

....

Ich werde es auf folgende Art und Weise in die Tat umsetzen. (Beispiel: Ich werde die negativen Botschaften meiner inneren Stimme aufschreiben und sie dann infrage stellen. Ich werde das einmal täglich die ganze Woche hindurch tun.)

....

....

KAPITEL ELF:

Wenn doch nur ...

Andere gedankliche Fallen

Brüderlichkeit wird leichter auf der Straße des Irrtums als auf der der Vollkommenheit geboren.
MARIA MONTESSORI (1870-1952)

Ebenso wie Unmengen von Unkraut das Gedeihen eines Gartens behindern kann, gibt es zahlreiche mentale Prozesse, die das Wachsen sozialen Selbstvertrauens einschränken können. Zu diesen geistigen Fallen gehören ein unverhältnismäßiger Fokus auf die eigene Person, Perfektionismus, Schwierigkeiten im Umgang mit eigenen Fehlern, das minutiöse Sezieren von Ereignissen, Regeln, Vergleiche, Berechnung und Kontrolle, die Wunschfalle, ein falsch verstandener Begriff von Mut und ein Mangel an Wertschätzung für den Nutzen der Angst. Lassen Sie uns jeden dieser Punkte im Folgenden untersuchen.

Der Fokus auf die eigene Person

Wie bei den meisten anderen Menschen mit sozialen Ängsten liegt Ihre Aufmerksamkeit während einer sozialen Interaktion sehr wahrscheinlich bei Ihnen selbst und darauf, wie Sie bei anderen Leuten ankommen. Sie machen sich Gedanken darüber, wie Sie aussehen und was die anderen über Sie denken könnten. Es ist nur natürlich zu versuchen, einen guten Eindruck zu hinterlassen. Schließlich sind wir soziale Wesen, die dazugehören wollen. Wenn aber unser Fokus auf uns selbst und unserem Verhalten alles andere überdeckt, geraten wir in Schwierigkeiten. Unsere Selbstbezogenheit mündet in Gehemmtheit, die wiederum dazu führt, dass wir besorgt und nervös sind und uns fühlen, als gehörten wir nicht dazu. Ich denke, dass dies von allen die gefährlichste Denkfalle ist. Aber was ist die Lösung?

Den Fokus auf andere richten

Manche Leute machen in diesem Fall „Fokussieren auf andere" zum Ziel der Übung. Ihre Aufgabe ist es, andere regelrecht „auszuhorchen" und sich wirklich darauf zu konzentrieren, was sie sagen. Viele erklären, dass diese Fokusverschiebung der mit Abstand wichtigste Faktor in dem Lernprozess war, weniger sozial ängstlich und selbstsicherer zu werden. Wenn Sie keine Angstgruppe besuchen können, die Sie unterstützt, und es für Sie auch im Moment ein zu großer Sprung ist, andere auszufragen, gibt es weitere Methoden, wie Sie die angestrebte Fokusverschiebung üben können.

Der faszinierte Beobachter

Erinnern Sie sich noch daran, wie aufregend es war, in den Zoo zu gehen – damals, als wir noch nicht für Tierrechte sensibilisiert waren? Was machte diesen Besuch so faszinierend? War es nicht das Interesse an fremden Arten, von denen einige fügsam, andere aber wild und sogar gefährlich waren? Sind wir menschliche Wesen denn weniger interessant? Ich denke nicht! Jeder von uns ist ein einzigartiges und beeindruckendes Geschöpf mit seinen eigenen eigenwilligen Gewohnheiten. Sheila zum Beispiel nimmt gern eine Haarsträhne zwischen die Lippen und saugt einen Moment lang still an ihr, vor allem, wenn sie sich auf ihre Mathematikhausaufgaben konzentriert. Toms Lachen ist so laut, dass man es noch eine Straße weiter hört. Friedas rote Wuschelmähne sieht wie elektrisiert unter ihrem hellblauen Hut aus. Der menschliche Zoo ist voll von fabelhaften Ansichten, Geräuschen,

Gerüchen und Berührungen. Es ist eine Welt voller Dramen, Komödien und Geheimnisse. Wenn Sie üben wollen, Ihre Aufmerksamkeit weg von der Sorge darum zu lenken, wie Sie auf andere wirken, gibt es keinen besseren Ort, damit zu beginnen, als in dem menschlichen Zoo unmittelbar um Sie herum.

Tun Sie so, als wären Sie ein Detektiv. Achten Sie bei anderen Leuten auf Einzelheiten, auf ihre Kleidung, körperlichen Charakteristika, Manieren und so weiter. Seien Sie ein möglichst objektiver Beobachter. Bewerten Sie nicht. Diese Übung soll Ihnen dabei helfen, Interesse an den Menschen um Sie herum zu entwickeln, sodass Sie mit größerer Wahrscheinlichkeit Ihren Fokus auch weiter auf sie richten wollen. Vielleicht überraschen Sie sich ja selbst und erleben, dass Ihre Neugier auf die Menschen wächst. Sie werden sicher wissen wollen, worauf unterschiedliche Leute ansprechen und was sie ähnlich oder verschieden macht.

Andere in sozialen Interaktionen fokussieren

Wenn Sie einmal Ihre Beobachtungsgabe geschult haben, wird es viel leichter, sich auf andere einzulassen. Fußend auf Ihren Beobachtungen können Sie kommentieren, Fragen stellen und Meinungen anbieten. Wenn Sie zum Beispiel bemerken, dass Ihr Gegenüber ein wenig traurig aussieht, können Sie dazu sagen: „Mir fällt auf, dass du ein bisschen gedrückt wirkst. Alles in Ordnung?“ Oder, wenn das im Moment noch zu persönlich ist, halten Sie sich an Allgemeineres. „Sag mal, das ist ja ein wunderschöner Blazer, den du da trägst. Den habe ich an dir noch gar nicht gesehen. Ist er neu?“ Weitere Tipps können Sie im Abschnitt über das Handeln nachlesen. Für den Augenblick geht es nur darum, ein Gefühl dafür zu entwickeln, wie entscheidend es ist, den Fokus nach außen zu verlagern, weg von den Gedanken um die eigene Person.

Der Fokus auf die Absichten

Ein weiteres Gegenmittel gegen die starke Ich-Bezogenheit ist der Fokus auf die Absichten. Ich erinnere mich noch daran, als ich mich einmal auf einen Vortrag über Schüchternheit und Partnersuche auf einer Single-Messe vorbereitete. Ich hatte meine Bilderarbeit hinter mir, meine Atemübungen, meine Affirmationen. Ich hatte laut im Auto gesungen, um noch lockerer zu werden. Ich kannte die Materie. Ich war selbstsicher und bereit: „Welt, ich komme!" Und dann, plötzlich, ohne Vorwarnung, als ich mich dem Saal näherte, in dem ich gleich vor etwa 300 Leuten sprechen sollte, wurde ich von Angst überwältigt. Mein Herz schlug wie wild, und ich geriet in Panik. Glücklicherweise erinnerte mich meine innere Stimme binnen Sekundenbruchteilen daran: „Erika, hier geht es nicht um dich. Es geht um die Zuhörer da drin ... Viele schüchterne Leute warten darauf, nützliche Dinge von dir zu hören." Das war alles, was ich brauchte. Ich bemerkte kaum, dass mein Herzschlag sich wieder normalisierte. Ich war zu sehr damit beschäftigt, mich auf meine Absichten zu fokussieren: einem wartenden Publikum etwas Hörenswertes mitzuteilen. Erkennen Sie Ihre Absichten und behalten Sie sie im Herzen.

Perfektionismus

Eine weitere Denkfalle, in die Menschen mit sozialen Ängsten oft tappen, ist Perfektionismus. Es ist nichts Falsches daran, sich um vorzügliche Leistungen zu bemühen. Tatsächlich muss man traurigerweise oft feststellen, dass heutzutage vielen Produkten die Kunstfertigkeit und der Perfektionismus früherer Zeiten abgeht. Aber der Perfektionismus, der uns unter das Joch von Idealen und Prinzipien zwingt, die nie zu erreichen sind, ist nicht in Ordnung. Sonya, eine schüchterne 17-Jährige, zögerte oft, wenn sie sprach. Mit ihren Worten: „Ich denke darüber nach, wie ich ihnen das, was ich sagen will, in perfekten Sätzen sage."

Sie fürchtete, dass sie abgewertet werden würde, wenn sie nicht perfekte Dinge von sich gäbe. Perfektionismus wird auch auf anderem Wege ausgelebt, nämlich auf dem der Zögerlichkeit. Viele Betroffene verschieben oder vermeiden Projekte und Aktivitäten, um der Möglichkeit auszuweichen, etwas zu tun, das „nicht gut genug" ist. In der Tat sind Perfektionismus und Zögern sehr enge Freunde, die oft Hand in Hand gehen. Perfektionismus ist der Gedanke und Zögern die Handlung – oder, präziser gesagt, der Mangel an Handlung.

In ihrem Buch *Heilung und Erfüllung durch die Große Mutter* (eine psychologische Studie über den Zwang zur Perfektion) erklärt Marion Woodman: Es ist besser, zu versuchen, besser zu sein, als man ist, als zu sein, wie man ist. Ich bin der Ansicht, dass es oft leichter ist, danach zu streben, perfekt zu sein, als so zu sein, wie man wirklich ist – denn zu akzeptieren, wie man wirklich ist, bedeutet zu akzeptieren, dass man nicht nur voll Liebe, sondern auch voll Hass sein kann, nicht nur großzügig, sondern auch geizig, nicht nur freundlich, sondern auch gemein, nicht nur glücklich, sondern auch einsam, nicht nur unerschrocken, sondern auch schüchtern ...

Denn dies ist das Wesen des Menschen. Jeder von uns vereint in gewissem Maße entgegengesetzte Eigenschaften in sich. Jeder von uns ist ein Mensch, und das ist alles. Je eher wir den Perfektionismus loslassen, umso menschlicher werden wir sein. Wenn wir unser Menschsein akzeptieren, brauchen wir uns nicht mehr ständig um jede Kleinigkeit, die wir sagen, tun oder denken, zu sorgen. Kritik und Urteil stehen uns nicht mehr im Weg und machen Platz für Spontaneität, für die Wirklichkeit. Wie schon eine Frau aus einer meiner Gruppen einsichtsvoll sagte: „Es ist leichter, Liebe und Zärtlichkeit für jemanden zu empfinden, der verletzlich und unvollkommen ist, als für jemanden, der stark und vollkommen ist."

Fehler

Wenn Sie glauben, dass Fehler um jeden Preis verhindert werden müssen, sind Sie schon wieder in eine geistige Falle getappt. Diese Falle ist eng mit der Perfektionismusfalle verwandt; hier kommt der Stress allerdings daher, dass man Fehler vermeiden und nicht einen idealistischen Maßstab erfüllen will. Für manche Leute sind Fehler Feinde, die Klatsch und Tratsch über einen selbst verbreiten und der Welt zeigen, dass man unzulänglich und irgendwie fehlerbehaftet ist. Für andere hingegen sind Fehler einfach nur Fehler. Diese Leute betrachten ihre Fehltritte als gute Freunde, die sie lehren, wie sie es das nächste Mal besser machen können.

Ich erinnere mich daran, wie auf der Highschool ein Lehrer Geraldine, eine sanfte Studentin, einmal um die Beantwortung einer Frage bat. Als Geraldine sie falsch beantwortete, funkelte er sie an und spuckte Gift und Galle: „Ich habe noch nie eine derartige Demonstration von Dummheit erlebt!“ Diese Worte brannten sich in mein Gehirn und mein Herz ein, und noch jetzt, Jahrzehnte später, erinnere ich mich daran, obwohl sie nicht an mich gerichtet waren. Wir alle liebten Geraldine und ihr freundliches Wesen. Ihre Demütigung war die unsere. In jenen längst vergangenen Tagen war es undenkbar, einem Lehrer Widerworte zu geben. Sie können sich vorstellen, wie daraufhin Geraldines Einstellung zu Fehlern war. Auf einer physiologischen Ebene wird ihr Gehirn registriert haben, dass es gefährlich ist, Fehler zu machen. Es wäre nur zu verständlich, wenn Menschen mit ähnlichen Erfahrungen ungern Fragen beantworten oder auch nur Kommentare abgeben, aus lauter Angst davor, einen Fehler zu machen. Fehler sind so zur Gefahr geworden.

Für diejenigen, die gelernt haben, Fehler mit Gefahr zu verknüpfen, kann es eine gewaltige Herausforderung sein, eine Kehrtwende zu machen und die eigenen Fehltritte plötzlich als Freunde zu betrachten. Das würde ja bedeuten, jede Wachsamkeit fahren zu lassen, was sich gegen das eigene „Überlebenstraining" richtet. Aber dieser Übergang ist entscheidend, wenn man sich mit seinem Leben wohl fühlen will, denn Fehler sind ein Teil des Lebens. Maria Montessori erinnert uns daran: „Es ist gesund, dem Irrtum gegenüber ein freundliches Gefühl zu entwickeln, ihn als einen Begleiter zu behandeln, der untrennbar mit unserem Leben verbunden ist, als etwas, das einen Zweck hat – was er wahrhaftig hat."

Es ist der Zweck von Fehlern, uns etwas zu lehren, nicht, weil wir dumm sind, sondern weil wir einfach nicht alles wissen können. Als Thomas Edison auf die Tausende von Fehlversuchen angesprochen wurde, die der Erfindung der Glühbirne vorausgingen, betonte er, dass er diese Versuche mitnichten als Versagen betrachte. Im Gegenteil, diese so genannten Misserfolge teilten ihm mit, auf wie viele tausend Arten man keine Glühbirne erfinden konnte. Albert Einstein sagte dazu: „Wer nie einen Fehler gemacht hat, hat nie etwas Neues versucht."

Hoffentlich werden Sie mit der Zeit lernen, dankbar für Ihre Fehler zu sein und sie als Freunde zu sehen, die Ihnen etwas Nützliches, Überraschendes, Schöpferisches oder sogar Lebensrettendes beibringen können.

Das Sezieren von Ereignissen

Eine weitere, beliebte geistige Falle ist das minutiöse Sezieren von Ereignissen – nach dem Ereignis. Das geschieht, wenn wir eine Begebenheit wieder und wieder durchkauen. Wir filtern sie, suchen uns die schlechten Aspekte heraus und verbeißen uns wie besessen darin, manchmal für Tage und Wochen. Wir schimpfen über uns selbst: „Warum habe ich das gesagt? … Warum habe ich das nicht gesagt? … Ich hätte das und das tun sollen … Ich hätte das und das nicht tun sollen … Ich hätte das und das tun können …" Außerdem verlegen wir uns wieder aufs Gedankenlesen und dramatisieren die Reaktionen der anderen. „Sie denken wahrscheinlich, dass ich dumm bin. Sie mögen mich nicht. Sie werden nicht mehr mit mir reden wollen. Sie bemitleiden mich dafür, dass ich so eine klägliche Vorstellung abgebe." Klienten haben mir erzählt, dass sie ganze Tage damit verbringen, vergangene Ereignisse auf diese Art und Weise zu sezieren. Es ist nichts falsch daran, etwas zu bereuen – das motiviert uns dazu, es das nächste Mal besser zu machen. Aber wenn dieses Sezieren noch zu Ihrem ständig wachsenden Berg an Selbstkritik dazukommt, ist solch ein Bedauern nutzlos und – schlimmer noch – gefährlich.

Ein Gegenmittel gegen diese spezielle geistige Falle ist, sich einmal selbst zu fragen, ob man ein Kind, das durch irgendein Ereignis entmutigt wurde, jemals auf die gleiche Art behandeln würde, wie man sich selbst behandelt. Würden Sie ständig an ihm herumnörgeln und es dafür ausschimpfen, was es getan oder nicht getan hat? Die meisten Leute werden sagen: „Natürlich nicht!" Und warum nicht? Weil das Kind sich schämen würde. Es zu beschämen würde bedeuten, es zu hemmen. Es würde sich in Zukunft davor fürchten, sich auszudrücken, aus Angst vor Kritik. Erkennen Sie, wie hart Sie zu sich selbst sind, wenn Sie in die Sezierfalle tappen. Seien Sie freundlich zu sich. Unbarmherzige Selbstkritik tötet den Geist! Denken Sie über Wege nach, wie Sie ein Kind ermutigen würden, Wege, wie Sie seinen Geist wecken würden. Warum sollten Sie sich selbst weniger liebevoll behandeln?

Regeln

Menschen, die soziale Ängste in hohem Maße erleben, geraten oft in die Regelfalle. Sie glauben, dass sie sich in der Welt zu Hause fühlen werden, wenn sie einmal alle Regeln beherrschen. Sie sind der Ansicht, dass es für alles eine richtige Art gibt, es zu tun, aber sie sind sich nicht immer sicher, was die richtige ist. Steve, ein Teilnehmer meiner Angstgruppen, beschrieb einmal, dass er sich den Kopf darüber zerbrach, wie er sich beim Wandern im Wald verhalten solle. Er erzählte uns:

„Ich liebe es, allein zu wandern. Aber jedes Mal, wenn ich höre, dass sich mir Leute von vorn oder hinten nähern, verdrücke ich mich in den Wald und verstecke mich hinter einem Baum, bis sie vorüber sind. Ich weiß nie, wann ich sie grüßen soll. Wenn wir 15 Meter, zehn Meter, fünf Meter voneinander entfernt oder auf gleicher Höhe sind? Für mich ist es leichter, mich zu verstecken, als wie ein Dummkopf dazustehen, weil ich zu früh oder zu spät ‚Hallo' sage."

Harold bemerkte, dass auch er oft darüber nachdenkt, ob er Dinge richtig macht oder nicht. Wir hatten uns gerade ein Video über innere Stimmen angesehen, und er sagte dazu, dass ihn seine innere Stimme in diesem Moment frage: „Ist es in Ordnung, wenn ich während der Sitzung die Beine übereinander schlage, oder sollte ich es nicht tun, solange wir das Video diskutieren?"

Es existieren natürlich soziale Konventionen, die uns diktieren, wie wir miteinander umgehen sollen. Menschen, die diesen Konventionen ausgesetzt sind, nehmen sie als gegeben hin. Andere wiederum haben, wie in den beiden Beispielen, keine Ahnung, was man von ihnen erwartet. Wenn Sie sich im Hinblick auf Regeln ähnlich fühlen, fassen Sie sich ein Herz. Es gibt keine allumfassende Regel, die uns den einen richtigen Weg zeigt, wie wir uns in welcher Situation gegenüber anderen verhalten sollen. Im Grunde heißt die große Hauptregel nur, aufmerksam gegenüber anderen zu sein. Aus diesem Grund sagen wir danke, beantworten Anrufe, helfen uns in den Mantel und rufen einen Freund an, um ihm zum Geburtstag zu gratulieren.

Viele Regeln sind willkürlich. Sie verändern sich mit der Zeit und der Kultur, in der sie existieren. Sie können von streng über fakultativ bis in der Praxis nichtexistent sein, je nachdem. Wenn Sie wissen wollen, was die Leute da hinter Ihnen im Wald tun, dann beobachten oder fragen Sie sie. Ich bin zum Beispiel neulich nach Seattle zu einer Tagung geflogen. Ich saß am Flughafen und wartete auf den Hotelbus. Als der Bus eintraf, stieg mit mir auch ein Mann ein, der ganz in meiner Nähe gesessen hatte. Nachdem der Bus uns am Hotel abgesetzt hatte, sagte ich zu dem Mann, dass ich glaubte, gesehen zu haben, wie er dem Fahrer ein Trinkgeld gab. Er nickte: Ja, das hätte er getan. Ich fragte ihn weiter, was denn an Trinkgeld normalerweise erwartet würde. Ein oder zwei Dollar, antwortete er. Als die Tagung vorüber war, gab ich dem Busfahrer auf der Rückfahrt zum Flughafen also zwei Dollar. Man kann die Einheimischen beobachten, ihnen abschauen, was sie machen, und sie die Führung übernehmen lassen. Außerdem wäre es nicht das Ende der Welt gewesen, wenn ich dem Fahrer kein Trinkgeld gegeben hätte. Vielleicht hätte er mich für gemein gehalten, aber sei's drum! Manchmal bin ich eben gemein!

Was man bei Regeln auch noch unbedingt im Hinterkopf behalten muss, ist – in Nordamerika wie in Mitteleuropa –, dass es durchaus Spielraum für Flexibilität und Auflehnung gibt. Im Gegensatz zu Ländern wie Japan oder Saudi-Arabien sind unsere Regeln entweder viel dehnbarer oder quasi nichtexistent. In Japan zum Beispiel ist es üblich, die Visitenkarten in einer der oberen Taschen bei sich zu tragen. Warum? Wenn man sie in die Gesäßtasche steckt, setzt man sich darauf. Auf einer Visitenkarte zu sitzen, die man später jemandem überreicht, ist beleidigend. In der Tat wird eine Visitenkarte einem Geschäftspartner oder -freund mit beiden Händen und einer kleinen Verbeugung übergeben. In westlichen Ländern läuft der Austausch von Visitenkarten viel lockerer und ohne besondere Etikette ab.

Die Chancen stehen gut, dass es keine Regeln für viele Verhaltensweisen gibt, über die Sie sich Gedanken machen. Ob Sie die Beine übereinander schlagen oder nicht, wenn Sie in einer Gruppe sitzen, interessiert niemanden wirklich. In der Hauptsache werden Sie sich gut einfügen, wenn Sie im Allgemeinen freundlich zu den Leuten sind und nichts tun, das Ihr eigenes Anstandsgefühl verletzt.

Vergleiche

Eine lästige Denkfalle ist es, sich mit anderen zu vergleichen und immer den Kürzeren zu ziehen. Wenn das zu Ihrer Freizeitbeschäftigung gehört, wissen Sie, wie viel unnötiges Leiden Sie sich aufgehalst haben. Sie sagen sich: „Jim ist smarter, erfolgreicher, größer als ich" oder „Sheila ist hübscher, selbstsicherer und extrovertierter". Wir neigen dazu, die Vorzüge anderer Leute aufzubauschen und ihre schlechten Eigenschaften herunterzuspielen. Gleichzeitig tendieren wir dazu, unsere eigenen Vorzüge unter den Scheffel zu stellen und einen großen Aufstand um unsere Mängel zu machen. Teilnehmer meiner Gruppen haben mir mitgeteilt, dass es sie manchmal verbittert und ärgerlich macht, wenn andere selbstsicherer erscheinen, als sie sind. Wenn dieser Ärger zu Neid wird, vergrößert sich das Leiden. Neid kann unsere Herzen vergiften, uns sinnlos ablenken und konstruktivem Handeln im Weg stehen.

Steven Gilligan, ein Psychotherapeut, erzählte bei einem seiner Workshops eine entzückende Geschichte über Vergleiche. Es ist die Geschichte der Königin Malika, die als eine der Ersten zum Buddhismus übertrat und zufällig auch zur gleichen Zeit wie Buddha lebte. An einem Sommerabend saßen Königin Malika und ihr Gemahl auf der Terrasse. Der König fragte sie: „Wen liebst du am meisten?" Da sie Buddhistin war, antwortete sie: „Ich liebe mich selbst am meisten." Zunächst war der König verblüfft. Dann sagte er: „Mich deucht, ich liebe mich auch am meisten." Beide wurden nun neugierig und gingen hinüber zu ihrem Nachbarn, Buddha, und fragten ihn, was er darüber dachte. Er entgegnete: „Ihr habt es klar erkannt ... Wenn ihr euch selbst liebt, hört ihr auf, euch auszubeuten, euch zu prostituieren. Ihr müsst nicht ständig über euch wachen in der Hoffnung, dass die Leute euch gut bewerten." Mit anderen Worten hört man dann auf, sich in dem Bestreben, anderen zu gefallen, zu verbiegen. Buddha erklärte weiter, dass man, um Selbstliebe üben zu können, die Vorstellung aufgeben müsse, man sei überlegen. Und um das zu tun, müsse man aufhören, sich unterlegen zu fühlen. An diesem Punkt höre man auf, sich überhaupt mit anderen zu vergleichen, und trete in Verbindung zu ihnen. Wenn man sich nicht länger Gedanken darum macht, ob man nun überlegen oder unterlegen oder gleichrangig ist, erkennt man, dass es mehr gibt, was Menschen miteinander gemein haben, als das, was sie trennt.

Berechnung und Kontrolle

Wir fühlen uns unbehaglich, wenn wir nicht vertraute Aktivitäten meiden und uns hinter routinemäßigen Verhaltensmustern verstecken, die darauf abzielen, den schützenden Beifall anderer Menschen sicherzustellen.
SHELDON KOPP, *Raise Your Right Hand Against Fear*

Jake, der Zahnarzt, hat, wie bereits geschildert, kein Problem damit, zu einem Publikum von 500 Leuten zu sprechen, denn er weiß genau, was er sagen wird. Aber er zittert schon bei dem Gedanken daran, mit einer einzelnen Person reden zu müssen, die er gerade getroffen hat, weil er keine Ahnung hat, was aus dieser Begegnung werden wird. Viele erfolgreiche Schauspielerinnen und Schauspieler behaupten, in sozialen Situationen extrem schüchtern zu sein, da sie sich dann an kein Drehbuch und keinen Teleprompter halten können. Teilnehmer meiner Gruppen haben mich gelegentlich gebeten, ihnen im Detail zu beschreiben, was wir in der folgenden Woche tun würden, selbst wenn ich bereits ein Paper zum Kursprogramm ausgeteilt hatte. Die Aussicht auf Unberechenbarkeit scheint entnervend. Aber warum ist es so wichtig, die Dinge unter Kontrolle zu haben und nichts dem Zufall zu überlassen?

Im Allgemeinen übernehmen wir die Kontrolle, wenn wir uns selbst vor Enttäuschung oder Verletzung schützen wollen. Wir reservieren Hotelzimmer und Campingstellplätze, um die Enttäuschung zu vermeiden, das „Belegt“-Zeichen zu sehen, wenn wir dort angekommen sind. Kontrolle durch Vorausplanen auszuüben, kann eine gesunde Sache sein. Aber es ist etwas anderes, Kontrolle auszuüben, indem man höchstpersönlich jedes kleinste Detail eines Ereignisses festklopft, bevor es geschieht, und das Urteil und den Beifall der Leute vorwegnimmt. Diese exzessive Kontrolle kann dem Leben Glanz und Erregung rauben. Es gibt kaum eine Chance für Momente, die spontan, herrlich und unerwartet sind. Sobald Sie bemerken, dass Sie auch zu all jenen gehören, die in der Lage sein müssen vorherzusagen, wie alles ausgehen wird, sollten Sie sich erst einmal darüber klar werden und es wertschätzen, dass dieses Kontrollbedürfnis – das wahrscheinlich früher einmal als Überlebensmechanismus fungierte – nicht länger nützlich ist. Der nächste Schritt ist, sich selbst zu gestatten, unbekanntes Territorium zu betreten und dort winzige Risiken einzugehen. Praktizieren Sie Ihre Erdungsübung und schauen Sie, ob Sie an sich wieder eine kindliche Freude an Überraschungen entdecken.

Die Wunschfalle

„Wenn ich doch nur eine Million Euro hätte.“ Wie oft haben Sie sich schon ein unverhofftes Geschenk gewünscht, das Sie aus Ihrer derzeitigen Lage in eine vielversprechendere versetzen könnte? Wenn Sie sich nicht mehr Geld erhoffen, dann vielleicht mehr Selbstvertrauen, mehr Freunde, einen besseren Job, eine größere Wohnung. Solche Wünsche sind oft der erste Schritt auf das Ziel zu, das Sie ansteuern. Trotzdem bleibt für viele das Wünschen der erste und auch letzte Schritt. Es wird zur geistigen Falle, die mit Fantasiegedanken und -bildern angefüllt ist, welche nirgendwohin führen. „Wenn ich doch nicht so viel Angst davor hätte, es einmal darauf ankommen zu lassen. Wenn ich doch nur einen Partner hätte, wie ihn alle anderen zu haben scheinen. Wenn ich doch nur wie Dana wäre, die förmlich durch Vorstellungsgespräche schwebt.“ Leute, die im Wenn-doch-nur-Fantasyland festhängen, sehen sich oft mit Hoffnungslosigkeit und Hilflosigkeit konfrontiert.

Wenn Sie aus dieser besonderen Falle entkommen wollen, müssen Sie zwei Dinge tun: Zunächst müssen Sie die Realität Ihrer Situation akzeptieren, statt sich vergeblich etwas anderes zu wünschen. Ersetzen Sie „Wenn doch nur" durch „In Anbetracht dieser Realität". Genauer gesagt heißt das „In Anbetracht der Realität, dass ich Angst davor habe, etwas zu riskieren" oder „... dass ich keinen Partner habe" oder „ ... dass ich Bewerbungsgespräche eher vermeide oder durch sie hindurchstolpere". Sobald Sie die Realität akzeptiert haben, die die Ihre ist, ist die nächste wichtige Sache, die Sie sagen müssen: „Was ist zu tun?", oder noch besser: „Was muss ich tun?" Sie sehen, jetzt ist das Wünschen zum ersten, aber nicht letzten Schritt geworden. Und es eröffnet sich eine ganz neue Welt der Möglichkeiten.

„Wenn ich nicht weiß, was ich als Nächstes tun soll, wo finde ich es heraus? Soll ich in die Bibliothek gehen? Mit Freunden sprechen? Mit der Familie? Wenn ich damit anfangen will, Risiken einzugehen, dann kann ich vielleicht den Plan fassen, ein kleines Risiko einzugehen und zu sehen, was passiert. Zum Beispiel kann ich einen neuen Weg zur Arbeit nehmen anstelle des altvertrauten. Wenn ich einen Partner suche, muss ich vielleicht mehr ausgehen, in die Zeitung schauen und sehen, was in der Stadt so los ist. Wenn ich in Vorstellungsgesprächen erfolgreicher werden will, sollte ich vielleicht einen Ratgeber dazu lesen oder mit Hilfe meines Kassettenrekorders Fragen und Antworten üben."

Optionen und Möglichkeiten führen oft zu weiteren Optionen und Möglichkeiten. Anstatt sich hoffnungslos zu fühlen, werden Sie bemerken, dass Sie anfangen, aufgeregt zu sein. Sicher, es wird sich auch nagende Besorgnis in die Aufregung mischen, aber damit muss man jedes Mal rechnen, wenn man etwas Neues probiert. Und jetzt, anstatt in einem Meer der Trägheit zu schwimmen, bewegen Sie sich, lernen Sie und nehmen am Prozess des Lebens teil – und alles nur, weil Sie gefragt haben: „Was muss ich in Anbetracht dieser Realität tun?“

Mut und die Furchtlosigkeitsfalle

Eine weitere geistige Falle, die hier erwähnt werden sollte, ist die Auffassung, dass wir furchtlos sein müssen, um mutig zu sein. Es ist indes wichtig zu erkennen, dass ein mutiger und selbstsicherer Mensch nicht notwendigerweise furchtlos ist. Ebenso wenig muss er frei von jeder Angst sein. In ihrem Buch *Selbstvertrauen gewinnen* schreibt Susan Jeffers, dass sie – gleichgültig, wie sehr ihre Selbstsicherheit wuchs – trotzdem immer noch jedes Mal Angst hatte, wenn sie etwas Neues in Angriff nahm. Sie erkannte, dass das für fast alle anderen auch galt. Sicher werden Sie Ihre momentane Angst verlieren, wenn Sie eine bestimmte Situation gemeistert haben.

Aber solange Sie fortfahren zu wachsen und sich neuen und nicht vertrauten Situationen auszusetzen, werden Sie wenigstens ein bisschen ängstlich sein, während Sie dabei sind, sich zurechtzufinden und herauszubekommen, wie der Hase läuft. Wenn Sie das nächste Mal in einer neuen Situation Angst bekommen, hilft es Ihnen vielleicht daran zu denken, dass diese Angst nur Leben ist, das durch Ihren Körper strömt. Sie stellen sich dem Unbekannten, tauschen das Vertraute gegen das Fremde ein. Sie sind mutig.

Osho, einer der weltweit bekanntesten spirituellen Führer des 20. Jahrhunderts, schreibt in seinem Buch *Mut – Lebe wild und gefährlich*, dass das Leben kein mechanischer Prozess und ungewiss sei. Er nennt es ein unvorhersehbares Geheimnis. Osho fügt hinzu, dass schon die Bereitschaft, in Ungewissheit zu verharren, Mut sei. Er erklärt auch, dass der einzige Unterschied zwischen einem Feigling (entschuldigen Sie dieses Etikett) und einer mutigen Person darin besteht, dass der Feigling seinen Ängsten lauscht, während die mutige Person, die ähnliche Ängste teilt, sie beiseite schiebt und vorwärts geht. Sie akzeptiert, dass das Leben ein Abenteuer ist.

Sobald Sie sich an die Vorstellung gewöhnt haben, dass Furcht und Angst ein normaler Teil des Lebens sind, wird das Leben weniger Furcht erregend und Angst auslösend. Sie mögen in neuen Situationen weiterhin furchtsam und ängstlich sein, aber zumindest haben Sie nun weniger Angst vor der Angst. Denken Sie daran: Furchtsam oder ängstlich zu sein bedeutet nicht notwendigerweise, keinen Mut zu haben. Im Gegenteil: Leute, die soziale Ängste erleben und trotzdem an sozialen Begegnungen festhalten, sind in der Tat als sehr tapfer zu betrachten!

Der Wert der Angst

Während Sie einen Ausweg aus diesen geistigen Fallen suchen, lernen Sie, die Angst in neuem Licht zu sehen. Anstatt sie zu fürchten, stellen Sie sich vor, dass Sie dankbar für sie sind. Wenn ich die Teilnehmer meiner Angstgruppen bitte, eine Liste der Vorzüge von Angst aufzustellen, sehen mich viele an, als wäre ich verrückt. Aber nach einer Runde Brainstorming entdecken sie, dass dieses Gefühl auf vielfältige Art von Vorteil sein kann.

1. **Angst schützt vor Gefahr.** Unser Körper ist für das Überleben konzipiert. Jedes Mal, wenn wir Gefahr wittern, sogar unbewusst, bekommen wir Angst. Unser Sympathikus wird aktiviert, und unser Körper macht sich bereit für Kampf oder Flucht.
2. **Angst bedeutet, dass wir unsere Sache gut machen wollen.** Wir würden uns nicht vor Prüfungen fürchten, wenn wir nicht gut abschneiden wollten. Wir würden uns keine Gedanken um das Abendessen machen, das wir heute geben, wenn wir nicht wollen würden, dass alles gut gehen soll. Angst erinnert uns daran, dass wir zu einer Gemeinschaft gehören und dass wir in dieser eine gute Leistung zeigen möchten.

3. **Angst motiviert uns dazu, uns vorzubereiten.** Wenn wir vor der Mathearbeit nächste Woche Angst haben, werden wir den Kinobesuch ausfallen lassen, zu Hause bleiben und lernen. Wenn wir befürchten, keine Themen für eine Unterhaltung zu haben, wenn wir zu einer Party gehen, werden wir dafür sorgen, dass wir die Nachrichten sehen und uns drei interessante Meldungen merken. Angst erinnert uns sehr gut daran, dass wir uns besser auf ein Ereignis vorbereiten sollten, damit die Angst schwindet, wenn es so weit ist.
4. **Angst hilft uns, uns zu konzentrieren.** Solange die Angst nicht überhand nimmt, kann sie uns helfen, uns auf die bevorstehende Aufgabe zu konzentrieren. Viele Musiker und Künstler erklären, dass ihnen vor einer Vorstellung ein wenig Lampenfieber lieber ist als zu große Ruhe. Die Angst verleiht ihnen den nötigen Biss, um mit Konzentration, Energie und Leidenschaft zu spielen.
5. **Angst lässt Erfolge noch mehr glänzen.** Wenn Sie Angst davor hatten, wie Ihre Verabredung wohl verlaufen wird, werden Sie doppelt froh sein, wenn Sie nachher beide übereinkommen, sich wiederzusehen. Wenn Sie Angst vor Ihrem Vortrag über afrikanische Eidechsen hatten, werden Sie umso hingerissener sein, wenn Ihr Publikum laut applaudiert und man Sie bittet, im nächsten Jahr wiederzukommen. Der Kontrast zwischen der Freude über ein erfolgreiches Ereignis und der Angst, die Sie im Vorfeld durchmachten, versüßt Ihnen den Erfolg.
6. **Angst erinnert uns daran, dass wir Menschen sind.** Angst zeigt uns, dass wir ein fühlendes menschliches Wesen und kein gefühlloser Roboter sind. Angst ist eines von vielen normalen emotionalen Erlebnissen.
7. **Angst verbindet uns mit anderen.** Wenn wir mit diesem Gefühl vertraut sind, können wir mit anderen mitfühlen, wenn sie Angst haben.
8. **Angst kann ein Signal sein, dass etwas ansteht, um das wir uns kümmern müssen.** Vielleicht einer der größten Nutzen von Angst ist, dass sie ein wertvoller Anhaltspunkt dafür ist,

dass wir unsere Aufmerksamkeit auf etwas richten müssen, das unserem Bewusstsein entgeht. Vielleicht vermeiden wir die Auseinandersetzung mit etwas oder jemandem, das oder der uns wütend, traurig oder ängstlich macht. Die Energie, die wir dafür aufwenden, diese Gefühle wegzuschieben, könnte in Form von Angst auftreten.

Acht Arten, auf welche Weise Angst für uns wertvoll sein kann! Ist es möglich, dass Sie diese Emotion als Freund betrachten können und nicht als Feind – nicht als etwas, das Sie bezwingen müssen, sondern das Sie kanalisieren, bewältigen und dem Sie manchmal zuhören müssen? Die meisten Leute in meinen Gruppen sind erleichtert, wenn sie eine neue Beziehung zu ihrer Angst zu entwickeln beginnen. Während Sie die positiven Aspekte der Angst schätzen lernen, lernen Sie ihre eigene Angst akzeptieren. Und raten Sie mal, was geschieht, wenn Sie aufhören, Ihre Angst zu bekämpfen: Sie kämpft auch nicht mehr gegen sie. Sie wird für gewöhnlich in einem Rahmen, mit dem Sie umgehen können, bleiben – bereit, Ihnen zu Diensten zu sein.

Schlüsselgedanken

- Während der sozialen Interaktion mit anderen den Fokus auf sich selbst zu richten ist eine Denkfalle, die soziale Ängste noch steigert. Das Gegenmittel ist, sich auf die momentane Aufgabe und auf die anderen zu konzentrieren.
- Perfektionismus, der Sie dazu bringt, sich an unerreichbaren Standards zu messen, nährt ebenfalls soziale Ängste und Zögerlichkeit. Das Gegenmittel ist, Sie selbst so zu akzeptieren, wie Sie sind.
- Wenn Sie Ihre Fehler als Gelegenheiten zum Lernen betrachten, wird Ihnen dies helfen, Ihre Einstellung dahingehend zu ändern, dass Sie Ihre Fehler nicht mehr fürchten, sondern sie wertschätzen.

- Wenn Sie vergangene soziale Ereignisse minutiös sezieren und bei der Frage verweilen, was schief gelaufen ist, wird Ihre Selbstsicherheit schrumpfen. Konzentrieren Sie sich auf das, was gut gelaufen ist, und lernen Sie aus dem Rest.
- Die Verbindlichkeit von sozialen Regeln variiert von Kultur zu Kultur. In den meisten westlichen Kulturen wird es Ihnen den Weg zu reibungsloser sozialer Interaktion ebnen, wenn Sie anderen einfach nur Aufmerksamkeit entgegenbringen.
- Sich selbst mit anderen zu vergleichen nährt die Angst. Stellen Sie besser keine Vergleiche an.
- Das Bedürfnis, ganz genau vorherzusehen, wie eine soziale Begegnung ablaufen wird, spiegelt die Furcht wider, anders nicht damit umgehen zu können. Indem Sie aber kleine Risiken eingehen und sich auf unbekanntes Territorium vorwagen, helfen Sie sich, Selbstsicherheit und eine Wertschätzung für die vielen Überraschungen zu entwickeln, die das Leben zu bieten hat.
- Wenn Sie sich ein anderes Leben wünschen und keine Schritte unternehmen, Ihr Dasein zu ändern, wächst die Angst. Fragen Sie sich, was zu tun ist, und dann tun Sie es.
- Mut ist nicht gleichbedeutend mit Furchtlosigkeit. Solange Sie lernen und neues Territorium betreten, werden Angst und Furcht Sie begleiten. Viele sozial ängstliche Menschen sind extrem tapfer, auch wenn sie Angst haben.
- Angst hat zahlreiche Vorzüge. Zum Beispiel hilft sie Ihnen, sich auf Gefahr vorzubereiten, sie motiviert Sie, Ihre Sache gut zu machen, und sie signalisiert Ihnen manchmal, dass Sie auf einer Stressemotion „sitzen", die Ihrer Aufmerksamkeit bedarf.

Das möchte ich aus diesem Kapitel mitnehmen:

....

....

Ich werde es auf folgende Art und Weise in die Tat umsetzen:

……………………………………………………………………………………

……………………………………………………………………………………

Teil vier:

Die Macht des Handelns

KAPITEL ZWÖLF:

Tun Sie es!

Üben, üben, üben

Man gewinnt Stärke, Mut und Selbstsicherheit
durch jede Erfahrung, bei der man innehalten
und der Furcht ins Gesicht blicken muss ...
Man muss das tun, was man nicht tun zu können glaubt.
ELEANOR ROOSEVELT (1884-1962),
ehemalige First Lady der USA und früher sehr schüchtern

Indem Sie es wagen, das zu tun, wovor Sie sich fürchten, lernen Sie, dass das Handeln selbst weniger Furcht erregend ist als seine Vorwegnahme. Sie sammeln Beweise dafür, dass Handeln Erfolg nach sich zieht. In dem Wort „Erfolg“ steckt die Bedeutung „eine Sache bis zum Schluss verfolgen“. Wie wir schon unzählige Male gehört haben, sind Ideen im Dutzend billiger. Aber es ist ihre Verfolgung bis zum Ende, die den Unterschied zwischen „nur ein Traum“ und der Verwirklichung ausmacht.

Hierarchielisten

In Kapitel neun haben Sie vom Wert der Ziele und dem Sinn, diese aufzuschreiben, erfahren. Sie wissen also bereits, wie wichtig es ist, mit kleinen Schritten zu beginnen. Wenn Sie mehr Selbstvertrauen haben, werden Sie müheloser die schwierigeren, herausfordernden Schritte bewältigen. Eine Methode, diese Vorgehensweise zu planen, ist, eine Hierarchieliste anzulegen. Dies ist eine Liste mit Handlungen oder Situationen, die nach ihrem Schwierigkeitsgrad geordnet sind: Sie beginnen beim leichtesten und fahren mit den herausfordernderen fort. Diese Liste kann Zeit und Entfernung erfassen, ein Thema oder einzelne Ereignisse. Im Folgenden wollen wir uns dies einmal ansehen.

Zeit und Entfernung

Diese Liste ist besonders nützlich für Menschen, die heftig unter den körperlichen Symptomen sozialer Ängste zu leiden haben. Stellen wir uns einmal vor, eine Freundin von Ihnen gibt ein Essen. Sie und ein paar andere Bekannte sind eingeladen – darunter auch Terry, den Sie attraktiv finden. Sie sind aufgeregt, weil die Aussicht besteht, dass Sie mit ihm sprechen werden. Dennoch dämpfen ängstliche Gedanken und Erinnerungen Ihre Aufregung. Sie denken daran, wie gelähmt Sie waren, als Terry und Sie sich das letzte Mal beim Geschäftsmeeting trafen. Sie erinnern sich, dass Sie jedes Mal weggesehen haben, als er in Ihre Richtung blickte. Mittels der folgenden Hierarchieliste planen Sie nun die erneute Begegnung. Hier die chronologischen Szenen, beginnend mit der leichtesten bis hinauf zur herausforderndsten, die darin kulminieren, dass Sie Terry von Angesicht zu Angesicht gegenüberstehen werden:

1. Fertig machen für die Party.
2. Das Haus verlassen, um zur Party zu fahren.
3. An der Tür der Gastgeberin klopfen.
4. Der Gastgeberin den Mantel übergeben und nach Terry Ausschau halten.
5. Terry entdecken.
6. Terry zulächeln und direkten Blickkontakt suchen.
7. Zu ihm hinübergehen.
8. Die Hand ausstrecken und „Hallo“ sagen.
9. Eine Konversation beginnen und Terry fragen, wen er hier sonst noch kennt.

Vorgestellte Trockenübung

Denken Sie daran: Ein Schlüsselfaktor ist, sich der Situation selbst in entspanntem Zustand in der Vorstellung anzunähern. Zunächst suchen Sie sich eine Ihrer bevorzugten Beruhigungsmethoden aus.

Sobald Sie vollkommen entspannt sind, stellen Sie sich die erste Szene möglichst plastisch vor: Sie machen sich fertig für die Party. Vergessen Sie nichts, sodass sich alles real anfühlt. Wenn Sie anfangen, Angst zu spüren, halten Sie inne und konzentrieren sich auf Ihren Atem. Sobald Sie wieder entspannt sind, stellen Sie sich wieder die erste Szene vor. Wenn Sie bereit sind, gehen Sie zur nächsten über. Wiederholen Sie dieses Verfahren: entspannen, vorstellen und innehalten, wann immer Sie ängstlich werden. Wenn es nötig ist, nehmen Sie sich die Freiheit und kehren Sie zu einer früheren Szene zurück; sorgen Sie dafür, dass Sie sich beruhigt haben, bevor Sie mit der nächsten weitermachen. Je nachdem, womit Sie sich wohler fühlen, können Sie nur ein paar Szenen auf einmal „abarbeiten", alle auf einmal oder vor- und rückwärts gehen und wieder vorwärts, sooft Sie es brauchen. Achten Sie nur darauf, wieder ruhig zu werden, bevor Sie mit der nächsten Szene fortfahren.

Für gewöhnlich heißt es, derartige Sitzungen sollten wenigstens eine Stunde dauern – das ist genug Zeit, um Angstsymptome kommen und auch wieder gehen zu sehen. Wie beim Rehearsal mit Bildern schlage ich auch hier vor, dass Sie so lange üben, bis Sie erleben, dass sich Ihre Angstsymptome verflüchtigen. Bei einigen Menschen wird es mehrmals am Tag ein paar Minuten dauern; bei anderen eine Stunde oder mehr. In jedem Fall sollten Sie täglich üben und Ihre Fortschritte verfolgen.

Wenn Sie feststellen, dass es Ihnen schwer fällt, alle Szenen durchzuspielen, sollten Sie sich auf die Suche nach den Stolpersteinen begeben. Vielleicht lenken Sie negative Gedanken ab. Vielleicht sagen Sie zu sich selbst: „Das funktioniert doch nie!" Sollte das der Fall sein, so ist es sinnvoll, sich eine Auszeit zu nehmen und mit Hilfe der in Kapitel zehn beschriebenen

Strategien an der Beseitigung dieser unrealistischen, beschränkenden Gedanken zu arbeiten.

Die Umsetzung in die Wirklichkeit

Wenn es nun also ernst wird, sind Sitzungen von wenigen Minuten für gewöhnlich nicht lang genug, um ein Abnehmen der Angstsymptome zu erreichen. Reservieren Sie sich mindestens eine Stunde, dann werden Sie merken, dass die Angstsymptome tatsächlich abklingen. Beginnen Sie mit Szene eins, der Vorbereitung auf die Party. Das Hauptaugenmerk liegt auf der Entspannung. Vielleicht haben Sie schon früher am Tag geübt oder ein Bad bei entspannender Hintergrundmusik genommen. Während Sie sich anziehen, erden Sie sich. Sie können sich auch Affirmationen vorsagen: „Ich bin entspannt. Auf der Party bin ich selbstsicher und ruhig."

Es folgt Szene zwei – Sie verlassen das Haus. Während des Fahrens konzentrieren Sie sich darauf, ruhig zu bleiben. Wenn Sie spüren, dass Ihr Herz beim Gedanken an Terry zu rasen beginnt, sprechen Sie eine Affirmation. Sie können sich sagen: „Das ist nur Adrenalin, das durch meinen Körper fließt. Nur zu verständlich, dass ich aufgeregt bin." Nun konzentrieren Sie sich auf Atem und Erdung. Achten Sie auf die Empfindung Ihrer Füße auf dem Boden, Ihres Gesäßes auf dem Sitz, Ihres Rückens an der Lehne des Autositzes, Ihrer Hände am Steuer und Ihres Atems, der ein- und ausströmt.

Nun kommen Sie am Haus Ihrer Freundin an und parken den Wagen. Wenn Sie noch Zeit zur Entspannung brauchen, dann nehmen Sie sie sich. Sie können sich vorstellen, wie selbstsicher Sie sind, während Sie die Stufen hinaufsteigen und klingeln. Verlassen Sie nun das Auto. Lassen Sie sich einen Moment Zeit und konzentrieren Sie sich auf die Umgebung, bemerken Sie zum Beispiel den Duft der Blumen im Vorgarten. Sie atmen tief ein. Sie nehmen die Treppe und fühlen Ihre Füße die Stufen berühren, eine nach der anderen. Sie klingeln (Szene drei). So weit, so gut.

Nun zu Szene vier: Ihre Freundin öffnet die Tür. Sie geben ihr den Mantel und plaudern ein wenig vor der Garderobe. Sie sehen sich kurz um und entdecken, dass Terry schon da ist; er steht am Kamin im Wohnzimmer (Szene fünf).

Sie bemerken, dass Ihr Herz schneller schlägt. Sie erinnern sich selbst daran, dass diese Aufregung ganz natürlich ist. Sie erden sich. Sie achten darauf, dass Sie im Wohnzimmer bleiben, während Sie sich weiterhin sagen, dass alles in Ordnung ist. Sie erspähen eine Freundin, die Sie seit einer ganzen Weile nicht gesehen haben, und beginnen eine Konversation mit ihr, um sich gegenseitig auf den neuesten Stand zu bringen. Wenn Ihre Aufmerksamkeit zu dem Gedanken an Terry zurückkehrt, fängt Ihr Herz wieder schneller an zu schlagen. Sie erinnern sich daran, dass das Aufregung ist, Sie sich wohl fühlen und alles bestens ist. Sie konzentrieren sich wieder auf Ihre Freundin und stellen ihr ein paar Fragen. Irgendwann kommt Terry vorbei. Sie suchen seinen Blick und lächeln ihm zur Begrüßung zu (Szene sechs). Bravo! Sie haben es schon bis Szene sechs geschafft.

Die meisten würden Ihnen nun raten, einfach weiterzumachen. Es liegt bei Ihnen. An diesem Punkt können Sie sich dazu entscheiden, dass das Ganze schon ein großer Triumph für Sie war und Sie sich im Moment nicht weiter drängen wollen. Oder Sie stupsen sich doch noch ein bisschen an und beginnen ein Gespräch mit Terry. Was auch immer Sie tun – bleiben Sie auf den Erfolg konzentriert. Einige Leute würden diesen persönlichen Erfolg vielleicht herabsetzen, indem sie sagen: „Ich hab's am Ende doch nicht geschafft, mit Terry zu reden. Ich bin eine Niete." Unsinn! Ich erinnere meine Gruppenteilnehmer immer wieder daran, dass selbst das Voranschreiten in winzigen Schritten viel besser ist, als sich überhaupt nicht zu bewegen. Ganz allmählich werden Sie Ihr Ziel erreichen. Setzen Sie sich immer wieder sozialen Situationen aus, die Sie nervös machen, und Sie werden am Ende an Ihrem Ziel ankommen.

Themen

Eine weitere Möglichkeit ist es, eine Hierarchieliste nach dem Thema Ihres Ziels anzulegen. Tun wir einmal so, als sei es Ihr Ziel, sich wohler mit jemandem zu fühlen, der Sie anzieht. Abhängig von Ihrer sexuellen Orientierung werden Sie das folgende Szenario Ihren Bedürfnissen anpassen müssen. Hier nehmen wir einmal an, dass Sie ein heterosexueller Mann sind, der in Anwesenheit der meisten Frauen Angst bekommt, und natürlich besonders in Anwesenheit einer attraktiven. Attraktiv heißt für Sie: ein wenig rundlich, dunkelhäutig und selbstsicher. Sie denken dabei nicht an eine bestimmte Person. Sie würden ja gern, aber beim bloßen Anblick einer attraktiven Frau legen Sie schon den Rückwärtsgang ein. Das Thema lautet also: „Annäherung an Frauen“.

Nun stellen Sie eine Aufgabenliste auf, die von der leichtesten zur schwersten hin verläuft. Sie könnte zum Beispiel so aussehen:

1. Üben Sie, in Anwesenheit aller möglichen Frauen – ob jung oder alt, groß oder klein, dunkel- oder hellhäutig – ein offenes und freundliches Gesicht zur Schau zu stellen.
2. Üben Sie, diese Frauen anzulächeln.
3. Üben Sie, diese Frauen zu grüßen.
4. Beginnen Sie ein kurzes Gespräch mit einer Frau, die Ihre Großmutter sein könnte, dann mit einer, die der dem Tantentypus entspricht.
5. Lächeln Sie allen möglichen Frauen zu, auch rundlichen.
6. Lächeln Sie attraktiven rundlichen Frauen zu.
7. Grüßen Sie rundliche Frauen.
8. Grüßen Sie attraktive rundliche Frauen.
9. Beginnen Sie ein kurzes Gespräch mit einer davon.
10. Beginnen Sie ein fünfminütiges Gespräch mit einer attraktiven rundlichen Frau.

Stellen Sie sich jeweils nur eine Aufgabe. In den ersten drei Tagen zum Beispiel konzentrieren Sie sich darauf, allen möglichen Frauen gegenüber ein offenes Gesicht zur Schau zu tragen. Wenn

Sie nach den drei Tagen dieses Ziel erreicht haben, gehen Sie zum nächsten Schritt weiter: allen möglichen Frauen zuzulächeln. Die darauf folgenden drei Tage können Sie dann darauf verwenden, alle möglichen Frauen zu grüßen. Vergessen Sie nicht: Sie können jederzeit mit Bildern arbeiten, positive Affirmationen sprechen, atmen, sich entspannen und erden, um ruhig zu bleiben. Jedes Mal, wenn Sie ein Ziel erreicht haben, fahren Sie mit der nächsten Szene fort. Wann immer Sie bei sich Probleme bemerken, die Ihnen das Fortkommen erschweren, ist es Zeit, eine Pause einzulegen und die Stolpersteine zu identifizieren. Liegt es an negativen Gedanken oder geringem Selbstwertgefühl, oder ist der Sprung zum nächsten Schritt einfach zu groß? Sobald Sie Ihre Gedanken bereinigt, Ihr Selbstwertgefühl wiederhergestellt oder Ihre Ziele angepasst haben, gehen Sie wieder ins Rennen und machen weiter. Während Sie mit dieser Methode fortfahren, werden Sie bemerken, wie Ihre Selbstsicherheit wächst.

Ereignisse

Sie können auch alle Arten von Ereignissen, die bei Ihnen soziale Ängste auslösen, hierarchisch auflisten, und zwar geordnet nach dem Grad der Herausforderung oder Schwierigkeit. Diese Vorgehensweise eignet sich besonders für all jene, die mit mehr als einer Art von sozialen Situation nicht umgehen können. Zunächst schreiben Sie alle Begebenheiten auf, die bei Ihnen typischerweise soziale Ängste oder Schüchternheit heraufbeschwören. Karl legte zum Beispiel diese Liste an:

Mit dem Manager, Mr. Brown, sprechen (9)
Mit dem Abteilungsleiter, Mr. Black, sprechen (8)
Vor einer Gruppe laut vorlesen (7)
Vor Fremden Klavier spielen (7)
Jemanden um eine Verabredung bitten (10)
In Anwesenheit eines anderen telefonieren (4)
Mit Freunden in einen Club gehen (5)
Einladungen zu Partys annehmen (6)

Gehen Sie die Liste durch und weisen Sie jedem Ereignis eine Punktezahl zu, je nach der Intensität des Angstgefühls, die dieses Ereignis auslöst. Verteilen Sie Punkte zwischen eins und zehn, wobei eins für wenig Angst steht und zehn für sehr große. Lesen Sie sich nun Karls Liste noch einmal durch und achten Sie auf die Punkte, die er verteilt hat. Nun stellen Sie Ihre Liste um, indem Sie bei dem Ereignis mit der geringsten Punktezahl beginnen und bei jenem mit der höchsten enden. Karls neue Liste sieht nun so aus:

1. In Anwesenheit eines anderen telefonieren
2. Mit Freunden in einen Club gehen
3. Einladungen zu Partys annehmen
4. Vor einer Gruppe laut vorlesen
5. Vor Fremden Klavier spielen
6. Mit dem Abteilungsleiter, Mr. Black, sprechen
7. Mit dem Manager, Mr. Brown, sprechen
8. Jemanden um eine Verabredung bitten

Nun haben Sie den Punkt, an dem Sie beginnen werden. Karls erstes Hauptziel wird zum Beispiel sein, im Büro am Telefon ruhig zu bleiben, während er eine Kundenbeschwerde entgegennimmt – selbst wenn jemand anders den Raum betritt. Seine Zwischenziele liegen in der körperlichen Ebene, sich vielleicht zu erden, bevor er ans Telefon geht, oder sich auf den Atem zu konzentrieren, sobald jemand den Raum betritt. Auf der geistigen Ebene kann ein Zwischenziel sein, sich bildlich vorzustellen, wie er am Telefon spricht, während andere vorbeigehen und vielleicht zuhören. Er wird sich vorstellen, dass er ruhig und entspannt bleibt, gleichgültig, wer hereinkommt und welche Beachtung man ihm schenkt. Karl kann sich auch Affirmationen vorsprechen, wie etwa: „Ich bin vollkommen auf den Gesprächspartner am anderen Ende der Leitung konzentriert. Alles andere ist ausgeblendet. Ich befinde mich in einem Kundengespräch. Das ist alles, was jetzt im Moment zählt." Auf der Handlungsebene wird sein Zwischenziel vielleicht sein, Schlüsselsätze zu sprechen, die man ihm für den Fall einer Kundenbeschwerde beigebracht hat.

Mit Hilfe von Hierarchielisten finden Sie heraus, an welcher Handlung oder Situation Sie zuerst arbeiten möchten. Ihre Zielelisten (siehe Anhang) helfen Ihnen dabei, konzentriert und motiviert zu bleiben.

Der „Ernstfall“: Richtlinien für die Umsetzung Ihrer Strategien

Befolgen Sie diese Richtlinien, um im Ernstfall die akute Situation bestmöglich nutzen zu können.

Kleine Schritte: Langsamer ist schneller.

Kein Schritt ist zu klein, solange er Sie aus Ihrer Wohlfühlzone herausführt. Jede Situation wird zumindest ein wenig Angst mit sich bringen – sonst müssten Sie sich die Mühe gar nicht machen. Wenn Sie beständig kleine Schritte machen, werden Sie in der Regel Ihr Ziel eher erreichen, als wenn Sie zu große machen, die Sie überfordern und bei denen Sie unter Umständen wieder die Angst überwältigt.

Bleiben Sie dabei, bis das Angstniveau sinkt.

Verharren Sie in der Situation, bis das Ausmaß Ihrer Angst zu schrumpfen beginnt – was es unweigerlich tun wird. Wenn Sie sich der Situation entziehen, während der Sympathikus in vollem Schwange ist, Herz und Atem rasen, berauben Sie sich der Erfahrung, erleichtert den Rückgang der Angst fühlen zu können. Sie bekommen keine Gelegenheit, das Vertrauen zu entwickeln, dass die Dinge sich schon regeln werden.

Üben, üben, üben.

Es steht außer Zweifel, dass Sie, je öfter Sie den Ernstfall proben, desto erfolgreicher den Umgang mit der Angst lernen werden. Jeder Erfolg ebnet den Weg zu weiteren Erfolgen.

Überprüfen, überarbeiten und feiern.

Wie Ziele müssen auch Strategien für den Ernstfall überprüft, bewertet und überarbeitet werden. Achten Sie auf Ihre Fortschritte. Wenn Sie erfolgreich sind, feiern Sie sich. Wenn etwas hakt, suchen Sie nach den Stolpersteinen, sehen Sie sie sich an und lernen Sie aus ihnen. Sie können nicht verlieren. Es gibt immer etwas zu feiern. Sie lernen immer, entweder aus Ihren Erfolgen oder Ihren Misserfolgen.

Lassen Sie uns auf dem Weg der sozialen Interaktion weitergehen!

Schlüsselgedanken

- Wenn Sie zu tun wagen, wovor Sie Angst haben, entdecken Sie, dass das eigentliche Handeln weniger Furcht einflößend ist als die Vorwegnahme dieses Handelns.
- Die Übersetzung von Zielen in Handlung beginnt mit kleinen Schritten.
- Den Ernstfall proben Sie, indem Sie sich in Einzelschritten jener Situation aussetzen, die Angst bei Ihnen auslöst.
- Eine Hierarchieliste nach Zeit und Entfernung ordnet Handlungsschritte chronologisch. Mit jedem Schritt rücken Sie der Situation zeitlich näher, die Sie so fürchten.
- Eine Hierarchieliste nach Themen ordnet Handlungsschritte von einem Kontakt mit allgemeineren, weniger beängstigenden Formen des Angstauslösers (hier: alle möglichen Frauen) bis zu einem Kontakt mit dem ganz bestimmten Angstauslöser (hier: eine attraktive Frau).
- Eine Hierarchieliste nach Ereignissen ordnet verschiedene Formen sozialer Ereignisse nach dem Grad der Herausforde-

rung (telefonieren, vor anderen laut vorlesen, jemanden um eine Verabredung bitten).

- Die beste Methode, den Ernstfall zu proben, ist, zunächst in der Vorstellung zu üben und dann in der Realität – so oft wie möglich und Schritt für Schritt. Verharren Sie in der Situation und bedienen Sie sich all Ihrer trainierten Fähigkeiten in Bezug auf Körper, Geist und Handeln, bis Ihre Angst schwindet. Schreiben Sie Ihre Bemühungen auf, überprüfen, überarbeiten und feiern Sie sie.

Das möchte ich aus diesem Kapitel mitnehmen:

....

....

Ich werde es auf folgende Art und Weise in die Tat umsetzen:

....

....

Kapitel dreizehn:
Hier bin ich!

Soziale Interaktion durch Körpersprache

Wenn die Sonne aufgeht und scheint,
blühen nicht alle Lotusknospen in den Seen und Teichen;
nur die, die bereit dazu sind.
Die anderen müssen den rechten Augenblick abwarten.
Aber alle sind zum Blühen bestimmt,
alle müssen ihr Schicksal erfüllen.
Es gibt keinen Grund zu verzweifeln.
Sathya Sai Baba

Die längste Zeit haben soziale Ängste Sie in Ihrem Versteck festgehalten. Sie haben sich vor anderen geschützt, indem Sie sich klein machten, Ihre Augen niederschlugen und Gedanken und Gefühle für sich behielten. Wie die Schildkröte, die ihren Kopf unter den Panzer zieht, haben Sie wahrscheinlich raffinierte Wege gefunden, unsichtbar und unbemerkt zu bleiben. Jill zum Beispiel versteckt ihr Gesicht hinter ihrem langen schwarzen Haar. Sherry spricht mit ruhiger, monotoner Stimme. Mary trägt weite Schlabbershirts und -hosen. Harry steht im Hintergrund, die Hände in den Taschen und den Kopf zu Boden gesenkt.

Das Problem dabei ist: Wenn Sie so gut versteckt sind, ist es schwierig, sich finden zu lassen, und die Welt wird zu einem freudlosen, einsamen Ort. So wollen Sie sicher nicht weitermachen, oder? Es ist Zeit, aus Ihrem Versteck zu kommen und mit der Welt in Kontakt zu treten.

Nonverbale Kommunikation

Forschungen zufolge macht nonverbale Kommunikation – also das, was wir von uns hören und sehen lassen – 65 bis 95 Prozent dessen aus, was wir einander mitteilen, vor allem beim Kennenlernen. Dazu gehören Gesichtsausdruck, Blick, Körperhaltung, Gesten, Bewegungen, der Abstand zueinander, Berührungen und auch sprachliche Eigenschaften wie Tonfall und Sprechweise. Über jedes dieser Kommunikationsmittel senden und empfangen wir Botschaften untereinander, die wiederum variierende Stufen von Freundlichkeit und Annäherungsbereitschaft signalisieren. Lassen Sie uns einige Komponenten dieser Körpersprache erforschen.

Gesichtsausdruck

Das Gesicht ist der ausdrucksstärkste Teil unseres Körpers. Es ist mit einer Bühne vergleichbar, auf der die Schauspieler – Augen, Augenbrauen, Lippen, Zähne und Lachfältchen – zusammenspielen, um Emotionen darzustellen. Neulich, als mein Mann und ich uns durch die Fernsehkanäle zappten, erregte die Opernsängerin Cecilia Bartoli unsere Aufmerksamkeit. Ihre Augenbrauen hoben sich in der Mitte, ihre Stirn furchte sich, ihre Lippen weiteten sich und wurden schmal, und dann wieder veränderte sich innerhalb von Sekunden ihr Gesichtsausdruck vollkommen, und wieder und wieder und wieder – und das alles synchron zur ständig variierenden Stimmung der Musik. Sowohl der Geist, der durch ihr Gesicht zitterte, stampfte, eilte und schlich, als auch ihr ganzer Körper hielten uns gefangen. Das Publikum tobte. Es gab Standing Ovations nach jedem Musikstück. Bartoli signalisierte ihre Zuneigung, indem sie ihre Hände über dem Herzen hielt, dann die Arme öffnete und sie mit einem großen, herzlichen Lächeln dem Publikum entgegenwarf. Die Leute waren hingerissen.

Und wie steht es mit einem Gesicht, in dem sich soziale Ängste spiegeln? Typischerweise wird es – in scharfem Kontrast zu dem

Energiefluss in Bartolis Gesicht – Trägheit kommunizieren. Dafür können zwei verschiedene Prozesse verantwortlich sein: Erstens versteckt ein Mensch mit sozialen Ängsten absichtlich seine Gefühle vor anderen; sein Gesicht ist generell eher leblos. Zweitens schalten sich die unbeabsichtigten Verteidigungsmechanismen dieser Person in, sodass das Gesicht im aktuellen Moment leblos wird. Lassen Sie mich den ersten Prozess durch ein Beispiel erklären.

Gregory spielt auf das an, was sich hinter seinem neutralen stummen Gesichtsausdruck verbirgt, als er über eine Erfahrung während der Orientierungsstunde seines Bergführerlehrgangs spricht:

> *„Ich mache mir Sorgen, dass die Vortragenden mich nach meinem neutralen Gesichtsausdruck beurteilen werden. Ach, wenn sie wüssten, was darunter liegt. Ich habe solche Angst davor, mit diesen Leuten zusammenzusein. Es fühlt sich an, als würde in mir eine Schlacht geschlagen. Eine Seite von mir will normal erscheinen, und die andere spottet schonungslos über mich. Der neutrale Ausdruck auf meinem Gesicht ist mein bester Versuch zu verstecken, was in mir vorgeht. Innerlich fühle ich so viel Druck wie in einem Dampfkochtopf, und wie die Vorrichtung, die den Deckel befestigt, hält mein Gesichtsausdruck den Dampf unter Verschluss. Der nichts sagende Ausdruck verschließt mein Gesicht. Ich kann ihn nicht verändern, da der Druck so hoch ist. Nach einer Weile schreitet die Zeit ein. Die erbitterte Schlacht legt sich, aber der Schaden ist bereits angerichtet. Wie ein Hund, der seinen Kampf verloren hat, renne ich, um weiteren Verletzungen zu entkommen. Ich beschließe, diesen Lehrgang nicht weiter zu besuchen. Ich verlasse den Kurs."*

In Gregorys Fall ist sein leerer Ausdruck ein straff gespannter Schutzschild, das verhindert, dass irgendjemand die intensive Angst entdeckt, die dahinter pulsiert. Zu anderen Zeiten kann ein leerer Ausdruck auch bar jeder Spannung und jeden Lebens sein. Überaktivität im Sympathikus kann den Parasympathikus dazu bringen, alle Systeme herunterzufahren bis hin zu einer augenscheinlichen Leblosigkeit. Eine leere Miene ist das Ergebnis.

Ob ein solch starrer Gesichtsausdruck nun eine absichtliche oder unbeabsichtigte Reaktion auf eine Angst auslösende Situation ist – es wäre eine gute Idee, etwas dagegen zu tun, nicht nur um Ihretwillen, sondern auch um der anderen willen. Denn sehen Sie, ein Effekt des leeren Gesichts, der oft von der ängstlichen Person übersehen wird, ist das Unbehagen, das es bei den anderen auslöst. Haben Sie jemals mit einer Person gesprochen, die Ihnen absolut keinen Anhaltspunkt dafür liefert, was sie über das denkt oder fühlt, was Sie gerade gesagt haben? Wenn Sie verzweifelt nach irgendeiner Reaktion Ausschau halten, aber keine finden – was geschieht dann? Wenn Sie wie die meisten Leute reagieren, werden Sie sich unwohl fühlen. Vergessen Sie nicht: Wir sind alle Menschen. Wir sind soziale Tiere. Es ist in uns angelegt, nach Anzeichen zu suchen, die uns „Freund" oder „Feind" signalisieren. Wenn die Leute keine Signale registrieren, werden sie, da sie sich unbehaglich fühlen, das Weite suchen.

Wie beim Erröten kann auch hier ein indirekter Ansatz oft die Veränderungen herbeiführen, die Sie im Sinn haben. Ihr Gesicht wird bald die ruhige Energie, die durch Ihren Körper strömt, widerspiegeln, wenn Sie fortfahren, verschiedene Aspekte Ihrer sozialen Ängste durch die Entspannung und Regulierung Ihres Sympathikus, die Entwicklung einer realistischen und mitfühlenden Denkweise und die aktive Teilnahme an sozialer Interaktion zu bearbeiten.

Ein direkter Ansatz kann diesen Prozess natürlich auch unterstützen. Man kann lernen, Gesichtsausdruck und Blickkontakt zu intensivieren.

Ein offenes Gesicht

Irgendwo in der Mitte zwischen Cecilia Bartolis Gesichtsdrama und Gregorys weißer Leinwand liegt das durchschnittliche menschliche Gesicht, das freimütig ausdrückt, was auch immer es ausdrücken will. Ein häufig gewähltes Ziel meiner Gruppenteilnehmer ist es, ein „offenes Gesicht“ zu haben. Das ist genau das, wonach es sich anhört. Statt verschlossen und abgewandt zu sein, ist die Miene hier offen und verfügbar. Versuchen Sie einmal dieses Experiment.

Zunächst senken Sie den Kopf und den Blick. Achten Sie darauf, wie Sie sich fühlen. Nun heben Sie Kopf und Blick. Achten Sie auf den Unterschied. Normalerweise schauen wir mehr nach innen, sind mehr auf uns und unsere Gefühle fokussiert, wenn wir unseren Kopf neigen. Wenn wir ihn nun heben, ist unsere Aufmerksamkeit nach oben und auswärts gerichtet, in die Welt hinein. Daraus ergeben sich Beweglichkeit und Aufregung. Nun fügen Sie ein Lächeln hinzu. Ein zartes genügt schon. Achten Sie auf den Unterschied zwischen Lächeln und Nichtlächeln. Der Forscher Rowland Miller berichtet, es gebe Beweise, dass schon das Hochziehen der Mundwinkel – auch wenn man nur den Buchstaben „e“ ausspricht – uns ein besseres Gefühl verschafft. Wenn Lächeln Ihnen unnatürlich vorkommt, brauchen Sie vielleicht ein wenig Übung.

David Burns erzählt in seinem Buch *Intimate Connections*, dass er stundenlang vor dem Spiegel lächeln übte. Etwas, das helfen kann, ist, von innen heraus zu lächeln. Wenn Sie nur ein Lächeln auf Ihr Gesicht kleben, wird es sich unecht anfühlen und auch so aussehen. Überlegen Sie, ob Sie Ihrem Spiegelbild nicht zuzwinkern und sagen können, dass Sie gar nicht übel aussehen und dass Sie gut genug für die Freunde sind, mit denen Sie herumhängen. Scherzen Sie ein bisschen mit sich selbst; trauen Sie sich, sich über sich selbst lustig zu machen. Wenn Lächeln immer noch schwierig ist, machen Sie sich keine Sorgen. Vielleicht können Sie „weich“ denken? Machen Sie Ihre Miene weich, Ihre Wangen, Ihr Kinn, Ihren Mund. Nun stellen Sie noch

Blickkontakt her, und voilà – schon haben Sie ein offenes Gesicht.

Rebecca, die in einem Büro arbeitet und Mitglied einer meiner letzten Angstgruppen war, konnte es gar nicht erwarten, uns zu erzählen, was passierte, als sie in der Woche zuvor ihr „offenes Gesicht" geübt hatte: „Ich konnte es nicht glauben! Wenn ich morgens ins Büro komme, gehe ich normalerweise schweigend und schnell zu meinem Schreibtisch, ohne jemanden auch nur anzusehen. Diese Woche sorgte ich dafür, dass ich meine Kollegen mit einem offenen Gesicht ansehe. Alle möglichen Leute grüßten mich. Ich kam nicht darüber hinweg: Ich hatte immer gedacht, dass ich sie nicht kümmerte, dass sie Snobs wären." Die Aufregung in Rebeccas Stimme war ansteckend! Ein offenes Gesicht kann eine Brücke zu vielen wunderbaren menschlichen Begegnungen sein.

Die Macht der Augen

Ein Auge kann drohen wie ein geladenes und erhobenes Gewehr
oder beleidigen wie Zischen und Fußtritte;
oder kann, in veränderter Laune,
durch Strahlen der Freundlichkeit das Herz
vor Freude tanzen lassen.
RALPH WALDO EMERSON (1803-1882)

Augen haben schon lange den Ruf, aufrütteln oder einschüchtern zu können. Ist es da noch ein Wunder, dass ein Kennzeichen sozialer Ängste das Meiden von Blickkontakt ist? Der Psychiater John Marshall stellte fest, dass die gemeinsame Furcht, die sich durch die Geschichten seiner Patienten mit sozialen Ängsten zieht, ihre Beunruhigung durch das „Starren" ist. Marshall sagt: „Eine erhebliche Beunruhigung sowohl hinsichtlich der eigenen Reaktion auf das Starren der anderen als auch hinsichtlich der Kontrolle der eigenen Augen – wohin, wann und wie lange man schauen soll – liegt im Kern der sozialen Phobie."

Wenn Sie Probleme damit haben, Blickkontakt herzustellen, und glauben, dass mit Ihnen deshalb etwas nicht stimmt, sollten Sie einsehen, dass sich sogar Tiere von der Macht der Augen einschüchtern lassen. Gewisse Schmetterlingsarten tragen falsche Augenflecke auf ihren Flügeln, die – wenn sie im richtigen Moment aufblitzen – von Raubtieren als Alarmsignal gewertet werden. Ganz ähnlich sind die Schuppen an den Flanken bestimmter Meeresfische gestaltet, dadurch sehen sie wie große Augen aus und halten die größeren Raubfische fern. In einem Dorf in Indien, wo Bengaltiger verschiedentlich Menschen von hinten angefallen hatten, präsentierte jemand eine raffinierte Idee, die eine ganze Reihe dieser gestreiften Menschenfresser abschreckte: Die Dorfbewohner begannen, am Hinterkopf Masken mit riesigen Augen zu tragen! Kürzlich erzählte mir ein Freund, dass Bauarbeiter, die in abgelegenen Waldgegenden Kanadas arbeiten, damit angefangen haben, große Augen auf die Rückseite ihrer Helme zu malen, um Pumas abzuwehren.

Bei vielen Arten wird Blickkontakt dazu benutzt, andere Artgenossen zu bedrohen. Anhand von Studien des Blickverhaltens unter Tieren konnten Forscher präzise den Rang jedes einzelnen Tiers innerhalb der sozialen Hierarchie seiner Gruppe ausmachen. Wenn zum Beispiel ein Schimpansenführer einen untergeordneten Artgenossen, der sich ihm nähert, fixiert, senkt das Tier mit dem niedrigeren Rang in der Regel unverzüglich den Blick. Es entblößt seine Zähne zu einem verlegenen Grinsen, um das Alphamännchen zu besänftigen, das dann schließlich wegsieht.

Allgemein übliche Ausdrücke wie „Wenn Blicke töten könnten“ oder „Schau mich nicht so böse an“ enthüllen, dass wir um die Macht der Augen auch im menschlichen Bereich wissen. Im 19. Jahrhundert waren viele Katholiken davon überzeugt, dass der böse Blick von Papst Leo XIII. die Ursache für den Tod zahlreicher Kardinäle war. Osteuropäische Immigranten sorgten nach dem Zweiten Weltkrieg dafür, dass sich in ihrem kärglichen materiellen Besitz auch Knoblauchzehen befanden, die den bösen Blick und andere Unglücksboten abwenden sollten. Heutzutage dient der goldene Tigerzahn, der häufig als Amulett oder Kette getragen wird, als Schutz vor dem bösen Blick.

Lesen Sie hier den Bericht der 34-jährigen Sarah, die sich ihr ganzes Leben lang von Augen einschüchtern ließ:

„Vor drei Monaten gab ich meinen Job als Lehrerin auf. Ich war so befangen vor meinen Schülern. Alles, was ich sah, waren 30 Augenpaare, die mich beobachteten, beurteilten. Zu Hause, als ich aufwuchs, war es dasselbe. Ich fühlte mich, als würde ich in einem Aquarium leben. Meine Eltern beobachteten mich immer. Ich konnte keine einzige Bewegung ohne eine kritische Bemerkung von ihrer Seite machen. Wenn ich im Hinterhof spielte, erhaschte ich ihren Blick, der mir durch die Jalousien folgte. Es war wichtig, perfekt zu sein. In der Schule habe ich alles abgeräumt. Ich war eine Einserschülerin. Ich war die Beste in Leichtathletik. Und doch fühlte ich, dass ich nie genug tun konnte. Sie beobachteten mich immer. Am Ende verlor ich das Interesse daran, mich mit anderen zu messen. Ich wollte einfach nur ich sein. Aber immer noch fühlte ich mich beobachtet."

Blickkontakte intensivieren

Als Betty, eine Frau aus einer meiner Gruppen, vor einer ganzen Reihe von Jahren erwähnte, dass sie Schwierigkeiten damit habe, den Leuten in die Augen zu schauen, und etwas dagegen tun wollte, teilte uns Michael, ebenfalls ein Teilnehmer, mit, wie er gelernt hatte, Menschen direkt anzusehen. Er sagte: „Ich heiße die Leute willkommen." Dann erklärte er:

„Wenn ich zum Beispiel auf der Straße gehe und jemanden sehe, sage ich still bei mir: ‚Ich heiße dich willkommen.' Ich bemerke, wie mein Gesicht weich wird und mein Geist leicht. Dies alles tue ich innerhalb von ein oder zwei Sekunden. Mehr ist nicht nötig. Wenn die andere Person freundlich zurückschaut, fühle ich mich gut."

Schön, dachte ich. Ich hatte die Betroffenen bislang gelehrt, sich selbst gegen die Furcht zu wappnen, anderen in die Augen zu sehen, indem sie sich langsam daran gewöhnten, zunächst verschiedene Teile des Gesichts zu betrachten und dann den Augen näher und näher zu kommen. Aber indem sie das taten, lag die Macht immer noch außerhalb von ihnen, in den Augen des Gegenübers. Wenn man indes diese vier kleinen Worte benutzt – „Ich heiße dich willkommen" –, verschiebt sich die Macht nach innen, zum eigenen Herzen. Teilnehmer späterer Gruppen ließen sich von Michaels Geschichte inspirieren und übten schweigend, die Leute willkommen zu heißen, wenn sich ihre Blicke trafen. Sie berichteten, dass sie sich wohl dabei fühlten, und bemerkten, wie freundlich umgekehrt die anderen schienen. Ich muss an dieser Stelle aber etwas Wichtiges anmerken: Es ist nicht nötig, dass Sie jeden Einzelnen in Ihrem Herzen willkommen heißen, an dem Sie vorbeikommen. Manchmal haben wir es eben eilig, denken gerade an etwas anderes oder wollen gewissen Leuten einfach nicht zu nahe kommen.

Eines Tages berichtete John, ein freundlicher, grauhaariger Mann aus einer meiner Gruppen, dass er darauf brannte, uns zu erzählen, was ihm in der Woche davor widerfahren war:

> *„Ich gehe seit zehn Jahren zweimal pro Woche zu dieser Reinigung. Montags gebe ich meine Sachen ab und donnerstags hole ich sie mir wieder. Vor etwa drei Jahren wechselte der Besitzer. Ich hatte seither immer mit dem neuen Besitzer und seiner Frau zu tun. An diesem Montag ließ ich mir bewusst Zeit, als ich die Tür öffnete und auf der obersten Stufe stand, sah hinüber zu dem Mann und seiner Frau, hielt den Blick des Mannes fest und sagte im Stillen zu ihm: ‚Ich heiße dich willkommen.' Als ich meine Rechnung abzeichnete, hielt ich einen Augenblick inne und sagte: ‚Wissen Sie, ich unterschreibe hier seit drei Jahren mit meinem Namen. Sie wissen, dass ich John heiße, aber Ihre Namen kenne ich nicht.' Sofort sagte der Mann: ‚Mein Name ist Parmjit.' Ich zeigte auf seine Frau und sagte: ‚Ihren Namen kenne ich*

> *auch nicht.' Sie lächelt und sagte leise: ‚Prab.' Ich dankte ihnen, nahm meine Sachen und wandte mich zum Gehen. Gerade als ich nach dem Türknauf griff, hörte ich Parmjit und Prab einstimmig sagen: ‚Auf Wiedersehen, John.' Ich lächelte zurück und sagte meinerseits ‚Wiedersehen'."*

John fuhr fort, da wir gespannt zuhörten:

> *„Als ich aus der Tür trat, bemerkte ich, dass ich gerade eine spirituelle Erfahrung erlebt hatte, eine Verbindung zwischen den Herzen. Es fühlte sich gut an. Aber ich dachte auch, dass das spirituelle Element verloren wäre, wenn jemand beginnen würde, Dinge wie ‚Ich heiße dich willkommen' wie eine weitere Technik zu gebrauchen. Das könnte gefährlich sein."*

Danke, du redegewandter, einsichtsvoller John. In der Tat ist es entscheidend, dass keiner der Vorschläge aus diesem oder irgendeinem anderen Buch zu *der* „Technik" wird, zu einem weiteren Trick aus dem Zauberhut. Diese Praktiken können nur zu oberflächlichen Veränderungen führen, die nicht lange anhalten – es sei denn, Sie finden in Ihrem Herzen einen Platz, an dem sich zum Beispiel die Worte „Ich heiße dich willkommen" echt anfühlen. Solche Veränderungen sind nicht gut für den Geist. Wenn Sie auf der anderen Seite daran denken, dass die anderen auch nur Menschen sind, die alle dazugehören und geschätzt werden wollen, ist es vielleicht kein allzu großer Schritt für Sie, ihnen einen freundlichen Willkommensgruß zu schicken.

Noch mehr Blickkontakt

Bisher haben wir den Blickkontakt lediglich zu Beginn einer sozialen Interaktion berücksichtigt. Aber wie steht es damit während der Interaktion? Der Psychiater John Marshall zitiert eine Studie über Zwei-Parteien-Konversationen, die herausfand, dass die Gesprächspartner in 30 bis 60 Prozent der Zeit im

Blickkontakt zueinander stehen, während sie miteinander sprechen. Die Länge dieser Blicke betrug zwischen einer und sieben Sekunden.

Abgesehen von der Länge gibt es auch einen rhythmisch abwechselnden Fluss zwischen den Blicken. Wenn eine Person zu sprechen beginnt, stellt sie normalerweise Blickkontakt her und sieht dann weg, um zu signalisieren, dass sie weitersprechen wird. Wenn sie geendet hat, sieht sie wieder zurück zum Zuhörer und signalisiert durch Innehalten und vielleicht ein Lächeln, dass sie nun fertig ist. Nun nimmt der Zuhörer, von dem bisher die meisten Blicke entweder direkt zum anderen oder doch wenigstens in seine Richtung ausgingen, den Gesprächsfaden auf und sieht weg. Wenn er eine längere Rede im Sinn hat, steigt er ein, indem er dem anderen einen Blick zuwirft, um dafür zu sorgen, dass er zuhört, um keinen Anhaltspunkt für seine Reaktionen zu verpassen und um zu sehen, ob es noch in Ordnung ist, wenn er weiterspricht. Sobald er fertig ist, schaut er sein Gegenüber wieder an und pausiert, und dadurch signalisiert er, dass nun wieder sein Gesprächspartner an der Reihe ist. Diese Hin-und-zurück-Signale laufen für gewöhnlich unbewusst ab. Wenn Sie versuchen, sie absichtlich zu reproduzieren, wird es sich fremd anfühlen. Wichtig ist, daran zu denken, dass Blickkontakt nicht aus verlängerten Blicken besteht. Solch ein verlängerter Blickkontakt ist normalerweise für Demonstrationen von Einschüchterung oder Liebe und Besorgnis reserviert. In der normalen sozialen Interaktion besteht Blickkontakt aus wiederholten Blicken von nur einer oder zwei Sekunden Länge, die von Perioden des Wegschauens durchsetzt sind.

Diese Gewohnheiten beziehen sich auf den nordamerikanischen und mitteleuropäischen Kulturkreis. Wenn Sie andere Länder bereisen, wäre es klug herauszufinden, wie dort die Regeln für den Blickkontakt aussehen. Im Westen macht es zum Beispiel einen guten Eindruck, längeren Blickkontakt mit einer Person zu halten, die in der Hierarchie über Ihnen steht. Das zeigt, dass Sie selbstsicher sind und ernst genommen werden müssen. In bestimmten östlichen Kulturen wäre es jedoch ein Zeichen der

Respektlosigkeit, wenn ein junger Mensch den Blick einer älteren Person oder einer Autoritätsperson über Gebühr suchen würde.

Wenn es Ihnen schwer fällt, Blickkontakt herzustellen, ist es an der Zeit, diesen Ihrer Zieleliste hinzuzufügen. Vielleicht möchten Sie damit beginnen, dass Sie sich selbst im Spiegel anschauen. Achten Sie auf die verschiedenen Botschaften, die Ihre Augen ausdrücken können, je nachdem, wie Sie die Muskeln um die Augen beanspruchen. Achten Sie darauf, wie sich die Botschaft verändert, wenn Sie nun auch noch lächeln, was die Lachfältchen um Ihre Augen verstärkt. Schauen Sie, wie lange Sie den Blickkontakt mit sich selbst halten können. Beginnen Sie – buchstäblich – bei einem Augenblick. Dann lassen Sie ein paar Sekunden verstreichen. Sagen Sie im Stillen „Ich heiße dich willkommen" zu sich selbst.

Vielleicht möchten Sie dies ja auch bei Fremden oder Bekannten praktizieren, an denen Sie ganz zufällig auf dem Flur oder auf der Straße vorüberkommen. Und vergessen Sie nicht: Während Sie an den anderen Aspekten sozialer Angst und Selbstsicherheit arbeiten, werden Sie schon bald sehen, dass Ihr Blickkontakt sich spontan verbessern wird.

Gerüche

Obwohl der Geruch für gewöhnlich nicht Eingang in die Literatur über Körpersprache findet, möchte ich ihn hier ausdrücklich mit einschließen; erstens, weil er ein Aspekt ist, über den wir uns der Welt präsentieren, und zweitens, weil er sehr laut zu anderen sprechen kann. Für gewöhnlich schnüffeln die Leute einander nicht an, wie es Hunde tun. Aber trotzdem nehmen sie Gerüche auf, die ihnen sowohl zusagen als sie auch abstoßen. Es kann schon stimmen, dass Napoleon Bonaparte seiner Josephine schrieb, er sei bald zu Hause, sie solle sich nicht waschen, damit ihn das Aphrodisiakum ihrer natürlichen Düfte erregen könne. Dennoch ist es in unserer heutigen Kultur allgemeiner Konsens, dass „frisch und sauber" vorzuziehen und der Rest zweite Wahl ist. Eine gewisse Grundpflege und -hygiene ist alles, was man verlangt.

In meiner Tangogruppe haben mir mehrere Frauen anvertraut, dass sie es vermeiden, mit einem bestimmten Mann zu tanzen, weil er es offensichtlich nicht für nötig befindet, zu duschen, bevor er zur Tanzstunde geht. Er riecht muffig und unangenehm. Aber hüten Sie sich vor einer Überdosis Parfüm oder Eau de Cologne, auch das kann abstoßend wirken. Vor allem angesichts all der aktuellen Informationen über Parfümallergien verzichten viele Leute schon ganz auf Parfüm oder tragen nur wenig davon auf, um einen Hauch zu verströmen. Eine weitere Möglichkeit, wenn man nicht auf seinen Lieblingsduft verzichten möchte, ist aber auch das Besprühen der Kleidung.

Kleidung

Was Sie tragen, ist eine Form, sich selbst auszudrücken. Ihre Kleidung teilt der Welt mit, wer Sie sind. Sogar Buddhisten, die ihr Leben der Einfachheit und dem Wohl aller geweiht haben, drücken sich durch ihre einfache, erdfarbene Kleidung aus. Ihre äußere Erscheinung macht eine Aussage darüber, wie Sie zu sich selbst stehen. Menschen mit sozialen Ängsten, die in Sorge sind, nicht attraktiv genug zu sein, neigen häufig dazu, eine hoffnungslose Ist-doch-egal-Haltung an den Tag zu legen oder aber sich unnötig aufzuregen und sich viel zu viele Gedanken um ihre Erscheinung zu machen. Natürlich wird Ihr Budget Ihren Kleidungsstil beeinflussen, ebenso Ihre spirituellen Werte. So mag zum Beispiel eine gewisse Gleichgültigkeit gegenüber Kleidung als tugendhaft gelten.

Mein Rat gilt all jenen, die sich bisher hinter ihrer Kleidung versteckt haben und nun sichtbarer und auch attraktiver werden möchten. Es ist wichtig, dass Sie sich in Ihrer Kleidung wohl fühlen, sei sie nun für Arbeit oder Freizeit gedacht, schlicht oder raffiniert, dunkel oder hell, maßgeschneidert oder schlabberig, geblümt oder einfarbig, frech oder konservativ. Wenn Sie sich die meiste Zeit Ihres Lebens in Schlabberklamotten versteckt haben, die Sie selbst unsichtbar machen, oder in teuren Designerkleidern, um Ihre Gefühle der Unzulänglichkeit zu kompensieren, sollten Sie zusehen, dass Sie daran etwas ändern. Experimentieren Sie. Die Idee ist, hervorzutreten und Sie selbst zu sein. Wenn Sie sich vorher unscheinbar gekleidet haben, versuchen Sie es nun mit ein wenig Farbe und wagen Sie etwas, einen neuen Stil. Konsultieren Sie eine Modeberaterin. Nehmen Sie eine Freundin, deren Geschmack Sie bewundern, zum Shoppen mit. Kaufen Sie sich Kleidung, die Ihre Vorzüge unterstreicht. Wenn Sie sich bisher hinter Mode und Schminke versteckt haben, schlagen Sie nun den natürlicheren Weg ein, zum Beispiel mit weniger Makeup. Zeigen Sie sich, wie Sie sind.

Körperhaltung

Noch wichtiger als das, was Sie tragen, ist, wie Sie sich darunter bewegen. Nach dem Gesichtsausdruck sagt die Körperhaltung am meisten über die Person aus, die Sie sind, über Ihre Zugänglichkeit und Ihr Selbstvertrauen. Wenn wir unter sozialen Ängsten leiden, ziehen wir uns oft in einer Haltung des Selbstschutzes in uns selbst zurück. Wir ziehen den Kopf ein und die Schultern hoch und überkreuzen die Arme oder Beine. Welche Botschaft lesen die Leute also heraus, wenn Sie kleiner werden? „Bleib weg, ich bin so verletzlich. Ich habe Angst. Geh, ich bin klein und unbedeutend und nicht wert, dass du dich um mich kümmerst.“ Das klingt nicht wirklich einladend, oder? Und – vielleicht noch wichtiger – welche Botschaft empfängt Ihr Körper durch diese Haltung?

Versuchen Sie es doch einmal mit diesem Experiment: Rollen Sie sich so fest zusammen, wie Sie können. Beugen Sie den Kopf, halten Sie sich an den Knien fest und ziehen Sie diese möglichst eng an den Kopf. Achten Sie darauf, wie sich das anfühlt. Lassen Sie sich Zeit. Nun versuchen Sie das Gegenteil. Strecken Sie sich in alle möglichen Richtungen. Stellen Sie sich hin und machen Sie sich groß. Recken Sie den Kopf nach oben. Öffnen Sie die Brust. Strecken Sie Ihre Hände nach oben, so weit Sie können. Spreizen Sie die Füße ein wenig. Lassen Sie sich Zeit und achten Sie darauf, wie sich das anfühlt.

In welcher Position sind Sie eher bereit, der Welt zu begegnen? Die meisten Menschen fühlen sich natürlich in der zweiten Haltung viel stärker. Ist es nicht interessant, wie Ihre Körperhaltung nicht nur zu anderen, sondern auch zu Ihnen spricht? Das ist ein guter Zeitpunkt, um die Körperhaltung auch auf Ihre Zieleliste zu setzen. Von jetzt an sollten Sie darauf achten, welche Haltung Sie einnehmen.

Sozialer Raum

Sozialer Raum ist der Raum, den der Einzelne in der sozialen Interaktion einnimmt. Manchmal ist dieser Raum gleich verteilt, manchmal nicht. Ich erinnere mich an die Arbeit mit einem Ehepaar, dessen Interaktionsraum dramatisch differierte. Der Mann saß breit auf seinem Stuhl, mit gespreizten Beinen, vorgeschobener Brust und ausschweifend gestikulierenden Armen. Seine Stimme dröhnte, als er mich mit seinen Beziehungssorgen bombardierte. Die Frau saß still auf der Stuhlkante, in einer unterwürfigen Haltung mit gesenktem Kopf und niedergeschlagenen Augen. Sie flüsterte, dass sie sich aufgrund der Art, wie ihr Mann sie behandelt, oft unbedeutend fühle. Mein erster Kommentar zu dem Mann war: „Sie scheinen ziemlich viel Raum zu beanspruchen." Und zu der Frau sagte ich: „Sie scheinen sehr wenig Raum zu beanspruchen."

Idealerweise ist unser Gebrauch von sozialem Raum flexibel. Typischerweise brauchen sozial ängstliche Menschen nur wenig Raum. Bei meinen ersten Angstgruppen beeindruckte mich fast am meisten, wie die Teilnehmer zur Sitzung kamen und am Ende des Abends wieder gingen. Sie trieben lautlos wie Dampf herein und trieben genauso lautlos wieder hinaus. Es gab keinen oder wenig Blickkontakt und kaum ein Geräusch. Linda, eine Teilnehmerin aus den USA, bemerkte dieses schweigende Ritual ebenfalls und äußerte, dass sich in ihrem Land die Leute bei solchen Sitzungen einander oft vorstellen und für gewöhnlich hinzufügen, woher sie kommen und so weiter. Von da an ermunterte ich die Teilnehmer dazu, Platz zu beanspruchen, wenn sie hereinkommen und wieder gehen, etwa indem sie Blickkontakt herstellen und einander grüßen. Meine Bestätigung ihrer Neigung, wie Dampf zu erscheinen und wieder zu verschwinden, erleichtert die Gruppenteilnehmer für gewöhnlich und lässt sie lächeln, und dann nehmen sie die Herausforderung an, sich sichtbarer zu machen. Am Ende der ersten Sitzung sagen sie meist „Auf Wiedersehen" und „Bis nächste Woche" und fahren damit auch in den übrigen Sitzungen fort. Viele dieser Leute entschließen sich dazu, daraus eine täglich Übung zu machen und auch bei der Arbeit Platz zu beanspruchen, indem sie sich durch „Hallo" und „Auf Wiedersehen" vernehmen lassen.

Ein weiterer Aspekt ist der Abstand zwischen den Leuten während der sozialen Interaktion. Der Anthropologe Edward T. Hall fand vier typische Distanzen beim Kontakt von Angesicht zu Angesicht:

1. **Intime Distanz:** von unmittelbarer Nähe bis etwa 45 Zentimeter Abstand. Liebespartner oder solche, die es werden wollen, sehr enge Freunde und Familienmitglieder fühlen sich normalerweise mit diesem Abstand wohl.
2. **Persönliche Distanz:** von etwa 45 Zentimeter bis etwa 1,20 Meter Abstand. Dies ist die Zone, in der Menschen, die sich sympathisch sind, interagieren.
3. **Soziale Distanz:** von etwa 1,20 Meter bis etwa 3,60 Meter Abstand. Diese Distanz ist für gewöhnlich Arbeitskollegen und Geschäftsleuten vorbehalten.
4. **Öffentliche Distanz:** ab etwa 3,60 Meter Abstand. Dies ist der Abstand, den völlig Fremde normalerweise einhalten. Der Raum dazwischen wird als Barriere gegen eine Interaktion verstanden.

Kulturelle Unterschiede beeinflussen diesen Abstand ebenfalls. Südeuropäer und Südamerikaner halten zum Beispiel eine geringere Distanz zum Gegenüber als Mitteleuropäer oder Nordamerikaner. Die Leute bewegen sich innerhalb und außerhalb dieser Zonen, je nach ihrem ethnischen Hintergrund, ihrem persönlichen Sicherheitsgefühl, ihrem Selbstvertrauen und ihrem Interesse am Schließen oder Erweitern der Lücke zwischen ihnen und bestimmten anderen Personen. Wenn Sie bisher dazu neigten, aus Unsicherheit heraus zwischen sich und anderen einen Sicherheitsabstand einzuhalten, sollten Sie nun mit dem sozialen Raum experimentieren. Verkleinern Sie ihn ein wenig oder vergrößern Sie ihn und achten Sie darauf, wie sich das auf Ihre Beziehung zu anderen und auf Ihr Wohlgefühl auswirkt. Ihren angestammten Platz in dieser Welt zu beanspruchen ist eine ausdrucksstarke Mitteilung an Ihre Mitmenschen. Sie signalisiert, dass Sie bereit sind, mit anderen in Verbindung zu treten.

Der Handschlag

Ihr Handschlag sagt ebenfalls viel über Sie aus, über Ihre Zugänglichkeit und Ihr Selbstvertrauen. Wenn Menschen aus unserem Kulturkreis sich zum ersten Mal treffen oder sich lange nicht gesehen haben, begrüßen sie sich normalerweise mit einem Handschlag oder, wenn sie sich sehr nahe stehen, mit einer Umarmung. Männer schütteln sich fast immer die Hand, Frauen tun das je nach örtlichem Brauch. Man geht davon aus, dass der Handschlag eine „Erfindung" der Römer ist. Um die Gegenpartei davon zu überzeugen, dass man friedliche Absichten hegte, zeigten Männer ihre offene Hand. Zum Beweis, dass sie nicht bewaffnet waren, streckten sie sie dann aus und ergriffen die Hand des anderen, indem sie noch einmal ihre friedlichen Absichten bekräftigten und die Abwesenheit von Feindseligkeit zusicherten.

Bei einer der Aufwärmübungen in meinen Gruppen weise ich die Teilnehmer zuerst an, sich einander vorzustellen, während sie sich sehr sanft oder passiv die Hände schütteln. Ich bitte sie, darauf zu achten, was in ihnen bei dieser Art von Handschlag vorgeht. Wenn diese erste Runde vorüber ist, bitte ich die Leute noch einmal, sich vorzustellen, nun aber sehr energisch, polternd, wie ein Elefant im Porzellanladen. Wieder sollen sie feststellen, was sie dabei fühlen. Am Ende bitte ich sie, sich ein letztes Mal vorzustellen, dieses Mal mit festem Händedruck, verbindlich und mit freundlicher Energie oder, anders ausgedrückt, bestimmt. Wieder sollen sie darauf achten, wie sie sich selbst fühlen und auch das Gegenüber bei diesem Handschlag empfinden. In der sich anschließenden Diskussion berichten die Teilnehmer sehr häufig, dass sie sich beim letzten, bestimmten Händedruck einander am meisten verbunden gefühlt haben. Wenn der Händedruck indes zu schlaff ausfiel, war es für sie, als spielten sie keine Rolle. Fiel er zu fest aus, so war es für sie, als spielte die andere Person keine Rolle. Aber bei dem letzten, festen und freundlichen Handschlag spielten beide eine Rolle. Es war einfacher, Blickkontakt herzustellen. Es war einfacher, sich einander verbunden zu fühlen.

Wieder muss ich hinterherschicken, dass sich diese Beschreibungen auf die mitteleuropäischen und nordamerikanischen Gepflogenheiten beziehen. Einer der amerikanischen Ureinwohner teilte mir mit, dass bei ihnen ein fester Handschlag oft als barbarisch gilt, so wie die meisten anderen Leute einen aggressiven Händedruck als derb und rücksichtslos betrachten. Bestimmte asiatische Kulturen fühlen sich von einem festen Händedruck ebenfalls abgestoßen. Wenn Sie aber in einer Kultur leben, die den Handschlag pflegt, lege ich Ihnen ans Herz, ihn auch in Ihr Repertoire der Körpersprache aufzunehmen.

Gesten

Gesten sind ein weiterer Aspekt der Körpersprache. In bestimmten Kulturen wird generell der Einsatz von Gesten gefördert, um in Gesprächen visuelle Akzente und dramatische Effekte zu setzen. Andere Gesellschaften ziehen wiederum den minimalen Einsatz von Gesten vor. Es gibt auch nervöse Gesten, die Gefühlen der Angst entspringen. Wenn Sie mit Haar, Gesicht, Kleidung oder Gegenständen in Ihrer Reichweite spielen, sagt das anderen, dass Sie sich unbehaglich fühlen. In Vorträgen lenkt das ganz besonders ab.

Stimme

Der Ausdruck Ihrer Stimme teilt Ihrem Publikum oft mehr mit als das, was Sie eigentlich sagen. Einer ruhigen und festen Stimme, deren Intonation variiert, hört man leicht zu; sie signalisiert Freundlichkeit. Eine laute, schroffe Stimme kann einem auf die Nerven gehen. Eine zu leise, flüsternde kann lästig werden, denn man hat vielleicht Schwierigkeiten, Sie zu verstehen. Wenn Sie die Worte verschlucken, versteht man Sie ebenfalls schlecht. Als ich im Teenageralter war, beschwerte sich meine Mutter immer über mein Murmeln. Also übte ich laut vor dem Spiegel das Alphabet, indem ich jeden Buchstaben deutlich aussprach und die Bewegungen meiner Lippen übertrieb, um genau den Laut zu erhalten, den ich erzielen wollte. Es funktionierte. Meine Mutter hörte auf, sich zu beschweren, und ich freute mich, dass die Leute mich nicht mehr ständig baten, mich zu wiederholen. Wie Sie Ihre Stimme einsetzen, kann den Leuten sagen „Komm her“ oder „Geh weg“, „Ich bin interessiert“ oder „Ich bin nicht interessiert“. Achten Sie darauf, wie Sie sie einsetzen, und entscheiden Sie, ob Sie Ihrer Zieleliste vielleicht Stimmarbeit hinzufügen möchten.

Diese Kapitel konzentrierte sich darauf, wie wir unsere Existenz und Anwesenheit der Welt bekannt machen können. Es ging darum, den Tarnumhang abzuwerfen und unseren Mitmenschen durch unsere Körpersprache zu sagen: „Hier sind wir“ – bereit und willens, uns einzulassen. Fahren wir nun im folgenden Kapitel mit der verbalen Kommunikation fort.

Schlüsselgedanken

- Um der Angst vor sozialem Kontakt aus dem Weg zu gehen, verstecken sich die Leute oft hinter einer Vielzahl raffinierter Methoden: hinter einem Schlabberlook, langem Haar, unsicherer Körperhaltung und überleiser Stimme.

- Wenn Sie ein „offenes Gesicht“ an den Tag legen, hilft das anderen, sich mit Ihnen wohl zu fühlen, und es steigert Ihr eigenes Wohlgefühl.
- In allen Kulturen und auch im Tierreich kann Blickkontakt entweder Drohung oder Einladung signalisieren.
- Im Stillen zu sagen „Ich heiße dich willkommen“, wenn Sie den Blick eines anderen auffangen, kann den Blickkontakt verbessern.
- Wie Sie riechen, sprechen, sich anziehen, Ihren Körper halten und buchstäblich zu anderen stehen, sind wichtige Aspekte der Körpersprache, die Ihren Mitmenschen mitteilen, ob Sie zugänglich sind oder nicht.
- Nach anderen durch Körpersprache die Hand auszustrecken, bereitet den Boden für die verbale Kontaktaufnahme.

Das möchte ich aus diesem Kapitel mitnehmen:

....

....

Ich werde es auf folgende Art und Weise in die Tat umsetzen:

....

....

KAPITEL VIERZEHN:

Hallo!

Kontaktaufnahme durch verbale Kommunikation

Kein Philosophieren, keine Ermutigung durch jemand anderen könnte diesen existenziellen Augenblick ersetzen, in dem man die Initiative ergreift ...
M. BLAINE SMITH

In Jack Canfields und Mark Victor Hansens erstem Buch über *Hühnersuppe für die Seele* erzählt Alan Cohen die Geschichte seiner Schwärmerei für ein attraktives Mädchen, das in einer Zoohandlung arbeitete. Er erfuhr, dass ihr Geburtstag bevorstand, und beschloss, sie um eine Verabredung zu bitten. Nach dem er eine halbe Stunde lang das Telefon angestarrt hatte, wählte er schließlich ihre Nummer. Überwältigt von Aufregung und blanker Furcht hängte er ein, noch ehe es zum ersten Mal geläutet hatte. Als er sich am Ende dann doch dazu durchringen konnte, sie zu fragen, dankte sie ihm, sagte aber, sie hätte schon etwas vor. Er war niedergeschmettert und schon bereit aufzugeben, aber etwas in ihm drängte ihn, es noch einmal zu versuchen. Er fand eine hübsche Geburtstagskarte und schrieb ihr ein paar poetische Zeilen. Als er in den Laden ging, nahm die Furcht davor, dass sie ihn erneut zurückweisen würde, überhand. Er traf ein Abkommen mit sich. Er entschied, dass er ihr die Karte geben würde, wenn sie irgendein Zeichen des Interesses zeigte, und wenn sie es nicht tat, würde er die Karte unter seinem Hemd lassen. Es kam kein Zeichen. Enttäuscht wandte er sich Richtung Tür. Wieder ermutigte ihn seine innere Stimme dazu, die Gelegenheit beim Schopfe zu ergreifen. „Was ist das Schlimmste, das passieren könnte?“, fragte er sich. In diesem schicksalsträchtigen Moment der Entscheidung fühlte er, wie Mut ihn ihm aufwallte. Als er dem Mädchen die Karte gab, spürte er eine unglaubliche Lebendigkeit und Aufregung – und Angst. Aber ach, sie bedankte sich zwar bei ihm, aber legte die Karte beiseite, ohne sie auch nur zu öffnen. Zurückgewiesen und total niedergeschlagen verließ er das Geschäft. Dann aber geschah etwas Unerwartetes. Eine gewaltige Welle der Fröhlichkeit und Zufriedenheit schwappte durch sein ganzes Wesen. Dieses Gefühl vertiefte sich zu einer warmen Glückseligkeit. Cohen erkannte etwas Wichtiges: Indem er es gewagt hatte, sein Bedürfnis dem Mädchen gegenüber auszudrücken, hatte er in erster Linie die Beziehung zu sich selbst vertieft. Da spielte es kaum eine Rolle, ob das Mädchen dieses Geschenk zu schätzen wusste oder nicht. Diese umwälzende Erfahrung lehrte Cohen, dass es nicht darum geht, was zurückkommt, sondern was man weggibt.

Ich liebe diese Geschichte. Ich erzähle sie meinen Gruppen immer, um zu illustrieren, wie wertvoll es ist, die Initiative zu ergreifen und sich selbst auszudrücken.

Initiative, Initiative, Initiative

Wenn Sie in einer meiner Gruppen wären, könnten Sie mich immer wie eine zerkratzte Schallplatte „Initiative, Initiative, Initiative“ wiederholen hören. Wenn wir unter sozialen Ängsten leiden, neigen wir dazu, zu zögern, passiv zu sein, abzuwarten und zu sehen, was passiert. Gelegenheiten kommen und gehen, bevor wir die Chance hatten, in die Gänge zu kommen und sie zu nutzen. Fasziniert von der Vorstellung, ihre „Initiativmuskeln“ zu trainieren, schließen viele Gruppenmitglieder Initiativübungen in ihre wöchentlichen Ziele ein. Mary zum Beispiel will die Erste sein und ihre Kollegen grüßen, wenn sie zur Arbeit kommt, und nicht darauf warten, dass sie deren Grüße erwidern kann. Dirk will diese Woche mit mindestens drei Leuten ein kurzes

Gespräch anfangen. Bob möchte die Verteilung der Aufgaben zu Hause planen und nicht darauf warten, dass es seine Frau tut. Ich kann nicht oft genug betonen, wie wichtig es ist, die Initiative zu ergreifen, wenn Sie mit anderen kommunizieren wollen. Sorgen Sie dafür, dass sie auf Ihrer Zieleliste steht.

Sackgasse kontra Gesprächsfluss

Jeder von uns hat schon Gespräche erlebt, die nie richtig in Gang kamen und erst recht nicht liefen. Manchmal ist es eben so. Leute, die schüchtern sind oder unter sozialen Ängsten leiden, meinen oft, dass es ihre Schuld sei. Aus irgendeinem Grunde glauben sie, dass die Verantwortung für den Fortgang des Gesprächs nur auf ihnen ruht. Folglich ist die Aussicht auf eine Unterhaltung mit Angst verbunden. Es ist wichtig zu begreifen, dass der andere genau wie Sie dafür verantwortlich ist, das Gespräch am Laufen zu halten. Was fällt Ihnen an den beiden folgenden Dialogen auf?

1. Mary: „Wohnen Sie hier in der Nähe?"
   Drake: „Nein."
   Mary: „Wie finden Sie das Konzert? "
   Drake: „Nicht so gut. "
   Mary: „Wiedersehen! "
2. Mary: „Wohnen Sie hier in der Nähe? "
   Gerry: „Ja, ich wohne eigentlich um die Ecke, am Strand von Kitsilano, bei Elsies Bäckerei. "
   Mary: „Der Strand von Kitsilano! Ich bin ewig nicht mehr dort gewesen. Als ich ein Teenager war, bin ich immer mit meinen Freunden hingefahren. Steht dort immer noch dieser alte Zug bei den Tennisplätzen? "
   Gerry: „Ach, der Zug ist schon lange weg, aber die Tennisplätze gibt es noch. Spielen Sie Tennis? "

Das erste Gespräch ist wie ein Auto ohne Benzin. Kein Gas, kein Tempo! Im Gegensatz dazu wird das zweite Gespräch von zwei wichtigen Zutaten angetrieben. Manuel Smith, Autor des Buchs *Sag Nein ohne Skrupel*, nennt diese Zutaten „freie Information" und „Anknüpfen".

Freie Information

Freie Information ist eine Information, die freiwillig erteilt wird, ohne dass speziell nach ihr gefragt wird. Im ersten Dialog gibt Drake nichts von sich preis, während Gerry im zweiten Gespräch von sich aus drei Informationen anbietet: dass er um die Ecke wohnt, am Strand von Kitsilano, bei Elsies Bäckerei. Beim ersten Gespräch hat Mary nichts, woran sie anknüpfen kann, und muss sich daher eine neue Frage ausdenken, die ebenfalls zu nichts führt. Beim zweiten Gespräch bieten sich ihr gleich mehrere Möglichkeiten. Zufällig kennt Mary diesen Strand, eine Unterhaltung entsteht und läuft. Und selbst wenn Mary nichts darüber gewusst hätte, so steht sie nun auf einer Startrampe, von der aus sie Fragen zu Kitsilano, Stränden, Strandaktivitäten, Bäckereien und so weiter stellen kann.

Anknüpfen

Mary macht ihre Sache sehr gut, indem sie Gerrys freiwillige Information weiterverwendet. Sie hört aktiv zu und stellt Fragen, um weitere Einzelheiten über das Thema zu erfahren. Sie bietet auch von sich aus freie Informationen an, die wiederum Gerry die Gelegenheit geben, seinerseits mit Fragen daran anzuknüpfen. Sie können sich vorstellen, wie die weitere Konversation in Fluss kommt.

Neben den Fähigkeiten, aktiv zuzuhören oder Informationen weiterzuverfolgen, ist das Paraphrasieren oder Zusammenfassen dessen, was der andere gesagt hat, eine weitere wichtige Fähigkeit. In unserem Beispiel könnte Mary aus dem Gesagten schließen: „Also, Sie denken, Kitsilano wächst zu schnell." Offene Fragen, die typischerweise mit „wie", „warum" und

„was" beginnen, helfen, Gespräche weiterzuführen. Zum Beispiel: „Was machen Sie denn sonst so, wenn Sie nicht am Strand sind?" Geschlossene Fragen, die normalerweise mit „wer", „wann", „wo" und „welche" beginnen, sowie Ja- und Nein-Fragen hingegen provozieren Antworten, die sich in wenigen Worten erschöpfen. Glücklicherweise erleichtern Gerrys freie Informationen es Mary – die zunächst eine geschlossene Frage gestellt hat –, mit weiteren Fragen fortzufahren. Erläuterungs- und Informationsfragen zu stellen hilft der Konversation ebenfalls weiter.

Einige Menschen mit sozialen Ängsten haben Probleme mit dem Zuhören, denn sie werden dadurch nur von ihren eigenen inneren Dialogen abgelenkt, in denen sie ausprobieren, was sie als Nächstes sagen könnten, oder darüber nachdenken, was die anderen von ihnen denken werden. Andere sozial ängstliche Personen neigen dazu, gute Zuhörer zu sein. In der Tat gestehen manche, dass sie darauf achten, gut zuzuhören, damit der andere im Zentrum der Aufmerksamkeit bleibt. In jedem Fall wird es bei vielen Betroffenen lange dauern, bis sie mit dem Mitteilen freier Information und dem Anknüpfen daran den Gesprächsfluss bereichern können. Vielleicht möchten Sie Ihrer Zieleliste ja eine oder beide Fähigkeiten hinzufügen.

Da Ihre Körpersprache Ihrem Gesprächspartner mitteilt, ob Sie aktiv zuhören oder nicht, helfen Blickkontakt, gelegentliches Nicken, Mienenspiel, ein Neigen des Kopfes und Heranrücken, Ihr Interesse zu zeigen und so das Gespräch in Gang zu halten. Natürlich wird Ihr Körper Desinteresse signalisieren, wenn Sie nicht interessiert sind, etwa indem Sie wegschauen oder indem Sie Ihren Kopf ruhig halten, sich jedoch abwenden oder leicht abrücken und so weiter.

Die verschiedenen Ebenen des Gesprächs

Manche Menschen mit sozialen Ängsten haben Schwierigkeiten mit Smalltalk und ziehen es vor, nur über die wichtigen Dinge des

Lebens zu sprechen. Andere wiederum sagen, dass es ihnen Probleme bereitet, intime Gespräche zu führen, und so bleiben bei ihnen Freundschaften oberflächlich. Lassen Sie uns die verschiedenen Ebenen der Reihe nach betrachten. Denken Sie dabei daran, dass das Folgende kein Rezept ist, wie ein Gespräch unbedingt fortschreiten sollte; es ist nur dessen Beschreibung. Manchmal kommen Gespräche nicht über Ebene eins oder zwei hinaus und sind doch ein wunderbarer sozialer Austausch, der das Herz erwärmt. Manchmal beginnen sie aus dem Kontext der Situation heraus bereits auf einer sehr intimen Ebene. Sehr oft springen Unterhaltungen auch zwischen verschiedenen Ebenen hin und her. Jede der sechs Gesprächsebenen hat ihre eigenen Vorzüge.

1. Der Beginn

Wenn Sie sich unter Fremden im Lebensmittelladen, in einer Schlange oder bei einer Show befinden, beginnt man typischerweise eine Konversation mit Kommentaren über die unmittelbare Umgebung. „Sind diese Tomaten nicht billig!" – „Meine Güte, ist das voll hier heute! Ist das jeden Abend so?" – „Wissen Sie, dass schon der erste Schnee gefallen ist?"

Komplimente zu machen kann ebenfalls das Gespräch eröffnen. „Ich mag die Krawatte, die Sie tragen. Ich hätte gern so eine für meinen Mann." – „Mhm, das ist aber ein gutes Parfüm, das Sie aufgelegt haben. Würde es Ihnen etwas ausmachen, mir zu verraten, wie es heißt?" Frauen finden es für gewöhnlich leichter, Komplimente zu machen, als Männer. Beiderlei Geschlechter täten jedoch gut daran, sich in der Kunst zu üben, das, was ihnen am anderen gefällt, positiv hervorzuheben. So etwas treibt die Konversation und die Beziehung voran. Ich möchte Sie nur vor einem warnen: Machen Sie keine Komplimente, nur weil es nett ist. Ehrlich gemeinte Komplimente zu machen, lässt Sie aufrichtig erscheinen. Die Verbindung zum anderen fühlt sich ehrlicher an.

Wie Sie selbst ein Kompliment aufnehmen, kann den Gesprächsverlauf ebenfalls beeinflussen. Menschen, deren Selbstwertgefühl gering ist, geraten oft in Verlegenheit, wenn man ihnen schmeichelt. Sie mögen es nicht, wenn sie im Mittelpunkt der Aufmerksamkeit stehen; sie vertrauen nicht darauf, dass der andere das Kompliment auch wirklich so meint. Sie fürchten, dass er es nie machen würde, wenn er ihr „wahres Ich" kennen würde, oder sie machen sich Sorgen, dass sie nicht mehr als bescheiden gelten könnten, wenn sie das Kompliment annehmen. Am Ende spielen sie das Kompliment herunter und sagen Dinge wie: „Ach, das alte Schätzchen, das habe ich auf dem Flohmarkt gekauft." Es ist viel besser, einfach nur „Danke" zu sagen. Selbstsichere Leute sagen vielleicht sogar: „Danke, mir gefällt es auch."

2. Persönliche Aufhänger

Wenn Sie ein gesellschaftliches Ereignis besuchen, wo Sie mit der Möglichkeit einer Konversation rechnen müssen, sind es gute Aufhänger, sich selbst vorzustellen, rituelle Fragen zu stellen und Erkundigungen einzuholen.

Während Sie die Hand ausstrecken, um sie jemandem zu schütteln, könnten Sie sagen: „Hallo, mein Name ist Jenny. Wie heißen Sie?" – „Gefällt Ihnen die Show?" – „Woher kennen Sie den Gastgeber?" – „Wie hat Ihnen der Kurs gefallen?" – „ Was tun Sie, wenn Sie nicht gerade auf Tagungen sind?" Das sind ganz allgemeine Fragen, die sich Menschen stellen, wenn sie sich zum ersten Mal treffen. Wenn Sie dabei feststellen, dass Ihr Gesprächspartner sich für etwas interessiert, über das Sie wenig oder nichts wissen, dann haben Sie jetzt die wunderbare Gelegenheit, Fragen zu stellen, um mehr Informationen darüber zu erhalten. Die Leute fühlen sich oft geschmeichelt, wenn jemand Interesse an dem zeigt, was sie zu sagen haben.

3. Gemeinsame Interessen

Im Verlauf der Unterhaltung entdecken Sie vielleicht, dass Sie gemeinsame Interessen haben. Sorgen Sie dafür, dass Sie freie Information über sich selbst in Bezug auf das gemeinsame Interesse geben. Knüpfen Sie diese an die Erzählung des anderen an. Wenn Sie Ihre Gedanken, Gefühle und Meinungen über diese Interessen und Geschichten mitteilen, zeigen Sie mehr von sich, und das Gespräch vertieft sich.

4. Persönliche Geschichte

Die entstehende Vertrautheit eröffnet Ihnen Möglichkeiten persönlicherer Natur, sodass Sie Ihre Gesprächspartner über ihre Familienbande, ihren Hintergrund und ihre persönlichen Ziele befragen und selbst Einzelheiten über Ihr eigenes Leben mitteilen können. „Haben Sie Familie hier?" – „Wie ist es, seine Familie in der Ferne zu wissen?" – „Ich wünschte, meine würde näher bei mir leben." (Oder „weiter weg", je nachdem.) Wenn Sie nicht nur Fakten mitteilen, sondern auch Gefühle und Gedanken, enthüllt das mehr und mehr die Person, die Sie sind. Für Menschen mit sozialen Ängsten mag die Aussicht, etwas von sich preiszugeben, erschreckend sein. Wir werden später beim Thema Selbstenthüllung darüber sprechen. Für den Moment lassen Sie uns nur festhalten, dass es eine befreiende Erfahrung sein kann, etwas darüber, wie man wirklich ist, mitzuteilen, und zwar ohne jede Beschönigung – eine dringend notwendige Erfahrung, wenn Sie ernsthaft daran interessiert sind, mit anderen in Verbindung zu treten.

5. Gefühle für den anderen mitteilen

Der jüdische Philosoph Martin Buber vertrat die Ansicht, dass der Mensch sich vom Tier dadurch unterscheide, dass er die Fähigkeit habe, eine Ich-Du-Beziehung zu einem anderen Menschen zu unterhalten. Tiere dagegen können nur eine Ich-Es-Beziehung eingehen.

Lassen Sie mich das erklären. Nehmen Sie an, eine Katze würde Sie beobachten, Ihnen zuhören und ließe sich sogar von Ihnen streicheln. Sie hat ihre Erfahrungen mit Ihnen gemacht, behält diese jedoch für sich, da sie nicht in der Lage ist, Ihnen diese Erfahrungen zu beschreiben. Schließlich geht sie. Sie bleiben für die Katze ein „Es". Nun nehmen Sie an, ich würde Sie beobachten, mit Ihnen sprechen und Ihnen zuhören, und ich wäre sogar bewegt von etwas, das Sie gesagt haben. Ich werde Erfahrungen mit Ihnen sammeln. Ich habe nun die Möglichkeit, diese Erfahrungen für mich zu behalten oder sie Ihnen mitzuteilen. Wenn ich das tue, könnte ich zum Beispiel sagen: „Gerry, Sie haben mich beeindruckt. Sie sind ein abenteuerlustiger Mann, Ihre Begeisterung wirkt ansteckend. Ich bin so froh, dass wir miteinander gesprochen haben. Ich werde morgen bei dieser Reisegesellschaft anrufen und mich nach ihren Kajaktrips erkundigen. Ich würde sehr gern wieder mit Ihnen sprechen." Ich habe Ihnen damit gesagt, wie ich mich in Ihrer Gesellschaft fühle, wie Sie auf mich wirken und wie ich Sie empfinde. Sie sind dadurch vom „Es" zum „Du" geworden. Während Sie mir dabei zuhören, wie ich meine Gefühle für Sie beschreibe, wird sich etwas in Ihnen regen – etwas Warmes und Berührendes. Das ist Verbundenheit.

Leider verpassen so viele Menschen – sogar Ehepaare – einander fortwährend, wie Schiffe, die nachts aneinander vorbeisegeln, weil sie dem anderen nicht ihre Erfahrungen mit ihm mitteilen. Wenn Sie daran interessiert sind, vertrautere Beziehungen zu pflegen, sind Ich-Du-Aussagen ein Muss. Diese müssen jedoch nicht notwendigerweise immer positiv und fröhlich sein. Ich kann einer Freundin ebenso gut sagen: „Erin, wenn du mich anschweigst, fühle ich mich zugleich hilflos, verletzt und wütend. Ich vermisse dich, wenn du dich von mir entfernst." Es ist ein Zeichen für Vertrautheit, wenn ich Erin meine innersten Gefühle für sie mitteile, statt sie für mich zu behalten. Es eröffnet die Möglichkeit, weitere Gespräche zu führen, Dinge zu klären, voneinander zu lernen und einander entgegenzuwachsen.

6. Das Ende

Es ist nicht ungewöhnlich, wenn am Ende einer Unterhaltung Verlegenheit aufkommt. Früher oder später wird sich ein Gesprächsthema erschöpft haben, und eine Lücke oder Pause entsteht. Entweder versucht man dann, ein neues Thema aufs Tapet zu bringen, zum Beispiel „Haben Sie schon Urlaubspläne für dieses Jahr?“ oder „War das Fußballspiel gestern Abend nicht spannend?“, oder man sagt dem anderen einfach, dass man nun weiter muss. „Danke für die interessanten Auskünfte. Ich sehe da gerade einen Freund, mit dem ich unbedingt noch reden muss. Wir sehen uns später.“ Oder: „Es war sehr nett, mit Ihnen zu plaudern. Jetzt habe ich richtig Durst bekommen. Ich denke, ich sehe mal nach, was in der Küche los ist.“ Vergessen Sie nicht: Wenn Sie daran interessiert sind, den anderen wiederzusehen, dann ergreifen Sie die Initiative. Wenn Sie entdeckt haben, dass Sie gemeinsame Interessen haben, dann schlagen Sie doch vor, zusammen diesen Interessen nachzugehen. Wenn Sie die Unterhaltung wirklich genossen haben, dann sagen Sie zum Beispiel: „Ich habe es sehr genossen, mit Ihnen zu sprechen. Vielleicht können wir das ja wiederholen.“ Sie können dem Gegenüber Ihre Visitenkarte oder Ihre Telefonnummer geben und ihn bitten, Sie einmal anzurufen, um zusammen einen Kaffee trinken zu gehen. Das sagt dem anderen, dass Sie interessiert sind, gibt ihm aber auch die Möglichkeit, Ihrer Einladung nicht Folge zu leisten, falls er keine Zeit hat oder doch nicht so interessiert ist. Und noch einmal: Wenn Sie die Unterhaltung nicht genossen haben, dann tun Sie nicht so, als ob.

Die Angst vor der Selbstenthüllung

Manche Menschen haben keine Probleme damit, anderen alles über sich zu erzählen. Andere dagegen fühlen sich von der Aussicht auf eine derartige Selbstenthüllung unter Druck gesetzt und finden sie schrecklich. Das ist nur allzu verständlich. Wenn

Ihre Eltern große Freude an Ihnen hatten und Interesse an Ihnen zeigten, wird es Ihnen natürlich leicht fallen, anderen etwas von sich zu erzählen, da Sie darauf vertrauen, dass man sich darüber freuen wird, Sie kennen zu lernen. Wenn Ihre Eltern, Bezugspersonen oder andere wichtige Menschen in Ihrem Leben Sie andererseits nicht uneingeschränkt akzeptierten und Ihnen nicht das Gefühl gaben, willkommen zu sein, werden Sie es wohl vorziehen, sich bedeckt zu halten und Ihr wahres Ich zu verstecken, um nicht Gefahr zu laufen, erneut abgelehnt zu werden. Nicht nur, dass Sie Ihre wahren Gedanken, Gefühle und Meinungen verschweigen – Sie laufen Gefahr, vielleicht sogar selbst den Kontakt zu ihnen verlieren. Wenn es sich so verhält, dann ist es entscheidend, dass Sie etwas unternehmen, um mit sich selbst wieder in Kontakt zu kommen. Tagebuch über all jene Gedanken, Gefühle und Meinungen zu führen, die Sie an sich bemerken, wird Ihre Aufmerksamkeit Ihrem eigenen Inneren gegenüber erhöhen. Denken Sie daran: Wie Ihre Gedanken, Gefühle oder Meinungen auch aussehen und wie auch immer Sie sie beurteilen mögen – sie unterscheiden sich in nichts von jenen, die auch die anderen schon einmal irgendwann in ihrem Leben hatten. Es ist Teil des Menschseins. Was wir für sehr persönlich halten, stellt sich oft als universell heraus.

Frank, ein älterer Bursche aus einer meiner Gruppen, berichtete uns von einer Entdeckung, die ihm seinen Worten zufolge geholfen hat, sich von seiner Angst vor Selbstentblößung zu befreien. Er ging seit zwei Jahren zum Seniorentanztee. Es machte ihm nichts aus, Frauen aufzufordern, aber es war schrecklich für ihn, Gespräche zu führen, die länger als ein paar Minuten dauerten. Sein Ziel für die Woche war es, das Risiko einzugehen, mehr über sich selbst zu enthüllen. Und dann geschah Folgendes:

„Ich setzte mich mit zwei Frauen hin, und wir begannen über Musik zu plaudern. Dann sprachen wir über andere Gruppenaktivitäten, denen wir nachgingen. Auf einmal preschte ich vor. Ich erzählte ihnen, dass ich zu dieser Gruppe hier gehe, weil ich schüchtern bin. Dass ich in

Unterhaltungen mit Leuten selbstsicherer werden will. Ja, und dann erzählten mir beide, dass sie auch in bestimmten Situationen Schüchternheit zeigen. Das Gespräch ging eine ganze Weile. Wir lachten. Ich war so erleichtert. Ich fühlte mich, als würde ich dazugehören.“

Wie viel enthüllen?

Die Menschen haben unterschiedliche Auffassungen von Privatsphäre. Allgemein gilt: Je mehr Sie die anderen von sich selbst wissen lassen – Ihre Stärken und Schwächen eingeschlossen –, desto wahrscheinlicher werden Sie eine enge Beziehung zu ihnen aufbauen, ob es sich dabei nun um Kollegen, Freunde oder Liebespartner handelt. Dabei sollten Sie klug überlegen, was Sie erzählen und wem.

Gestatten Sie mir, von einer persönlichen Erfahrung zu berichten, um zu zeigen, worum es mir geht. Als ich in meinen Zwanzigern war, sprach ich mit zwei männlichen Kollegen über die Anwendung von Traumarbeit in der Therapie. Ich erzählte ihnen sogar als Beispiel einen meiner Träume. Als ich mit meiner begeisterten Mitteilung fertig war, wartete ich auf eine Reaktion. Nichts! Keine Regung, von keinem von beiden. Ich hatte mein nacktes kleines Herz bloßgelegt, und da war es nun also, draußen im Freien, pulsierend, verletzlich und ohne ein Willkommen. In der folgenden Nacht träumte ich von zwei Fliegen, die auf meinem Kopf saßen und von einer offenen Wunde tranken, aus der ein Stück meines Gehirns schaute. Ich lernte meine Lektion. Geben Sie Ihr inneres Selbst nicht jedem preis.

Ich schlage meinen Gruppenteilnehmern normalerweise vor, die Tiefe des Wassers zu prüfen. Nur zu, seien Sie der Erste, der einen privaten Gedanken, ein Gefühl oder eine Meinung äußert. Stellen Sie sich vor, Sie würden den großen Zeh ins Wasser tauchen. Wenn Ihre Mitteilung Interesse und Respekt hervorruft, und, besser noch, eine adäquate Gegenleistung, dann ist das Wasser warm und einladend. Denken Sie darüber nach, ob Sie noch weiter hineingehen wollen. Der andere folgt Ihnen vielleicht ins tiefere Wasser. Dann liegt es bei Ihnen, ob Sie sich mit ihm auf gleicher Höhe treffen wollen oder nicht. Am Ende werden Sie sich auf einer Gesprächsebene einrichten, mit der Sie sich beide wohl fühlen. Wenn Ihnen Ihr Zeh andererseits sagt, dass das Wasser zu kalt ist, wird es wohl klug sein, Ihrem Gefühl zu folgen, in Ufernähe zu bleiben und sich mit oberflächlichem Smalltalk zufrieden zu geben.

Sie können langsam in bedeutungsvolle Gespräche eintauchen, wie eben beschrieben, oder sich hineinstürzen. Der Kontext hängt in großem Maße davon ab, wie langsam oder schnell die Leute einander intime Details preiszugeben beginnen. Ein Kunde erzählte mir einmal eine Geschichte über eine Freundin von ihm, die eine Kreuzfahrt für Singles gebucht hatte. Sie stand allein an der Reling und betrachtete den Sonnenuntergang. Eine andere Single-Frau kam des Weges – eine völlig Fremde –, und die Freundin meines Kunden wandte sich ihr zu und fragte sie: „Was tun Sie gegen die Einsamkeit?“ Beide vertieften sich sofort in ein langes, aufrichtiges Gespräch. Der Kontext war da. Dies war eine Kreuzfahrt für Singles, Leute, die Bindung suchten. Das gemeinsame Interesse bot einen natürlichen Einstieg in ein Gespräch über Einsamkeit. Wenn Sie sich andererseits mit einem Fremden im Aufzug befinden, was würden Sie wohl als Antwort erhalten, wenn Sie ihn fragten: „Was tun Sie gegen die Einsamkeit?“

Wahrscheinlich würden Sie ihn total verdattert und panikartig auf der nächsten Etage aussteigen sehen.

Schüchternheit und soziale Ängste enthüllen

Im ersten Abschnitt dieses Buches trafen wir einige Menschen mit sozialen Ängsten, die berichteten, dass sie niemals irgendjemandem – nicht einmal ihrem Ehepartner – ihr beschämendes Geheimnis mitteilen würden: nämlich schüchtern zu sein oder soziale Ängste zu haben. So groß ist die Macht der ungesunden Scham. Sie isoliert Sie von anderen. Sie hält Sie in einer emotionalen Zwangsjacke gefangen, in der Sie nicht fähig sind, Ihr wahres Ich entspannt zu zeigen, weil andere dies missbilligen könnten.

Eines Abends fuhr ich auf Salt Spring Island, einer der Golfinseln vor der Westküste von British Columbia, zu einer Tangostunde. Um dieses Buch zu beenden, hielt ich mich schon eine ganze Weile in dem unbenutzten Sommerhaus eines Freundes auf, das sich dort fern der Ablenkungen von Zuhause und Familie in Vancouver an einen waldigen Hügel schmiegte. Der Tangolehrer stellte mich vor, und ich wurde von der kleinen Tangogemeinde von Salt Spring willkommen geheißen. Nach der Stunde fragten mich unabhängig voneinander drei Leute, was mich denn nach Salt Spring führte. Als ich jedem von ihnen erzählte, dass ich ein Buch über Schüchternheit und soziale Ängste schrieb, erhielt ich sofort eine Reaktion von allen dreien. Die erste Frau erzählte, dass sie in jüngeren Jahren mit der Schüchternheit umzugehen lernte, indem sie den schillernden Paradiesvogel gab, sodass niemals jemand erraten hätte, dass sie schüchtern war. Es funktionierte auch, nur hatte sie nie das Gefühl, wirklich sie selbst zu sein. Die zweite Person, ein Mann, sagte, er werde mit zunehmenden Jahren schüchterner und schüchterner. Und der Dritte meinte, er könnte ebenfalls ein Buch über Schüchternheit schreiben, und natürlich könne er es auch ertragen, es zu lesen. Diese Antwort erhalte ich am häufigsten. Jedes Mal, wenn ich erwähne, dass ich über Schüchternheit und soziale Ängste schreibe, sagt unweigerlich jemand zu mir, dass er von einem solchen Buch profitieren würde. Und was lernen wir daraus? Wieder einmal ist das, was uns sehr persönlich erscheint, weit verbreitet. Schüchternheit und soziale Ängste sind allgemeine menschliche Erfahrungen.

Ich möchte Sie dazu ermutigen, Ihre schüchterne Wesensart oder Ihre sozialen Ängste anderen mitzuteilen. Wie bereits gesagt ist es eine gute Idee herauszubekommen, wem Sie wie viel erzählen können. Aber erzählen müssen Sie es – ansonsten setzt sich die Scham durch, und fortwährende Hemmung übernimmt das Ruder. Beim nächsten Mal, wenn Sie jemanden bewundern, der laut vor anderen spricht, können Sie das auch artikulieren: „Wow, ich fand es wirklich gut, was Sie zu dieser Person gesagt haben. Ich wünschte, ich könnte das auch. Ich bin ein bisschen schüchtern, was diese Dinge angeht." Wenn Sie gefragt werden, ob Sie nicht Lust hätten auszugehen, sagen Sie: „Weißt du, ein Teil von mir würde das wirklich gern tun, aber ein anderer Teil ist zu schüchtern dazu." Wenn Sie eine Präsentation halten, geben sie bekannt: „Wissen Sie, Herrschaften, Vorträge halten gehört nicht wirklich zu meinen Stärken. Offen gesagt, ich würde eher durch einen brennenden Reifen springen, als hier zu reden, aber ich habe Ihnen da einige Dinge zu erzählen, von denen ich glaube, dass sie Sie wirklich interessieren werden." Und denken Sie auch an Ihre Körpersprache. Wenn Sie Ihre Geschichte ängstlich vorbringen, mit niedergeschlagenen Augen, zusammengesunken und abgewandt von der anderen Person, dann drängen Sie sie förmlich dazu, Ihnen eine frostige Abfuhr zu erteilen. Wenn Sie Ihre Geschichte aber vertrauensvoll vorbringen, werden die Leute geneigt sein, sie gut aufzunehmen.

Nichts zu sagen?

Ein allgemeines Problem von Menschen, die tendenziell vor Unterhaltungen zurückscheuen, ist, dass sie Schwierigkeiten haben, ein Gesprächsthema zu finden. Wieder sollten Sie daran denken, dass es nicht allein in Ihrer Verantwortung liegt, Themen vorzuschlagen. Der andere wird etwas zu sagen haben, und Sie nehmen den Ball auf. Dennoch ist es vernünftig zu erwarten, dass auch Sie Ihren Beitrag zur Gesprächsführung leisten, indem Sie Ihre eigenen Themen einbringen.

Hier einige Ideen, die helfen sollten.

1. Sprechen Sie Ihr Bewusstsein aus

Einmal konsultierte mich ein Klient, dessen Frau sich darüber beklagte, dass er nie mit ihr rede. Als ich James traf, sagte er: „Es gibt nicht viel zu reden." Ich erzählte ihm von einer Bewusstseinsübung und fragte ihn, ob er bereit sei, es damit zu versuchen. Er nickte. Die Anweisungen bei dieser Übung lauten einfach, darauf zu achten, was in einem selbst und außerhalb von einem selbst vorgeht. Man nimmt möglicherweise eine Reihe von Empfindungen, Gedanken, Gefühlen oder Impulsen wahr. Während Sie jede Information beachten, die in Ihr Bewusstsein dringt, berichten Sie dem Gegenüber davon. Sie sagen zum Beispiel: „Ich bemerke, dass die Sonne auf diese Blätter scheint. Ich bemerke, dass deine Ohrringe im Sonnenlicht funkeln. Ich bemerke dein Lächeln. Ich bemerke, dass ich jetzt lächle." Sie können diese Übung stundenlang fortsetzen. In jedem einzelnen Augenblick sind Ihnen Millionen von Informationen zugänglich, von denen nur ein Bruchteil Ihr Bewusstsein erreicht. Am Ende hören Sie gar nicht mehr auf zu reden. James versuchte es mit dieser Übung und hatte kein Problem, Dinge zu finden, über die er sprechen konnte. Manche Menschen finden es zunächst wirklich schwierig und drücken oft ihr Bewusstsein dafür aus, dass sie sich dumm vorkommen. Dann sage ich zu ihnen: „Hervorragend, Sie haben gerade ein wunderbares Bewusstsein für etwas mitgeteilt. Und jetzt machen Sie einfach weiter." Es wird tatsächlich einfacher.

Jedenfalls schlug ich James vor, er solle seine Bewusstseinsübung weiter praktizieren und seine Frau fragen, ob sie nicht sein Gegenüber sein wolle. Beim nächsten Treffen berichtete James Folgendes:

> *„Ich aß mit meiner Frau zu Abend und sagte zu ihr, ich hätte bemerkt, dass ihre Spaghettisauce etwas anders als sonst schmeckte und dass ich es mochte. Ich sagte, dass anscheinend ein Hauch Zimt darin sei. Sie nickte und sah wirklich erfreut aus. Es läuft seither ziemlich gut zwischen meiner Frau und mir. Aber ich muss Ihnen noch sagen, was bei der Arbeit passierte. Ich führe eine Autowerkstatt. Neulich sah einer meiner Angestellten ziemlich deprimiert aus. Ich dachte an meine Bewusstseinsübung und sagte zu ihm: ‚Hey Joe, du siehst nicht gut aus. Ist alles in Ordnung?' Joe kam herüber und erzählte mir, dass er und seine Freundin sich am Abend zuvor getrennt hätten. Wir setzten uns und redeten eine Weile. Ich sagte, er solle sich den Rest des Tages frei nehmen. Am nächsten Morgen war er wieder da und*

bedankte sich bei mir für meine Unterstützung. Er sagte, dass ihm das eine Menge bedeutet habe. Wissen Sie, vor der Bewusstseinsübung hätte ich kaum diesen Ausdruck auf seinem Gesicht gesehen, ganz zu schweigen davon, dass ich etwas dazu gesagt hätte!“

James war auf dem besten Weg dazu, nicht nur mit seiner Frau, sondern auch mit anderen sinnvolle Gespräche und Verbindungen zu haben. Es sind nur zwei Schritte: Seien Sie bewusst. Sprechen Sie Ihr Bewusstsein aus. Und wenn Ihnen das schwer fällt: Fügen Sie es Ihrer Zieleliste hinzu.

2. Tun Sie interessante Dinge

Wenn Schüchternheit und soziale Ängste bisher Ihr Leben beherrscht haben, besteht die Möglichkeit, dass es eingeschränkt und freudlos war. Es ist schwierig, interessanten Leuten persönliche Geschichten zu erzählen, wenn Sie keine Erfahrungen damit haben, was das Leben zu bieten hat. Belegen Sie Kurse, nehmen Sie an einer Lerngruppe teil, treten Sie in einen Wanderverein ein, kaufen Sie eine Fahrkarte für eine Reise, legen Sie sich ein Hobby zu, übernehmen Sie ehrenamtliche Tätigkeiten, gehen Sie zu öffentlichen Vorträgen. Wenn Sie Lust haben, führen Sie ein Tagebuch darüber. Indem Sie Ihr Leben weiter mit derartigen Erfahrungen füllen, werden Sie es leichter finden, persönliche Geschichten zu erzählen.

3. Bereiten Sie Themen vor

Eine weitere Methode, Ihr persönliches Geschichtenbuch zu füllen, ist, nicht den Anschluss an das zu verlieren, was in der Welt vor sich geht. Halten Sie sich auf dem Laufenden mit Zeitungen, hören Sie Nachrichten, lesen Sie gute Bücher – zeitgenössische wie Klassiker –, und sehen Sie sich die neuesten Filme oder Videos an. Wenn Sie zu einer Veranstaltung gehen, bereiten Sie am besten im Voraus zwei oder drei Gesprächsthemen vor, die mit den Nachrichten oder Geschichten zu tun haben, die Sie gerade gehört oder gelesen haben.

4. Bilden Sie sich eine Meinung

Seine Meinung zu sagen, kann schüchternen und sozial ängstlichen Menschen wie ein riskantes Unterfangen vorkommen. Wenn Sie Ihre Ansichten vertreten, wird dann nicht jemand kommen und sie in der Luft zerreißen? Ist es nicht sicherer, Zurückhaltung zu üben und mit der Mehrheit zu gehen? Nebenbei bemerkt wissen einige von uns nicht einmal, was ihre Meinung ist. Vor langer Zeit haben wir gelernt, mit ihr hinter dem Berg zu halten, aus Angst vor einem Schlag ins Gesicht oder einer anderen Form der Ablehnung. Nun ja, das ist lange her, und jetzt ist jetzt. Verstecken tut uns nicht länger gut. Es hält uns von anderen und von uns selbst fern.

Um ihnen zu helfen, sich an eine Meinungsbildung zu gewöhnen, schlage ich meinen Gruppenteilnehmern vor, regelmäßig die Nachrichten anzusehen. Nach jeder Meldung sollen sie herausfinden, was sie von dieser Geschichte halten. Hat sie sie inspiriert, abgestoßen, traurig gestimmt? Gefiel sie ihnen oder nicht und warum? Wenn sie bei einer Nachricht unentschlossen sind, ermutige ich sie dazu, sich auf die eine und dann die andere Seite zu stellen und zu sehen, wie sich das anfühlt. Schon sehr bald entdecken die Teilnehmer dann, dass sie schon mitten in der Meinungsbildung sind.

Und was diejenigen betrifft, die Ihre Meinungsäußerung in der Luft zerreißen, sollten Sie an einige Dinge denken. Erstens: Erinnern Sie sich ans realistische Denken. Die Wahrscheinlichkeit dafür, dass jemand die Contenance verliert und so etwas tut, ist extrem gering. Die meisten Menschen sind höflich gegenüber anderen, auch wenn sie eine andere Meinung vertreten. Zweitens: Sie haben ein Recht auf Ihre Gedanken, Gefühle und Ansichten. Lassen Sie nicht zu, dass jemand Ihnen etwas anderes einredet. Drittens: Wenn Sie aber doch auf eine solch seltsame Person treffen, die Ihnen das Leben schwer macht und Sie abkanzelt, gibt es eine Reihe von Möglichkeiten, mit deren Hilfe Sie die Situation in den Griff bekommen können. Diese sind weiter unten aufgelistet. Und denken Sie immer an Ihre Beruhigungsstrategien. Atmen Sie. Erden Sie sich. Und viertens: Denken Sie an die belebende Zufriedenheit, die sich einstellt, wenn Sie sich ausdrücken. Es gibt nichts Vergleichbares!

Schwierige Gespräche

Wenn wir die Hand ausstrecken, um mit anderen Menschen in Verbindung zu treten, wird das Unvermeidliche hin und wieder geschehen. Wir fühlen uns durch andere verletzt, oder andere fühlen sich durch uns verletzt. Angespannte und schwierige Augenblicke folgen. Wie mit diesen Situationen umzugehen ist, fordert selbst geübte Gesprächsführer heraus – ganz zu schweigen von schüchternen und sozial ängstlichen Menschen. Da soziale Ängste mit der Furcht vor Beurteilung verknüpft sind, sollten wir zu Beginn einen Blick darauf werfen, was wir im Falle eines Werturteils oder einer Kritik tun können.

Kritik

Tipps, wie man mit Kritik umgeht, finden sich in einer Unzahl von Ratgebern. Ich empfehle hier im Allgemeinen Manuel Smiths *Sag Nein ohne Skrupel*. Im Folgenden finden Sie einige generelle Tipps, die helfen sollten.

1. Lassen Sie sich nicht in die Defensive drängen. Zu argumentieren oder den anderen zu widerlegen lässt seine Kritik tendenziell noch vehementer werden.
2. Pflichten Sie dem Kritiker bei. Wenn Sie mit der kritisierenden Person wenig oder gar nicht emotional verbunden sind, ist es – wie etwa auch bei harmlosen Frotzeleien am Arbeitsplatz – eine wirkungsvolle Strategie, dem Kritiker beizupflichten. Eine allgemeine Zustimmung könnte sich so

anhören: „Da könnten Sie Recht haben." Eine konkrete Zustimmung wäre das: „Sie haben Recht. Ich kann so ungeschickt sein. Sie sollten mich mal zu Hause sehen. Immer ecke ich irgendwo an." In beiden Fällen haben Sie dem Kritiker den Wind aus den Segeln genommen, und seine Kritik kommt zum Erliegen.

3. Bitten Sie um Einzelheiten und weitere Kritik. Sie werden Gespräche nicht immer abbrechen wollen, wenn die Rede auf Menschen oder Situationen kommt, die Ihnen wichtig sind. In der Tat ist es notwendig, das Gespräch am Laufen zu halten, wenn es sich um Freunde, Kollegen oder Ihren Partner handelt. Eine Methode, dies zu tun, ist, dem Kritiker Fragen zu stellen, um mehr über seine Ansichten zu erfahren. Solche Fragen beginnen oft mit „Wie genau", „Was genau", „Wo genau". Sie können zum Beispiel fragen: „Wo genau war ich rücksichtslos? Können Sie mir ein Beispiel geben?" Eine selbstsichere Person wird sogar um weitere Kritik bitten. Etwa: „Gibt es noch etwas, das Ihnen an meinem Vortrag nicht gefallen hat? Ich würde mich über Ihr Feedback freuen." Indem Sie nach Einzelheiten und weiteren Kritikpunkten fragen, schlagen Sie zwei Fliegen mit einer Klappe. Wenn die Anmerkungen konstruktiv sind, erhalten Sie nützliche Informationen, die Ihnen bei der Entscheidung helfen, ob und was Sie verbessern werden. Wenn der Kritiker Sie manipulieren oder verletzen will, helfen Sie ihm damit, Verantwortung für seine Argumentation zu übernehmen. Entweder wird er von seiner Haltung ablassen oder ehrlich offenbaren, was seinem Bedürfnis zu kritisieren wirklich zugrunde liegt.

Um etwas bitten

Sich selbst auszudrücken schließt auch ein, um etwas zu bitten, das man möchte oder braucht – keine leichte Aufgabe für viele schüchterne und sozial ängstliche Menschen. Manche von uns haben gelernt, dass es nicht in Ordnung ist, anderen zur Last zu fallen. Viele Betroffene glauben, sie hätten kein Recht, um etwas zu bitten. Es ist an der Zeit, diese Überzeugungen infrage zu stellen und zu erkennen, dass Menschen soziale Wesen sind, die von der Biologie her darauf angelegt sind, aufeinander angewiesen zu sein. Wir brauchen einander, um alle möglichen Bedürfnisse zu stillen: Nahrung, Wohnung, materielle Güter, emotionale Verbundenheit, Sicherheit, Unterstützung, Abenteuer, Liebe, persönliche Entwicklung und Wachstum. Bei diesem wechselseitigen Austausch von „Waren“ werden wir nicht immer bekommen, was wir brauchen oder uns wünschen, aber es ist wichtig, darum zu bitten. Fügen Sie also Ihrer Zieleliste „Bitten“ hinzu. Bitten Sie um Hilfe bei einem Projekt. Bitten Sie um eine Verabredung. Bitten Sie um eine Rückzahlung. Bitten Sie um Informationen. Bitten Sie um ein früheres/späteres Treffen. Bitten Sie um einen Gefallen. Bitten Sie um Ruhe. Bitten Sie um Anweisungen. Bitten Sie um eine Umarmung. Bitten Sie darum, respektvoll behandelt zu werden.

Da ich immer Schwierigkeiten mit dem Bitten gehabt hatte, unternahm ich ein Experiment, als ich mit meinem späteren Mann auszugehen begann. Ich fragte ihn, ob ich das „Bitten“ mit ihm üben dürfe. Die Regeln waren, dass ich bitten würde, aber nicht erwartete, dass er immer „lieferte“. Nichts zurück zu erwarten war befreiend. Und ich bat nach Herzenslust. Bei jedem Impuls, in jeder Laune bat ich. Ich bat, Händchen zu halten. An der Ecke Broadway/Main Street bat ich um einen Kuss. Ich bat, über die Straße gehen zu dürfen, um mir ein Schaufenster anzusehen. Gleichgültig, ob meine Bitten erfüllt wurden oder nicht (sie wurden es meistens), das Bitten allein war schon belebend. Deshalb: Trauen Sie sich zu fragen.

Die Angst vor dem Telefon

Kim sagt, dass sie alle Anrufe erst einmal im Display überprüft. George berichtet, dass sein Herz bei dem bloßen Gedanken daran, dass er einen Anruf tätigen muss, zu rasen beginnt. Das Unvermögen, die Reaktionen der Leute zu sehen, verursacht

Harry Unbehagen. Phil hasst es, bei unerwarteten Anrufen zur Verfügung stehen zu müssen. Wenn etwas davon auch auf Sie zutrifft, dann setzen Sie Telefonanrufe auf Ihre Zieleliste. Zunächst hören Sie auf, das Display zu überprüfen, und betrachten jeden Anruf als Gelegenheit zur Übung und Meisterschaft. Schließlich kann das Telefon ein wunderbares Hilfsmittel sein, um menschliche Verbindungen zu fördern. Sie können jemanden anrufen, um zu sagen, wie sehr Sie eine bestimmte Veranstaltung, zu der Sie eingeladen waren, genossen haben; um sich für ein Interview zu bedanken, um einen Gefallen zu erbitten oder eine Verabredung vorzuschlagen.

Bevor Sie anrufen, können Sie sich zur Erinnerung ein paar Stichpunkte notieren. Wie bei jeder anderen sozialen Herausforderung bereiten Sie sich vor, indem Sie Ihre Beruhigungstechniken anwenden, sich eine entspannende Unterhaltung vorstellen und sich selbst sagen, dass Sie es schaffen. Wenn Sie jemanden anrufen, ist das Erste, was Sie tun, sich mit Namen zu melden. Glauben Sie nicht, dass die Leute Sie an der Stimme erkennen. „Hallo, hier ist Benny." Wenn Sie jemanden anrufen, den Sie gerade erst getroffen haben, erwähnen Sie einige Informationen über sich, die ihn an Sie erinnern. „Hallo, hier ist Benny, der große Schlaksige mit dem deutschen Schäferhund. Wir haben uns letzte Woche auf dem Marathon getroffen."

Als Nächstes ist es eine gute Idee zu fragen, ob Sie stören. Vielleicht sitzt Ihr Gesprächspartner gerade beim Essen oder ist im Begriff, das Haus zu verlassen. Wenn ja, verabreden Sie sich für einen späteren Zeitpunkt oder kommen Sie rasch auf den Grund Ihres Anrufs zu sprechen.

Wenn Sie mitten im Gespräch sind, ist es ungeschickt, den anderen in der Warteschleife zu parken, während Sie ein zweites, eintreffendes Gespräch annehmen. Mein Rat: Tun Sie das nicht. Wenn Sie sich nur auf die Person konzentrieren, mit der Sie gerade sprechen, lassen Sie sie damit wissen, dass Ihnen das Gespräch mit ihr wichtig ist und dass Sie keine Unterbrechung zulassen. Selbst wenn der andere Sie nicht sehen kann, schadet es nicht, wenn Sie auch Ihren Körper sprechen lassen, lächeln und gestikulieren, um etwas zu betonen. Dies hält Ihren Energiefluss in Gang, was sich auch in Ihrer Stimme niederschlägt. Denken Sie daran, sich auf den anderen zu konzentrieren – nicht darauf, wie Sie bei ihm ankommen.

Anrufe beendet man wie Gespräche von Angesicht zu Angesicht. Bei einem Geschäftsanruf können Sie dem Gesprächspartner für seine Zeit danken. Bei einem privaten Anruf können Sie dem anderen sagen, dass es schön war, mit ihm zu sprechen.

Letzte Tipps für Gespräche

Diese zusätzlichen Tipps werden Ihre Konversationsfähigkeiten verbessern und Ihre Chancen, mit anderen in Verbindung zu treten, erhöhen.

Meiden Sie Wörter, die Distanz schaffen.

Wenigsten zwei oder drei Teilnehmer in jeder meiner Gruppen hatten die Angewohnheit, „man" oder „wir" zu sagen, wenn sie eigentlich ihre eigenen Erfahrungen meinten und „ich" hätten sagen müssen. „Man" zu verwenden ist eine Methode, sich zu verstecken. Trauen Sie sich, zu Ihren Aussagen zu stehen. Wenn Sie „ich" sagen, bekommt Ihr Gegenüber ein Gefühl dafür, wer Sie sind, und fühlt sich Ihnen tendenziell näher. Also sagen Sie nicht: „Man wird nervös, wenn das Telefon läutet", sondern: „Ich werde nervös, wenn das Telefon läutet."

Reißen Sie das Gespräch nicht an sich.

Obwohl die meisten Menschen mit sozialen Ängsten tendenziell weniger und nicht mehr reden, kann sich bei manchen Nervosität durch übermäßige Gesprächigkeit bemerkbar machen. Diese lässt dann unter Umständen keinen Raum für Pausen und keinen Raum für den anderen, sich zu äußern. Lassen Sie sich Zeit und üben Sie sich darin, aktiv zuzuhören.

Lassen Sie den anderen ausreden.

Manchmal wird Sie eine Geschichte Ihres Gegenübers an ein eigenes Erlebnis erinnern. In der Aufregung unterbrechen Sie vielleicht zu schnell und beginnen, Ihre Geschichte zu erzählen. Der andere zieht sich zurück, und vielleicht bemerken Sie nicht einmal, dass Sie ihn unterbrochen haben. Lassen Sie ihn ausreden, fragen Sie weiter und stellen Sie Ihre Erlebnisse bis zu einem passenderen Moment zurück.

Bitten Sie um etwas Bedenkzeit.

Sie fühlen sich vielleicht zunächst in die Enge getrieben, wenn Sie gefragt werden, ob Sie etwas Bestimmtes tun könnten oder ob Sie ausgehen wollen. Fragen Sie dann: „Darf ich mir das ein paar Tage lang überlegen?" So werden Sie sich selbst gerecht und lassen den anderen wissen, dass Sie über seine Bitte oder Einladung nachdenken.

Seien Sie Sie selbst.

Es ist eine erhebende Erfahrung, man selbst zu sein und sich so auszudrücken, wie man wirklich ist.

Schlüsselgedanken

- Risiken einzugehen und sich selbst auszudrücken kann erhebend sein.
- Ergreifen Sie die Initiative. Immer wieder. Seien Sie der Erste, der Kontakt aufnimmt.
- Freie Information zu geben und an die des anderen anzuknüpfen kann ein Gespräch vorantreiben.
- Die Angst, etwas von sich preiszugeben, geht für gewöhnlich Hand in Hand mit der Angst, dass die Leute Sie ablehnen werden, wenn Sie diese Dinge herausfinden. Denken Sie da-

ran, dass sich das, was wir für sehr persönlich halten, oft als universal herausstellt.

- Wenn Sie glauben, Sie hätten nichts zu sagen, probieren Sie Folgendes aus: Sprechen Sie Ihr Bewusstsein aus, tun Sie interessante Dinge, bereiten Sie Themen im Voraus vor oder entwickeln Sie die Angewohnheit, sich Ihre eigene Meinung zu bilden und sie auszudrücken.
- Anstatt in die Defensive zu gehen, wenn Sie kritisiert werden, versuchen Sie, sich dem zu stellen. Stimmen Sie dem möglichen Körnchen Wahrheit darin zu und bitten Sie um weitere Informationen. Bald werden Sie sehen, dass Sie mit Kritik umgehen können, ohne sich von ihr überwältigen zu lassen.
- Üben Sie sich darin, um das zu bitten, was Sie sich wünschen.
- Reduzieren Sie Ihre Angst vor dem Telefon, indem Sie vor jedem Anruf vorbereitete Notizen zu Hilfe nehmen.
- Der Gebrauch von Wörtern wie „man“ oder „wir“, wenn Sie eigentlich „ich“ meinen, schafft Distanz zwischen Ihnen und Ihrem Gesprächspartner. Stehen Sie zu Ihren Gedanken und Gefühlen, indem Sie in der ersten Person sprechen: „ich“.
- Trauen Sie sich, Sie selbst zu sein.

Das möchte ich aus diesem Kapitel mitnehmen:

....

....

Ich werde es auf folgende Art und Weise in die Tat umsetzen:

....

....

KAPITEL FÜNFZEHN:
Der erste Eindruck

Vorstellungsgespräche und Präsentationen

Seid so gut und haltet die Rede, wie ich sie Euch vorsagte, leicht von der Zunge weg; aber wenn Ihr den Mund so voll nehmt wie viele unsrer Schauspieler, so möchte ich meine Verse ebenso gern von dem Ausrufer hören.
WILLIAM SHAKESPEARE (1564-1616), *Hamlet*

Sie stehen im Mittelpunkt. Szenario Nummer eins: Bis zu einem halben Dutzend Leute, womöglich noch mit Stift und Papier in der Hand, lassen Sie nicht aus den Augen, während sie Fragen abfeuern und Ihre Antworten bewerten. Werden Sie das Bewerbungsgespräch bestehen und den Job bekommen? Szenario Nummer zwei: Sie müssen auf einer Konferenz vor 300 Leuten einen Redner ankündigen – oder, schlimmer noch, Sie sind selbst der Redner! Wird das Publikum Ihnen applaudieren und zulächeln oder Sie ausbuhen und auslachen?

Wenn Vorstellungsgespräche und öffentliche Reden kein Rezept gegen soziale Ängste sind, was dann? Für Betroffene stellt ein Vorstellungsgespräch ein formelles Ritual dar, das ganz offenkundig alles in sich vereint, was sie am meisten fürchten – es ist ein sozialer Schauplatz, an dem es um nichts anderes als um Musterung und Bewertung geht. Beim Sprechen in der Öffentlichkeit nimmt die Angst vor Patzern und Demütigung durch Musterung und Bewertung – multipliziert um die Anzahl der Zuhörer, die Ihrem Auftritt beiwohnen – die Dimension einer Katastrophe an.

Haben Sie jemals bemerkt, dass Sie, je mehr Sie sich etwas wünschen, desto ängstlicher werden, ob Sie es bekommen oder nicht? Wie nervös wären Sie zum Beispiel, wenn Sie sich um einen Traumjob bewerben würden oder vor einem Expertenpublikum sprechen müssten? In dem Maße, wie die Ansprüche steigen, steigt auch die Motivation, einen guten Eindruck zu machen. Doch mit der Zunahme der Motivation können auch die Selbstzweifel wachsen. Je mehr man daran zweifelt, dass man erfolgreich sein und einen guten Eindruck hinterlassen kann, desto größer wird die soziale Angst. Die Vier-Punkte-Methode (vorbereiten, üben, präsentieren, nachbereiten) soll Ihnen dabei helfen, diese Angst auf ein erträgliches Niveau zu senken. Achten Sie darauf, wie Aspekte von Körper, Geist und Verhalten dabei – in unterschiedlicher Gewichtung – ins Spiel kommen.

Vorbereitung

Basisarbeit im Vorfeld ist sowohl bei Vorstellungsgesprächen als auch bei Präsentationen ein Muss. Ein gewisses Quantum an Recherchen vor dem Termin wird Ihnen helfen, die Richtung zu finden, die Sie einschlagen müssen, wenn Sie Ihr Material vorbereiten. Die folgende Tabelle umreißt, woran Sie denken oder was Sie tun müssen, wenn Sie sich für ein Bewerbungsgespräch oder eine Präsentation vorbereiten.

	Vorstellungsgespräch	**Präsentation**
Recherchieren	*Die Organisation:* Struktur, Geschichte, Auftrag, Ziele, Kundenstamm *Der Bereich:* aktuelle Trends, kollidierende Philosophien und Vorstellungen	*Zweck der Präsentation:* Geht es um Information, Instruktion, Unterhaltung, Überzeugung oder eine Mischung?

	Die Stelle: Stellenbeschreibung, Rahmen: förmlich oder ungezwungen, stressig oder entspannt? Gibt es Fortbildungen? Vorwiegend Arbeit allein oder im Team? *Das Gespräch:* Ist es eine Gruppenbewerbung mit mehreren Bewerbern pro Termin? Ein oder mehrere Interviewer? Förmlich oder ungezwungen?	*Das Publikum:* Wie viele? Wer? Wie alt? Welches Geschlecht? Eine Majorität oder Minorität? Kommen sie aus freien Stücken oder weil es ihr Arbeitgeber gern sieht? Geht es um grundlegende Information oder Detailwissen?
Vorbereiten	*Antworten auf allgemeine Bewerbungsfragen:* Erzählen Sie uns etwas über sich. Warum wollen Sie hier arbeiten? Warum haben Sie Ihre letzte Stelle aufgegeben? Können Sie diese Lücke in Ihrem Lebenslauf erklären? Erwecken Sie nicht den Eindruck, Sie hätten nichts getan. Vielleicht haben Sie sich um die Familie gekümmert oder sind eigenen Interessen nachgegangen, wie etwa Lesen, Reisen oder Forschung. Was sind Ihre Stärken und Schwächen? Streichen Sie jene Fähigkeiten und Charakterzüge	*Das Präsentationsmaterial:* Wählen Sie ein Thema. Recherchieren Sie, sammeln Sie Schlüsselideen und entwerfen Sie eine Gliederung. Schreiben Sie die Präsentation mit Einleitung, Hauptteil und Schluss. Bereiten Sie Hilfsmaterialien vor, etwa Handouts, Overheadfolien, Requisiten, Dias, Videos. *Checkliste: Sind Sie bereit?* • Anfahrtsskizze • Ansprechpartner • Dem Veranstalter mitteilen, was Sie benötigen: Stifte, Flipchart, Overheadprojektor,

	heraus, die zu dieser Stelle passen. Halten Sie eine „vorzeigbare" Schwäche bereit und sorgen Sie dafür, dass sie nicht extrem ist. Vielleicht arbeiten Sie zu viel, oder Sie müssen Ihre Computerkenntnisse vertiefen und haben sich bereits zu einem Kurs angemeldet. *Checkliste: Sind Sie bereit?* • Anfahrtsskizze • Name des Interviewers • Fragenliste • An Papier und Stift denken • Geeignete Kleidung bereitlegen • An Erdung, Atemübungen, Arbeit mit Bildern denken • Affirmationen: Ich kann das. Ich bin ruhig. Ich bin der Richtige für die Stelle.	Mikrofon, Wasser, Powerpoint-Ausrüstung • Was Sie brauchen: paginiertes Skript mit Hervorhebungen, Handouts, Auswertungsbögen, Wasserflasche • Geeignete Kleidung bereitlegen • An Erdung, Atemübungen, Arbeit mit Bildern denken • Affirmationen: Ich kann das. Ich bin ruhig. Ich vermittle diesen Leuten etwas Wertvolles. Sie sind daran interessiert, was ich zu sagen habe.

Üben

Die jeweilige Situation sowohl in der Vorstellung als auch real durchzuspielen, wird Ihnen helfen zu glauben, dass Sie schaffen, was Sie sich vorgenommen haben. Vergessen Sie nicht, auch Körper und Geist vorzubereiten, während Sie weiterüben. Sie können sich dabei der Affirmationen in diesem Buch sowie der

Beruhigungstechniken aus Kapitel drei bedienen. Vielleicht möchten Sie sich aber auch noch einmal die Kapitel acht und zwölf zu Gemüte führen.

Präsentieren

Vorhang auf – nun sind Sie an der Reihe! All Ihre Vorbereitungen werden sich jetzt auszahlen. Wenn Sie auf den letzten Drücker doch noch Lampenfieber bekommen, dann erinnern Sie sich daran, dass das normal ist. Sagen Sie sich, dass Sie aufgeregt sind. Erden Sie sich. Atmen Sie. Rücken Sie alles in die richtige Perspektive. Denken Sie daran, dass die Interviewer auch einmal Bewerber waren und Sie nun auf deren Platz sitzen. Erinnern Sie sich daran, dass viele große Redner auch einmal klein angefangen haben. Denken Sie an Demosthenes aus dem antiken Griechenland. Als Schüler machte man sich über ihn lustig, weil er stotterte. Entschlossen, ein großer Redner zu werden, übte er am Strand mit Kieseln im Mund das Rezitieren von Versen; und um die Aufgabe noch schwieriger zu gestalten, deklamierte er laut gegen das Rollen der Brandung an. Am Ende gelang ihm eine formvollendete Rede unter freiem Himmel – mit einem Mund voller Kiesel. Welch triumphaler Tag muss das für ihn gewesen sein! Er wurde zu einem der größten Redner seiner Zeit.

	Vorstellungsgespräch	**Präsentation**
Erster Eindruck	Erscheinen Sie pünktlich in tadelloser, möglicherweise neuer Kleidung, die sauber und frisch riecht. Meiden Sie störende Gerüche wie Rauch, zu viel Parfüm oder Knoblauch. Strecken Sie sich von innen heraus, sodass Ihre Haltung Stärke	Erscheinen Sie früh. Halten Sie sich an die nebenstehenden Anweisungen für das Vorstellungsgespräch. Dann bitten Sie um das, was Sie noch brauchen, während Sie die Präsentation vorbereiten.

	und Selbstsicherheit vermittelt. Lächeln Sie. Erden Sie sich und machen Sie Ihre Atemübungen. Schenken Sie Ihrem Ansprechpartner einen einladenden Blick und schütteln Sie ihm herzlich die Hand. Machen Sie eine freundliche Bemerkung über die unmittelbare Umgebung. Bleiben Sie positiv.	
Im Weiteren	Erden Sie sich und atmen Sie. Begrüßen Sie die Person(en), die Sie interviewen werden, mit Ihren Augen und einem offenen Gesicht. Seien Sie darauf vorbereitet, über sich zu sprechen, und sagen Sie, warum Sie denken, dass Sie der Richtige für die Stelle sind. Machen Sie eine Pause, wenn Sie Zeit zum Nachdenken brauchen. Stellen Sie gelegentlich Blickkontakt her. Seien Sie Sie selbst. Stellen Sie Fragen. Bedanken Sie sich bei Ihrem Gegenüber. Bedanken Sie sich später in knapper Form, auch schriftlich.	Nehmen Sie sich einen Moment Zeit, um einige Zuhörer im Publikum mit Ihren Augen und einem offenen Gesicht zu begrüßen. Wenn Sie ein wenig Furcht spüren, sollten Sie daran denken, dass die meisten Redner ein 30-Sekunden-Fenster der Nervosität erleben, bevor sie zu sprechen beginnen. Erden Sie sich und atmen Sie. Wenn Sie sich auf das Thema konzentrieren, wird die Angst verfliegen. Seien Sie Sie selbst. Wenn etwas schief läuft, ignorieren Sie es nicht. Kommentieren Sie es beiläufig, humoristisch.

Bleiben Sie in Verbindung mit dem Publikum: Stellen Sie Blickkontakt her, stellen Sie Fragen, erkundigen Sie sich, ob es seitens der Zuhörer noch Fragen oder Anmerkungen gibt und bitten Sie in diesem Fall um Handzeichen.
Danken Sie Ihrem Publikum für sein Interesse und sein Kommen.

Nachbereitung

Sobald das Vorstellungsgespräch oder die Präsentation vorüber ist, sollten Sie sich unbedingt die Zeit nehmen, um Ihre Leistung zu bewerten, damit Sie aus ihr lernen können. Beginnen Sie mit der Freude darüber, dass Sie es geschafft haben! Sie haben sich der größten Angst der meisten Leute gestellt, nämlich der, vor einem Publikum aus einem oder mehreren hundert Zuhörern zu sprechen. Bravo! Wenn Sie die Ereignisse Revue passieren lassen, dann seien Sie nett zu sich. Menschen mit sozialen Ängsten neigen dazu, unbarmherzig mit ihrer eigenen Leistung ins Gericht zu gehen, indem sie oft die guten Seiten herunterspielen und die nicht so guten aufbauschen. Warum nicht auch einmal das Gegenteil tun? Übertreiben Sie die guten Seiten und bagatellisieren Sie die schlechten. Der Sinn der Nachbereitung liegt darin, zu lernen, was Sie auch in Zukunft beibehalten können und wo Sie sich um Verbesserung bemühen sollten.

	Vorstellungsgespräch/Präsentation
Sätze vervollständigen	Starke Seiten: Lesen Sie den folgen Satz und vervollständigen Sie ihn so, wie es Ihnen als Erstes in den Sinn kommt. *An meinem Bewerbungsgespräch/ an meiner Präsentation gefiel mir, dass ...* Sie könnten beispielsweise ergänzen: „... ich einen guten Witz erzählt habe. Die anderen haben gelacht." Wiederholen Sie nun den lückenhaften Satz noch einmal. *An meinem Bewerbungsgespräch/ an meiner Präsentation gefiel mir, dass ...* Schreiben Sie nun etwas anderes in die Lücke. Wiederholen Sie diesen Vorgang so oft, bis Ihnen nichts mehr einfällt. Sie können die Liste auch später noch vervollständigen. Was zu verbessern wäre: Vervollständigen Sie diesen Satz. *Das hätte ich bei meinem Vorstellungsgespräch/bei meiner Präsentation anders machen können: ...* Vielleicht sagen Sie: „Ich hätte nicht so schnell sprechen dürfen, vor allem nicht gegen Ende." Fügen Sie noch ein oder zwei andere Dinge hinzu, die Ihnen einfallen. Aber bedenken Sie: Es gibt keinen Grund, sich aufzuregen. Genießen Sie das, worauf Sie stolz sind, und machen Sie sich Gedanken,wie Sie Ihr Vorstellungsgespräch oder Ihre Präsentation beim nächsten Mal verbessern können.

Objektives Feedback	Auswertungsbögen: Wenn Sie oder Ihr Sponsor Auswertungsbögen verteilt haben, sollten Sie diese unbedingt sichten. Achten Sie darauf, was geklappt hat und was nicht. Wie überall auch können die Reaktionen von Zuhörern positiv wie negativ sein. Es gibt immer jemanden, der sich sehr negativ äußert. Nehmen Sie das nicht persönlich. Freuen Sie sich über die positiven Kommentare und überlegen Sie, ob und wie Sie die Verbesserungsvorschläge beim nächsten Mal berücksichtigen werden. Persönliches Gespräch: Wenn Sie die Möglichkeit dazu haben, fragen Sie die Zuhörer, was ihnen gefallen hat und was nicht. Das ist leichter, wenn Sie jemanden aus dem Publikum kennen, den Sie in diesem Fall direkt ansprechen können.
Planen und anknüpfen	Die nächsten Schritte: Sobald Sie Ihre Stärken und Schwächen erkannt haben, entscheiden Sie, was Sie nun tun werden. Für Vorstellungsgespräche etwa werden in den Arbeitsämtern oder der Volkshochschule Kurse angeboten, in denen Sie lernen, wie Sie sich erfolgreich um einen Job bewerben. Weitere Informationen gibt es direkt beim jeweiligen Anbieter. Mit Niederlassungen in über 60 Ländern ist Toastmasters International (www.toastmasters.de) die bekannteste Organisation, die Menschen hilft, ihre Angst vor dem Sprechen vor Publikum zu verlieren.

Entsprechende Kurse und Clubabende werden angeboten.
Sie können auch Ihre Sprechfähigkeiten verbessern, indem Sie von anderen lernen. Wenn Sie Redner auf dem Bildschirm oder in natura sehen, achten Sie darauf, welche Sie mögen und welche Sie kalt lassen. Was macht den Unterschied aus? Vielleicht können Sie einige Ihrer Entdeckungen ja auch in Ihren Sprechstil einfließen lassen.

Wie bei jedem anderen Lernprozess auch kann es einige Zeit dauern, bis Sie selbstsicher vor anderen sprechen. Bleiben Sie dran. Am Ende werden Sie wie der griechische Redner Demosthenes Ihre eigene Stimme finden und sie für alle möglichen wunderbaren Ziele einsetzen.

Schlüsselgedanken

- Bei einem Vorstellungsgespräch oder einer Präsentation im Mittelpunkt des Interesses zu stehen ist für die meisten Menschen nervenaufreibend und kann für Leute mit sozialen Ängsten zur Qual werden.
- Wenn Sie Ihre Angst reduzieren möchten, sollten Sie die Vier-Punkte-Methode anwenden: vorbereiten, üben, präsentieren, nachbereiten.
- Vorbereiten heißt, Informationen zu recherchieren und relevantes Material für den zukünftigen Gebrauch zu organisieren.
- Üben bedeutet, in der Vorstellung und auch ganz real die Situation durchzuspielen und sich dabei all der Fähigkeiten zu bedienen, die in früheren Kapiteln beschrieben wurden.

- Eine Präsentation ist immer auch die Gelegenheit, mit anderen etwas Wertvolles zu teilen – ob dies nun Sie sind oder Ihre Gedanken, Meinungen, Talente oder Ihr Wissen. Es ist eine Gelegenheit, die Ihre Vorbereitung und Übung Früchte tragen lässt zum Wohl anderer und Ihrer selbst.
- Nachbereitung befähigt Sie zur Erkenntnis Ihrer Stärken und Schwächen. Freuen Sie sich über Ihre Stärken und machen Sie Pläne, woran Sie noch arbeiten müssen.
- Wenn Sie damit fortfahren, Risiken einzugehen und sich selbst der Welt da draußen auszusetzen, werden Sie eine stärkere Stimme finden, die Sie für alle möglichen wunderbaren Ziele einsetzen können.

Das möchte ich aus diesem Kapitel mitnehmen:

....

....

Ich werde es auf folgende Art und Weise in die Tat umsetzen:

....

....

Kapitel sechzehn:
Zusammenkommen

Freundschaften

Der einzige Weg, einen Freund zu haben,
ist der, selbst einer zu sein. ...
Ein Freund kann durchaus
als das Meisterwerk der Natur gelten.
Ralph Waldo Emerson (1803-1882)

Wir alle sind soziale Wesen. Abgesehen davon, dass wir einander zur Sicherung der Grundbedürfnisse brauchen, benötigen wir einander auch zum emotionalen Überleben. Für ein ausgeglichenes Leben sind Freunde unerlässlich, Eremiten und Heilige vielleicht einmal ausgenommen. Obwohl Menschen mit sozialen Ängsten durchaus befriedigende Freundschaften haben können, gibt es einige, die gar keine Freunde oder keine engen haben. Wenn Sie mit den Freundschaften in Ihrem Leben oder mit deren Qualität nicht zufrieden sind, ist es an der Zeit, Ihre Möglichkeiten auszuloten und etwas dagegen zu unternehmen.

Basisarbeit: Seien Sie Ihr eigener bester Kumpel

Christopher J. McCullough schreibt in seinem Buch *Always at Ease*: „Der einzige Weg, sich mit anderen wirklich wohl zu fühlen, ist, sich mit sich selbst wirklich wohl zu fühlen.“ Ich stimme dem vollkommen zu. Wenn Sie unter einem negativen Selbstbild oder einem geringen Selbstwertgefühl leiden, wird es schwierig werden, das zu vergessen und die Gesellschaft anderer wirklich zu genießen.

Daher ist der erste Schritt zur Freundschaft mit anderen, eine stabile Freundschaft mit sich selbst aufzubauen. Sie müssen Ihr eigener bester Kumpel werden. Was bedeutet das? Sie mögen sich. Sie genießen es, Zeit mit sich selbst zu verbringen, Interessen und Hobbys nachzugehen. Sie tun nette Dinge für sich. Sie machen sich selbst Komplimente. Sie urteilen nicht schlecht über sich. Sie sagen „Bravo“ zu sich, wenn Sie etwas gut gemacht haben, und „Das ist okay, lebe und lerne“, wenn etwas nicht so gut gelaufen ist. Sie halten an Ihren Träumen und Zielen fest, indem Sie Taten folgen lassen. Sie respektieren Ihre eigenen Gedanken, Gefühle und Meinungen und teilen sie anderen mit. Wenn Sie sich selbst diese Art von Freund sein können, werden Ihre Chancen auf befriedigende Freundschaften mit anderen deutlich steigen.

Das Wesen der Freundschaft

Freundschaften gibt es in allen Formen und Längen. Wir können Langzeitfreunde haben, die wir seit Jahren kennen und die wir noch lange Jahre behalten werden. Wir können Kurzzeitfreunde haben, die wir wahrscheinlich nie wiedersehen, aber deren Gesellschaft unser Leben auf irgendeine Art bereichert hat. Manche Freundschaften entwickeln sich schnell, weil wir sofort eine Seelenverwandtschaft spüren oder Erfahrungen teilen. Andere dagegen entwickeln sich langsam, mit der Zeit. Freunde können sich aufgrund von Interessen, Wertvorstellungen oder Lebensumständen auseinander leben. Mit anderen haben wir dagegen regelmäßig und häufig Kontakt. Manche Freunde sehen sich nur dann und wann und haben trotzdem keine Probleme, an das letzte Treffen wieder anzuknüpfen. Enge Freunde lassen einander sehen, wie sie wirklich sind, in guten wie in schlechten Zeiten. Bestimmte Interessen oder Freizeitaktivitäten kann man im Gegensatz dazu auch mit oberflächlichen Freunden teilen.

Es gibt auch Unterschiede in der Anzahl der Freunde, an denen man Interesse hat oder die man glücklich ist zu haben. Oder, nach Henry Brook Adams: „Ein Freund im Leben ist groß, zwei sind viel, drei sind kaum möglich. Freundschaft bedarf einer gewissen Parallelität im Leben, einer Gemeinschaft der Gedanken, einer Konkurrenz im Streben."

Adams spricht in diesem Fall von engen Freundschaften. Für manche Menschen sind ein oder zwei Freunde sehr viel. Andere genießen die Anregung durch mehrere oder viele Freundschaften. Wie viele und welche Art von Freundschaften man pflegt, ist eine individuelle Angelegenheit, die von persönlichen Bedürfnissen und Umständen abhängt.

Die richtigen Zutaten

Die Wahrscheinlichkeit, dass sich eine Freundschaft entwickelt, steigt, wenn folgende Faktoren zusammenkommen: Regelmäßigkeit und Häufigkeit, räumliche Nähe, Offenheit, Bedarf, Ähnlichkeit, Selbstenthüllung und bedingungslose Wertschätzung.

Regelmäßigkeit und Häufigkeit

Je öfter und regelmäßiger Sie jemanden sehen, desto vertrauter wird er Ihnen. Kurzfristige Regelmäßigkeit trifft auf einen Zehn-Wochen-Kurs oder ein Drei-Tages-Seminar zu. Langfristige Regelmäßigkeit kann bedeuten, dass Sie beide dasselbe Fitnessstudio besuchen, täglich zusammen schwimmen oder jeden Tag zur selben Zeit an der Bushaltestelle stehen. Es ist nur eine Frage der Zeit, bis aus einem simplen „Hallo" eine kurze Unterhaltung und dann ein langes Gespräch wird.

Wenn auch die anderen Zutaten vorhanden sind und sich eine dauerhafte Freundschaft entwickelt, helfen regelmäßige Treffen, diese zu stärken.

Räumliche Nähe

Es ist wahrscheinlicher, dass Menschen, die dieselbe Umgebung teilen, Freunde werden, als Menschen, die fern voneinander leben. Es ist leichter, einen Nachbarn oder den Kommilitonen, der im Kurs wiederholt neben Ihnen sitzt, zu sehen oder zu besuchen, als jemanden, der in einem anderen Bundesland wohnt.

Offenheit

Wem würden Sie sich lieber nähern? Dem Kerl, der bedrückt und mit gesenktem Kopf am Ende der Bank sitzt, oder jenem, der lächelnd an der Reling steht und interessiert das Anlanden des Schiffes beobachtet? Die meisten Menschen fühlen sich von dem Typen mit dem freundlichen Gesicht und der offenen Haltung angezogen.

Wie offen Sie sich gerade fühlen, hängt von verschiedenen Faktoren ab. Guter Dinge zu sein hilft sicherlich. Wenig Stress und Druck fördert Offenheit. Ihre Erwartungshaltung, wie der andere auf Sie reagieren wird, hat eine gewaltige Wirkung darauf, wie offen Sie sich fühlen. Wenn Sie zum Beispiel annehmen, dass der andere Sie mögen wird, werden Sie offen sein. Wenn Sie andererseits bezweifeln, dass der andere sich für Sie interessiert, werden Sie wahrscheinlich keinen Erfolg haben.

Bedarf

Jemand, der schon viele Freundschaften eingegangen ist – vielleicht mehr, als er pflegen kann –, wird offensichtlich keine neuen brauchen. Diese Person wird wohl nicht darauf erpicht sein, auf Sie zuzugehen. Sie wird auch nicht so offen sein wie jemand, der nach neuen Freunden sucht. Der Bedarf an Kameradschaft ist es, der aus Reisenden freundliche Leute macht. Sie sind vorübergehend ohne Freunde und offen, auf Fremde zuzugehen und von ihnen angesprochen zu werden.

Ähnlichkeit

Freunde wachsen zusammen, wenn sie einander ähnlich sind. Sie haben die gleichen Interessen, Wertvorstellungen, Überzeugungen und Einstellungen. Sie müssen nicht in allem einer Meinung sein, aber im Allgemeinen sehen sie die Welt mit ähnlichen Augen. Andere Dinge, die sie gemeinsam haben, sind familiärer Hintergrund, religiöse Zugehörigkeit, wirtschaftlicher Status, Bildung, Alter und Job. Sie haben oft sogar ähnliche Persönlichkeiten. So viele Gemeinsamkeiten schaffen eine Vertrautheit, die den Menschen das Gefühl gibt, beim anderen zu Hause zu sein. Die einzigartigen Unterschiede zwischen diesen Freunden sind das Salz in der Suppe, das ihnen ihre Freundschaft nicht langweilig werden lässt.

Selbstenthüllung

Wenn sich gegenseitiges Vertrauen entwickelt, wird die Fähigkeit, dem anderen sein eigenes Selbst zu enthüllen und sich von ihm angenommen zu fühlen, zum wesentlichen Bestandteil der Freundschaft. In der Lage zu sein, Stärken wie auch Schwächen ohne Bewertung miteinander zu teilen, wirkt an einem tiefen Gefühl der Verbundenheit mit.

Bedingungslose Wertschätzung

Freunde wissen zu lassen, dass man sie mag, ihre Gesellschaft genießt und sie sogar bewundert, trägt viel dazu bei, die Freundschaft zu vertiefen. Man zeigt sich, und man erzählt von sich. Sie können Freunden auf vielerlei Art zeigen, wie sehr Sie sie wertschätzen: Ihre Augen leuchten, und Ihr Lächeln wird breiter, wenn Sie sie sehen. Sie sind ihnen zugetan. Sie umarmen und küssen sich (je nach Kulturkreis). Sie respektieren die Gedanken, Gefühle und Meinungen Ihrer Freunde, indem Sie ihnen aktiv zuhören. Sie tun ihnen einen Gefallen. Sie nehmen einen Umweg, um ihnen eine kleine Freude zu machen. Sie teilen Ihre wahren Gefühle mit ihnen. Sie können Ihren Freunden auch direkt sagen, dass Sie sie mögen, vielleicht sogar lieb haben. Die meisten Menschen finden es leichter, Freunden zu sagen, welche Eigenschaften ihnen gefallen. Sie machen Bemerkungen über ihre Aufrichtigkeit, ihren Wagemut, ihre Treue und so weiter. Sie teilen den Freunden vielleicht auch mit, wie sehr sie sich von diesen Qualitäten inspiriert fühlen.

Freundschaftskiller

Ebenso, wie es Faktoren gibt, die Freundschaften zuträglich sind, gibt es auch welche, die Freundschaften zerstören können. Es folgen einige der verbreitetsten Freundschaftskiller.

Selbstbezogenheit

Wie wir erfahren haben, neigen Menschen mit sozialen Ängsten dazu, in ihre sorgenvollen Gedanken darüber versunken zu sein, wie sie bei anderen ankommen. Diese Art der Selbstbezogenheit lenkt die Aufmerksamkeit davon ab, was in der unmittelbaren Umgebung vorgeht. Wenn Ihnen eine Freundin eine neue Geschichte von sich selbst erzählt und Sie nur damit beschäftigt sind, auszuknobeln, wie und was Sie als Nächstes sagen sollen, wird sie bald merken, dass Sie gar nicht richtig zuhören. Sie wird sich vielleicht fragen, ob sie Ihnen überhaupt etwas bedeutet. Wenn sich das wiederholt, wird sie das Interesse an dieser Freundschaft verlieren, weil es keine richtige Verbindung gibt. Eine andere Art und Weise, auf die sich Selbstbezogenheit ausdrückt, ist, wenn einer das Gespräch beherrscht und dem anderen wenig Raum lässt, seinen Teil dazu beizutragen. Obwohl nur sehr wenige Menschen mit sozialen Ängsten zu so etwas neigen, gibt es doch welche, die sich aus Nervosität so verhalten.

Übergroße Abhängigkeit und Besitzgier

Kaum etwas schadet einer guten Freundschaft so wie verzweifelte Abhängigkeit oder Besitzgier. Es ist nichts dagegen einzuwenden, wenn Freunde sehr viel Zeit miteinander verbringen – solange dieses Bedürfnis wechselseitig ist. Doch die Beziehung ist in Gefahr, wenn einer von beiden mehr Zeit einfordert, als der andere aufzubringen bereit ist. Ein forderndes Verhalten muss gar nicht aktiv sein, sondern kann auch passiv ausfallen, indem einer sich zurückzieht oder den Gekränkten spielt, sobald der andere Zeit für sich selbst beansprucht oder andere Interessen und Freundschaften pflegen will. Niemand wird gern von der Bedürftigkeit eines anderen erstickt. Früher oder später wird derjenige, der solchermaßen bedrängt wird, aus der Freundschaft ausbrechen wollen. Aus diesem Grund ist es wichtig, ein eigenes Leben zu führen, das so erfüllt und befriedigend wie möglich ist, bevor man eine wichtige Freundschaft schließt; außerdem sollte man nicht nur auf ein Pferd setzen. Eine ganze Reihe von Interessen und Freundschaften zu haben, hilft, die Verzweiflung klein zu halten, die sich oft einstellt, wenn man nur über ein paar Quellen der Befriedigung verfügt. Stellen Sie es sich einmal so vor: Das Leben, das Sie für sich gestalten, ist Ihr Kuchen. Je reichhaltiger er ist, desto besser schmeckt er. Und eine gesunde Freundschaft ist das Sahnehäubchen darauf. Sie kann nicht der Kuchen sein. Das wäre zu viel von jedem verlangt.

Mangel an Selbstenthüllung

Es ist entscheidend, über sich selbst sprechen zu lernen, über die eigenen Gedanken, Gefühle, Ängste, Hoffnungen und Träume. Wie sonst soll Sie ein Freund kennen und mögen lernen? Wenn Sie sich noch immer aus Angst vor Ablehnung verstecken, ist es vielleicht an der Zeit, sich professionellen Rat zu holen. Suchen Sie einen Therapeuten mit einem guten Ruf. Wenn Sie lernen darauf zu vertrauen, dass der Therapeut Ihnen ohne Wertung zuhört, werden Sie die Freude erleben, als wunderbares menschliches Wesen angenommen zu werden, trotz all Ihrer Unzulänglichkeiten. Während der Therapeut Ihnen zuhört, Fragen stellt und Beobachtungen macht, lernen Sie das Vokabular der Selbstenthüllung.

Negativität

Es macht keinen Spaß, sich mit jemandem abzugeben, der an allem und jedem ständig etwas auszusetzen hat. Ebenso wenig erhebend ist es, mit jemandem zusammen zu sein, der häufig niedergeschlagen ist. Wenn Sie zu Negativität neigen, ist es an der Zeit, die geistigen Spinnweben auszukehren, die Ihre Meinung von sich selbst und der Welt verschleiern. Wenn Sie Depressionen haben, suchen Sie professionelle Hilfe.

Gefahr und Lohn der Freundschaft

Freundschaften zu pflegen bringt wie alles Wertvolle im Leben Gefahr und Lohn mit sich. Die Hauptrisiken sind Verlust und Verletzung. Veränderte Lebensumstände können dafür sorgen, dass Freunde wegziehen oder sich entfremden. Freunde können auch sterben. Sie können ein Vakuum in Ihrem Leben hinterlassen, das schwierig ist zu überwinden. Der Schmerz von Verlust und Kummer ist nie leicht.

Freunde können Sie auch auf andere Weise verletzen: Sie werden vielleicht wütend auf Sie. Sie sagen oder tun dumme und verletzende Dinge. Sie sind unsensibel, selbstsüchtig oder rücksichtslos. Sie können sogar Ihr Vertrauen missbrauchen. Freunde sind nicht immer vollkommen, und Sie können verletzt werden. Aber da auch Sie nicht vollkommen sind, können Sie dasselbe tun. Sie werden vielleicht selber irgendwann einmal den Schmerz der Scham und Reue erleben. Freundschaften stehen in solch schwierigen Zeiten auf dem Prüfstand. Durch aufrichtige Kommunikation teilen Freunde einander ihre Gefühle mit, vertragen sich wieder und lernen, bessere Freunde zu werden. Viele Beziehungen überleben und werden bei diesem Prozess sogar noch stärker. Andere Freundschaften überleben nicht. Die nötige Kommunikation findet nicht statt. Verletzung und Bitterkeit treiben einen Keil zwischen beide Parteien. Oder die Freunde beschließen, dass sie nicht füreinander geschaffen sind und gehen ihrer Wege.

Wenn Sie jetzt denken: „Hm, das Leben wäre eigentlich viel einfacher ohne Freundschaften“, könnten Sie absolut Recht haben. Das Leben wäre viel einfacher. Das Leben wäre aber auch einfacher ohne einen Blumengarten, den Sie jäten und gießen müssen; ohne ein Haustier, das Sie füttern und unterbringen müssen, wenn Sie im Urlaub sind; ohne eine Leidenschaft, in die Sie Zeit, Geld und Kraft stecken müssen. Das Leben wäre einfacher – aber wäre es auch genauso aufregend, amüsant, befriedigend oder bereichernd? Auf zu den Belohnungen der Freundschaft! Oder, wie es der Volksmund sagt: „Geteilte Freude ist doppelte Freude, geteiltes Leid ist halbes Leid.“

Die Forschung hat gezeigt, dass Freundschaften zur allgemeinen emotionalen und körperlichen Gesundheit beitragen. In guten Zeiten treffen sich Freunde zu angenehmen Zwecken, etwa um Überraschungspartys auszuhecken, Geheimnisse zu teilen, neue Interessen auszuprobieren, Spiele zu spielen oder Sport zu treiben. Körperliche Anstrengung, Lachen und Aufregung setzen „Glückshormone“ wie Endorphine frei, die wiederum helfen, Stresshormone niederzuringen. Die Wertschätzung und das Interesse Ihrer Freunde an Ihrem Wohlergehen rufen in Ihnen Freude und Behagen hervor, ganz zu schweigen von einem Auftrieb an Selbstwertgefühl.

In Krisenzeiten können Freundschaften das Zünglein an der Waage sein, das Ihnen hilft, mit der Situation fertig zu werden. Die emotionale Unterstützung eines Freundes, seine praktische Hilfe, Anleitung und seine Fähigkeit, Probleme zu lösen, werden Sie trösten und Ihnen helfen, mit vielen Herausforderungen des Lebens zurechtzukommen. Interessanterweise können auch bloße Gedanken und Erinnerungen an Menschen, an denen Ihnen etwas liegt, Sie durch schwierige Zeiten tragen. Freundschaften können das Leben verkomplizieren, es aber auch einfacher machen.

Freundschaft schließen in drei Etappen

Lassen Sie uns, die gesammelten Informationen über das Schließen und Beenden von Freundschaften im Hinterkopf, auf die drei Etappen der Freundschaft blicken: sich treffen, Freundschaft schließen und Freundschaft halten.

Menschen treffen

Sie werden überrascht sein, wie viele Orte und Situationen die Möglichkeit bieten, Menschen zu treffen, aus denen Freunde werden könnten. Denken Sie einmal darüber nach.

1. **Menschen aus Ihrer Vergangenheit:** Alte Freunde oder Bekannte – auch aus der fernen Vergangenheit – anzurufen, ist eine Möglichkeit. Miriam erzählte in einer meiner Gruppen, dass sie in den letzten Jahren die Beziehung zu zwei Schulfreundinnen hatte schleifen lassen. Sie beschloss, es zu ihrem Wochenziel zu machen, diese Frauen anzurufen und sie zum Mittagessen zu bitten. In der darauf folgenden Woche berichtete sie, dass sie eine der Frauen nicht mehr ausfindig machen konnte, dass die andere aber begeistert darüber gewesen war, von ihr zu hören. Sie aßen zu Mittag, brachten sich gegenseitig auf den neuesten Stand und verabredeten, sich in zwei Wochen wiederzusehen.
2. **Familie:** Familienangehörige können auch Freunde sein. Wenn Sie den Kontakt zu Ihrer Familie verloren und sich mit ihr vielleicht sogar überworfen haben, ist es jetzt möglicherweise an der Zeit, anzurufen und zu sehen, ob Sie die Dinge wieder ins Lot bringen können. Nicht immer, aber häufig sind Familienangehörige gerührt, wenn Sie den ersten Schritt zum Friedensschluss machen. Hoffen Sie auf das Beste und lassen Sie es auf einen Versuch ankommen. Vielleicht erleben Sie ja eine angenehme Überraschung.
3. **Arbeit/Schule:** Arbeitsplatz und Schule sind beliebte Orte, um Freundschaften zu schließen. Man trifft sich regelmäßig

und häufig. Durch Gespräche in den Pausen und die Zusammenarbeit entdeckt man, dass man einiges gemeinsam hat. Warum nicht jemanden aus der Schule oder der Firma fragen, ob man einmal zusammen essen gehen kann? Oder sich zu einem Kinobesuch, einem Tennismatch oder einer Veranstaltung verabreden. Manche Leute mögen Ausflüge in der Gruppe lieber, sodass mehrere Menschen verantwortlich für die Konversation und das „Programm" und somit für das Gelingen der Veranstaltung sind.

4. **Nachbarn:** Ein weiterer, sehr beliebter „Vermittlungsort" für Freundschaften ist Ihre eigene Nachbarschaft. Ob es nun der Bursche aus der angrenzenden Wohnung ist oder die Eltern aus der gleichen Straße sind, deren Kinder mit den Ihren zur Schule gehen – warum nehmen Sie sich nicht die Zeit, „Hallo" zu sagen und eine Weile zu plaudern?
5. **Dienstleister:** Nicht vergessen werden sollten die Menschen, deren Dienste Sie in Anspruch nehmen und die Sie wahrscheinlich wiederholt sehen werden. Über private Gespräche entdecken Sie vielleicht, dass Sie etwas gemeinsam haben. Meine Friseurin zum Beispiel, die ich nun schon seit gut 20 Jahren kenne, arbeitet mit ihrem Mann im eigenen Geschäft, und er ist ganz verrückt nach Salsatanzen. Dieses Ehepaar ist im gleichen Alter wie mein Mann und ich und hat auch erwachsene Kinder. Gelegentlich gehen wir alle aus und genießen unser Zusammensein. Andere Dienstleister sind beispielsweise Lehrer, Steuerberater, Bankangestellte, Rechtsanwälte und so weiter.
6. **Orte, an denen Sie Interessen nachgehen:** Gleich und gleich gesellt sich gern – deshalb erhöhen Sie ihre Chancen, Gleichgesinnte zu treffen, an Orten, wo Menschen denselben Interessen nachgehen, ob es sich dabei nun um körperliche Aktivitäten handelt, das Erlernen von Dingen, das Besuchen von Vorträgen oder die Arbeit für einen bestimmten Zweck. Wenn Sie noch keine Interessen oder Hobbys pflegen und nicht wissen, wo Sie ansetzen sollen, dann durchforsten Sie die Lokalzeitung, das Schwarze Brett in der Stadtbücherei,

das Internet, die Gelben Seiten und das Volkshochschulprogramm und schauen Sie, was Ihr Interesse weckt.
Halten Sie Ausschau nach einmaligen Events wie Vorträgen, Lesungen, Diashows, Heim- und Gartenmessen, Sportveranstaltungen, Konzerten, Tanzabenden und Wettbewerben. Suchen Sie auch nach regelmäßigen Veranstaltungen wie Gottesdiensten, Gemeindetreffen, Elternabenden, beruflichen oder Verkaufsveranstaltungen, Meetings, Clubabenden, politischen Veranstaltungen und so weiter.
Eine gute Methode, Menschen zu treffen, ist, sich freiwillig zur ehrenamtlichen Arbeit zu melden. Dabei haben Sie und die anderen die Möglichkeit, sich besser kennen zu lernen. Warum ergreifen Sie nicht die Initiative und fragen einen der anderen freiwilligen Helfer, ob er mit Ihnen einen Kaffee trinken oder zum Essen geht?

7. **Interessen und Hobbys:** Alicia, eine attraktive Frau mit sozialen Ängsten aus einer meiner Gruppen, erzählte uns bei einer unserer Sitzungen:

„Ich fühlte mich nie so, als ob ich irgendwo dazupassen würde. In der Highschool gab es die beliebten Leute, die in Cliquen unterwegs waren, die Sportler, die zusammen trainierten und zusammen ihre Freizeit verbrachten, und dann noch die Freaks, die über ihre Computer fachsimpelten. Ich fühlte mich verloren. Dann passierte etwas. Ich werde nie den Tag vergessen, an dem ich zum ersten Mal zu einem meiner Musikkurse an der Universität ging. Da waren Leute, die sich für dasselbe interessierten wie ich. Wir sprachen dieselbe Musiksprache. Ich konnte es nicht glauben. Ich schloss Freundschaften, und diese halten noch bis heute."

Grange, ein leise sprechender Mann, erzählte mir später, dass er einen Freund unter Umständen getroffen hatte, die selbst ihn überraschten. Es machte ihm Spaß, sein ferngesteuertes Miniauto auf dem Uniparkplatz flitzen zu lassen, abends, wenn kein Auto mehr da war. An einem ruhigen Abend, als er gerade seinen blauen Ranger auf den Kamm eines kleinen Hügels zusteuerte, brach er plötzlich vor Überraschung und Freude in Lachen aus, als sich genau das gleiche Modell – nur in leuchtendem Rot – dem Hügelkamm von der anderen Seite näherte. Grange sah sich um und entdeckte einen Mann seines Alters, der ihm von jenseits des Parkplatzes zulächelte und zuwinkte. Die beiden gerieten ins Plaudern und planten für weitere Treffen verschiedene Manöver mit ihren Autos.

Ich kann nicht genug betonen, wie wichtig es ist, gesunde und befriedigende Interessen zu haben und zu verfolgen. Es spielt keine Rolle, worum es sich dabei handelt, solange Sie sich dafür interessieren. Menschen ohne Interessen und Hobbys werden ihr Leben unweigerlich langweilig und glanzlos finden. Sie klagen über Langeweile. Sie fühlen sich sogar selbst langweilig. Unglücklicherweise sind sie es vielleicht sogar, da sie wenig haben, worüber sie sprechen können. Interessen zu verfolgen gibt Ihrem Leben Würze. Weil Sie in etwas aufgehen, werden Sie interessant. Wenn andere wenig oder nichts darüber wissen, was Sie fasziniert, wird es anregend für sie sein, etwas Neues über Sie zu lernen. Wenn Sie Ihre Hobbys teilen, wird es ein Genuss sein, Geschichten und Erfahrungen auszutauschen. Interessen zu entwickeln und verfolgen ist schon für sich allein wunderbar. Sie als Sprungbrett für Gespräche und künftige Freundschaften zu nutzen ist ein zusätzlicher Pluspunkt.

Freundschaft schließen

Sobald Sie jemanden getroffen und eine Gemeinsamkeit mit ihm entdeckt haben, ist der nächste Schritt, ein neuerliches Treffen zu vereinbaren. Wenn alles gut geht, werden Sie sich auch weiterhin treffen. Der Keim für eine dauerhafte Freundschaft entsteht bei diesen ersten Treffen. Die Kunst, Freundschaft zu schließen, umfasst die folgenden „Talente“:

- Ergreifen Sie die Initiative.
- Bleiben Sie am Ball.
- Wechseln Sie sich ab.
- Rechnen Sie mit Ablehnung.
- Ermutigen Sie andere.
- Treffen Sie sich regelmäßig und oft.
- Planen Sie im Voraus.
- Seien Sie spontan.
- Zeigen Sie Interesse und Fürsorge.
- Seien Sie freundlich.
- Seien Sie positiv.
- Seien Sie authentisch.
- Praktizieren Sie Selbstenthüllung.
- Seien Sie vertrauenswürdig.
- Lassen Sie Vertrauen wachsen.
- Seien Sie großzügig, mitteilsam und zugewandt.
- Haben Sie Spaß aneinander.

Ergreifen Sie die Initiative.

In Kapitel vierzehn habe ich beschrieben, wie wichtig es ist, Gespräche zu initiieren. Genauso wichtig ist es, Freundschaften zu initiieren. Den ersten Schritt zu tun und sich selbst zu öffnen – selbst auf die Gefahr der Ablehnung hin –, zeigt dem anderen, dass Sie Interesse an ihm haben. Seien Sie bei größeren Treffen mit mehreren der Erste, der ein Folgetreffen vorschlägt.

Bleiben Sie am Ball.

Ich erinnere mich noch gut an Barbaras Beharrlichkeit. Sie war eine Kollegin aus einem benachbarten Gesundheitsteam; mehrere Kontaktaufnahmen gingen von ihr aus, ohne dass ich sie erwidert hätte. Ich hatte so viel zu tun und glaubte zu der Zeit nicht, neue Freunde gebrauchen zu können. Ich war vor allem damit beschäftigt, mit Hilfe eines Spezialisten endlich schwanger zu werden. Mein Herz hüpfte deshalb auch vor Freude bei der

Nachricht, dass ich ein Kind erwartete, und wurde schwer vor Trauer, als ich eine Woche später eine Fehlgeburt erlitt. Barbara besuchte mich mit ihrem Mann in der Klinik. Sie brachte mir eine einzelne rote Rose in einer Vase mit. Ich war bewegt von ihrem Mitgefühl und ihrem Mut, es zu wagen, mich bei einem so persönlichen, traurigen Anlass zu besuchen, zumal wir uns gar nicht so gut kannten. Aber es war der Beginn einer lange währenden und befriedigenden Freundschaft. Ergreifen Sie die Initiative. Strecken Sie die Hand aus. Bleiben Sie am Ball.

Wechseln Sie sich ab.

Idealerweise ist man abwechselnd initiativ. Aber das ist nicht immer der Fall, wie eben erwähnt. Dank ihrer Persönlichkeit, Bedürfnisse oder der Umstände ergreifen einige Leute öfter die Initiative. Machen Sie sich nicht zu viele Gedanken, wenn Sie öfter aktiv werden als der andere. Wenn sich andererseits das Gleichgewicht zu sehr auf eine Seite zu verschieben beginnt und Sie zu der Ansicht kommen, dass Sie der Einzige sind, der initiativ ist, kann es Zeit für eine Aussprache sein. Vielleicht deutet der andere an, dass er nicht so sehr an der Beziehung interessiert ist. Umgekehrt, wenn Sie selten den Anstoß geben, könnte Ihr Freund denken, dass Sie nicht interessiert sind, und nicht mehr auf Sie zukommen. Balance ist gut, aber lassen Sie sich nicht davon beherrschen, alles immer im Gleichgewicht halten zu müssen.

Rechnen Sie mit Ablehnung.

Nicht jeder braucht zur gleichen Zeit Freunde. Und sehen Sie der Tatsache ins Gesicht: Nicht jeder wird Sie zum Freund haben wollen, genauso, wie auch Sie nicht notwendigerweise jedermanns Freund sein wollen, der des Weges kommt.

Ermutigen Sie andere, von sich zu sprechen.

Pflegen Sie ein echtes Interesse an den Geschichten des anderen, an seinem Wohlergehen. Praktizieren Sie aktives Zuhören: Stellen Sie Fragen, reagieren Sie auf Kommentare, seien Sie aufmerksam und erinnern Sie sich an Einzelheiten. Wenn Sie sich wiedersehen, sprechen Sie einige dieser Einzelheiten an: „Hat deine Tochter die Prüfung bestanden? Hast du die Wohnung bekommen, auf die du gehofft hattest?“ Die Leute werden es zu schätzen wissen, dass Sie sich genug Gedanken um sie gemacht haben, um es nicht zu vergessen, und werden auch in künftigen Gesprächen daran anknüpfen.

Treffen Sie sich regelmäßig und oft.

Schaffen Sie Gelegenheiten, sich der Gegenwart des anderen zu erfreuen – ob im Gespräch, bei körperlichen Aktivitäten oder bei gemeinsamen Interessen.

Planen Sie im Voraus.

Es ist eine gute Idee, in Ihren Kalender wenigstens ein soziales Ereignis pro Woche einzutragen. Es muss gar kein förmliches sein. Einige Menschen rechnen auch einen gemeinsamen Spaziergang, ein Gespräch bei einer Tasse Kaffee oder Tee oder ein Telefonat zu diesen Ereignissen. Natürlich variiert deren Häufigkeit je nach Ihrer Persönlichkeit und Ihren Bedürfnissen. Termine in Ihren Kalender eintragen zu können wird Sie weiterhin motivieren. Geben Sie den Leuten die Chance, sich auf ein Treffen vorzubereiten, indem Sie es eine oder zwei Wochen zuvor ankündigen. Das verhindert Enttäuschungen in letzter Minute, wenn Leute Ihre Einladung nicht annehmen können, weil sie schon andere Pläne haben.

Seien Sie spontan.

Nicht alles muss im Voraus geplant werden. Wenn Sie zum Beispiel gerade zusammen beim Shoppen oder Joggen waren, schlagen Sie eine Runde Schwimmen am Strand oder einen Drink vor. Initiieren Sie einen weiteren Joggingtermin am nächsten Tag.

Zeigen Sie Interesse und Fürsorge.

Wenn Sie ein bestimmtes Erlebnis mit einem Freund genossen haben, knüpfen Sie mit einem Telefonat, einer Notiz oder einer E-Mail daran an und lassen Sie ihn wissen, wie sehr es Sie gefreut hat, mit ihm zusammenzusein. Wenn Ihr Freund gerade eine Veränderung durchlebt – einen Verlust, eine Bewerbung oder einen Umzug –, schicken Sie ihm ein paar aufmerksame Zeilen, um Ihre Anteilnahme oder Ihre Glückwünsche auszudrücken oder ihn einfach wissen zu lassen, dass Sie an ihn denken. Schicken Sie ihm ruhig auch eine Nachricht, wenn es keinen besonderen Grund dafür gibt.

Seien Sie freundlich.

Bieten Sie Ihre Hilfe an, wenn sich die Gelegenheit ergibt. Tun Sie Ihrem Freund einen Gefallen.

Seien Sie positiv.

Nichts ist so anziehend wie positive Energie. Achten Sie auf das, was Sie am anderen schätzen, und sagen Sie es ihm. Achten Sie auf das, was Sie an Ihrer Umgebung mögen, und sagen Sie es Ihrem Freund. Teilen Sie Ihre Begeisterung mit. Positiv zu sein heißt nicht, so zu tun, als sei alles in bester Ordnung, wenn das nicht der Fall ist. Manchmal ist es wichtig, unangenehme Dinge zu erkennen und darüber zu sprechen, auch wenn sie ausgesprochen schrecklich sind. Positiv zu sein heißt, die meiste Zeit auf das fokussiert zu sein, was gut und erfreulich ist.

Seien Sie authentisch.

Seien Sie Sie selbst. Es hat keinen Sinn, den Versuch zu machen, anderen zu gefallen, indem Sie ihnen erzählen, was sie Ihrer Meinung nach hören wollen. Wenn Sie Ihr wahres Selbst in einer Beziehung verlieren, geht damit jegliche Basis verloren. Denken Sie daran, Ihr eigner bester Kumpel zu sein, Ihre Gedanken und Gefühle zu respektieren und sie mit anderen zu teilen.

Praktizieren Sie Selbstenthüllung.

Das Wichtigste an einer Freundschaft ist, Ihre Freunde wissen zu lassen, wer Sie wirklich sind. Es erfreut das Herz, die eigene Menschlichkeit miteinander zu teilen und zu entdecken, dass der andere über ähnliche Interessen, Leidenschaften, Ängste, Träume, Hoffnungen und Enttäuschungen verfügt.

Seien Sie vertrauenswürdig.

Verdienen Sie sich das Vertrauen der Menschen, indem Sie zu Ihrem Wort stehen und dafür sorgen, dass Sie sie nicht unnötig verletzen. Wenn Sie zusagen, zu einer bestimmten Zeit etwas zu tun oder an einem Ort zu sein, dann tun Sie das auch.

Lassen Sie Vertrauen wachsen.

Wenn jemand Sie in der Vergangenheit im Stich gelassen hat, werden Sie bestimmt Schwierigkeiten haben, darauf zu vertrauen, dass neue Freunde Sie nicht auch im Stich lassen werden. Geben Sie ihnen eine Chance. Begreifen Sie, dass sie auch nur Menschen sind. Sollten Ihre Freunde Sie wirklich einmal im Stich lassen, dann darf das nicht zur Gewohnheit werden. Deshalb: Reden Sie darüber, wenn es tatsächlich einmal so weit kommt. Schauen Sie, wie Ihre Freunde darauf reagieren. Wenn einer Reue zeigt und sein Verhalten ändert, um Ihren Bedürfnissen gerecht zu werden, ist das jemand, der sich Gedanken um Sie macht. Sie werden lernen, darauf zu vertrauen, dass dieser Person Ihr Bestes am Herzen liegt. Wenn Ihr Freund andererseits Ihre Beschwerde nicht ernst nimmt und sich auch wiederholt weigert, Sie ernst zu nehmen, ist es Zeit, weiterzuziehen.

Seien Sie großzügig, mitteilsam und zugewandt.

Kultivieren Sie eine gewisse Großzügigkeit. Das kann bedeuten, Ihren Freund mit anderen Freunden zu teilen, indem Sie ein Essen oder eine Party geben. Meiden Sie Cliquen. Laden Sie Neulinge in Ihr Gespräch ein. Stellen Sie sie Ihren Freunden vor.

Haben Sie Spaß aneinander.

Ob Sie nun Gast sind oder selbst ein Ereignis veranstalten, entspannen Sie sich und haben Sie Spaß – auch an der Gesellschaft der anderen. Als Gastgeber etwa sollten Sie für das Essen rechtzeitig im Voraus sorgen, damit Sie sich nicht bei der Zubereitung all der raffinierten Gerichte in der Küche vergraben müssen, während sich Ihre Gäste angeregt im Wohnzimmer unterhalten. Warten Sie mit dem Aufräumen, bis alle gegangen sind – es sei denn, sie bestehen darauf, die Party bei der Küchenarbeit weiterzufeiern. Als Gast sollten Sie sich nicht beim Abwasch in der Küche verschanzen. Lassen Sie die anderen an Ihnen teilhaben.

Freundschaft halten

Eine Freundschaft zu pflegen ist genauso, wie ein Haus oder einen Garten zu pflegen: Sie muss in Schuss gehalten werden. Obwohl es eine der angenehmen Seiten einer stabilen Freundschaft ist, viel als selbstverständlich hinzunehmen, ist es auch wichtig, dass es nicht „zu viel“ wird. Ein gut angelegter Garten sorgt fast für sich allein und braucht doch immer noch liebende Fürsorge. Im Folgenden finden Sie einige wichtige Gebote:

- Bleiben Sie positiv. Konzentrieren Sie sich auf das, was in der Beziehung gut läuft, und drücken Sie von Zeit zu Zeit Ihre

Wertschätzung für den Beitrag des anderen zu dieser Freundschaft aus.

- Unternehmen Sie regelmäßig etwas zusammen. Finden Sie Zeit, gegenseitig Ihre Gesellschaft zu genießen.
- Bieten Sie Ihrem Freund emotionale und praktische Unterstützung an, wann immer er sie braucht.
- Reden Sie über schwierige Dinge – nicht notwendigerweise über alle, aber doch über jene, die Wellen im Teppich werfen, wenn man sie darunter kehrt. Es hat keinen Zweck, über einer realen oder eingebildeten Verletzung zu brüten und zu schmoren, die einen Keil zwischen Sie treibt. Bringen Sie sie zur Sprache, klären Sie Missverständnisse und lernen Sie aus dieser Erfahrung. Versichern Sie einander Ihre Freundschaft.
- Machen Sie es wieder gut. Wann immer Sie Ihren Freund durch Gedankenlosigkeit oder Vergesslichkeit verletzt haben, tun Sie etwas, um die Dinge wieder zurechtzurücken. Schicken Sie eine Karte oder Blumen oder bieten Sie ihm einen Gefallen an. Beschließen Sie, das nächste Mal besser aufzupassen.
- Vergeben und vergessen Sie. Zeigen Sie Verständnis, wenn Ihr Freund Sie durch eine respektlose Bemerkung oder Tat verletzt haben sollte. Es wird wahrscheinlich eine Zeit kommen, da Sie seine Vergebung brauchen.
- Schließlich sollten Sie daran denken: Die beste Methode, gute Freunde zu finden, ist, selbst ein guter Freund zu sein!

Schlüsselgedanken

- Wir sind soziale Wesen, die Freunde brauchen. Freundschaften tragen zu einer allgemeinen emotionalen und körperlichen Gesundheit bei.
- Es ist schwierig, sich wohl mit anderen zu fühlen, wenn man sich nicht in erster Linie mit sich selbst wohl fühlt. Sie müssen Ihr eigener bester Kumpel sein.
- Die Wahrscheinlichkeit, dass sich eine Freundschaft entwickelt, steigt, wenn die folgenden Faktoren zusammenkom-

men: Regelmäßigkeit und Häufigkeit, räumliche Nähe, Offenheit, Bedarf, Ähnlichkeit, Selbstenthüllung und bedingungslose Wertschätzung.
- Selbstbezogenheit, Besitzgier, Mangel an Selbstenthüllung und Negativität können eine Freundschaft zerstören.
- Die drei Etappen der Freundschaft sind: Menschen treffen, Freundschaft schließen und Freundschaft halten. Jede davon stellt besondere Anforderungen.
- Zuletzt ist der beste Weg, sich Freunde zu machen, die Initiative zu ergreifen und der beste Freund zu sein, der man sein kann.

Das möchte ich aus diesem Kapitel mitnehmen:

....

Ich werde es auf folgende Art und Weise in die Tat umsetzen:

....

....

Kapitel siebzehn: Darf ich bitten?

Partnersuche

„Die Partnersuche ist eine einzige Quälerei“, sagt Julie, eine 30-jährige Frau aus einer meiner Gruppen. „Ich weiß gar nicht, wo ich anfangen soll. Schon der Gedanke daran schüchtert mich ein. Alle guten Männer scheinen schon vergeben zu sein. Was, wenn ich jemanden sehe, der mir gefällt? Was sage ich? Woher soll ich wissen, ob ich ihm gefalle? Woher soll ich wissen, ob er für mich bestimmt ist?“

Bob macht sich ebenfalls Gedanken: „Wie kann ich erfahren, ob diese Frau Single ist oder schon einen Freund oder Mann hat? Was, wenn sie meine Schüchternheit spürt? Wie soll ich den ersten Schritt machen? Was wird sie denken, wenn sie herausfindet, dass ich schon immer Single gewesen bin?“

Die Aussicht auf eine Verabredung kann aus mehreren Gründen erschreckend sein; die meisten dieser Gründe haben mit Erwartungen zu tun.

Erwartungen

Viele Leute zimmern sich ihre Erwartungen aufgrund von zahllosen Botschaften über Sex und Liebe aus Kinofilmen, Fernsehshows und Werbespots zurecht, aus Büchern, Zeitschriften und Anzeigen, Forschungsartikeln, Kursen und Konferenzen, Liedern, Boulevardschlagzeilen, Grußkarten und natürlich Märchen. Diese Botschaften lauern überall, und sie beeinflussen unsere Erwartungen in Bezug auf Liebe und Verbundenheit.

Sich verlieben ist ein Muss

Viele Menschen erwarten Glück und Erfüllung allein aufgrund der Tatsache, dass sie verliebt sind. Für sie ist es ein Muss, das Verliebtsein und eine erfüllte Existenz zusammengehören. In Wirklichkeit aber führen viele Leute ein erfüllendes, glückliches Leben ohne eine Liebesbeziehung. In manchen Fällen sind sie vielleicht sogar glücklicher, weil sie nicht von einer solchen Beziehung abgelenkt sind. Sobald Sie sich von der Vorstellung befreien, dass Sie verliebt sein *müssen*, wird der Druck der Partnersuche geringer.

Nur eine wahre Liebe

Gibt es nur eine wahre Liebe für jeden Menschen, eine Liebe, die für ewig halten wird oder soll? In dem Krimi *A Stranger Among Us* spielt Melanie Griffith die Rolle einer Polizistin, die undercover ermittelt und sich in einen gut aussehenden orthodoxen jüdischen Rabbi verliebt. Er fühlt sich ebenfalls von ihr angezogen, hält sie aber auf Abstand. Irgendwann erzählt er ihr eine alte Geschichte, der zufolge jedem Menschen eine wahre Liebe bestimmt ist und dass diese Person „Baschert" heißt. Obwohl diese Vorstellung von der einen großen Liebe Romantikern ein hoffnungsvolles Ideal an die Hand gibt, fördert sie doch auch eine Geisteshaltung der beschränkten Möglichkeiten. Ich ziehe es vor, anders zu denken. Ich halte es lieber mit Bea, die ihre Beziehung in dem Buch *Love and Limerence* (deutsch: *Limerenz, über Liebe und Verliebtsein)* von Dorothy Tennov beschreibt:

> *„Ich liebe Bruce. Ich liebe ihn mehr, als ich jemals jemand anderen geliebt habe. Ich bin ganz hilflos vor Liebe. Total tief drin. Aber ich weiß auch, dass ich mich in jeden anderen halbwegs passabel aussehenden, unverheirateten Mann verliebt hätte, wenn er zufällig in die Wohnung nebenan gezogen wäre. In jeden. Ich weiß das, und trotzdem könnte es jetzt niemand anders mehr sein. So ist es eben."*

Ich denke, Bea spricht da etwas sehr Richtiges an. Zunächst findet man wahrscheinlich jemanden attraktiv, der einem bestimmten groben Raster entspricht (mehr darüber später), und dann, mit der Zeit, fühlt man sich immer stärker zu ihm hingezogen. Während Vertrauen und Fürsorge füreinander wachsen, wachsen auch die Geschichte und Erinnerungen, die man gemeinsam besitzt. Sie wissen, was Ihr Partner mag und was nicht; sie kennen seine verborgene Narbe, sein empfindliches Ohrläppchen und seinen bevorzugten Rückzugsort.

Es ist die Art der Bindung, die den Unterschied ausmacht. Die Bindung zu dieser einen Person macht sie zu dem einen Partner, der wie kein anderer ist. An diesem Punkt wird sie zu Ihrer einzigen großen Liebe.

Der perfekte Partner

Ein weiterer Mythos, der die Angst vor dem Verabreden schürt, ist der Mythos vom perfekten Partner. Dank romantischer Darstellungen von außergewöhnlich gut aussehenden Menschen mit heroischen Charaktereigenschaften entwickeln viele Leute oft unrealistische Erwartungen bezüglich des perfekten Partners. Wenn Sie sich zu sehr an ein Idealbild klammern, laufen Sie Gefahr, einige wunderbare potenzielle Liebespartner zu übersehen. Nur weil jemand ein wenig kleiner, größer, dicker, dünner, älter, jünger, kahler, behaarter, vollbusiger, flacher, lauter oder leiser ist, schließt das nicht von vornherein aus, dass er ein hervorragender Liebespartner ist. Schränken Sie die Auswahl an potenziellen Kandidaten nicht weiter ein als nötig, indem Sie an unrealistischen Erwartungen festhalten. Wenn Sie einer breiteren Palette an Möglichkeiten gegenüber offen bleiben, wird Ihre Angst schwinden und die Chance für überraschende Entdeckungen steigen – wie in der folgenden Geschichte.

Becky, eine 32-jährige Anwältin, erzählte, sie hätte nie gedacht, dass sie sich in Rick verlieben könnte. Er war weder so groß noch so gut aussehend, wie sie sich ihren Freund immer vorgestellt hatte, noch konnte er eine glänzende Karriere vorweisen, wie sie gehofft hatte. Dennoch ertappte sie sich beim gemeinsamen Abendessen dabei, wie sie über seine Witze lachte; sie entdeckte seine Intelligenz und Liebenswürdigkeit, und sie fand seine Eigenheiten schrecklich sexy. Sie schmolz dahin. Sie begann sich zu verlieben. Und interessanterweise fing Rick schließlich doch an, gut auszusehen.

Doch da gibt es noch etwas anderes, das uns Angst macht: nämlich, dass *wir* der perfekte Partner sein müssen. Wir müssen gnadenlos großartig, klug, intelligent, witzig, reich, interessant und weit gereist sein; wir müssen jonglieren, in der Küche wahre Wunder vollbringen, Salsa tanzen und mehrere Sprachen sprechen können – sonst werden wir dem anderen nicht gefallen. Solche Forderungen spiegeln den Druck wider, den sich manche Leute auferlegen, wenn sie ihren eigenen Marktwert taxieren. Verabschieden Sie sich von diesen unerreichbaren Maßstäben. Echte Menschen sind die attraktivsten.

Das ist er – für immer

Eine weitere Erwartungshaltung, die die Angst vor der Partnersuche wachsen lässt, ist der voreilige Blick in die Zukunft. Ich hatte eine Reihe von vor allem männlichen Klienten, vor deren geistigem Auge sofort das Szenario „für immer und ewig" ablief, wenn sie sich von einer Frau angezogen fühlten. Ohne auch nur ein einziges Wort mit ihr gewechselt oder sie sprechen gehört zu haben, stellten sie sich vor, wie es wohl mit ihr im Bett wäre – was normal ist; aber sie entwarfen auch das Horrorszenario, bei ihr sexuell zu versagen. Meine Klienten stellen sich außerdem vor, dass sie mit ihr verheiratet seien, und machten sich Sorgen, ob sie als Mann und Vater die Erwartungen erfüllen würden.

Puh! So entsteht ganz unnötig Angst. Nehmen wir es leicht. Nehmen wir Tag für Tag, Stunde um Stunde, und ja – auch Minute für Minute! Lassen Sie uns die richtige Perspektive wiederherstellen und realisieren, dass die Partnersuche nur ein Schritt auf dem Weg zur Liebe ist.

Partnersuche kann auch Spaß machen

Was wäre, wenn Sie die Partnersuche nicht als Prüfung betrachten würden, die über Ihre Zukunft entscheidet, sondern als Abenteuer, das Ihre Gegenwart bestimmt? Einen Partner suchen ist ein bisschen wie einkaufen in einem Bekleidungsgeschäft. Sie probieren etwas an, von dem Sie glauben, dass es Ihnen fantastisch stehen wird, aber es passt einfach nicht, oder die Farbe stimmt nicht. Sie suchen weiter. Schließlich finden Sie ein Outfit, das wie angegossen sitzt. Mit der Partnersuche ist es dasselbe. Stellen Sie sich den Druck vor, wenn Sie sich einreden, dass gleich die erste Person, mit der Sie sich verabreden, „passt". Akzeptieren Sie, dass Sie sich von einigen Menschen angezogen fühlen werden und von anderen nicht, genauso wie einige Leute sich von Ihnen angezogen fühlen werden und andere nicht. Alles, was Sie tun können, ist, Ihr Bestes zu geben, so natürlich zu sein wie möglich, und zu hoffen, dass – selbst wenn Ihre Verabredung sich nicht als Mr. oder Mrs. Right entpuppt – Sie sich miteinander wohl fühlen. Zumindest aber werden Sie erfahren, dass sich das Lernen lohnt. Um es anders auszudrücken: Mit einer offenen und positiven Einstellung können Sie gar nicht verlieren.

Die vier Stadien der Partnersuche

Um Menschen zu treffen, müssen Sie erst einmal verfügbar sein. Weder werden Sie jemandem auffallen, noch jemand Ihnen, wenn Sie sich zu Hause vor dem Fernseher verschanzen. Sobald Sie in Gesellschaft sind, müssen Sie sich auf die anderen einstellen, um potenzielle Partner erkennen zu können. Wenn Sie sich beide zueinander hingezogen fühlen, müssen Sie Verbindung aufnehmen. Als Nächstes halten Sie die Verbindung aufrecht, um sich besser kennen zu lernen. Wenn Sie sich nach einer Weile immer noch zueinander hingezogen fühlen, beginnt sich normalerweise emotionale und körperliche Intimität zu entwickeln. Oft überschneiden sich diese Stadien und gehen fließend ineinander über, sodass es schwierig ist zu sagen, wo das eine aufhört und das andere anfängt. Schauen wir uns einmal jede Phase an.

Stadium eins: Seien Sie verfügbar

Einstellung

Verfügbar zu sein bedeutet nicht nur, das Haus zu verlassen. Es hat auch etwas mit der Einstellung zu tun. Es ist an der Zeit, der Welt zu sagen: „Hier bin ich, ob du nun bereit bist oder nicht. Überrasche mich, erfreue mich, bring mir etwas bei; enttäusche mich gelegentlich, wenn es sein muss, denn ich bin offen für alle Möglichkeiten.“ Wenn Sie sich für das Leben verfügbar machen, machen Sie sich auch für die Liebe verfügbar.

Orte, an denen man Singles antrifft

Überall:

Wie bei Freunden kann man auch auf potenzielle Partner praktisch überall stoßen. Lesen Sie dazu noch einmal die Einzelheiten in den Abschnitten „Die richtigen Zutaten“ und „Menschen treffen“ im vorigen Kapitel nach. An diesen Orten könnten Sie auch den Richtigen oder die Richtige treffen. Vergessen Sie nicht, Ihrer Familie und Ihren Freunden zu sagen, dass Sie daran interessiert sind, Leute kennen zu lernen. Wenn die anderen wissen, dass Sie verfügbar sind, denken sie vielleicht an Sie, wenn sie andere verfügbare Leute zu gesellschaftlichen Ereignissen einladen.

Singleclubs und -vereine:

Viele Institutionen kümmern sich speziell um Singles. Schlagen Sie die Gelben Seiten auf oder – noch besser – konsultieren Sie das Internet, um derartige Organisationen in Ihrer Nähe aufzustöbern.

Sie können auch in Ihrer Stadtbücherei nachfragen und nach entsprechenden Anzeigen in der Lokalzeitung Ausschau halten. Suchen Sie nach Singlekursen in Kursprogrammen. Ein erfolgreicher Kurs in einem unserer örtlichen Lerninstitute heißt zum Beispiel „Plötzlich Single". Er hat einer Teilnehmerin meiner Gruppe geholfen, über die verheerenden Folgen einer Scheidung hinwegzukommen, und sie dabei unterstützt, ein neues und aufregendes Kapitel in ihrem Leben aufzuschlagen, das sie nie für möglich gehalten hätte.

Singleagenturen:

Sie haben wahrscheinlich schon entsprechende Anzeigen von Agenturen gelesen, die versprechen, persönliche Profile abzugleichen und Kontakte zu vermitteln; sowie von Internetportalen gehört, bei denen Sie sich selbst beschreiben und Ihre Präferenzen bezüglich infrage kommender Partner auflisten können. Früher scheuten viele Leute vor solchen Anbietern zurück. Sie dachten, dass das Zurückgreifen auf derartige Dienste ein Eingeständnis sei, selbst nicht in der Lage zu sein, auf dem üblichen, konventionellen Wege einen Partner zu finden oder anzuziehen. Einstellungen verändern sich jedoch. Die Tatsache, dass derartige Dienste ständig expandieren, ist ein Beweis, dass sie die Bedürfnisse von Singles auf Partnersuche erfüllen. Vor allem das Leben in der Stadt wird immer geschäftiger und komplexer. Die Leute haben entweder keine Zeit, herauszufinden, wer Single ist und wer nicht, oder sie sind es leid, die Bars zu frequentieren, in denen man sich auf der Suche nach einem möglichen Partner trifft.

Singleagenturen gibt es nun schon eine Weile, und die Geschichten über erfolgreiche Kontaktaufnahmen mehren sich. Wenn man zum ersten Mal hört, dass sogar Menschen, die man kennt, sich über das Internet getroffen haben, wird klar, dass diese Art der Partnersuche immer üblicher wird. Ich persönlich kenne drei Ehepaare, die sich über derartige Portale kennen gelernt haben, und ich habe von vielen weiteren gehört.

Singleagenturen haben Vor- und Nachteile. Ein viel geschätzter Vorteil ist, dass sich dabei das Rätselraten erübrigt, wer Single und verfügbar ist. Jeder wird offenbar aus demselben Grund dort Mitglied – um Leute zu treffen. Ein weiterer Vorteil ist der Umfang des Pools, auf den man bei der Partnersuche zurückgreifen kann.

Es gibt aber auch Nachteile. Leute, die ein wenig Abwechslung suchen, aber nicht wirklich an ihrem Gegenüber interessiert sind, lauern nicht nur in Bars. Ich habe von einem Schauspieler gehört, der Verabredungen regelrecht als Vorsprechtermine betrachtete. Er umwarb und blendete die Auserwählte, und sobald er ihr Herz erobert hatte, verschwand er und wandte sich dem nächsten hilflosen Opfer zu. Auch im Internet treiben unehrliche Menschen ihr Unwesen. Manche Leute übertreiben mit ihrer Attraktivität, stellen Bilder ins Netz, die Jahre alt sind, spielen ihr Alter herunter oder täuschen falsche Jobs und Interessen vor. Seien Sie darauf vorbereitet, dass Sie vielleicht nicht das bekommen, was in den Profilen zu lesen ist, wenn Sie die Leute wirklich treffen. Wenn Sie vorbereitet sind, können Sie wenigstens nicht unangenehm überrascht werden. Halten Sie das Treffen kurz. Wenn Sie glauben, dass Sie Ihren raschen Rückzug erklären müssen, dann sagen Sie nur: „Du bist nicht so, wie ich es mir vorgestellt habe."

Ein weiterer Nachteil, der sich bei der Partnersuche im Netz ergeben kann, ist emotionales Engagement, das zu nichts führt. Bill, ein Teilnehmer einer meiner Angstgruppen, berichtete, dass er eine erfreuliche Beziehung zu einer Frau aufgebaut hatte, mit der er E-Mails austauschte und Wertvorstellungen und Interessen teilte. Bill und seine neue Freundin fühlten sich so nah, dass es sie bestürzte, wie sehr sie sich doch fremd waren, als sie sich endlich trafen. Oder, wie Bill es formulierte: „Wir waren Fremde und doch keine Fremden. Es war total unangenehm. Ich hatte gedacht, dass wir uns so gut kennen, und doch, als wir uns verabredeten, stand da diese völlig unbekannte Person." Bill und andere, die es mit der Partnersuche im Internet versucht haben, empfehlen, nicht zu viel Zeit auf das Kennenlernen im Netz zu verwenden, bevor man sich wirklich trifft. Es ist besser, sich schon nach ein paar E-Mails zu sehen. Wenn die Chemie nicht stimmt, werden auch alle E-Mails dieser Welt keine romantische Verbindung herbeiführen.

Stadium zwei: Stellen Sie sich auf andere ein, erkennen Sie potenzielle Partner und nehmen Sie Kontakt auf

Genetische Veranlagung

Der Evolutionspsychologe Dr. David Buss und sein Team führten eine groß angelegte Studie durch, bei der sie über 10.000 Menschen aus 37 Kulturen dazu befragten, was sie an ihren Partnern interessant finden. Typischerweise schätzten die Männer körperliche Attraktivität und Jugendlichkeit mehr, als Frauen es taten; diese bewerteten ebenso durchgehend Ehrgeiz, Status und materielle Mittel bei ihren Partnern höher. Wir wussten das schon, nicht wahr? Frauen klagen seit Jahrzehnten darüber, dass sie als Sexobjekte behandelt werden, während Männer sich beschweren, sie würden als Statussymbole gehandelt. Witze verdeutlichen diese Geschlechterdifferenzen. Sagt zum Beispiel der ältere, reiche Mann zu seiner Lolita: „Liebling, wenn ich all mein Geld verlieren würde – würdest du mich dann immer noch lieben?“ Darauf sie: „Natürlich, Schatz, und ich würde dich auch vermissen!“

Für den Fall, dass Sie sich nun den Kopf darüber zerbrechen, ob Sie gut genug aussehen oder reich genug sind, um einem Partner zu gefallen, wird es Sie vielleicht trösten zu erfahren, was die Buss-Studie noch herausfand: nämlich dass die von Männern wie Frauen am höchsten bewerteten Qualitäten – höher noch als Attraktivität und materieller Status – Intelligenz und verständnisvolle Freundlichkeit waren.

Psychologische Neigung

Die meisten Menschen könnten ihre Vorstellung vom Traumpartner beschreiben. Je näher ein potenzieller Partner diesem Bild kommt, desto angezogener fühlen Sie sich von ihm. Lassen Sie uns einen kurzen Blick auf einige Quellen werfen, die helfen, das Bild des Traumpartners zu formen.

Manche Leute werden, was auch geschieht, immer und immer wieder vom selben Typ Mensch angezogen. Etwas an dieser Person erinnert sie an jemanden, der ihnen vertraut ist, für gewöhnlich einen Elternteil oder Geschwister. Es ist dieses bekannte Gefühl, das sie anlockt, was sowohl positive als auch negative Konsequenzen haben kann. Wenn Sie in der Kindheit gute Erfahrungen mit fürsorglichen Eltern gemacht haben, fühlen Sie sich von Menschen angezogen, die dieselben Qualitäten haben oder die Sie äußerlich sogar mehr oder weniger vage an einen Elternteil erinnern. Wenn Ihre Kindheitserfahrungen allerdings aufgrund von Missbrauch oder Vernachlässigung traumatisch waren, können Sie dazu neigen, den Missbrauch oder die Vernachlässigung noch einmal durchzuspielen, indem Sie sich zu solcherart veranlagten Partnern hingezogen fühlen. Eine solche Beziehung ist Ihnen ja vertraut und in diesem Sinne tröstlich, auch wenn sie Ihnen schadet.

Alle möglichen frühen Eindrücke können in gleicher Weise unser Bild vom Traumpartner formen. Unsere erste Liebe, ob sie sich nun erfüllte oder nicht, kann körperliche und emotionale Standards setzen für die zukünftige Partnersuche. Wenn wir umgeben von Büchern, Kunst oder Sportgeräten aufgewachsen sind, werden uns Intellektuelle, Künstler oder Athleten gefallen. Wieder vermittelt uns Vertrautheit das Gefühl, „zu Hause" zu sein bei der Person, die uns an unsere ursprüngliche Umgebung erinnert.

Wenn wir verstehen lernen, wie unsere Idealbilder zustande kommen, kann das der Ablehnung, die wir fühlen, wenn jemand nicht so begeistert von uns ist wie wir von ihm, den Stachel nehmen. Nehmen Sie diese Ablehnung nicht persönlich. Sie sind sicher ein wunderbarer Mensch; dennoch passen Sie vielleicht nicht zu der Traumvorstellung, die der andere sich aus seiner einzigartigen Mischung persönlicher Erfahrungen zurechtgezimmert hat. Sie erscheinen ihm nicht vertraut genug – sein Pech!

Sich hingezogen zu fühlen ist attraktiv

Nicht übersehen werden darf die Tatsache, dass das Gefühl des Hingezogenseins zu einer anderen Person auf diese sehr attraktiv wirken kann. Ich habe zahlreiche Vorträge über Schüchternheit und Partnersuche vor gemischtem Publikum gehalten, sowohl vor kleinen als auch großen Zuhörerschaften. Ich finde es interessant, dass viele Männer erklären, dass das, was sie am meisten an einer Frau anziehe, ihr Lächeln sei. Ein einfaches Lächeln ist alles, was man braucht, um einen Großteil der Menschheit anzusprechen! In *Foundations of Interpersonal Attraction* schreiben Ellen Bescheid und Elaine Walster, die Forschung sei sich darin weitgehend einig, dass am Anfang der persönlichen Anziehung ein Versprechen auf Belohnung stehe. Wir fühlen uns zu Menschen hingezogen, die uns belohnen. Je reicher sie uns belohnen, desto attraktiver finden wir sie. Signale des Interesses durch Körpersprache, verbale und später körperliche Kommunikation können als Belohnung betrachtet werden. Die andere Person erkennt, dass wir es wert sind. Wenn Sie jemandem attraktiv erscheinen wollen, dann ist es wichtig, ihm Ihr Hingezogensein zu zeigen. Lächeln Sie. Werden Sie rot. Ein Erröten kann sehr ansprechend auf jemanden wirken, da er es als Interesse an der eigenen Person interpretiert.

In Kontakt treten

Wenn sich Menschen zueinander hingezogen fühlen, beginnt wenigstens einer von beiden, dem anderen „Komm näher" zu signalisieren. Helen E. Fisher, Forscherin in der Abteilung für Anthropologie des American Museum of Natural History, beschreibt einige dieser natürlichen Signale in ihrem faszinierenden Buch *Anatomie der Liebe. Warum Paare sich finden, sich binden und auseinandergehen*. So berichtet sie zum Beispiel, dass Frauen rund um den Globus die gleichen Flirtgesten teilen. Sie lächeln, heben die Augenbrauen, senden lange Blicke, schlagen die Augen nieder und sehen weg, kichern und ziehen sich zurück.

Männer und Frauen werfen sich in die Brust oder machen sich klein – ähnlich wie Männchen und Weibchen im Tierreich –, um zu signalisieren, wie wichtig, wehrlos und zugänglich sie sind. Vielleicht können wir uns ein wenig entspannen und Trost und Vergnügen in der Tatsache finden, dass wir nichts anderes als Geschöpfe der Natur sind, wenn wir den Kopf neigen und die Brust herausstrecken.

Obwohl wir in Bezug auf diese unbewussten „Werbetricks" auf die Natur zählen können, ist es doch keine schlechte Idee, aktiv Verantwortung in der Kunst der Kontaktaufnahme zu übernehmen. Dies ist nicht der rechte Zeitpunkt, das schüchterne Mauerblümchen zu geben. Nun ist selbstsichere und einladende Körpersprache gefragt. Aufrecht zu stehen oder zu sitzen, Blickkontakt herzustellen, ein offenes Gesicht zu zeigen und ein Lächeln startklar zu machen, sind Botschaften, die den Leuten signalisieren: „Hier bin ich."

Denken Sie an Ihre Konversationsfähigkeiten und seien Sie der Erste, der das Wort ergreift. Erinnern Sie sich daran, dass nicht so wichtig ist, was Sie sagen, sondern wie Sie es sagen. Ein liebenswürdig-melodiöses „Hallo" signalisiert freundliches Interesse, während ein knappes, sachliches „Hi" kein besonderes Interesse zeigt. Die menschliche Stimme spiegelt genauso wie der Gesichtsausdruck – und manchmal sogar noch mehr – Fürsorge und Interesse wider. Sie enthüllt auch andere Charakteristika eines Menschen – Hintergrund, Bildung und in gewissem Maße sogar Temperament. Einige davon werden in unser Traumbild passen – oder auch nicht. Wenn es genug Übereinstimmungen gibt, wird das Gespräch weitergehen. Wenn nicht, kann die Verbindung ein abruptes Ende finden.

Stadium drei: Lernen Sie sich kennen

Die erste Verabredung

Sobald die Kontaktaufnahme erfolgt ist, ist es Zeit, Gelegenheiten zu arrangieren, bei denen man sich besser kennen lernen kann. Nun geht es ans Verabreden. Ob Sie nun bisher „in echt“ oder im Internet geplaudert haben, einer übernimmt die Führung und stellt in den Raum, dass es doch nett sei, wenn man mehr Zeit miteinander verbringen könnte. Warum sollten Sie nicht dieser eine sein? Sagen Sie so etwas Simples wie: „Es hat mich sehr gefreut, mit dir zu sprechen. Ich fände es schön, wenn wir uns wiedersehen würden. Vielleicht auf einen Kaffee?“

Für gewöhnlich ist es eine gute Idee, das erste Date kurz zu halten, besonders, wenn Sie den anderen nicht gut kennen oder unsicher sind, wie sehr Sie ihn mögen. Sich auf einen Kaffee oder zum Mittagessen in einem Restaurant zu treffen ist eine gute Methode, eine längere Unterhaltung zu führen und zu sehen, ob Interesse und Anziehungskraft ausreichen, um mehr Zeit miteinander zu verbringen. Wenn Sie nicht genug über den Hintergrund des anderen wissen, dann empfiehlt es sich aus Gründen der Sicherheit, sich das erste Mal tagsüber zu verabreden, in der Öffentlichkeit. Wenn Sie das Treffen kurz halten wollen – auf einen Kaffee oder zum Mittagessen – und den anderen nicht wiedersehen möchten, wird es so auch leichter sein, die Verabredung rasch zu beenden. Außerdem könnten Sie sich bei einem längeren, intensiveren Treffen zum Abendessen oder im Kino unwohl fühlen.

Natürlich verbieten sich längere erste Treffen nicht, wenn Sie schon beschlossen haben, dass der andere in Ordnung und begehrenswert ist und möglicherweise gut zu Ihnen passt. Wenn Sie festgestellt haben, dass Sie ein gemeinsames Interesse teilen, können Sie sagen: „Es war schön, mit dir übers Skifahren (Kajakfahren, Kochen, Kegeln) zu sprechen. Ich gehe dieses Wochenende zu einer Ski- und Snowboard-Show, möchtest du vielleicht mitgehen?“ Wenn Sie nicht sicher sind, welchen Ausflug Sie vorschlagen sollen, bitten Sie den anderen, einen Vorschlag zu machen. Die meisten Leute schätzen es, wenn Sie daran interessiert sind, ihre Vorlieben herauszufinden. Begehen Sie nicht den Fehler, alle Entscheidungen darüber, wohin Sie wann wie gehen, selbst zu treffen. Obwohl es auch Menschen gibt, die sich freuen, wenn sie nichts davon ausknobeln müssen, könnten sich manche doch ausgeschlossen fühlen und glauben, dass ihre Gedanken und Gefühle nicht berücksichtigt werden. Kein großartiger Anfang für eine Beziehung!

In Bezug auf das erste Date sind noch eine Reihe von Dingen zu bedenken – zum Beispiel, wer zahlt, wann man anruft und so weiter. Sie gehören nicht mehr in dieses Buch. Ich schlage vor, Sie machen sich im Internet schlau oder gehen in die Stadtbücherei. Noch einmal: Fühlen Sie sich an nichts davon gebunden. Denken Sie darüber nach und schauen Sie, was Ihren Wertvorstellungen und Ihrem Geschmack entspricht. Am Ende bilden Freundlichkeit und Rücksicht die Basis aller guten Manieren und natürlich auch das Fundament aller guten Beziehungen.

Das Ende

Am Ende der ersten oder zweiten Verabredung wird jeder von Ihnen entscheiden, ob Sie einander wiedersehen wollen. Wenn Sie beiderseitig übereinkommen, dass es eine gute Idee ist, sich nicht mehr zu treffen, wird das Beenden ein wenig leichter fallen. Sie sagen einfach, wie es ist, und ziehen Ihrer Wege. Zum Beispiel: „Nun, ich denke, es ist ziemlich offensichtlich, dass wir nicht füreinander bestimmt sind. Es war nett, dich zu treffen. Viel Glück für die Zukunft." Wenn jedoch einer weitermachen will und der andere nicht, kann das Ende peinlich werden. Freundlichkeit und Rücksicht sind in diesem Stadium noch immer von größter Bedeutung. Wenn Sie derjenige sind, der sich nicht mehr treffen will, beginnen Sie etwa so: „Ich weiß nicht, wie es dir da geht, aber ich muss dir sagen, dass das hier für mich nicht funktioniert. Das meine ich nicht persönlich. Du scheinst ein toller Mensch zu sein, aber es geht eben nicht. Ich habe mich entschlossen, andere Leute zu treffen. Es hat Spaß gemacht mit dir. Viel Glück für die Zukunft." Die meisten Menschen werden das verstehen. Wenn der andere Sie jedoch vom Gegenteil überzeugen will oder Fragen stellt, die Sie in die Defensive drängen, dann ist es das Einfachste, Verständnis zu zeigen für seine Schwierigkeiten, Ihre Entscheidung zu akzeptieren, und dann Ihren Entschluss zu wiederholen. Lassen Sie sich nicht zum Diskutieren zwingen. In so einer Situation können Sie beispielsweise sagen: „Es sieht so aus, als hätte ich etwas gesagt, das du nicht hören wolltest. Es tut mir Leid, aber ich habe mich entschieden." Wenn es aber der andere ist, der beschlossen hat, Sie nicht mehr zu treffen, lesen Sie hier weiter.

Ablehnung

Die Angst vor Ablehnung ist in der Anfangsphase eine gemeinsame Sorge. Zunächst: Der Gebrauch des Wortes „Ablehnung" ist riskant. Wenn Sie ein Kleidungsstück anprobieren, und es passt nicht, sagen Sie dann „Ich lehne es ab"? Wahrscheinlich nicht! Sie halten nur fest, dass Sie und das Kleidungsstück nicht füreinander geschaffen wurden, und ziehen Ihrer Wege. Es mag an der Zeit sein, sich von der Vorstellung von „Ablehnung" zu verabschieden, denn sie erhöht nur die Chance, sich „abgelehnt" zu fühlen, wenn die Dinge nicht so laufen, wie Sie sich das erhofft hatten.

Denken Sie daran, dass Verabredungen „Anprobetermine" für beide Seiten sind. Entweder passen zwei Personen – mehr oder weniger – zusammen oder nicht. Menschen mit sozialen Ängsten weisen sich selbst nur allzu oft die Rolle desjenigen zu, der „anprobiert" und möglicherweise abgelehnt wird. Sie vergessen, dass es sich um eine zweispurige Straße handelt. Beide – Sie und der andere – versuchen herauszufinden, ob es eine gemeinsame Passform gibt oder nicht. Denken Sie daran, dass auch Sie ein gutes oder nicht so gutes Gefühl gegenüber dem anderen haben werden. Und auch wenn Sie gehofft hatten, mit jemandem weiterhin ausgehen zu können, und es diesmal nicht geklappt hat, erinnern Sie sich: Beim nächsten Partner passt der Schuh vielleicht. Manchmal werden auch Sie es sein, der nicht weitermachen will.

Wie bereits erwähnt, kann man beim ersten Date oft schon nach ein paar Augenblicken sagen, ob man sich zum anderen hingezogen fühlt oder nicht. Manche Leute spüren diese Chemie schnell, während andere diese Wärme und das Knistern erst fühlen, wenn sie einige Zeit mit dem potenziellen Partner verbracht haben. Wieder andere fühlen es gar nicht, egal, wie gut sie eine Person kennen und leiden mögen. Wir haben schon die verschiedenen Komponenten betrachtet, die einen Menschen für jemand anderen attraktiv machen. Es könnte doch sein, dass Sie – ohne eigenes Verschulden – einfach nicht den Vorstellungen entsprechen, die der andere von seinem zukünftigen Partner hat. Die Chemie stimmt nicht. Nehmen Sie das nicht persönlich!

Und schließlich – denken Sie an die alte Volksweisheit: „Andere Mütter habe auch schöne Söhne/Töchter.“ Die Fantasie, dass es niemand anderen für Sie geben kann und Sie für den Rest Ihres Lebens allein bleiben werden, ist oft nichts anderes als – eine Fantasie. Heather, eine Kollegin und Therapeutin, fand ihren „erstaunlichen Mann“, nachdem sie mit 20 anderen Männern aus dem Internet ausgegangen war. Sie sagte, dass sich ihre vorgefasste Vorstellung von „Männerknappheit“ in Luft auflöste, während sie die Bekanntschaft all dieser potenziellen Partner machte. Irgendwo, an irgendeinem Ort, gibt es auch für Sie jemanden!

Sich besser kennen lernen

Genau wie bei Freundschaften sind Häufigkeit der Treffen und räumliche Nähe wichtige Voraussetzungen für die Entwicklung einer Liebesbeziehung. Nach einer Weile fühlen sich Verabredungen nicht mehr so an. Sie werden zu Zeit, die man miteinander verbringt, redet, Fragen stellt, auf die Welt in ihren vielen Facetten reagiert, den anderen dabei beobachtet, wie er oder sie auf seine Umgebung reagiert, und alle möglichen Informationen übereinander aufnimmt. Zeit zusammen zu verbringen bedeutet nicht länger, einen guten ersten Eindruck hinterlassen zu müssen; es bedeutet, mehr und mehr wir selbst zu sein. Wenn der andere akzeptieren kann, wer wir wirklich sind, ist der Boden bereitet für fruchtbare Liebe. Die Natur hat wahrscheinlich schon die körperliche Sehnsucht ins Spiel gebracht, und es wird Zeit, mehr Intimität zu entwickeln.

Stadium vier: Entwickeln Sie körperliche Intimität

Für manche Menschen ist das körperliche Intimwerden so natürlich wie ein Spaziergang im Sonnenschein. Für andere ist dieser Prozess mit Ängsten, Fragen und Zweifeln belastet. „Was, wenn er sich abwendet?" – „Wann ist der richtige Zeitpunkt, uns zu küssen, zu umarmen, miteinander zu schlafen?" – „Was, wenn sie herausfindet, dass ich keine Erfahrung habe?" – „Wo soll ich anfangen?"

Zuallererst: Werden Sie sich klar darüber, dass eine physiologische Aufwallung ganz natürlich ist, wenn Sie an der Schwelle zur körperlichen Intimität stehen. Wenn Sie das eher als Aufregung denn als Angst interpretieren, wird es Ihnen helfen, die Sache am Laufen zu halten. Andere Dinge, die Ihnen beim Übergang von einer platonischen Beziehung zu einer Liebesbeziehung helfen, sind intime Gespräche, bewusste Aufmerksamkeit, Initiative in der Annäherung und Mutter Natur. Lassen Sie uns einen Blick darauf werfen.

Intime Unterhaltung

Intimität hat damit zu tun, sich so zu zeigen, wie man ist – nicht notwendigerweise auf einmal, sondern Schritt für Schritt, während das Vertrauen zwischen Ihnen und Ihrem Partner wächst. Ein Unterschied zwischen intimen Gesprächen unter Freunden und unter Liebespartnern ist die Neigung, einander auch mehr über die Gefühle füreinander mitzuteilen. Es hilft, das Gefühl der Nähe zu vertiefen, wenn Sie tief empfundene Bemerkungen machen wie „Ich finde es so schön, mit dir zusammen zu sein" oder „Dein Lächeln wärmt mich tief drinnen" oder „Es geht mir sooo gut mit dir". Es schafft auch Nähe, dem anderen seine Ängste zu gestehen. Sie können zum Beispiel sagen: „Ich komme mir wie eine 16-Jährige vor, die nervös ihrem ersten Date entgegenfiebert." Es ist gut möglich, dass der andere entweder genau dasselbe fühlt oder Sie beruhigt und auffordert, einfach Sie selbst zu sein.

Die Hand ausstrecken

Studien zeigen, dass es oft die Frauen sind, von denen die erste Berührung ausgeht, oft sehr zart, und der Mann muss realisieren, dass er gerade ein Signal bekommen hat. Berührungen sind kein Problem für Menschen, die in einer körperbetonten Familie aufgewachsen sind. Aber wenn Sie mit sehr wenig, gar keiner oder missbräuchlicher Berührung aufgewachsen sind, kann es zur Herausforderung werden, sowohl die Hand nach dem anderen auszustrecken als auch selbst berührt zu werden. Geben Sie sich selbst die Erlaubnis, sich der Freude der Berührung hinzugeben. Wenn in Ihrer Geschichte missbräuchliche Berührung eine Rolle spielt, ist es eine Möglichkeit, über eine Therapie nachzudenken, die Ihnen hilft, über die unangenehmen Assoziationen mit Berührung hinwegzukommen.

Sobald Sie sich bereit zur Berührung fühlen, strecken Sie die Hand nach Ihrem Partner aus. Wissen Sie noch? Initiative, Initiative, Initiative! Beginnen Sie mit flüchtigen Berührungen, am Ellbogen, an der Schulter. Ergreifen Sie die Hand des anderen, wenn Sie über die Straße gehen oder Seite an Seite sitzen. Geben Sie ihm einen kleinen Kuss auf die Wange, wenn Sie sich verabschieden. Manchmal sind die Signale klar, und Sie können fortfahren, ohne ein Wort darüber zu verlieren. Manchmal werden Sie vielleicht lieber fragen: „Ist es in Ordnung, wenn ich dich küsse?“

Bewusstheit ausdrücken

Wenn es jemals einen richtigen Zeitpunkt gab, Bewusstheit auszudrücken, dann ist es dieser. Es ist möglich, dass Sie sich schon berührt, Händchen gehalten und sich geküsst haben, ohne über diese Zärtlichkeiten zu sprechen. Wenn Sie jedoch über Sex nachdenken, ist ein offenes Gespräch entscheidend, schon aus Gründen der körperlichen Sicherheit. Sprechen Sie aus, was Ihnen durch den Kopf geht, bevor, während und nachdem Sie miteinander schlafen.

Während Sie miteinander ausgehen, kommt ein Punkt, an dem es Zeit wird, dass Sie herausfinden, was Sie beide sich von einer Beziehung erhoffen. Wenn Sie darüber reden, was für Sie ganz allgemein zu einer guten Beziehung gehört, eröffnet Ihnen das die Chance, völlig unverbindlich über Sex zu sprechen. Sie können zum Beispiel fragen: „Was bewirkt deiner Meinung nach, dass eine Beziehung funktioniert?" Oder: „Was erhoffst du dir von einer Beziehung?" Sehr wahrscheinlich wird einer von beiden irgendwann anmerken, dass ihm guter Sex oder körperliche Intimität wichtig ist. Sie erfahren vielleicht, dass Ihr Partner aus religiösen Gründen nicht an Geschlechtsverkehr interessiert ist oder es nicht vor der Ehe tun will oder nicht, bevor er sich absolut sicher ist. Hören Sie dem anderen und Ihrem eigenen Herzen und Verstand gut zu. Passt diese Beziehung zu Ihren eigenen Werten und Vorstellungen? Möchten Sie weiterhin mit diesem Menschen zusammensein oder nicht? Betrachten Sie Sexualität als fließenden Übergang. Sie müssen nicht miteinander schlafen, um sexuelle Freude aneinander zu haben. Es kann schon sexuell sein, einander nahe zu sein, den Duft des anderen zu riechen und Händchen zu halten. Oder Sie stellen fest, dass der andere sexuelle Beziehungen als weiteren natürlichen Schritt betrachtet, Interesse und Zuneigung füreinander auszudrücken. Dann fragen Sie: „Machst du dir Sorgen um Aids und andere sexuell übertragbare Krankheiten? Wie gehst du damit um?" Man kann darin einer Meinung sein, dass es peinlich ist, über Sex zu reden, aber er macht eben von sich reden!

Wenn generell deutlich geworden ist, dass Sie beide intim miteinander werden möchten, wird es Zeit, die Sache in die Hand zu nehmen. Teilen Sie Ihre sexuellen Sehnsüchte mit. Sie können ausdrücken, wie begehrenswert der andere für Sie ist. Zum Beispiel: „Ich finde, du siehst umwerfend aus." – „Wenn ich dich nur anschaue, werde ich ganz nervös." Sie wissen, was ich meine.

Bewusstheit auszudrücken ist natürlich auch während des Geschlechtsverkehrs wichtig. Stereotypen drängen den Männern den Irrglauben auf, alles darüber wissen zu müssen, wie man mit einer Frau schläft, und lassen Frauen glauben, dass sie besser nicht viel sagen sollten, aus Angst, sie könnten den Mann verunsichern. Vergessen Sie all das. Reden Sie, fragen Sie, erzählen Sie. Ich werde hier nicht über das Tao von Liebe und Sex dozieren. Auf diesem Gebiet können Sie mit Hilfe guter Bücher eigene Forschungen anstellen. Aber ich kann Männern und Frauen allgemeine Tipps geben. Männer – begreift, dass Frauen sich darin durchaus unterscheiden, wie und wo sie berührt werden möchten. Jenny mag vielleicht sanfte Berührungen, während Jeanette lieber kräftig angefasst werden möchte. Jenny mag es vielleicht, wenn man an ihren Brustwarzen knabbert, während Jeanette es vorzieht, wenn ihre Schenkel an der Innenseite sanft massiert werden. Dieselbe Frau mag sich an einem Tag vielleicht diese Berührung wünschen und am nächsten eine andere. Deshalb ist es mehr als in Ordnung, wenn Sie fragen. Die Frau wird es zu schätzen wissen, dass es Ihnen um ihr Wohlgefühl geht, und zwar ihren momentanen Bedürfnissen entsprechend und nicht dem entsprechend, was sie Ihrer Meinung nach braucht.

Und Frauen – haben Sie keine Angst davor, Ihren Liebhaber anzuleiten. Sie können seine Hand nehmen und sie schweigend dorthin legen, wo Sie sie haben möchten. Sie können auch sagen „ein bisschen langsamer, schneller, zarter, heftiger“ und so weiter. Das gilt umgekehrt natürlich auch. Frauen können fragen, und Männer können führen. Sich auf den anderen einzulassen, sich zu versichern, dass alles in Ordnung ist, ist eine weitere Methode, Ihre Achtsamkeit und Rücksichtnahme auszudrücken. „Ist das in Ordnung?“ – „Magst du es anders lieber?“ – „Du bist dran, was gefällt dir?“

Bewusstheit auszudrücken ist auch dann wichtig, wenn Sie bemerken, dass Sie sich nicht wohl mit etwas fühlen. Wenn Sie nichts sagen und das, was Sie nicht mögen, weiter hinnehmen, wird etwas in Ihnen umschalten. Sie werden äußerlich alles erleben, aber innerlich werden Sie ganz woanders sein. Sie fühlen sich vielleicht wie ein Holzklotz oder eine Marmorstatue, ergeben sich in das, was Ihnen nicht gefällt, und hoffen, das es bald vorbei sein wird. Sie werden möglicherweise wütend auf Ihren Partner oder sich selbst. Oder noch schlimmer, Sie sind wie betäubt und fühlen gar nichts mehr. Stellen Sie einfach fest: „Entschuldige, Schatz, ich mag das nicht, lass uns etwas anderes machen." Manchmal kann Humor die Anspannung lösen und Ihnen beiden helfen, sich zu entspannen. Manches ist lustig am Sex, wie andere Erfahrungen auch, die Sie bereits miteinander geteilt haben. Wenn Sie irgendwelchen Druck empfinden, schenken Sie ihm Beachtung. Vielleicht ist der andere nicht so aufmerksam, wie Sie gedacht hatten. Vielleicht ist es auch an der Zeit, die Dinge ein wenig ruhiger angehen zu lassen, sich auszusprechen, neu zu „verhandeln" und es noch einmal zu versuchen – oder nicht.

Nach dem Sex hilft das Ausdrücken der eigenen Bewusstheit, die Intimität zu vertiefen. Wenn Sie „danach" zwischen den Laken kuscheln, ist es immer schön, etwas zu sagen, das den anderen bestätigt. Ein einfaches „Das war sehr schön!" genügt meist schon, beide weiterlächeln zu lassen. Wenn das Erlebnis aus irgendeinem Grund nicht so „schön" war, können Sie jetzt sanft erforschen, was passiert ist, damit es beim nächsten Mal besser läuft. Oder Sie entscheiden sich für die Erkenntnis, dass auch die körperliche Liebe aufgrund von differierenden Energieniveaus, Ihrer Nähe zueinander und vielen anderen Faktoren Schwankungen unterworfen ist.

Es gehört zum guten Ton, am Tag „danach" noch einmal darüber zu sprechen. Ich habe einmal eine Frau einen Mann „Fiesling" nennen hören, weil er sie nicht anrief, nachdem sie miteinander geschlafen hatten. Sie fühlte sich benutzt und gelobte, ihn nie wiederzusehen. Nebenbei bemerkt hilft das verbale Ausdrücken der Freude über das intime Zusammensein am Tag zuvor, Ihre Liebesgeschichte zu etablieren oder fortzuführen.

Vertrauen Sie auf Mutter Natur

Nun, da Sie alles, was Sie über Sex und Ausgehen wissen wollten, gelesen haben, denken Sie noch über das Folgende nach: Tiere und Menschen schaffen es seit Millionen Jahren, einen Partner zu finden – ohne Anleitung. Also können Sie das natürlich auch. Sicher macht es Spaß und ist interessant, über die Bienchen und die Blümchen zu lesen, nur um sich zu vergewissern, dass alle Ihre Gefühle normal sind. Außerdem kann eine kleine Anregung zu all den Einzelheiten sexueller Möglichkeiten nicht schaden. Am Ende zählt jedoch nur Ihre Fähigkeit, Ihre eigenen Impulse ins Spiel zu bringen und sich ihnen zu ergeben, während Sie die Bedürfnisse Ihres Partners stets im Auge behalten. Die körperliche Liebe ist letztlich eine Übung der Bewusstheit und des Auslieferns – Auslieferns an den Prozess des Liebens. Während Sie mit Ihrem Partner sitzen, stehen oder liegen, sollten Sie darauf achten, was Ihr Körper will. Wohin möchte sich Ihre Hand bewegen? Wenn sie dort ist, was möchte sie tun? Gleiten? Erforschen? Berühren? Streicheln? Drücken? Was möchte Ihr Körper noch tun? Er verfügt über Millionen Jahre an gespeicherter Information über die Freuden der körperlichen Intimität. Gestatten Sie sich, sich zu entspannen, und spüren Sie in die verschiedenen Regionen Ihres Körpers hinein, die mit Ihnen und Ihrem Partner kommunizieren. Glücklicherweise sind Sie, wenn Sie soziale Ängste oder Schüchternheit kennen, wahrscheinlich mehr von der empfindsamen Sorte. Lassen Sie Ihre Sensibilität für Sie arbeiten. Tauchen Sie in all diese sinnlichen Gefühle ein, ergeben Sie sich ihnen, schwelgen Sie in ihnen. Eine Welt gemeinsam geteilter Empfindungen und intimer Momente erwartet Sie und Ihren Partner!

Schlüsselgedanken

- Der Gedanke an die Partnersuche kann erschreckend sein, wenn Sie glauben, dass Sie einen Partner haben müssen, um ein erfüllendes Leben zu führen, dass Sie einen perfekten Partner finden und auch selbst einer sein müssen und dass Ihre ganze Zukunft an Ihrem ersten Treffen hängt.
- Die Partnersuche kann Spaß machen, wenn Sie sie aus der richtigen Perspektive betrachten. Sie ist ein Prozess, in dessen

Verlauf Sie andere Leute treffen, angenehme Dinge tun und entscheiden, ob Sie und der andere ein gutes Gespann sind.

- Sie können ein wunderbarer Mensch sein und trotzdem nicht dem Idealbild des anderen entsprechen, das auf seinen Erfahrungen in der Vergangenheit beruht. Sie dürfen es nicht persönlich nehmen, wenn es nicht klappt. Außerdem wird auch nicht jeder Ihrem eigenen Bild vom Traumpartner entsprechen.
- Die Partnersuche läuft in vier Stadien ab: sich verfügbar machen, um Menschen zu treffen, potenzielle Partner erkennen und Kontakt zu ihnen aufnehmen, Schritte unternehmen, um diesen Kontakt fortzusetzen, und schließlich körperliche Intimität zulassen.

Das möchte ich aus diesem Kapitel mitnehmen:

....

....

Ich werde es auf folgende Art und Weise in die Tat umsetzen:

....

....

KAPITEL ACHTZEHN:
Sie schaffen das!

Auch bei Rückschlägen motiviert und selbstsicher bleiben

Not fare well,
But fare forward, voyagers.
T.S. ELIOT (1888-1965), *The Dry Salvages*

In der zehnten und letzten Sitzung der Angstgruppe bringen die Teilnehmer für gewöhnlich sowohl ihre Begeisterung als auch ihre Besorgnis zum Ausdruck. Sie sind in Hochstimmung, weil sie Fortschritte gemacht haben. Einige sind einfach glücklich, dass sie nicht mehr so viel Angst vor der Schüchternheit haben. Sie akzeptieren, dass sie ein schüchternes Wesen haben, und vertrauen darauf, dass sie an sozialen Ereignissen teilnehmen und die Gesellschaft anderer genießen werden. Viele sagen, dass sie sich nun auf Ereignisse freuen, die sie früher gemieden haben. So erklärt Harry zum Beispiel: „Meine Frau konnte mich in der Vergangenheit zu keiner Party bewegen; und jetzt freue ich mich sogar darauf! Ich kann es kaum glauben."

Andere Teilnehmer artikulieren auch Besorgnis. „Wird das anhalten?" – „Was, wenn ich einen Rückfall erleide?" – „Was wird sein, wenn mich die Gruppe nicht mehr unterstützt?" – „Dieser Kurs war nicht das Wundermittel, das ich mir erhofft hatte. Ich habe endlich begriffen, dass es harte Arbeit ist, selbstsicherer zu werden. Es erfordert Disziplin und Entschlossenheit. Ich bin nicht sicher, ob ich diesen Schwung halten kann." Das sind berechtigte Bedenken. Im normalen Leben verschiebt sich der Fokus wieder auf die Anforderungen des Alltags. Stück für Stück könnten die Bemühungen um soziale Selbstsicherheit schwinden. Nun rechnen Sie noch die unvermeidlichen Krisen hinzu, mit denen das Leben unseren Weg pflastert, und Rückschläge sind vorprogrammiert. Auch wenn alles großartig läuft, kann die Angst wieder zunehmen und die Neigung, soziale Situationen zu vermeiden, zurückkehren. Vorübergehende Rückschläge sind normal – absolut normal! Lassen Sie sich dadurch nicht beunruhigen oder entmutigen. Nein – Sie sollten sogar damit rechnen und sich dementsprechend vorbereiten, um zu verhindern, dass die Rückschläge übermächtig werden und sich zu richtigen Rückfällen auswachsen. Lassen Sie uns daran arbeiten, wie man mit Rückschlägen zurechtkommt, und einen erneuten Blick auf Körper, Geist und Handeln werfen.

Körper

Allgemeiner Stress, traumatische Ereignisse und das Absetzen von Medikamenten können die Toleranz des Körpers gegenüber sozialen Anforderungen beeinflussen.

Allgemeiner Stress

Finanzielle Not, gesundheitliche Sorgen, arbeitsbezogener Stress, Arbeitslosigkeit, familiäre Spannungen, Beziehungsprobleme, Diäten, Schlafmangel, ein unausgewogener Lebensstil, Misserfolge und Versagen, ein Übermaß an Verantwortung und Verpflichtungen, neue Beziehungen, Verluste, unerwartete und auch erwartete Veränderungen der Lebensumstände, Lärm und Umweltverschmutzung tragen allgemein zu Stress bei. Jeder einzelne dieser Stressoren oder auch eine Kombination aus ihnen fordert vom Körper seinen Tribut. Stresshormone halten ihn in einem ständigen Alarmzustand. Außerdem führt ein konstanter Stresszustand – ohne Entspannung – am Ende zu Erschöpfung und bei manchen auch zu Depressionen. Ist es da noch ein Wunder, dass es einem solchermaßen ausgebeuteten Körper schwer fallen wird, die Energie aufzubieten, die für Selbstsicherheit erforderlich ist? Wo immer es möglich ist, sollten Sie Stress minimieren. Schaffen Sie sich Gelegenheiten für Erholung und Entspannung. Sorgen Sie für viel Schlaf, eine gesunde Ernährung und körperliche Bewegung.

Traumatische Ereignisse

Traumatische Ereignisse überfordern das Nervensystem ganz massiv. Wenn Sie bisher kaum oder gar nicht daran gearbeitet haben, diese traumatischen Erfahrungen zu überwinden und zu lernen, wie Sie Ihr Nervensystem regulieren, werden Sie im Angesicht einer Bedrohung weiterhin extreme Stressreaktionen an den Tag legen. Wenn jemand zum Beispiel in der Vergangenheit zum Opfer von brutalem Spott und negativer Kritik wurde und infolgedessen unter intensiven neurophysiologischen Stressreaktionen leidet, wird er dazu neigen, bei wiederholtem Spott ähnlich intensive Reaktionen zu erleben – selbst wenn der Spott oder die Kritik nur harmlos sind. Es braucht nicht viel, um eine Alarmreaktion im Gehirn hervorzurufen, sofern sie schon einmal von einem größeren Ereignis in der Vergangenheit ausgelöst wurde.

Wenn Sie die Stressreaktion Ihres Körpers auf das Trauma verstehen, ist es unter Umständen leichter, künftige negative Ereignisse nicht so persönlich zu nehmen, ebenso wenig wie die Rückkehr sozialer Ängste. Es ist nicht Ihre Schuld. So funktioniert der Körper eben. Ihre Hauptaufgabe ist es, das Trauma zu überwinden und Ihren Körper Methoden zu lehren, wie er mit Stress umgehen kann. Lesen Sie noch einmal in Kapitel drei unter Erdung, Selbstregulation, Atem- und Entspannungstechniken nach. Wenn nötig, suchen Sie Hilfe bei einem Therapeuten, der auf Traumatherapie spezialisiert ist.

Medikamente

Wenn soziale Ängste wachsen, kann das auch mit dem Absetzen von Medikamenten zusammenhängen. Manche Leute setzen sie zu früh ab. Normalerweise dauert die Einnahmephase zwischen sechs und zwölf Monate. Wenn Sie vorher aufhören, müssen Sie möglicherweise wieder ganz von vorn anfangen. Natürlich werden Sie schon weiter sein, wenn Sie sich nicht allein auf die Medikamente verlassen, sondern auch gelernt haben, anders zu denken und sich zu verhalten. Sie werden in der Lage sein, sich frische Erinnerungen an selbstsicheres Auftreten ins Gedächtnis zu rufen. Sie werden sich an Bewältigungs- und Denkstrategien erinnern, die Sie weiterhin praktizieren können. Am Ende werden Sie Ihr altes Niveau an Selbstsicherheit wiedererlangen und sogar darüber hinausgehen. Dann können Sie – nach Absprache mit Ihrem Arzt – zu den Medikamenten zurückkehren und sie längere Zeit über nehmen. Wenn dies der Fall ist, denken Sie daran, weiterhin mit den Körper-, Geist- und Handlungsstrategien zu arbeiten, die Sie gelernt haben.

Es ist ebenfalls gefährlich, die Medikation abrupt zu beenden. Die meisten Medikamente müssen schrittweise und unter ärztlicher Aufsicht abgesetzt werden, ansonsten können Entzugserscheinungen auftreten. Dazu gehören oft auch Angstsymptome. Es kann passieren, dass die Betroffenen diese Entzugserscheinungen als Rückkehr ihrer sozialen Ängste fehldeuten und so in einen Teufelskreis der Besorgnis geraten, was wiederum in einer Zunahme der sozialen Ängste münden kann.

Geist

Die drei Hauptfaktoren, die zur Rückkehr sozialer Ängste beitragen können, sind Motivationsmangel, negatives Denken und Achtlosigkeit, die wir im Folgenden einmal näher betrachten wollen.

Motivation

Motivation ist Benzin für unseren Motor. Kein Benzin, keine Bewegung. Viele Menschen starten mit den besten Absichten und versprechen sich selbst, an ihren Zielen festzuhalten und ihre Handlungspläne zu verwirklichen. Dann übernehmen wieder die normalen Anforderungen des Alltags das Ruder, und schon sehr bald verlieren diese Leute, die einmal voller Hoffnung und Begeisterung waren, den Grund aus den Augen, warum sie auf eine Veränderung hingearbeitet haben. Motivation und Energie versiegen.

Ganze 15 Jahre nach der Geburt meines ersten Sohnes war ich zu beschäftigt, um regelmäßige Übungsprogramme einzulegen. Ich bewunderte jeden, der das Interesse und die Disziplin hatte, regelmäßig zu üben, was auch immer er wollte. Ich selber war schlicht zu beschäftigt und fand nicht die Zeit dazu. Dann passierte etwas. Mein Rücken streikte. Der Schmerz bereitete mir Qualen. Eine Zeit lang konnte ich mich nicht bewegen. Dann brachte ich nur winzige Schritte zustande. Sitzen, egal wie lange, war völlig unerträglich. Ich hatte unglaubliche Angst, dass es für den Rest meines Lebens so bleiben würde. Mein Rückenspezialist erklärte mir, warum es so wichtig ist, die Muskeln aufzubauen, die mein Rückgrat stützen. Wenn ich nur ordentlich üben würde, würde ich wieder ohne den schwächenden Rückenschmerz leben können.

Ich hatte Fortschritte dringend nötig. Plötzlich fand ich die Zeit zu üben. Im ersten Jahr übte ich eifrig, jeden einzelnen Tag. Ich fürchtete, dass ich, wenn ich nur einen Tag ausließ, einen Rückfall erleiden würde. Bald schon bemerkte ich eine Besserung nicht nur meines Rückens, sondern meiner allgemeinen Beweglichkeit. Anfangs war meine Motivation gewesen, dem Elend des Schmerzes zu entfliehen. Dann kam der Wunsch hinzu, noch beweglicher zu werden. Die morgendlichen Stretching- und Kräftigungsübungen wurden wie das Zähneputzen zum festen Bestandteil meines Lebens. Ich war mir sicher, dass ich – selbst wenn ich einmal einen Tag nicht üben würde – die Gewohnheit problemlos wieder aufnehmen konnte. Mein Gefühl trog mich nicht. Jahre vergingen, in denen ich mit den Übungen am Wochenende und auch im Urlaub aufhörte und doch konnte ich immer wieder zu ihnen zurückkehren.

Etwa ein Jahr später wurde ich übermütig und betrachtete meinen gesunden Rücken als selbstverständlich. Ich ließ meine Übungen ein paar Tage lang aus – und dann Woche für Woche. Und es kam, wie es kommen musste: Ich erlitt einen Rückfall. Mein Rücken streikte wieder, ich lag eine Woche lang im Bett und brauchte noch einmal Wochen, um mich zu erholen. Seither übe ich wieder getreulich und lasse meistens nur alle zwei Wochen einen Tag aus. Vor neun Jahren habe ich damit angefangen, und ich übe noch immer regelmäßig.

Manchmal brauchen wir nur eine kleine Erinnerung, um uns wieder zu motivieren. Warum haben Sie dieses Buch aufgeschlagen? Warum haben Sie sich Ziele gesetzt? War es der Wunsch, den Schmerz der Isolation loszuwerden? Oder der, sich von den erdrückenden Angstsymptomen zu befreien? Waren Sie Ihres unbefriedigenden Privat- oder Berufslebens überdrüssig? Oder war es der Wunsch, die Kontrolle über Ihr Leben zu übernehmen und nicht den sozialen Ängsten das Ruder zu überlassen? Wenn Sie die Chance erhöhen wollen, dass Sie in Ihren Bemühungen um die Bewältigung sozialer Ängste und um das Erlangen von Selbstsicherheit in sozialen Situationen bei der Stange bleiben, empfiehlt es sich, Ihre Gründe für eine derartige Anstrengung aufzuschreiben. Dies ist eine hervorragende Methode, die Motivation und Energie aufrechtzuerhalten, die nötig sind, um Ihre Bemühungen zu unterstützen. Lassen Sie sich Zeit und schreiben Sie jeden Grund auf, der Ihnen in den Sinn kommt – jeden, ob groß oder klein.

Die Gründe, warum ich meine sozialen Ängste bewältigen will:

....

....

Negatives Denken

Denkfehler, irrationale Überzeugungen, negative Annahmen und Erwartungen, geringes Selbstwertgefühl, Selbstkritik, übertriebene Sorgen und Selbstbezogenheit – all das kann Rückschläge herbeiführen. Jede dieser Denkfallen kann sich in die besten Pläne und Bemühungen einschleichen. Seien Sie wachsam, wie Sie selbst mit sich sprechen. Wappnen Sie sich gegen negative Gedanken, die Ihre größten Bemühungen sabotieren und langsam Ihre Selbstsicherheit, Ihre Motivation und Ihren Elan untergraben. Um diese negativen Gedanken zu identifizieren und infrage zu stellen, lesen Sie noch einmal in Teil drei über den Geist nach. Machen Sie es sich zur Angewohnheit, sie durch konstruktive, realistische, mitfühlende und ermutigende Gedanken zu ersetzen.

Achtsamkeit

Ohne Achtsamkeit sind Rückschläge fast vorprogrammiert. Ohne Achtsamkeit leben wir unser Leben auf Autopilot, wie Roboter, die sich hierhin und dorthin bewegen, je nachdem, wie sie programmiert wurden. Wir nehmen den Weg des geringsten Widerstands und werden zu Sklaven unserer Gewohnheiten. Wenn Schüchternheit unsere Angewohnheit ist, fahren wir mit der Vermeidungshaltung fort.

Achtsam zu leben bedeutet, aufmerksam zu sein. Werden Sie sich darüber klar, wie Sie sich verhalten und warum Sie das tun. Machen Sie sich bewusst, wie Sie denken und wie Ihre Gedanken Sie vorantreiben oder behindern. Seien Sie sich klar über die vielen Stationen im Leben, an denen Sie sich entscheiden können, sich anders zu verhalten, sogar anders zu denken. Achtsamkeit erfordert es für gewöhnlich, das Tempo zu drosseln und sich Zeit zum Nachdenken zu nehmen. Ein Tagebuch, in dem Sie reflektieren können, ist eine hervorragende Methode, um Ihre Achtsamkeit zu entwickeln. Reflektieren Sie darüber, ob Sie die Gelegenheit zu sozialem Engagement ergreifen oder vorübergehen lassen. Erkennen Sie Ihre Neigung, sich zu verstecken, Sicherheit zu suchen und sich unsichtbar zu machen. Es hilft dabei, aufrichtig zu sein, wenn Sie sich selbst ohne Vorverurteilung ansehen. Wenn Sie sich dem öffnen, was Sie da entdecken, werden Sie sich auch der Idee öffnen, zu experimentieren, sich zu trauen, die Dinge anders anzugehen. Das Leben wird interessanter, sogar aufregender!

Handeln

In Bezug auf das Verhalten tragen hauptsächlich eine Vermeidungshaltung, Übungsmangel und das Fehlen von Handlungszielen zu Rückschlägen bei.

Vermeidungshaltung

Es gibt sowohl offenkundige als auch subtile Arten von Vermeidungshaltung. Offenkundig ist das Vermeiden, wenn man etwas einfach nicht tut. Sie laden zum Beispiel niemanden zum Essen ein, Sie vermeiden Blickkontakt, und Sie tun Ihre Meinung nicht kund. Zum subtilen Vermeiden gehört jede Art von sicherheitsorientiertem Verhalten. Sie konzentrieren sich ausschließlich auf den anderen, um die Aufmerksamkeit von sich abzulenken. Sie nehmen einen Freund auf einen Ausflug mit, damit Sie keine neuen Leute kennen lernen müssen. Sie scherzen oder reden unablässig, sodass Sie sich auf keine ernsthafte Unterhaltung einlassen müssen, bei der die Leute Sie durchschauen könnten. Sie überlegen sich im Vorhinein ganz genau, was Sie sagen werden, um das Risiko, etwas Falsches zu sagen, zu minimieren, oder Sie schließen sich der allgemeinen Meinung an, auch wenn Sie ihr nicht wirklich zustimmen. In einem solchen Fall ist Ihre Aufgabe, beide Vermeidungshaltungen zu erkennen und sich zu trauen, ohne Einschränkungen an sozialen Ereignissen teilzunehmen, auch wenn dies nur in kleinen Schritten möglich ist.

Übungsmangel

Sobald Menschen mit sozialen Ängsten eine bestimmte Selbstsicherheit in gewissen Bereichen erlangt haben, beginnen sie häufig, diese als selbstverständlich zu betrachten. Wenn dies geschieht, neigen Betroffene dazu, in ihren Bemühungen nachzulassen und sich über ihre Verhältnisse hinauszuwagen. Es ist nichts falsch daran, wenn Sie in Ihren Bemühungen nachlassen. Sie haben in der Tat hart gearbeitet und verdienen es, sich zu entspannen und die Früchte dieser Arbeit zu genießen. Manchmal jedoch geraten die Entspannungsphasen zu lang, und die Übung darin, sich um etwas zu bemühen, beginnt zu schwinden. Um sozialen Ängsten und der Befürchtung vor deren Rückkehr vorzubeugen, empfiehlt es sich, sich wiederholt genau jenen Situationen auszusetzen, die Ihnen in der Vergangenheit Sorgen bereiteten.

Manchmal hören die Leute mit dem Üben auf, weil es einfach keine Gelegenheit dazu gibt. Sprechen vor Publikum ist ein hervorragendes Beispiel. Sofern ihnen an ihrem Arbeitsplatz nicht häufig Präsentationen abverlangt werden, müssen die meisten Menschen im normalen Leben nicht vor Publikum präsentieren. Folglich haben sie wenig Gelegenheiten zu üben. Das war auch bei Alice der Fall. Sie war begeistert davon, dass sie am Ende vor ihrem Kurs Referate halten konnte, ohne ein qualvolles Martyrium zu durchleiden. Nachdem das Studium abgeschlossen war, hatte sie indes keine Gelegenheit mehr zu derartigen Präsentationen. Zwei Jahre vergingen, und dann wurde sie gebeten, die Trauerrede auf der Beerdigung ihrer Lieblingstante zu halten, die nach langer schwerer Krankheit verstorben war. Alice wünschte sich sehr, ihrer Tante diese letzte Ehre zu erweisen und vor allen über sie zu sprechen; aber das hatte sie so lange nicht getan, und sie begann sich zu fragen, ob sie es schaffen würde. Die soziale Angst kehrte mit aller Macht wieder. Ihre Sorgen ließen sie nachts nicht mehr schlafen. Ihr Magen begann wieder Purzelbäume zu schlagen, wie früher an der Universität. Als es noch sechs Tage bis zur Beerdigung waren, nahm die Panik die Gestalt eines unheilvollen Sturms an, der durch ihren Körper tobte. Sie rief mich an und bat um einen Notfalltermin. Sobald ich ihr versichert hatte, dass dieser Rückfall völlig normal war, entspannte sie sich ein wenig und begann, das Ganze zu überdenken. Zusammen ließen wir Revue passieren, was in der Vergangenheit funktioniert hatte. Mit Hilfe dieser Strategien bereitete sie sich auf die kommende Woche vor. Alice freute sich sehr, dass sie ihre Stimme doch noch fand und ihrer Tante diese wunderbare Ehre erweisen konnte.

Wann immer es möglich ist, sollten Sie die Gelegenheit suchen, sich all jenen Situationen und Bereichen auszusetzen, die eine Herausforderung für Sie darstellen. Wenn es das Sprechen vor Publikum ist, dann gehen Sie zu Toastmasters. (Siehe dazu Kapitel 15, Abschnitt „Nachbereitung".) Nehmen Sie Einladungen zu sprechen an. Sprechen Sie bei Gruppentreffen. Bieten Sie Vorträge an. Wenn es ums Tanzen vor anderen geht, gehen Sie in einen Tanzkurs oder in einen Tanzverein. Wenn Sie fürchten, in der Öffentlichkeit Ihr Getränk zu verschütten, dann trinken Sie mit einem Freund Tee oder Kaffee in einer piekfeinen Hotellounge oder Limonade an einem überfüllten Strand oder Bier in einer Kneipe. Das Üben in allen möglichen Situationen und Kontexten wird Ihnen helfen, sich auf eine ganze Reihe von Herausforderungen einzustellen.

Fehlen von Handlungszielen

Ein weiterer entscheidender Faktor, der zu Rückschlägen führen kann, ist das Fehlen von Handlungszielen. Bestimmte Ziele helfen zu motivieren und zu mobilisieren. Wenn Sie Probleme mit Zielsetzungen haben, lesen Sie noch einmal Kapitel neun. Wenn das Setzen von Zielen zur Routine wird, werden Sie entdecken, dass Ihr Leben in jeglicher Hinsicht auf Jahre hinaus bereichert wird.

Fortschreiten trotz aller Rückschläge

Wenn Sie noch immer nicht weiterkommen, ist es wohl an der Zeit, Hilfe zu suchen. Wenn Sie traumatisiert, depressiv, selbstmordgefährdet, drogen- oder alkoholabhängig sind, wenn Sie Beziehungsprobleme oder andere Angststörungen haben oder wenn Ihre sozialen Ängste so gravierend sind, dass sie Ihr Leben ernsthaft einschränken, kann professionelle Hilfe von großem Wert sein. Ein Therapeut kann Hindernisse identifizieren helfen, neue Ansätze vorschlagen und moralische Unterstützung gewähren.

Hilfe suchen

Viele Menschen mit sozialen Ängsten haben es in der Verheimlichung ihrer Angst zu wahrer Meisterschaft gebracht. Die Aussicht, ihr Geheimnis einem vollkommen Fremden – auch einem Psychotherapeuten – zu erzählen, erscheint ihnen Furcht erregend. Jemand, der noch nie Hilfe gesucht hat, fühlt oft die übliche Angst, bewertet, abgelehnt und sogar verspottet zu werden. Er mag sich davor fürchten, dumm auszusehen. Er mag die Sorge haben, dass sowieso niemand etwas tun kann. Oder er sitzt dem weit verbreiteten Missverständnis auf, dass es bedeutet, verrückt zu sein, wenn man eine Therapie macht. Dieser letztere Einwand kommt oft von Leuten, die wenig oder gar nichts darüber wissen, was Therapie wirklich ist. Halten Sie dieser Perspektive einmal entgegen, dass es beispielsweise in den USA in bestimmten Gesellschaftsgruppen als Statussymbol gilt, einen Therapeuten zu haben!

Alternativ betrachten manche Menschen eine Therapie als die Suche nach Wissen. Harriett Lerner, eine anerkannte Autorin und Psychologin, erzählte einmal in einem Workshop, dass sie aus einer jüdischen Familie stammt, wo Bildung sehr geschätzt wurde. Deshalb schickte ihre Mutter sie im Alter von zwei Jahren zu einem Therapeuten – weil sie glaubte, es sei gut für die Bildung ihrer Tochter!

Es hat nie eine bessere Zeit gegeben, um Hilfe bei Angsttherapeuten zu suchen. Immer mehr Therapeuten lernen, in ihrer Praxis soziale Ängste zu erkennen und entweder selbst damit umzugehen oder ihre Klienten an Spezialisten oder spezielle Angstprogramme zu verweisen.

Den richtigen Therapeuten finden

In Deutschland werden Therapien von Psychotherapeuten, Psychiatern und Psychologen angeboten.

Psychotherapeuten können Psychologen („Psychologische Psychotherapeuten") oder Mediziner („Ärztliche Psychotherapeuten") sein – oder Pädagogen, die für die Therapie von Kindern und Jugendlichen ausgebildet sind („Kinder- und Jugendlichenpsychotherapeut"). Sie alle haben zusätzlich zu ihrem Grundberuf eine psychotherapeutische Zusatzausbildung absolviert. Die offizielle Bezeichnung „Psychotherapeut" ist gesetzlich geschützt und darf nur von den erwähnten Berufsgruppen geführt werden.

Psychiater sind Fachärzte für seelische Erkrankungen und Störungen, haben also Medizin studiert. Sie nähern sich Angststörungen von der körperlichen Seite an und behandeln zumeist mit Medikamenten; erst durch eine psychotherapeutische Zusatzausbildung erwerben sie auch die Berechtigung zur Psychotherapie. In neueren Facharztausbildungen können sie sich als „Fachärzte für Psychiatrie und Psychotherapie" oder „Fachärzte für Psychotherapeutische Medizin" qualifizieren. Solchermaßen spezialisierte Ärzte werden zusammenfassend „Ärztliche Psychotherapeuten" tituliert.

Als Psychologen dürfen sich nur Hochschulabsolventen des Studiengangs Psychologie bezeichnen. Nach dem Studium können sie eine dreijährige psychotherapeutische Ausbildung absolvieren, die sie zur eigenverantwortlichen Ausübung der Psychotherapie und zum Führen des Titels „Psychologischer Psychotherapeut" berechtigt. Ein Psychologischer Psychotherapeut behandelt nicht mit Medikamenten, sondern unterstützt den Patienten mit psychologischen Mitteln bei der bewussten Auseinandersetzung mit seiner Erkrankung und der Einübung neuer Verhaltensweisen. Der Psychologische Psychotherapeut arbeitet dann auch mit Ärzten zusammen, wenn eine organische Erkrankung mitbehandelt werden muss oder eine medikamentöse Therapie nötig wird. Weitere Begriffsklärungen und Informationen finden Sie übrigens im Internet (www.bdp-verband.org) auf der Website des Berufsverbandes Deutscher Psychologinnen und Psychologen (BDP).

Alle Psychotherapeuten sind also – wie der Name schon sagt – für die Psychotherapie qualifiziert. Es gibt sehr viele verschiedene Therapien, und obwohl einige Therapeuten ihre Patienten nur nach einem Ansatz behandeln, werden die meisten den Bedürfnissen des jeweiligen Patienten entsprechend Elemente aus verschiedenen Ansätzen verwenden. Unabhängig vom Behandlungsansatz werden indes alle guten Therapeuten ihren Patienten Respekt und Vertraulichkeit entgegenbringen. Sie werden es sich zur Aufgabe machen, den Betroffenen dabei zu helfen, das Leiden zu verringern und die Lebensqualität zu steigern, sodass sie ein befriedigendes und erfüllendes Leben führen können. Die Frage ist nur: Wie finden Sie den richtigen Therapeuten?

Bitten Sie um Empfehlungen. Fragen Sie Ihren Hausarzt, Kollegen, Freunde, die Familie. Sie können auch im örtlichen Krankenhaus nach spezialisierten Kliniken oder Therapieprogrammen fragen. Schlagen Sie in den Gelben Seiten unter „Psychologie/Psychologische Beratung“ oder „Psychotherapie“ nach und nutzen Sie die Suchmaschinen der Kassenärztlichen Vereinigung (KV) Ihres Bundeslandes.

So, wie es gute Klempner und weniger gute gibt, gibt es auch gute und weniger gute Therapeuten. Zunächst sollten Sie darauf achten, dass diese über die nötigen Zeugnisse verfügen (sie hängen in vielen Wartezimmern aus) und Mitglied im entsprechenden Berufsverband sind. Aber auch auf folgende Dinge sollten Sie bei der Wahl Ihres Psychotherapeuten Wert legen:

- Erfahrung in der Behandlung von Patienten mit Angststörungen
- Erfahrung in kognitiver Verhaltenstherapie
- idealerweise auch Erfahrung mit Traumapatienten und geeigneten Desensibilisierungstechniken

Sie dürfen auch die persönlichen Qualitäten des Therapeuten nicht übersehen. Die beste Methode, um sich ein Bild davon zu machen, ist ein erstes Treffen mit ihm. Wahrscheinlich werden Sie schon während dieser ersten, so genannten „probatorischen" Sitzung feststellen, ob der Therapeut warmherzig ist, darüber hinaus respektvoll, ruhig, verständnisvoll, unbefangen, offen, Ihrer Geschichte gegenüber aufgeschlossen, fähig, sich auf Ihre Sorgen zu konzentrieren und das Thema sofort einzukreisen, und ob er Werturteile unterlässt. Im Wesentlichen werden Sie jetzt schon spüren, ob Sie in der Lage sind, diese Person zu mögen und ihr zu vertrauen. Wenn Ihnen jedoch etwas an ihr unangenehm aufstößt oder wenn ihr Verhalten Ihnen kein Vertrauen einflößt, empfiehlt es sich wohl, noch ein wenig weiterzusuchen. Sollte Ihre Behandlung von der Krankenkasse getragen werden (was mit Hilfe eines Gutachtens seitens des behandelnden Therapeuten geklärt wird), so haben Sie Anspruch auf fünf probatorische Sitzungen, in denen Sie sich für oder gegen den Therapeuten entscheiden können.

Sofern Ihr Therapeut willig zu lernen und darauf bedacht ist, Ihnen zu helfen, kann er Sie unterstützen und anleiten. Dafür müssen Sie aber auch zur Kooperation bereit und gewillt sein, ihn über Ihre Verfassung zu unterrichten. Bereiten Sie sich darauf vor, möglichst umfassend Auskunft über Ihre Symptome zu geben. Die besten Therapeuten sind diejenigen, die zuhören und selbst auch noch dazulernen wollen. Wenn Ihr Wissen über Ihren Zustand und das Fachwissen der Therapeuten darüber, wie man Patienten über alle Hindernisse hinweghilft, zusammenkommen, können Sie ein wunderbares Gespann abgeben und gemeinsam herausfinden, welcher Ansatz für Ihre Angststörung der beste ist.

Sobald Sie den richtigen Therapeuten gefunden haben, sollten Sie sich darauf einstellen, zu ihm so ehrlich wie möglich zu sein. Eine Therapeuten-Patienten-Beziehung wird wie jede andere Beziehung ihre Hochs und Tiefs erleben. Legen Sie Offenheit an den Tag und drücken Sie aus, was Ihnen ins Bewusstsein kommt (siehe Kapitel vierzehn). Während der Therapie werden Sie mehr und mehr Erfahrung darin sammeln, frank und frei über gute und schlechte Dinge zu sprechen. Alles und jedes eignet sich als Mahlgut für die therapeutische Mühle – etwaige Schwierigkeiten eingeschlossen, die Sie mit dem Therapeuten haben. Sie bezahlen für die Sitzung (oder Ihre Krankenkasse tut es), also ist das auch Ihre Zeit. Sie haben das Recht, sich zu beschweren, etwas in Zweifel zu ziehen und nach Klärung zu suchen. Behalten Sie keinesfalls Themen für sich, die der aufrichtigen Kommunikation zwischen Ihnen beiden im Weg stehen könnten. Wenn Sie eine Therapie beginnen, lassen Sie sich auf ein Abenteuer ein, das intensiv, herausfordernd und nervenaufreibend, aber auch erfreulich, langsam und leicht, beruhigend, faszinierend, inspirierend und lebensbejahend werden kann!

Selbsthilfegruppen

Es ist eine Sache, allein vor einem aufnahmebereiten Therapeuten zu sitzen; und es ist eine andere, in einem Raum mit acht oder zehn anderen Personen zusammenzusitzen. Wenn potenzielle Klienten mich anrufen, um sich über meine Gruppen zu erkundigen, sagen mir mindestens 20 bis 40 Prozent von ihnen sehr schnell, dass sie sich nicht sicher sind, ob sie sich mit so vielen Leuten treffen wollen. Fred zum Beispiel meinte: „Bereits jetzt, während ich mit Ihnen telefoniere und daran denke, in solch eine Gruppe zu gehen, fühle ich, dass mein Herz schneller schlägt." Meine übliche Antwort darauf lautet: „Setzen Sie sich der Menge aus. Die Tatsache, dass Sie schon bei der Vorstellung nervös werden, mit anderen zusammenzusein, ist ein Zeichen, dass Sie ein perfekter Kandidat für die Gruppe sind. Viele Leute sagen mir genau dasselbe wie Sie."

Was soziale Ängste betrifft, so gibt die einschlägige Literatur einmütig der Gruppenarbeit vor der Einzelarbeit den Vorzug. Das macht Sinn. Denn wenn Sie die Angst vor Menschen überwinden wollen, ist sich mit anderen zu umgeben der beste Weg, sich dieser Angst zu stellen. Es ist für gewöhnlich weniger beängstigend, vor einem Therapeuten zu sitzen, der Ihnen ja von vornherein Akzeptanz entgegenbringt. Natürlich ist die Einzeltherapie eine hervorragende Alternative, wenn die Aussicht auf Gruppenarbeit Sie aufzureiben droht. Mit der richtigen Unterstützung und Anleitung werden Sie den Mut fassen, in eine Gruppe zu gehen. Ich hatte Klienten, die mit der Teilnahme an meinen Gruppen vier, sechs und zehn Jahre warteten, nachdem sie von dieser Möglichkeit erfahren hatten. Wenn die Aussicht darauf so furchtbar war, sollte man sie verdientermaßen dafür bewundern und beglückwünschen, dass sie doch noch diesen Schritt gewagt haben. Welch unglaublicher Mut, ihrer größten Angst ins Auge zu blicken!

Natürlich kann es auch sein, dass es einfach keine Gruppe gibt, in die Sie gehen könnten. Das gilt besonders für kleinere Gemeinden. Sogar in größeren Städten ist es manchmal schwierig, eine Selbsthilfegruppe für Menschen mit sozialen Ängsten zu finden. Auch hier ist wieder die Einzeltherapie eine Alternative. Eine andere wäre, Ihren Therapeuten darauf anzusprechen, ob er nicht auch eine derartige Gruppe ins Leben rufen möchte – so wie eine meiner Klientinnen mich vor vielen Jahren fragte. Falls Sie damit keinen Erfolg haben, können Sie auch eine eigene Gruppe gründen.

Setzen Sie eine Annonce in die Zeitung oder machen Sie am Schwarzen Brett Ihrer Stadtbücherei einen Aushang: „Sind Sie schüchtern? Haben Sie soziale Ängste? Kommen Sie in unsere Selbsthilfegruppe und lernen Sie, wie man sich in Gesellschaft anderer Menschen wohl fühlt. Telefon ________“ Selbst wenn Sie mit nur einer anderen oder zwei Personen beginnen, haben Sie eine Gruppe. Übernehmen Sie die Leitung oder vereinbaren Sie mit den anderen, abwechselnd zu moderieren. Benutzen Sie die Themen aus diesem und anderen Büchern als Grundlage für Ihre

Diskussionen, Aktivitäten und „Hausaufgaben". Warum Sie all das auf sich nehmen sollen? Lesen Sie weiter und bedenken Sie die Vorzüge einer Arbeit in der Gruppe.

Vorzüge von Selbsthilfegruppen

Die Struktur

Eine Gruppe gibt Ihnen eine Struktur vor, in der Sie Ihre Bemühungen auf einen gemeinsamen Zweck hin fokussieren können. Die regelmäßigen Treffen mit denselben Menschen an demselben Ort helfen Ihnen, selbstsicherer zu werden und einander und Ihrem Ziel verpflichtet zu bleiben.

Erleichterung

Die Gegenwart von Menschen, die ähnliche Erfahrungen wie Sie gemacht haben, wird Ihnen enorme Erleichterung verschaffen. Man fühlt sich am Ende nicht mehr so isoliert und „anders". Es beginnt sich fast unmittelbar ein Gefühl der Gemeinschaft und Zugehörigkeit herauszubilden.

In der zweiten Sitzung frage ich meine Gruppe: „Wie viele von Ihnen glauben, dass ihr Problem das schlimmste ist?" Normalerweise heben zwischen 40 und 50 Prozent der Leute die Hand. Wieder Erleichterung.

Eine weitere Quelle der Erleichterung ist es, endlich offen zu legen, was für viele bisher ein tiefes, dunkles Geheimnis war. Wenn es schließlich heraus ist, erweist es sich am Ende doch nicht als so dunkel und einzigartig!

Eine neue Perspektive

Abgesehen vom „Erziehungswert", der den Leuten hilft, eine neue, mitfühlendere Sicht auf Schüchternheit und soziale Ängste zu entwickeln, erkennen sie selbst, dass solcherart Betroffene eigentlich wirklich liebenswerte Personen sind. George drückte es einmal so aus: „Ich sehe mich um und muss gestehen, dass ich überrascht bin. Ihr seid alle nette, normale Leute." Die anderen lachten und glucksten, aber diese Erkenntnis hatte eine tiefe Wirkung auf die Gruppe. Aber es stimmt ja – nur weil jemand schüchtern oder ängstlich ist, macht ihn das noch lange nicht „sonderbar". Tatsächlich könnte es doch eher sein, dass die Sensibilität, die oft mit Schüchternheit und sozialen Ängsten einhergeht, fast eine Garantie dafür ist, dass die Teilnehmer der Gruppe von der netten und liebenswürdigen Art sind. Die Leute beginnen zu realisieren: „Hey, wenn all diese Menschen so nett und normal sind, vielleicht bin ich es dann auch."

Unterstützung, Verständnis und Ermutigung

Eine der schönsten Erfahrungen, die man im Leben machen kann, ist, von anderen ohne Werturteil akzeptiert zu werden. Weil die Leute genau wissen, was Sie durchmachen, bieten sie Ihnen rasch Unterstützung, Verständnis und Ermutigung an. Die Wirkung ist unglaublich heilend und erhebend.

Übung

Die Gruppe stellt ein Forum dar, in dem Sie sich darin üben können, abwechselnd mit den anderen im Zentrum des Interesses zu stehen und vor ihnen zu sprechen. Es gibt viele Gelegenheiten zu fragen und Fragen zu beantworten, Erfahrungen zu teilen und Unterstützung zu gewähren. Innerhalb weniger Wochen bildet sich Vertrauen unter den Teilnehmern, während auch Gespräche und Gelächter zunehmen. Die Teilnehmer können sich auch untereinander verabreden, um die verschiedenen Fertigkeiten zu üben, die sie sich in den Sitzungen angeeignet haben.

Inspiration

Die Gruppenteilnehmer inspirieren einander. Wenn Betty freier zu sprechen beginnt und Michael erzählt, dass er sich für den Fußballtrainerkurs eingeschrieben hat, ist es schwierig, nicht das Anschwellen der Energie im Raum, in der Brust jedes Einzelnen, zu spüren. Zuzusehen, wie Menschen alle möglichen Hindernisse überwinden und langsam aufzublühen beginnen, ist unglaublich bewegend. Geschichten über ihren Mut zu hören ist wiederum ermutigend. Wenn Betroffene erzählen, wie genau sie sich auf ihre Ziele vorbereitet und sie am Ende auch erreicht haben, stacheln sie die Vorstellungskraft der anderen an, die vielleicht denken: „Hmm, wenn er das kann, dann kann ich das vielleicht auch.“ Mary zum Beispiel teilte der Gruppe mit, dass sie sich bei Betty dafür bedanken müsse, dass sie nun endlich fähig sei, beim Morgenmeeting in der Firma vor den anderen zu sprechen. Zu Betty gewandt sagte sie:

„Ich denke an die ersten Sitzungen zurück und daran, wie still du warst. Und dann hast du uns letzte Woche erzählt, du seiest zu deiner Chefin gegangen und hättest ihr ruhig gesagt, dass du es nicht gut heißen könnest, wie sie vor allen eine Mitarbeiterin heruntergemacht hätte. Ich war erstaunt ... und stolz. Etwas ist diese Woche bei mir im Büro passiert, und ich glaube, dass du teilweise dafür mitverantwortlich bist! Da sitze ich also mit zehn Leuten im Morgenmeeting und höre, wie eine meiner Mitarbeiterinnen abfällige Bemerkungen über einen der Frischlinge macht. Ich fühle, wie ich immer wütender werde. Ich blicke in die Runde, aber niemand kommt diesem armen Mädchen zu Hilfe. Alles, was ich dann noch sehen konnte, warst du, wie du deine Chefin zur Rede stellst. Ohne richtig darüber nachzudenken, räuspere ich mich und sage vor allen anderen zu meiner Mitarbeiterin, dass ich Schwierigkeiten mit ihren negativen Bemerkungen über die Neue habe. Es war abschreckend für mich zu sehen, wie eine langjährige Mitarbeiterin jemanden so behandelte, und es half uns auch nicht gerade dabei, die Tagesordnung abzuarbeiten. Es wurde sehr still. Dann pflichtete mir jemand anders bei, und wir wandten uns wieder dem Meeting zu. Später kamen ein paar Leute zu mir und sagten mir, wie froh sie waren, dass endlich jemand etwas gegen diese widerwärtige Person gesagt hat. Auch die

neue Mitarbeiterin dankte mir für meine Unterstützung und erzählte, es hätte ihr alles abverlangt, sich nicht anmerken zu lassen, wie sehr sie diese bösen Bemerkungen getroffen haben. Also, Betty, vielen Dank – deine Erzählung hat mir wirklich sehr viel bedeutet.“

Wow! Augenblicke wie diese machen eine Selbsthilfegruppe zur Selbsthilfegruppe.

Freundschaften

Es gibt den Teilnehmern zusätzlich Gelegenheiten, sich kennen zu lernen, wenn sie außerhalb der Sitzungen Zeit miteinander verbringen, zum Beispiel am Telefon, bei der gemeinsamen Fahrt zur Sitzung und bei anderen Aktivitäten, die von der Gruppe initiiert und organisiert werden. Manchmal werden aus den kurzfristigen Bekanntschaften, die sich während der Sitzungen herausbilden, lang anhaltende Freundschaften.

Unterstützung durch Familie, Freunde und Partner

Wie bereits erwähnt halten viele Menschen ihre sozialen Ängste selbst vor ihren nächsten Angehörigen geheim. Das vertieft nur noch ihr Gefühl der Isolation in der Welt. Sofern Ihre Familie nicht total entartet und negativ ist und Ihre Freunde kein Reinfall, möchte ich Sie herzlich dazu ermutigen, Ihre Angehörigen über Ihre sozialen Ängste zu informieren. Vielleicht werden Sie von deren Reaktion ja angenehm überrascht.

Falls Sie nicht wissen, wo Sie anfangen sollen, habe ich hier ein paar Vorschläge für Sie. Wenn Sie mit einem Familienmitglied sprechen, fragen Sie, ob derjenige von jemandem in der Familie weiß – die entferntere Verwandtschaft eingeschlossen –, der bei sozialen Begegnungen Angst bekommt. Nähern Sie sich dem Thema vom Standpunkt eines Forschers aus. Zeigen Sie Neugier, wie diese anderen Familienmitglieder ihre sozialen Ängste erleben und wie sie damit umgehen. Am Ende steht dann Ihre Enthüllung, dass auch Sie betroffen sind. Sie können über die Bücher sprechen, die Sie zum Thema gelesen haben, und vielleicht den anderen Ihr bevorzugtes Buch ans Herz legen.

Ebenso können Sie auch bei Freunden und Partnern verfahren. Kreisen Sie das Thema ein. Fragen Sie, ob diese bei sozialen Begegnungen jemals ängstlich waren oder jemand anderen kennen, der sich mit Schüchternheit und sozialen Ängsten herumschlagen musste. Auch hier kann am Ende wieder die Selbstenthüllung stehen. Oder Sie nehmen den direkten Weg und sagen: „Schatz, ich muss dir etwas sagen. Es ist wirklich schwer für mich, darüber zu sprechen, aber ich will, dass du etwas über mich weißt. Und ich würde deine Unterstützung wirklich zu schätzen wissen." Erzählen Sie von Ihren Symptomen und davon, wie diese Ihre Lebensweise beeinflussen. Erklären Sie, dass es Millionen von Menschen ebenso geht. Sie können die Anstrengungen beschreiben, die Sie unternommen haben, um Ihre sozialen Ängste in den Griff zu bekommen. Oftmals reagieren Menschen, die Sie lieben und sich um Sie sorgen, mit Erleichterung. Endlich ergeben Situationen aus der Vergangenheit einen Sinn. Harry zum Beispiel berichtete, seine Frau sei dankbar dafür, dass er ihr von seinen Problemen erzählt habe. In den 20 Jahren ihrer Ehe hatte sie immer versucht, ihn zu beschwatzen, zu drängen und ihm zu drohen, mit ihr auf Partys zu gehen. Oft verstand sie seine Weigerung, mit ihr hinzugehen, als persönliche Ablehnung. Nun aber kannte sie den Grund für seinen Widerwillen. Sie war erleichtert und dankbar. Sie fühlte eine neue Verpflichtung in ihrer Ehe aufkeimen und bot ihrem Mann jede erdenkliche Unterstützung an. Sie begann, selbst mehr über soziale Ängste in Erfahrung zu bringen. Und Harry war seinerseits kolossal erleichtert. Er fühlte sich nun nicht mehr so allein. Er schöpfte neuen Mut und setzte die Arbeit an seinen sozialen Ängsten mit neuer Energie fort.

Es stimmt, dass nicht alle Angehörigen und Freunde so hilfreich sein werden wie Harrys Frau. Wenn Sie in der unglücklichen Lage sind, dass jemand Ihnen sagt, Sie sollten es einfach hinter sich bringen, oder Ihnen unangebrachterweise versichert, dass das nichts sei, worüber man sich aufregen müsse, dann verzweifeln Sie nicht – und vor allem: Nehmen Sie es nicht persönlich. Schreiben Sie dieses Verhalten dem fehlenden Verständnis und einem Mangel an Erziehung zu und kümmern Sie sich nicht weiter darum. Oder, wenn Sie meinen, dass es die Mühe wert ist, lassen Sie denjenigen wissen, wie enttäuscht Sie von seiner Reaktion sind, und bieten Sie an, ihn über Ihren Zustand zu informieren, falls er Interesse daran hat. Wenn das Familienmitglied oder der Freund noch immer nicht interessiert ist, haben Sie Ihr Bestes gegeben. Kümmern Sie sich nicht weiter darum und sorgen Sie dafür, dass Sie anderswo Unterstützung finden.

Hegen und gedeihen

Wie ich schon zu Beginn dieses Buches erwähnte, liegt der Impuls zu wachsen im Kern jedes lebenden Geschöpfes begründet. Wenn diese Energie in Ihrem Leben durch soziale Ängste gedämpft wurde, sollten Sie sich darüber klar werden, dass sie durch geeignete Fürsorge wiedererweckt werden kann. Wenn Sie diese Energie hegen, indem Sie Ihrem Körper, Ihrem Geist und Ihrem Handeln Beachtung schenken, wird dieses Handeln jenes besondere Etwas in Ihnen befreien, das nach Blüte strebt. Setzen Sie sich kleine Ziele, bleiben Sie am Ball und lernen Sie aus Ihren Fehlern und Erfolgen. Als letzte Worte der Ermutigung möchte ich Ihnen an dieser Stelle einige Briefe von Teilnehmern meiner Gruppen ans Herz legen. Sie haben sie als Reaktion auf meine Bitte um eine Beschreibung ihrer Erfahrungen und ein paar Tipps für zukünftige Gruppen geschrieben.

„Lieber Neuankömmling,

ich fühlte mich sehr gehemmt, unzulänglich und nicht zugehörig, als ich hierher kam. Diese Selbsthilfegruppe tut wunderbare Dinge, um Ihnen da durchzuhelfen, aber Sie müssen schon dafür arbeiten. Ich habe großartige Veränderungen an mir, meinem wahren Ich, festgestellt. Es kann wirklich geschehen. Ich dachte früher, es sei unmöglich, aber es ist doch so. Sie können sich mit sich selbst wohler fühlen, selbstsicherer werden, aber Sie müssen etwas dafür tun. Viel Glück!"

„Lieber Neuankömmling,

ich weiß, dass Ihnen gerade alles ziemlich hart vorkommt. Aber wenn Sie einen Schritt nach dem anderen machen und praktizieren, was Sie in der Gruppe lernen, wird es mit der Zeit leichter. Risiken einzugehen ist eine sehr befreiende Erfahrung!"

Und hier ein Brief, den ein früheres Mitglied meiner Gruppe direkt an mich adressiert hat:

„Liebe Erika,

seit dem Ende der Gruppensitzungen hat meine Angst vor sozialen Begegnungen so weit abgenommen, dass ich fast gar keine mehr habe! Selbst wenn es im Einzelfall nicht so gut läuft, wie ich es mir gewünscht habe, bin ich nicht mehr versucht, mich zu ‚verstecken'. Nach Jahren des Kampfes mit meinen sozialen Ängsten bin ich begeistert, dass ich solch eine dramatische Verbesserung an meinem Mut und meiner Lebenseinstellung sehen kann. Meine Entschlossenheit, ‚da rauszugehen und zu leben', vervierfachte sich! Ich habe noch immer Probleme mit dem Blickkontakt, und noch immer muss ich mich in allen möglichen Situationen üben – aber ich sehe diese Übung meist als Herausforderung, die Spaß macht. Anfang Juli ging ich ganz allein auf die Hochzeit eines alten Freundes in Boston. Als inoffizielle ‚Brautführerin' stand ich auf Abruf, einer ganzen Reihe von

Leuten – von denen einige mich ganz schön einschüchterten und von denen ich keinen vorher je gesehen hatte – zu begegnen, mit ihnen zu sprechen und ihnen zu helfen. Dank der Fähigkeiten, die ich in Ihrer Gruppe gelernt habe, ließ ich nicht zu, dass ich übermäßig nervös wurde, und ich schimpfte mich auch nicht für meine Schüchternheit. Ich sprang einfach ins kalte Wasser – und ich amüsierte mich absolut prächtig! Und es taten sich ein paar neue Verbindungen auf, von denen ich hoffe, dass sie mir erhalten bleiben.

Ich denke sehr ungern daran, wie oft ich früher gefühlt habe ‚Ich werde meine Schüchternheit niemals überwinden' und wie meine Ängste immer mehr zunahmen.

Ich mag es nicht, wenn Betroffene denken, dass sie Versager sind, weil sie ihre soziale Phobie nicht in zwei Monaten bezwingen können. Aus meiner Sicht würde ich sagen, dass die Bewältigung sozialer Ängste eine ganze Menge Arbeit bedeutet – und die Einstellung, dass man in seinen Bemühungen niemals erlahmen darf. Jedes kleine Stückchen Fortschritt sollte gefeiert werden. Ich jedenfalls feiere es, und das habe ich auch für den Rest meines Lebens vor.“

Und auch Sie, liebe Leser, werden das schaffen!

Schlüsselgedanken

- Im täglichen Leben verschiebt sich der Fokus auf die Anforderungen des Alltags. Bemühungen um soziale Selbstsicherheit können da schrittweise schwinden. Rückschläge sind unvermeidlich. Sie sind absolut normal.
- Man kann Maßnahmen ergreifen, um zu verhindern, dass aus Rückschlägen Rückfälle werden. Es kann helfen, Faktoren, die zu Rückschlägen beitragen, durch die Linse von Körper, Geist und Verhalten zu prüfen.

- Wenn Sie nicht weiterkommen, denken Sie darüber nach, sich bei einem Therapeuten, einer Selbsthilfegruppe oder Ihrer Familie und Ihren Freunden Hilfe zu holen.
- Wenn Ihr Lebensimpuls in der Vergangenheit durch soziale Ängste gedämpft wurde, sollten Sie sich darüber klar werden, dass er bei geeigneter Fürsorge wiedererweckt werden kann. Schenken Sie Ihrem Körper, Ihrem Geist und Ihrem Handeln Beachtung. Sie schaffen das.

Das möchte ich aus diesem Kapitel mitnehmen:

....

....

Ich werde es auf folgende Art und Weise in die Tat umsetzen:

....

....

LEBEN SIE WOHL, LIEBE MITREISENDEN!

Anhang

Die tiefe Bauchatmung

Wenn wir angespannt sind, atmen wir normalerweise nur im oberen Brustkorb. Wenn wir entspannt sind, atmen wir tief aus dem Bauch heraus. Wie hilft uns die tiefe Bauchatmung dabei zu entspannen? Zunächst sorgt sie für eine erhöhte Sauerstoffzufuhr in Gehirn und Muskeln. Wenn der Körper regelmäßig mit Sauerstoff versorgt wird, steht er nicht unter Spannung. Zweitens stimuliert die tiefe Bauchatmung den Parasympathikus, der, wie Sie sich erinnern, den Körper herunterfährt und ihn wieder in einen Entspannungszustand überführt. Und schließlich verschiebt sich, während wir uns auf die Atmung konzentrieren, unser Fokus auf den Körper, weg von unserem sorgenvollen Geist. Hier nun ein paar Atemübungen.

4-4-8-Atmung

Atmen Sie auf vier ein. Zunächst atmen Sie langsam auf vier durch die Nase ein. Wenn Sie Ihre Hand auf den Bauch legen (zwischen Bauchnabel und Brustbein), werden Sie spüren, wie er sich hebt, wenn Sie einatmen. Stellen Sie sich vor, dass dabei frisch mit Sauerstoff angereichertes Blut bis in Ihre Fingerspitzen und die Zehen gelangt.

Halten Sie den Atem auf vier an.

Atmen Sie auf acht aus. Bei jedem Ausatmen bemerken Sie, wie Sie tiefer und tiefer in die Entspannung geraten. Wiederholen Sie diese Abfolge von vier, vier und acht vier- oder fünfmal. Die meisten meiner Klienten berichten von einem sich unmittelbar einstellenden Entspannungsgefühl, nachdem sie diese Übung durchgeführt haben. Passen Sie den Atemrhythmus Ihrem natürlichen Bedürfnis an. Wenn Benommenheit auftritt, kehren Sie zur normalen Atmung zurück.

2-1-Atmung

Eine weniger komplizierte Atemübung ist, zwei normale Atemzüge zu nehmen, denen sich ein tiefer Atemzug anschließt. Wieder sollten Sie darauf achten, dass Sie bis ganz hinunter in Ihre Lungen atmen, sodass sich der Bauch bei jedem Einatmen hebt. Wenn Sie bemerken, dass Gedanken Sie von Ihrer Konzentration auf die Atmung ablenken, dann nehmen Sie sie an und lassen Sie sie wieder gehen. Bei jedem Einatmen stellen Sie sich vor, wie sauerstoffreiche Luft in jeden Winkel Ihres Körpers wirbelt und jede einzelne Zelle energetisiert, belebt, stärkt und entspannt. Bei jedem Ausatmen stellen Sie sich vor, wie die kohlendioxidreiche Luft austritt, sich in den Raum verteilt und Ihren Körper reiner und entspannter zurücklässt.

Normale Atmung

Am Ende steht die einfachste, aber gleichzeitig auch die schwierigste Atemübung. Die einfachste, weil nicht viel dabei ist. Und die schwierigste, weil nicht viel dabei ist. Während Sie einatmen, zählen Sie „eins“. Wenn Sie ausatmen, sagen Sie „entspannen“ zu sich selbst. Dann zählen Sie „zwei“ beim nächsten Einatmen und denken „entspannen“ beim nächsten Ausatmen. Tun Sie dies so lange, bis Sie bei „zehn“ angelangt sind. Klingt einfach, oder? Für manche Leute ist diese Übung jedoch sehr schwer. Es ist vollkommen natürlich, dass Ihnen Gedanken in den Sinn kommen und Sie abzulenken beginnen. Ihre Aufgabe ist es, diese Gedanken zu registrieren und sie daran zu hindern, sich häuslich einzurichten und zu bleiben. Wenn ablenkende Gedanken aufkommen, registrieren Sie sie kurz, kehren dann zum Zählen zurück und beginnen wieder bei „eins“. In der Lage zu sein, sich längere Zeit auf den Atem zu konzentrieren, ist eine Gabe, durch die Sie fähig sind, einen Entspannungszustand herbeizuführen und zu halten. Denken Sie daran, immer glatt und regelmäßig zu atmen. Wie in den vorigen Übungen sollten Sie auch hier nicht vergessen, tief in Ihre Lungen zu atmen, sodass Ihr Bauch sich bei jedem Atemzug hebt und senkt – wie bei einem Baby, das auf den Wogen eines seligen Schlafes dahin gleitet.

Wenn Sie erst einmal geübter in der kontrollierten Bauchatmung sind, praktizieren Sie sie an Orten, die ein wenig anregender sind. Jedes Mal nur für ein paar Minuten. Üben Sie zwei-, drei-, viermal am Tag oder öfter, wenn Sie möchten. Die richtige Atmung ist für den ängstlichen Körper wie Wasser für eine ausgetrocknete Lilie. Finden Sie heraus, welche Atemübung bei Ihnen am besten funktioniert. Dann umsorgen Sie Ihren Körper, wie Sie Ihren Garten umsorgen. Atmen Sie und entspannen Sie sich.

Progressive Muskelrelaxation

Die Progressive Muskelrelaxation wurde in den Zwanzigerjahren des 20. Jahrhunderts von Dr. Edmund Jacobsen entwickelt. Da sie effektiv einen tiefen Entspannungszustand herbeiführt, ist sie bis heute eine beliebte Entspannungstechnik geblieben. Bei der Muskelrelaxation geht es darum, systematisch bestimmte Muskelgruppen im Körper anzuspannen und zu entspannen. Sie können mit Ihren Händen oder Füßen anfangen. Ich ziehe es vor, bei den Füßen zu beginnen und mich dann bis zum Kopf hinauf und weiter zu den Armen und Händen vorzuarbeiten. Es empfiehlt sich für gewöhnlich, an einem ruhigen Ort zu sitzen oder zu liegen; achten Sie dabei darauf, dass Ihr Körper maximal von der

Unterlage getragen wird. Zweck dieser Übung ist es, jeden einzelnen Muskel vier oder fünf Sekunden lang anzuspannen, ohne Schmerz oder Unbehagen zu verursachen, und dann loszulassen und etwa zehn Sekunden zu entspannen. Manche Leute sagen jedes Mal „entspannen“ oder „loslassen“, wenn sie eine Muskelgruppe anspannen beziehungsweise wieder lösen.

Wie bei anderen Übungen erhöht sich auch bei dieser die Effektivität, wenn Sie mit Achtsamkeit ganz bei der Sache sind. Spüren Sie in die Empfindungen von Anspannung und Entspannung hinein und achten Sie auf den Unterschied. Die erste Variante dieser Übung konzentriert sich auf einzelne kleine Muskelgruppen. Sobald Sie diese – normalerweise nach ein paar Tagen – beherrschen, können Sie es mit der zweiten, kürzeren Variante versuchen, die die größeren Muskelgruppen fokussiert.

Kleine Muskelgruppen

1. Spüren Sie in Ihren Atem hinein. Tun Sie drei tiefe Atemzüge und entspannen Sie sich.
2. Strecken Sie Ihre Beine und Füße bis zu den Zehen. Dann lassen Sie los und entspannen sich.
3. Spannen Sie Ihre Wadenmuskeln an, indem Sie die Zehen von sich weg- und wieder zum Körper hinstrecken. Lassen Sie los und entspannen Sie sich.
4. Spannen Sie die Muskeln in Ihren Hüften und im Gesäß an, indem Sie Beine und Gesäß zusammendrücken. Entspannen Sie sich.
5. Spannen Sie den unteren Rücken an, indem Sie ihn krümmen. (Verzichten Sie darauf, wenn Sie Probleme mit dem unteren Rücken haben.) Entspannen Sie sich.
6. Spannen Sie Ihre Bauchmuskeln an, indem Sie den Bauchnabel zur Wirbelsäule ziehen. Entspannen Sie sich.
7. Füllen Sie Ihre Lungen mit Luft, lassen Sie Ihre Brust so weit wie möglich werden und halten Sie. Dann atmen Sie aus und entspannen sich.

8. Spannen Sie die Muskeln um Ihre Schulterblätter an, indem Sie sie zusammendrücken, als würden sie sich einander annähern. Entspannen Sie sich.
9. Ziehen Sie Ihre Schultern hoch bis zu den Ohren. Entspannen Sie sich.
10. Ziehen Sie das Kinn auf die Brust. Entspannen Sie sich.
11. Schürzen Sie die Lippen so angestrengt wie möglich. Entspannen Sie sich.
12. Pressen Sie Zähne und Kiefer zusammen. Entspannen Sie sich.
13. Schließen Sie fest die Augen (sofern Sie keine Kontaktlinsen tragen). Entspannen Sie sich.
14. Spannen Sie die Stirn an, indem Sie die Augenbrauen so hoch wie möglich heben. Entspannen Sie sich.
15. Spannen Sie die Arme an, indem Sie die Ellbogen beugen und die Fäuste gegen die Schultern halten. Entspannen Sie sich.
16. Biegen Sie die Hände über den Handrücken nach hinten und heben Sie sie zum Körper hin an, um die Unterarme anzuspannen. Entspannen Sie sich.
17. Ballen Sie die Fäuste. Entspannen Sie sich.

Größere Muskelgruppen

1. Spannen Sie Beine und Füße an. Entspannen Sie sich.
2. Spannen Sie den unteren Rücken und das Gesäß an. Entspannen Sie sich.
3. Spannen Sie den Bauch an. Entspannen Sie sich.
4. Spannen Sie Brust und oberen Rücken an. Entspannen Sie sich.
5. Spannen Sie Kopf, Nacken und Schultern an. Entspannen Sie sich.
6. Spannen Sie Hände und Arme an. Entspannen Sie sich.

Üben Sie die Progressive Muskelrelaxation zweimal täglich jeweils ungefähr 20 Minuten lang. Während Sie immer mehr

Übung darin bekommen herauszufinden, welche Muskeln angespannt und welche entspannt sind, werden Sie auch schneller die ersten Anzeichen von Spannung erkennen und Ihre „Anspannungs-Entspannungs-Methode“ anwenden können, bevor die Anspannung Sie überwältigt.

Die Arbeit mit Bildern

Richtlinien

Diese Richtlinien sind nur Vorschläge. Sie müssen sich nicht sklavisch daran halten. Experimentieren Sie. Die meisten dieser Vorschläge haben anderen dabei geholfen, ihre Vorstellungskraft wirkungsvoller einzusetzen.

Vorbereitung

1. **Suchen Sie sich einen ruhigen Ort.**
2. **Machen Sie es sich bequem.**
3. **Schließen Sie die Augen.**
4. **Entspannen Sie sich.** Das wird Ihnen leichter fallen, wenn Sie sich auf den Atem konzentrieren, während Sie ein- oder zweimal ausatmen.
5. **Seien Sie offen.** Bilder entstehen in der rechten Gehirnhälfte, die nicht mit Logik oder Fakten befasst ist. Sie ist kreativ und bringt alle erdenklichen „Fantastereien“ hervor. Alles ist möglich. Schicken Sie Ihre Urteilskraft nach Hause und genießen Sie es einfach.
6. **Setzen Sie sich ein Ziel.** Entscheiden Sie, was Sie gern erreichen möchten. Wollen Sie einen Mitarbeiter in Ihrer Firma grüßen? Jemanden ins Kino einladen? Achten Sie darauf, sich ein realistisches Ziel zu setzen. Unerreichbare Ziele führen nur zu Frustration und sogar Hoffnungslosigkeit.

Verlauf

1. **Stellen Sie sich alles in der ersten Person vor.** Es gibt zwei Möglichkeiten, sich eine Szene vorzustellen. Sie können dies in der dritten Person tun, als würden Sie sich selbst auf der Leinwand sehen. Oder Sie tun es in der ersten Person, als wären Sie mittendrin, nicht so sehr dessen bewusst, wie Sie aussehen, als vielmehr, was Sie innerlich und äußerlich empfinden. Es ist oft leichter, in der dritten Person zu beginnen, aber am Ende ist es doch effektiver, sich selbst in der ersten Person vorzustellen, in Ihrem eigenen Körper, direkt in der Szene.
2. **Stellen Sie sich alles in der Gegenwart vor.** Stellen Sie sich vor, dass diese Szene in der unmittelbaren Gegenwart spielt, nicht in der Zukunft.
3. **Erfüllen Sie die Szene durch Ihre Sinne mit Leben.** Bedienen Sie sich all Ihrer Sinne. Sehen, hören, riechen, schmecken, berühren und spüren Sie alle Einzelheiten der vorgestellten Szene. Je konsequenter Sie daran denken, all Ihre Sinne mit einzubeziehen, desto realistischer wird das vorgestellte Szenario werden.
4. **Vergessen Sie die Wörter.** Hinter der Arbeit mit Bildern steht das Ansinnen, die rechte Gehirnhälfte zu aktivieren. Wenn Sie eine Bilderübung aus dem Gedächtnis verwenden, denken Sie daran, sich auf Bilder und Gefühle zu konzentrieren. Vermeiden Sie es, die linke Gehirnhälfte zu aktivieren, indem Sie Wörter benutzen, um sich selbst Ihre Sinneswahrnehmungen zu beschreiben. Sagen Sie also zum Beispiel nicht: „Jetzt überquere ich die Straße. Ich kann den Druck des Asphalts gegen meine Füße spüren."
5. **Bleiben Sie positiv.** Sorgen Sie für positive Gedanken und Bilder, die positive Energie hervorrufen. In Katastrophenbildern zu schwelgen ist definitiv vorbei. Wenn andererseits das Bild einer kleineren Katastrophe in Ihnen auftaucht – zum Beispiel, wie Sie auf die Bühne stolpern –, dann machen Sie

sich keine Sorgen. Nutzen Sie die Gelegenheit, es zu korrigieren.

6. **Malen Sie sich alles mit Begeisterung aus.** Sie sind in Sicherheit. Niemand sieht Ihnen zu. Amüsieren Sie sich! Übertreiben Sie Ihren Part in der vorgestellten Szene. Schmecken und genießen Sie sie, begeistern Sie sich an ihr. Bewegen Sie sich in Ihrer Vorstellung mit Begeisterung, reden Sie mit Begeisterung, seien Sie begeistert.
7. **Fassen Sie sich kurz.** Manche Experten empfehlen, dass die Arbeit mit Bildern zwischen zehn und fünfzehn Minuten dauern sollte, während andere sagen, dass schon zwei oder drei Minuten viel sind. Inzwischen dauern viele Bandaufnahmen mit Visualisierungen bis zu 30 Minuten. Nach meiner Erfahrung fällt es den Leuten oft schwer, in ihren vollen Terminkalendern Zeit zu finden, sich hinzusetzen und mit Bildern zu arbeiten. Wenn ich ihnen sage, dass zwei oder drei Minuten ausreichen, sagen sie immer sofort: „Ach, das lässt sich einrichten!" Mit anderen Worten: Mehrere kurze Einheiten sind viel nützlicher als längere, die nie stattfinden.
8. **Üben, üben, üben.** Noch wichtiger als die Dauer ist die Anzahl der Übungseinheiten. Ich rate Ihnen, zwei- bis viermal täglich mit Bildern zu arbeiten: morgens, vormittags, mittags zur Essenszeit und vor dem Schlafengehen. Positive Bilder vor dem Frühstück werden Sie auch genauso auf den Tag einstimmen. Und es vor dem Schlafengehen zu tun ist deshalb sehr empfehlenswert, weil Ihr Unterbewusstsein mit diesen positiven Bildern weiterarbeiten kann, während Sie schlafen.
9. **Immer mit der Ruhe.** Bilder lassen sich nicht erzwingen. Wenn Sie sich dabei ertappen, dass Sie es zu verkrampft angehen lassen, halten Sie inne und entspannen Sie sich. Fragen Sie sich, ob Sie sich zu sehr auf das gewünschte Ergebnis konzentrieren und nicht genug auf das, was in Ihrem Bild passiert. Eine Methode, wie Sie die Verbindung mit dem Vorstellungsprozess aufrechterhalten können, ist, die unmittelbaren Empfindungen in Ihrem Bild zu fokussieren.

Abschluss

1. **Fügen Sie eine Affirmation hinzu.** Wie bereits erwähnt, ist es zwar keine gute Idee, die Szenen in Ihrem Kopf mit Wörtern zu beschreiben, aber es empfiehlt sich, die positiven Bilder mit positiven Affirmationen zu verstärken – *bevor* und *nachdem* Sie mit Ihren Bildern gearbeitet haben. Es wird Ihre Arbeit wirkungsvoll unterstützen, wenn Sie beispielsweise sagen: „Ich halte ein hervorragendes Referat vor meinem Kurs“, „Ich bin entspannt und selbstsicher“ und „Ich lerne gern andere Leute kennen“.
2. **Nur Geduld.** Ergebnisse können unmittelbar eintreten oder mit einer Verzögerung. Je stärker Ihr Glaube an die Arbeit mit Bildern und an sich selbst ist, desto eher werden Sie die gewünschten Veränderungen auch beobachten. Je stärker Ihr Zweifel an Ihrer Fähigkeit zur Veränderung ist, desto länger wird es dauern, ihn mit positiven Bildern auszuräumen. Aber machen Sie sich keine Sorgen. Die positiven Bilder werden den Sieg davontragen, solange Sie beharrlich damit weitermachen.

Vorsicht

Die Arbeit mit Bildern eignet sich nicht für jeden. Menschen, die ohnehin schon viel in den Tag hineinträumen, die psychotische Störungen und Schwierigkeiten haben, den Unterschied zwischen Realität und Fantasie zu erkennen, sowie von gewalttätigen Bildern heimgesucht werden, sind besser beraten, wenn sie sich auf konkrete, praktische Aufgaben konzentrieren. Betroffene mit einem sehr gering ausgeprägten Selbstwertgefühl, die nicht daran glauben, dass sie etwas Gutes im Leben verdienen, werden die Bilderarbeit mit ihrer Negativität sabotieren und bei einem Misserfolg noch überzeugter sein, dass sie nichts Gutes verdienen. Sie sollten ihre Energie besser zunächst darauf verwenden, ihr Selbstwertgefühl zu stärken.

Zieleliste (Muster)

Datum: ______ Ziele	**Häufig-keit**	**Mo**	**Di**	**Mi**	**Do**	**Fr**	**Sa**	**So**
Körper Erdung oder 4-4-8-Bauchatmung	3 x täglich	O O O	O O O	O O O	O O O	O O O	O O O	O O O
Geist **a) Arbeit mit Bildern** Stellen Sie sich vor, Mitarbeiter mit einem offenen Gesicht und einladendem Blick zu grüßen	2 x täglich	O O	O O	O O	O O	O O	O O	O O
b) Wörter Protokollieren Sie Ihre Denkfehler und ersetzen Sie sie durch realistische, mitfühlende Gedanken	1 x äglich	O	O	O	O	O	O	O
Handeln Grüßen Sie am Arbeitsplatz	1 x täglich	O	O	O	O	O	O	O
Verabschieden Sie sich am Arbeitsplatz	1 x täglich	O	O	O	O	O	O	O

Zieleliste (Kopiervorlage)

Datum: ______ Ziele	Häufig- keit	Mo	Di	Mi	Do	Fr	Sa	So
Körper								
Geist a) Arbeit mit Bildern								
b) Wörter								
Handeln								

Vorschläge für Ziele

Sehen Sie sich diese Vorschläge an und suchen Sie sich pro Woche einen oder zwei aus. Vergessen Sie nicht, sie Ihrer Situation anzupassen. Beispiel: Ich werde in der Firma mindestens zweimal in der Woche „Hallo“ und „Auf Wiedersehen“ sagen.

Körper

- Praktizieren Sie die Erdung: Spüren Sie in die Füße und Hände hinein, ins Gesäß, in den Rücken und den Atem.
- Praktizieren Sie die Selbstregulationstherapie: Wechseln Sie zwischen Ihren Angstgefühlen und der Erdung hin und her.
- Praktizieren Sie die Atemübungen: 4-4-8, 2-1 oder die normale Atmung.
- Üben Sie die Progressive Muskelrelaxation.
- Hören Sie eine Entspannungs-CD an.
- Üben Sie.
- Achten Sie auf regelmäßigen, ausreichenden Schlaf.
- Reduzieren Sie die folgenden Konsummittel oder verzichten Sie ganz darauf:
  - Fastfood
  - Koffein
  - Alkohol
  - Zucker
  - Nikotin
- Nehmen Sie Vitaminzusatzpräparate ein.
- Essen Sie mehr Vollkornprodukte.
- Ernähren Sie sich kalziumreich.
- Achten Sie auf genügend Freizeitausgleich, tun Sie sich etwas Gutes.
- Nehmen Sie Tanzstunden, Tennisstunden etc.

Geist

Bilder

- Identifizieren Sie die positiven und negativen Bilder in Ihrem Kopf.
- Lesen Sie noch einmal in den Richtlinien für die Arbeit mit Bildern nach (S. 380 ff.).
- Üben Sie, positive Bilder zu erzeugen.
- Stellen Sie Ihre Vorstellungskraft auf die Probe (visualisieren Sie ein bestimmtes Ereignis).
- Lesen Sie noch einmal in Kapitel acht die gezielten Übungen zur Arbeit mit Bildern nach.
- Stellen Sie sich Ziele vor: Gesamt- und Teilziele.
- Lesen Sie noch einmal die Richtlinien über das Setzen von Zielen in Kapitel neun nach.
- Führen Sie eine Zieleliste (S. 385).

Wörter

- Stellen Sie Ihre negative innere Stimme infrage (Stimmentherapie).
- Protokollieren Sie Ihre Denkfehler und ersetzen Sie sie durch realistische, mitfühlende Gedanken.
- Formulieren und wiederholen Sie Ihre eigenen Affirmationen (siehe Richtlinien S. 389 f.).
- Konzentrieren Sie sich auf die anderen.
- Konzentrieren Sie sich auf den Zweck.
- Identifizieren Sie die größten Denkfallen und stellen Sie sie infrage.

Verhalten/Handeln

- Stellen Sie Ziele/spezifische Handlungsweisen fest, indem Sie Hierarchielisten führen.
- Setzen Sie sich der bewussten Handlung aus.
- Führen Sie eine Zieleliste.
- Feiern Sie Erfolge und schreiben Sie auf, was Sie gelernt haben.

- Machen Sie durch Körpersprache auf sich aufmerksam:
  - offenes Gesicht
  - Blickkontakt („Ich heiße dich willkommen“)
  - Körperhygiene
  - Experimente mit dem Kleidungsstil
  - Körperhaltung
  - Handschlag
  - sozialer Abstand
  - Gesten
  - Stimme
- Durch verbale Kommunikation drücken Sie sich aus und strecken die Hand nach dem anderen aus:
  - Seien Sie initiativ, ergreifen Sie als Erster das Wort.
  - Schlagen Sie einen Ausflug vor.
  - Grüßen Sie und verabschieden Sie sich.
  - Bieten Sie freie Information in Gesprächen.
  - Knüpfen Sie an freie Information an.
  - Lesen Sie die sechs Ebenen des fortschreitenden Gesprächs nach.
  - Üben Sie den Gesprächseinstieg, kommentieren Sie die Umgebung, machen Sie Komplimente.
  - Praktizieren Sie Selbstenthüllung.
  - Drücken Sie Ihre Bewusstheit aus.
  - Suchen Sie sich Hobbys, gehen Sie Interessen nach.
  - Bereiten Sie Themen vor.
  - Bilden Sie sich eine Meinung und teilen Sie sie mit.
  - Üben Sie den Umgang mit Kritik.
  - Üben Sie, um das zu bitten, was Sie möchten.
  - Rufen Sie immer wieder Leute an.
  - Sagen Sie „ich“ statt „man“ oder „wir“.
  - Bereiten Sie sich mit Hilfe der Vier-Punkte-Methode auf Vorstellungsgespräche und Präsentationen vor: vorbereiten, üben, präsentieren, nachbereiten.
  - Rufen Sie alte Freunde oder Familienmitglieder an, mit denen der Kontakt abgebrochen ist.

- Tun Sie anderen einen Gefallen und bitten Sie um Gefallen, während Sie Ihren Interessen nachgehen.
- Klären Sie Missstimmungen mit Freunden, indem Sie Ihr Bewusstsein ausdrücken.
- Machen Sie sich verfügbar, um potenzielle Partner zu treffen, belegen Sie Kurse, nehmen Sie an Singletreffs teil.
- Wenn Sie nicht weiterkommen oder Hilfe brauchen, wenden Sie sich an einen Therapeuten, an die Familie oder Freunde, gehen Sie zu einer Selbsthilfegruppe, lernen Sie, bei den Toastmasters vor Publikum zu sprechen.

Richtlinien für die Formulierung wirksamer Affirmationen

1. **Kurz.** Halten Sie Ihre Affirmationen kurz und einfach. Auf diesem Wege erfasst Ihr Unterbewusstsein rasch, worum es geht, und wird nicht durch zu viel Informationen abgelenkt.
2. **Positiv.** Formulieren Sie Ihre Affirmationen positiv. Vermeiden Sie negative Wörter wie „nein“ oder „nicht“. Wenn Sie zum Beispiel sagen „Ich bin nicht nervös“, übersieht das Unterbewusstsein das Wort „nicht“. Es springt für gewöhnlich auf das Wort an, das ein Bild heraufbeschwört, in diesem Fall „nervös“, und der Körper gehorcht – und wird umso nervöser. Es ist viel effektiver zu sagen: „Ich bin ruhig“; das Bild der Ruhe wird dann an den Rest des Körpers weitergeleitet, und der Körper gehorcht.
3. **Gegenwart.** Formulieren Sie Ihre Affirmationen in der Gegenwart. Also „Ich bin ruhig“, und nicht: „Ich werde ganz ruhig sein, wenn ich meine Präsentation morgen halte.“
4. **Mühelos.** Wie bei der Arbeit mit Bildern ist es auch bei den Affirmationen wichtig, sie leicht und mühelos, ganz ohne Anspannung, zu formulieren.

5. **Häufig.** Erinnern Sie sich an Suzuki, den Geigen- und Klavierlehrer, der das Fa Tausende von Male spielte, bis der Schüler „ohne musikalisches Gehör" es korrekt hörte. Mit positiven Affirmationen ist es dasselbe. Machen Sie eine tägliche Übung daraus, Ihre Affirmationen auszusprechen. Sagen Sie sie regelmäßig ein paar Mal täglich
6. **Begeisterung.** Vergessen Sie nicht, Ihre Affirmationen mit Begeisterung zu formulieren. Das mag Ihnen zuerst merkwürdig vorkommen, aber wenn Sie einmal Beweise dafür haben, dass Ihre Affirmationen einen Unterschied bewirken, wird die Begeisterung von ganz allein kommen.

Literatur

Aron, Elaine N.: *The Highly Sensitive Person.* New York: Broadway Books 1996. Ab Herbst 2005 in deutscher Übersetzung im mvgVerlag.

American Psychiatric Association: *The Diagnostic and Statistical Manual of Mental Disorders* (DSM IV). 4. Auflage. Washington, D.C. 1994.

Antony, Martin M.; Swinson, Richard P.: *The Shyness and Social Anxiety Workbook.* Oakland, CA: New Harbinger Publications, Inc., 2000.

Antony, Martin: *10 Simple Solutions to Shyness.* Oakland, CA: New Harbinger Publications, Inc., 2004.

Avila, Alexander: *The Gift of Shyness, Embrace Your Shy Side and Find Your Soul Mate.* New York: Simon and Shuster 2002.

Barlow, David H.: *Mastery of Your Anxiety and Panic.* New York: Graywind Publishing Company 1989.

Berent, Jonathan: *Beyond Shyness.* New York: Simon & Shuster 1993.

Borysenko, Joan: *Für den Körper sorgen – die Seele entfalten.* Hg. v. Bernd Ulrich. Hörkassette, Auditorium Verlag 1996.

Bourne, Edmund J.: *Healing Fear: New Approaches to Overcoming Anxiety.* Oakland, CA: New Harbinger Publications, Inc., 1998.

Bourne, Edmund J.: *The Anxiety & Phobia Workbook.* Oakland, CA: New Harbinger Publications, Inc., 1990.

Branden, Nathaniel: *If You Could Hear What I Cannot Say. Learning to Communicate with the Ones You Love.* New York: Bantam Books 1985.

Branden, Nathaniel: *Ich liebe mich auch: Selbstvertrauen lernen.* Reinbek bei Hamburg: Rowohlt 1994.

Brazier, David: *The Feeling Buddha.* New York: Fromm International 1998.

Bruno, Frank J.: *Nie wieder schüchtern.* München: Droemer Knaur 1998.

Burns, David D.: *Fühl Dich gut.* Trier: Éditions Trèves 2004.

Burns, David D.: *Intimate Connections.* New York: Penguin Books 1985.

Butler, Gillian: *Schüchtern – na und? Selbstsicherheit gewinnen.* Bern: Huber 2002.

Canfield, Jack; Hansen, Mark Victor: *Hühnersuppe für die Seele. Geschichten, die das Herz erwärmen.* München: Goldmann 1996.

Carducci, Bernardo J.: *Erfolgreich schüchtern. Der Weg zu einem neuen Selbstwertgefühl.* Frankfurt a. M.: Fischer 2002.

Cheek, Jonathan: *Warum so schüchtern? Mehr Selbstbewußtsein in Beruf, Freundschaft und Liebe.* München: Knaur 1995.

Coué, Émile: *Die Selbstbemeisterung durch bewußte Autosuggestion.* Basel: Schwabe 1993.

Dayhoff, Signe A.: *Diagonally-Parked in a Parallel Universe.* Placitas, New Mexico: Effectiveness-Plus Publications 2000.

Desberg, Peter: *No More Butterflies.* Oakland, CA: New Harbinger Publications, Inc., 1996.

Eliot, T.S.: *Four Quartets.* London: Faber & Faber 2000.

Epstein, Gerald: *Gesund durch die Kraft der Vorstellung: ein Übungsbuch.* München: Kösel 1992.

Fanning, Patrick: *Visualization for Change.* Oakland, CA: New Harbinger Publications, Inc., 1994.

Fezler, William: *Creative Imagery: How to Visualize in All Five Senses*. New York: Simon & Shuster 1989.

Firestone, Robert W.: *The Fantasy Bond*. New York: Human Sciences Press, Inc., 1987.

Fisher, Helen E.: *Anatomie der Liebe. Warum Paare sich finden, sich binden und auseinandergehen*. München: Droemer Knaur 1995.

Foxman, Paul: *Dancing with Fear*. Lanham, Maryland: Rowman and Littlefield Publishers, Inc., 1996.

Frankl, Viktor E.: *Der Mensch vor der Frage nach dem Sinn*. München: Piper 1985.

Gabor, Don: *Talking with Confidence for the Painfully Shy*. New York: Crown Trade Paperbacks 1997.

Hegi, Ursula: *Emma Blau*. Köln: Kiepenheuer & Witsch 2002.

Hunt, Douglas: *Angstfrei leben: mit Mineralien, Vitaminen und Aminosäuren unser psychisches Wohlbefinden steuern*. München: Heyne 1992.

Jeffers, Susan: *Selbstvertrauen gewinnen. Die Angst vor der Angst verlieren*. München: Kösel 2003.

Kehoe, John: *Mind Power. Erkennen – Transformieren – Handeln*. Aitrang: Windpferd 1995.

Kopp, Sheldon: *Raise Your Right Hand Against Fear*. Minneapolis, MN: CompCare Publishers 1988.

Leary, Mark R.; Kowalski, Robin M.: *Social Anxiety*. New York: The Guildford Press 1995.

Levine, Peter A.: *Trauma-Heilung: Das Erwachen des Tigers; unsere Fähigkeit traumatische Erfahrungen zu transformieren*. Essen: Synthesis 1998.

Liggett, Donald R.: *Sporthypnose*. Heidelberg: Carl-Auer-Systeme 2004.

Markway Barbara G.; Markway, Gregory P.: *Frei von Angst und Schüchternheit. Soziale Ängste besiegen – ein Selbsthilfeprogramm*. Weinheim: Beltz 2003.

Markway Barbara G.; Carmin, Cheryl N.; Pollard, C. Alec; Flynn, Teresa: *Dying of Embarrassment*. Oakland, CA: New Harbinger Publications, Inc., 1992.

Marshall, John R.: *Social Phobia*. New York: HarperCollins Publishers 1994.

McCullough, Christopher J.: *Always at Ease*. Los Angeles: Jeremy P. Tarcher, Inc., 1991.

McKay, Matthew; Davis, Martha; Fanning, Patrick: *Messages. The Communications Skills Book*. Oakland, CA: New Harbinger Publications 1983.

Miller, Rowland E.: *Embarrassment*. New York: The Guildford Press 1996.

Montessori, Maria: *Das kreative Kind. Der absorbierende Geist*. Freiburg: Herder 1976.

Osho: *Mut – Lebe wild und gefährlich*. Berlin: Ullstein 2004.

Pawlak, Laura; Turner, Lisa: *Food Smart, A Nutritional Atlas*. Emeryville, CA: Biomed Publication 2002.

Pert, Candace B.: *Moleküle der Gefühle. Körper, Geist und Emotionen*. Reinbek: Rowohlt 2001.

Pulos, Lee. *The Power of Visualization*. (Kassette und CD.) Chicago/Illinois: Nightingale-Conant 1994.

Rapee, Ronald M.: *Overcoming Shyness and Social Phobia*. Northvale, New Jersey: Jason Aronson Inc. 1998.

Rothschild, Babette: *Der Körper erinnert sich. Die Psychologie des Traumas und der Traumabehandlung*. Essen: Synthesis 2002.

Scaer Robert C.: *The Body Bears the Burden*. New York: The Haworth Press 2001.

Schneier, Franklin; Welkowitz, Lawrence: *The Hidden Face of Shyness*. New York: Avon Books 1996.

Shaw, Phyllis M.: *Overcoming Shyness: Meeting People Is Fun*. New York: Arco Publishing, Inc., 1983.

Smith, M. Blaine: *Ohne rot zu werden. Wie überwinde ich meine Schüchternheit?* Asslar: Schulte und Gerth 1995.

Smith, Manuel J.: *Sag Nein ohne Skrupel. Die neue Methode zur Steigerung von Selbstsicherheit und Selbstbehauptung*. Frankfurt a. M.: mvg 2003.

Soifer, Steven; Zgourides, George D.; Himle, Joseph; Pickering, Nancy L.: *Shy Bladder Syndrome*. Oakland, CA: New Harbinger Publications, Inc., 2001.

Stein, Murray B.; Walker, John R.: *Triumph over Shyness*. Hg. v. The Anxiety Disorders Association of America, New York: McGraw Hill 2001.

Steindl-Rast, David: *Fülle und Nichts*. München: Goldmann 1991.

Stone, Douglas; Patton, Bruce; Heen, Sheila: *Offen gesagt! Erfolgreich schwierige Gespräche meistern*. München: Goldmann 2001.

Suzuki, Shinichi: *Erziehung ist Liebe. Eine neue Erziehungsmethode*. Kassel: Bosse 1994.

Tait, Kathy: *Love Smarts*. North Vancouver, Kanada und Bellingham, WA, USA: International Self-Counsel Press 1994.

Tennov, Dorothy: *Limerenz, über Liebe und Verliebtsein*. München: Kösel 1981.

Tolle, Eckhart: *Jetzt! Die Kraft der Gegenwart: ein Leitfaden zum spirituellen Erwachen*. Bielefeld: Kamphausen 2000.

Van der Kolk, Bessel A.; McFarlane, Alexander C.; Weisaeth, Lars (Hg.): *Traumatic Stress, Grundlagen und Behandlungsansätze; Theorie, Praxis und Forschungen zu posttraumatischem Streß sowie Traumatherapie*. Paderborn: Junfermann 2000.

Wolpe, Joseph: *Unsere sinnlosen Ängste. Wege zu ihrer Überwindung*. München: Econ 1988.

Woodman, Marion: *Heilung und Erfüllung durch die Große Mutter: eine psychologische Studie über den Zwang zur Perfektion unter anderen Suchtproblemen als Folge ungelebter Weiblichkeit*. München: Ansata 1987.

Zimbardo, Philip G.: *Nicht so schüchtern. So helfen Sie sich selbst aus Ihrer Verlegenheit*. 8. Auflage. Frankfurt a. M.: mvg 1994.

Zimbardo, Philip G.: *The Shy Child. Overcoming and Preventing Shyness from Infancy to Adulthood*. New York: Addison-Wesley Publishing Company, Inc., 1977.

Über die Autorin

Erika Bukkfalvi Hilliard, Tochter eines Ungarn und einer Russin, wurde im Januar 1949 im deutschen Tuttlingen geboren und kam im Alter von neun Monaten mit ihren Eltern nach Kana- da, wo sie heute in Vancouver mit ihrem Mann und drei Söhnen lebt. Die staatlich geprüfte Sozialarbeiterin ist seit weit über 30 Jahren im Bereich der Psychiatrie tätig und unterstützt seit mehr als 15 Jahren Selbsthilfegruppen, die sich mit sozialen Ängsten befassen. Die Autorin, die mit ihrer eigenen Schüchternheit mittlerweile gut umzugehen weiß, hat sich durch zahlreiche Fort-bildungsmaßnamen und nicht zuletzt aufgrund der Zusammenarbeit und Beratung von Betroffenen als Expertin auf dem Gebiet sozialer Phobien etabliert.